전남 광양 지역의 언어와 생활

전남 광양 지역의 언어와 생활

초판 인쇄 2017년 12월 10일
초판 발행 2017년 12월 20일

지 은 이 이기갑

펴 낸 이 이대현
펴 낸 곳 도서출판 역락

주   소 서울시 서초구 동광로46길 6-6(반포4동 577-25) 문창빌딩 2층
등   록 1999년 4월 19일 제303-2002-000014호
전   화 02-3409-2058, 2060
팩   스 02-3409-2059
이 메 일 youkrack@hanmail.net

ISBN 979-11-6244-009-4

　　　979-11-5686-694-7 (세트)

이 도서의 국립중앙도서관 출판예정도서목록(CIP)은 서지정보유통지원시스템 홈페이지(http://seoji.nl.go.kr)와
국가자료공동목록시스템(http://www.nl.go.kr/kolisnet)에서 이용하실 수 있습니다.(CIP제어번호: CIP2017033243)

전남 광양 지역의 언어와 생활

이 기 갑

역락

1970년대 말, 방언조사 겸 전남의 순천 근처를 여행 중이었다. 당시는 승용차를 이용할 수 없었기에 버스를 주로 타고 다녔는데, 마침 장날인지라 많은 사람들이 버스에 오르고 내렸다. 그런데 그분들의 말이 한결같이 이상하였다. 처음 들어보는 억양과 말투였기 때문이다. 전라도의 전형적인 말투와는 거리가 있었고, 그렇다고 경상도 억양도 아니었으므로 그 정체를 알기 어려웠다. 광주와 담양 등 전남의 서쪽에서 대부분을 살아온 글쓴이로서는 듣도 보도 못했던 말투였는데, 순천을 중심으로 한 전남의 동부 지역이 서부 지역과 억양뿐만 아니라 여러 면에서 체계적인 차이를 보인다는 사실을 깨닫게 된 것은 한참 후의 일이었다.

섬진강을 사이에 두고 경남의 하동과 인접한 광양은 특히 독특한 말투를 보여 주는 곳이다. 억양은 말할 것도 없고 어휘에서도 하동을 비롯한 서부 경남과 매우 유사한 양상을 보여 주기 때문이다. 따라서 광양 지역어는 경남과의 접촉지역적 성격이 강한 방언이라 하겠다. 이미 2015년에 순천대학의 기세관 교수가 『광양방언사전』을 발간하여 이 지역 방언에 대한 기초적인 작업을 이루어 놓았는데, 이에 덧붙여 이 지역의 구술발화 자료를 이번에 출간함으로써 광양 지역어의 자연스럽고 생생한 모습을 보다 뚜렷하게 보이고자 한다.

이 책은 2011년 6월부터 11월 사이에 전남 광양시 진상면 청암리에서 이루어진 방언조사 내용 가운데 4시간 동안의 구술발화를 전사한 것이다. 단지 전사에 그치지 않고 각 방언 문장을 표준어로 대역하였고, 일부 방언 표현에 대한 언어학적 설명을 주석으로 붙이기도 하였다. 또한 책의 끝 부분에는 구술발화에 등장하는 방언들을 찾아보기 형식으로 모아 제

시하였다. 물론 이 구술발화의 전사는 국립국어원에서 수행한 '지역어 조사 및 전사 사업'의 일환으로 이루어진 것이므로 이미 보고서로 발표된 바 있다. 그러나 이 책에 실린 내용은 전사, 표준어 대역 등에서 수정을 가한 것이고, 더구나 주석과 찾아보기는 책의 일부로서 처음으로 작성된 것이기에 보고서와는 상당한 차이가 있다.

광양에서도 진상면 청암리를 조사 지역으로 택한 것은 이 곳에 거주하는 수필가 서재환님 때문이다. 서재환님은 이 지역 토박이로서 특이하게도 광양 방언을 사용하여 수필을 쓰는 작가이다. 그만큼 자신의 고향말에 대한 애정이 강한 분인지라 글쓴이의 방언 조사 제의에 선뜻 응하여 제보자 선정 등에서 많은 도움을 주었다.

제보자 김선악님은 경로당에서 만난 여러 분들 가운데서 말솜씨가 뛰어나고 언어적 센스가 있어 고른 분이었다. 조사에 임해 보니 역시 답변이 거침없었고 구술발화에 있어서도 유창한 말솜씨를 드러내었다. 그 밖에도 조사 때마다 맛있는 점심을 정성스럽게 대접해 주서서 정말 편하게 조사했던 기억이 지금도 선하다. 다만 극심했던 시집살이나 장애가 있는 딸 이야기를 하면서 감정에 북받쳐 우실 때면, 제보자를 달래는 일 외에 아무 도움도 드릴 수 없음에 안타까움을 느꼈던 조사이기도 했다. 이처럼 구술발화의 조사는 제보자와의 공감대가 생길 수밖에 없는 조사 영역이기도 한 것이다.

조사는 글쓴이 외에 목포대학교 강사로 일하는 정성경 선생이 부분적으로 참여하여 작업을 도와주었다. 목포에서 광양까지 먼 길을 마다하지 않고 달려와 준 정성경 선생에게 이 자리를 빌려 고마움을 전한다.

이 책의 발간으로써 2004년부터 2013년까지 10년 동안 진행된 국립국어원의 '지역어 조사 및 전사 사업'의 전남 지역 결과물 가운데 곡성, 진도, 영광, 영암, 보성, 광양 등 6개 지역 구술발화 자료의 단행본 출간이 마무리되었다. 이 책의 발간은 목포대학교 교내학술연구비(2016-0162)의 도움을 받아 이루어졌다. 여기에 적어 도움을 준 학교 당국에 감사의 뜻을 전한다.

▪ 조사 및 전사

(1) 조사 지점

광양시는 지도에서 보듯이 전남의 동부 끝에 자리 잡고 있으며, 경남의 하동과 접해 있는 시이다. 조사지인 진상면은 광양시의 동쪽에 있어 하동 장을 보는 등 과거부터 하동을 생활권으로 하였던 곳이다. 따라서 이 지역의 언어는 경남의 하동과 매우 유사할 것으로 기대되며, 경남 방언과의 접촉방언적 성격이 강하다. 전남은 방언구획상 크게 동부와 서부의 두 방언권으로 나눌 수 있는데, 이는 다시 남북으로 세분되어 4개 권역으로의 분화가 가능하다. 광양은 동부전남에 속하므로 서부전남과 대립되는 언어의 특징이 드러날 것으로 예상되는 지역이다.

진상면(津上面)이라는 이름이 처음 사료에 나타난 것은 1760년경에 펴낸 '여지도서'이다. 현재 진상면 청암리에 있었던 '숭어쏘 나루터'를 중심으로 나루터 위쪽의 고을을 '津上面', 나루터 아래를 '津下面'이라 하였던 데서 그 이름이 유래한다. 진상면을 일명 상도면(上道面)이라고 하였는데, 진상면에서 진월면으로 이어지는 옛길이 진상면 목과마을 뒷산을 거쳐 진월면 차동마을 서북쪽으로 이어졌는바, 이 옛길에 '상재'라는 고개가 있고, 이 고갯길의 위쪽에 위치한 고을이란 뜻에서 그 이름이 유래하였다.

진상면은 백운산 옆에 위치하고 있어, 산촌의 성격이 짙지만, 자동차로 10여 분만 달리면 남해안에 다다를 수 있어 과거에는 어촌 생활을 영위했던 곳이기도 하다. 따라서 산촌과 어촌 그리고 넓지는 않지만 벼농사를 할 수 있는 농토가 있는 농촌의 성격까지 고루 갖춘 곳이다.

<광양시의 위치>

(2) 제보자

제보자 김선악님(여. 조사 당시 70세. 1942년생)은 광양시 진상면 이천 리에서 태어났다. 이후 결혼하면서 현재 거주지인 광양시 진상면 청암리 로 옮겨왔다. 할아버지 때 경상도에서 진상면으로 이주해 왔다고 하였는 데, 구체적으로 어느 곳인지는 알지 못하였다. 농업 및 어업을 주로 하였 으며, 선대부터 농업에 종사하였다. 학력은 무학이다.

김선악님은 발음과 청취 능력이 좋았다. 또한 비교적 나이가 젊기 때문 에 표준어와 그 지역 고유 방언형을 구분할 줄 알았다. 표준어는 아마도 텔레비전 등을 통해 습득한 것으로 보이며, 어휘의 상당 부분이 이미 표 준어화 되어 있는 상태였다. 따라서 '지금은 이렇게 말하지만 전에는 다 르게 말했다'와 같은 언급을 자주 하였다. 학력은 없지만, 한글을 읽을 수 있는 정도이며, 기억력이 상당히 좋은 편이었다. 성격적으로 말하기를 좋 아하여서, 그 결과 다양한 구술 녹취가 가능했다.

<제보자와 함께(김선악/이기갑)>

<조사 광경(김선악/정성경)>

(3) 전사

이 단행본에 수록된 구술 발화 자료는 4시간 정도의 구술발화 내용을 선정하여 전사한 것이다. 여기에 포함된 내용으로는 일생의례, 거주 생활, 질병과 민간요법, 세시풍속과 놀이, 특수지역 생활, 의생활 등이다.

구술 발화는 문장 단위로 분절(segmentation)하는 것을 원칙으로 하였다. 따라서 각 분절 단위의 끝이 서술문이나 의문문으로 끝날 경우에는 반드시 문장 종결 부호(마침표, 물음표, 느낌표)로 마무리하였다. 이음씨 끝으로 끝나더라도 경우에 따라 마침표나 쉼표를 찍기도 하였다.

제보자의 이야기 중에 삽입되는 조사자의 말이나 맞장구치는 말 등은 줄을 달리하여 전사하였다. 이것은 순전히 독자가 읽기 쉽도록 하기 위함이다.

본문의 글자체와 전사에 사용된 부호는 다음과 같다.

고딕체	조사자(이기갑)
@2	제2 조사자(정성경)
명조체	제보자
−	제1 제보자
:	장음 표시. 길이가 상당히 길 경우 ::처럼 장음 표시를 겹쳐 사용하였다.
*	청취 불가능한 부분 또는 표준어로의 번역이 불가능한 경우
✢	질문지와 주제가 다른 내용
~	비모음은 해당하는 음절 다음에 ~ 표시
++	색인에서 방언에 대응하는 표준어가 없는 경우

음성 전사의 경우 아래와 같은 원칙을 유지하였다.

① '위'가 단모음 [y]로 실현되거나 상향 이중모음 [wi]로 실현되더라도 모두 '위'로 전사하였다.
② '외'가 단모음 [ø]로 실현되면 '외'로 전사하고, 이중모음 [we]로 실현되면 '웨'로 전사하였다.

(4) 주석

이 단행본에는 모두 850개의 주석이 달려 있다. 주석은 광양 지역어로 전사된 내용을 독자들이 쉽게 이해할 수 있도록 특이한 방언 어휘의 뜻풀이와 이에 대응하는 표준어형을 제시하는 것이 주를 이룬다. 그 밖에 방언형에 대한 어원, 음운, 문법적 해석 등도 포함되어 있다. 지나친 언어학적 설명은 오히려 독자들의 이해를 해칠 수도 있으므로, 여기서는 비교적 간단한 수준의 설명만을 덧붙이는 데 그쳤다.

(5) 찾아보기

이 책의 맨 끝에는 찾아보기가 실려 있다. 찾아보기는 표준어를 표제어로 제시하고 이에 해당하는 방언 어휘를 본문에 전사된 그대로 대응시켜 놓았다. 표준어가 없는 경우에는 뜻풀이를 표제어로 대신하였다.

명사의 경우, 방언 명사에 토씨가 붙어 전사된 경우가 많으므로, 독자들은 어디까지가 표준어 표제어에 대응하는 방언형인지 구분하기 쉽지 않다. 이러한 문제를 해결하기 위해, 명사와 토씨의 구분이 표기적으로 가능한 경우에는 명사와 토씨 사이에 -를 끼워 놓았다. 예를 들어 표준어 '할머니'에 대응하는 방언형으로 본문에는 '할메가'와 같은 형이 나타난다. 이 '할메가'는 '할메'와 토씨 '가'로 분석되므로, 방언형은 '할메-가'로 제시하였다. 이로써 표준어 '할머니'에 대응하는 방언형이 '할메'임을 알 수 있게 하였다. 한편 표준어 '고두밥'에 대해서는 본문의 전사형이 '꼬두바블'로 나타난다. 이것은 '꼬두밥'에 목적격 토씨 '을'이 결합된 형태이나 표기상으로 이를 분석해서 제시할 방법이 없다. 이런 경우에는 표제어로 제시된 표준어 '고두밥'에 목적격 토씨 '을'을 덧붙여 '고두밥(을)'을 표제어로 제시하였다. 이것은 곧 대응되는 방언형에 목적격 토씨가 포함되어 있음을 알려 주기 위한 것이다. 그러나 '멍석'은 '덕써게다', '덕썩', '덕썩또'와 같은 세 가지 방언형이 나타나는데, 위의 두 가지 경우가 혼합되어 있어서 이때에는 방언형을 분석하거나 표제어에 토씨를 표시하지 않고 그냥 나타난 대로의 방언형만 보였다.

차례

■책을 내면서
■조사 및 전사

01 일생의례

1.1 제보자의 출생과 성장

그러면 인제 인자는 이 할머니 인제 자시네 데한 이야기예요. 자시 자기에 데한 이야기. 자::어:디서 테어나셔따고요?

– 저:: 진상면 청암니서 태어나 아: 저저 배:천니.

베천니서이~ 에.

– 금:니리 지그믄 금:니리. 저네는 배:천니라고.

응 지그믄 무슨 니?

– 금:니리.

금:니리.

– 이천.

어 이천.

– 예.

아 베천니니까 이:천 그러머넌 인자 그 사 그 어릴 떼 함 번 이야기를 헤바어,어,어릴 떼는 주로 가정형펴니라든지 먼: 니를 허고 사션는지 함 번 고거 옌날 베:천(웃음) 베:처네서으 셍활을 함 번 헤 보 이야기를 헤: 보십써요.

– 저네 긍깨 발:랑구니 마:나가꼬 우리 클 쩌게는.

발:랑구니?

– 예.

그러면.

– 유기오 때

유기오 떼?

– 예.

– 유기요 아네.

어

그러면 이제 이제는 이 할머니 이제 자신에 대한 이야기예요. 자신 자기에 대한 이야기. 자, 어디서 태어나셨다고요?

— 저 진상면 청암리에서 태어나 아 저저 배천리

배천리에서 예.

— 금니리. 지금은 금니리. 전에는 배천리라고.

응, 지금은 무슨 리?

— 금니리.

금니리.

— 이천.

이천.

— 예.

아, 배천리니까 이천. 그러면은 이제 그 사 그 어릴 때 한번 이야기를 해 봐. 어 어 어릴 때는 주로 가정형편이라든지 무슨 일을 하고 사셨는지 한번 그 거 옛날 배천 (웃음) 배천에서의 생활을 한번 해 보 이야기를 해 보십시오.

— 전에 그러니까 반란군이 많아가지고 우리 클 적에는.

반란군이?

— 예.

그러면,

— 6.25 때.

6.25 때?

— 예.

— 육이호 안에.

어

– 유기요 너:머 가꼬 인자 유기요예 나 포둡::씨[1] 유기요 되든 땔 인자 그년[2] 보메 인자 이:팍해[3] 써요.

음.

– 인자 이:파글 핸:는디 긍깨 사뭘 따레 이팍 허고 사:월 오:월 유:월 따레 유기요가 나가꼬 고마[4] 하꾜를 몬 가써요. 그래가 하꾜를 몬[5] 강 거이 마[6] 그를 모 빼우고.

음.

– 유기요가 나가꼬 부모드른 점::부 저 서:메 서:미라고 저:그 태인도 지그믄 태인도.

음.

– 태인도 거그 크넌니가 거그가 사는디 그그예 식꾸대로[7] 다:: 가 부리고.

음.

– 우리 할무니허고 하 인자 그 아네 우리 하라부지가 세상베리고[8] 울할무니가 이써서 우럼, 어무니 아부지는 몽 까고 이씀성[9] 인자 다:: 가는디 날 가이내라고[10] 여자라고 난 주거도 된다여.

(웃음)

– 막떵이가[11] 대:농께 팔람메서 막떵인디 인자.

엉.

– 점:부 오빠드른 구니네고 재피 가부루고 오:꼬[12] 인자 우리 식꾸드리 인자 조 나믄 사라믄 인자 우리 올케언니 우리 조카들 점::분자 글쩨는[13] 기:믈 헝개 배가 이써요.

– 배가 이꼬 그런디 인자 우리 헹부를 오라고 인자 해: 가꼬 우르 헹, 헹부가 와서 인자 싹:: 시꾸대로 막:: 양서그[14] 싹고 머 미수까리 해서 싹:: 싹고 해:가꼬 점::부 실코[15] 가고 또 거그 살:다가 또 양세기 모지래믄 인자 스 와 하나이나[16] 와 가꼬 인자 또 양서글 가저가고 인자 그래.

- 6.25 넘어가지고 이제 6.25에 나 겨우 6.25 되던 때 이제 그해 봄에 이제 입학했어요.

음.

- 이제 입학을 했는데 그러니까 삼월에 입학하고 사월 오월 유월에 6.25가 나가지고 그만 학교를 못 갔어요. 그래가지고 학교를 못 간 것이 글을 못 배우고.

음.

- 6.25가 나가지고 부모들은 전부 저 섬에 섬이라고 저기 지금은 태인도.

음.

- 태인도 거기 큰언니가 거기에 사는데 거기에 모든 식구가 다 가 버리고.

음.

- 우리 할머니하고 하 이제 그 안에 우리 할아버지가 세상 떠나고, 우리 할머니가 있어서 우리 엄 어머니 아버지는 못 가고 있으면서 이제 다 가는데 날 계집애라고 여자라고 난 죽어도 된대.

(웃음)

- 막내가 돼 놓으니까 팔남매에서 막내인데 이제.

음.

- 전부 오빠들은 군대에 잡혀 가 버리고 없고, 이제 우리 식구들이 이제 남은 사람은 이제 우리 올케언니 우리 조카들 전부 이제 그럴 때에는 김을 하니까 배가 있어요.

- 배가 있고 그런데 이제 우리 형부들 오라고 이제 해가지고 우리 형, 형부가 와서 이제 싹 모든 식구가 막 양식을 싸고 뭐 미숫가루 해서 싹 싸고 해가지고 전부 신고 가고, 또 거기 살다가 또 양식이 모자라면 이제 하나나 와가지고 이제 또 양식을 가져가고 이제 그래.

음.

ㅡ 우리는 인자 울 할무니남짜그로[17] 어무니허고 우리 아부지허고는 인자 나허고 그리 인자 이:꼬 그 동네에 인자 또 노인드른 멛 썩 이꼬 절믄 사람드른 인자 싹:: 가 부리고.

ㅡ 그양[18] 비행기가 그양 머 제트킹가 머(웃음) 저네는 그거이 우엥 허고 오믄 그냥 또 스 스 막 암다라도[19] 업찌서[20] 숭꼬 난:중에는 수므먼 더 싼다고[21] 그래가꼬는 그냥 비행기가 오면 무장[22] 마당으로 나서써요.

아.

ㅡ 그래서 저::그 또 손 인자 인자 나문 사람드른 인자 막 비행기가 저 강에 저런 디 막 저 한지레[23] 저런디 막 포껴글 허고 그러머 또 사느로 싹:: 쩨께 올라가꼬 솔나무 미테가[24] 점::부 저래가꼬 저 집껀석[25] 저 집때로 도르레하이~[26] 이꼬 우리 건석 우리대로 도리하 이꼬 솔 큰 솔라무[27] 미테가 그래가꼬 이따가 난:장에는[28] 인자 수무먼 더 싼다가꼬 점::부 비행기만 오믄 또 나안자서 늘비::허이 나안자꼬.

음.

ㅡ 그러자 인자 발:랑구니 생게 가꼬 인잔 점::분 인제 남자드른 숭:꼬 남자드릴 발:랑구니 내레오문 지믈 지고 가요.

아.

ㅡ 동네 꺼 점::부 막 오시고 양서기고 싹:: 추리가꼬 주구 시니고 다 추리가꼬 거서허면[29] 인자 글때 인자 고무신 파뜩파뜬[30] 나오고 그랜는디 고무신 한 커리[31] 인 인나 인는 그렁 거는 막 구더글[32] 파 노코 거따가 싱:키[33] 노코 인자 지퍼 가꼬 인잔 집쎄기[34] 소:리[35] 그렁 걸 사마가꼬 인자 늘비::허니 인자 머 오 방무나페다 나:뚜고 그거또 성헝 거는 다 가 가부리요.

거그 어:디로 어 어:디에 발:랑군 어:디에서 사라요?

ㅡ 사네서 내러 와요. 저녀기믄 지를 차자서.

음.

- 우리는 이제 우리 할머니를 비롯해서 어머니하고 우리 아버지하고 는 이제 나하고 그렇게 이제 있고, 그 동네에 이제 또 노인들은 몇씩 있고 젊은 사람들은 이제 싹 가 버리고.

- 그냥 비행기가 그냥 뭐 제트기인지 뭐 (웃음) 전에는 그것이 우엥 하고 오면 그냥 또 스 스 막 아무 곳이라도 엎드려서 숨고, 나중에는 숨으면 더 쏜다고 그래가지고는 그냥 비행기가 오면 점점 마당으로 나섰어요

아.

- 그래서 저기 또 손 이제 이제 남은 사람들은 이제 막 비행기가 저 강에 저런 곳 막 저 한길 저런 곳 막 폭격을 하고 그러면, 또 산으로 싹 쫓겨 올라가가지고 소나무 밑에 전부 저래가지고 제 집식구 제 집끼리 둥글게 있고 우리 식구 우리대로 둥글게 있고 솔 큰 소나무 밑에 그래가지고 있다가, 나중에는 이제 숨으면 더 쏜다 해가지고 전부 비행기만 오면 또 나앉아서 늘비하게 나앉았고.

음.

- 그러자 이제 반란군이 생겨가지고 이제 전부 이제 남자들은 숨고, 남자들이 반란군이 내려오면 짐을 지고 가요.

아.

- 동네 것 전부 막 옷이고 양식이고 싹 추려가지고 자기 신이고 다 추려가지고 거시기하면 이제, 그때 이제 고무신 이제 막 나오고 그랬는데, 고무신 한 켤레나 있는 그런 것은 막 구덩이를 파 놓고 거기에다가 숨겨 놓고, 이제 짚을 가지고 이제 짚신, 소리 그런 것을 삼아가지고 이제 늘비하게 이제 뭐 오 방문 앞에다 놔 두고 그것도 성한 것은 다 가져 가 버려요.

거기 어디로 어 어디에 반란군 어디에서 살아요?

- 산에서 내려와요. 저녁이면 길을 찾아서.

엉.

- 내러오믄 인자 영감드리나 하나이나 인자 앵기문36) 인자 그 사라믄
거그 짐 실코 저::그 배운산 미테꺼지 저녕내 올라가 가따 줘야데요.

- 가따 주고 내레오다가 혹씨 잘모뗀 사람드른 또 먼 그냥 해:나37) 머
숭경이나 머이나 되능가이야8) 싸 뿌리가꼬 중는 사라믄 주꼬 글떼는39)
기양 목쑤믈 바치노코 사라쩌요.

그러면.

- 그래가꼬 인자 우리 아부지가 함 번 엥게가꼬 인자(웃음) 지믈 지고
간는디 인자 그러자 인자 울 하라부지 세상 베리능 거이 그 때는 삼년상
을 안 추린능가요40)?

- 삼년상을 추리서41) 인자 울 하라부지 제:사 모시고 인자 상복 그거
를 아래빵에다 쌍 나:뚜고 인자 우리 어머니는 인자.

- 당신들 짐 지고 가다가 우리 영:감 주거 뿌리가꼬 초상 치고 여
상보기 요래가 이쓰깨 요거 보라고 우는 요로고도 산:다고 그름 쪼깜
덜: 해요.

- 주구42) 따라가다 인제 죽어때노니. 그러하고르 아 아부지 하라부지
는 나페 세상 비리고 할무니 세상 베리고 그랜능갑따 구래.

- 그러 그걸 나:뚜고 내:창43) 그러고 쩌이 그냥 또 안 갈랑깨로44) 인
자 양서글 멀:리 인잔 딱:: 저그 어디다 싱키 뿌리고45).

- 인자 저네는 나무 함지 안 인능가요? 나무함지에나 인자 먼 동우에
나46) 그런다다 양서글 좀 다마노코 인자 쪼깐썩 동냥 주데끼47).

음.

- 바가치에다48) 인잔 함 바가치썩 퍼 줌성 우리는 머 무꼬 사꺼이냐
고49) 당신드리 자:꼬 막 지버 추먼 어 우리는 머 무꼬 사꺼이냐고 그냥
요놈 가꼬 가라고

음

음.

- 내려오면 이제 영감들이나 하나나 이제 걸리면 이제 그 사람은 거기 짐 싣고 저기 백운산 밑까지 저녁내 올라가서 가져다 줘야 돼요.

- 가져다 주고 내려오다가 혹시 잘못된 사람들은 또 뭐 그냥 행여나 뭐 순경이나 뭐나 되나 싶어 쏴 버려가지고, 죽는 사람은 죽고 그때는 그냥 목숨을 바쳐 놓고 살았지요.

그러면.

- 그래가지고 이제 우리 아버지가 한번 걸려가지고 이제 (웃음) 짐을 지고 갔는데, 이제 그러자 이제 우리 할아버지 세상 떠난 것이 그때는 삼년상을 치렀잖아요?

- 삼년상을 치러서 이제 우리 할아버지 제사 모시고 이제 상복 그것을 아랫방에다 싹 놔 두고 이제 우리 어머니는 이제,

- 당신들 짐 지고 가다가 우리 영감 죽어 버려가지고 초상 치르고 이 상복이 이래가지고 있으니까 이것 보라고 우리는 이러고도 산다고 그러면 조금 덜 해요.

- 저희들 따라가다 이제 죽었다고 해 놓으니. 그리고 아버지 할아버지는 앞에 세상 떠나고 할머니 세상 떠나고 그랬나 보다 그래.

- 그래 그것을 놔 두고 줄곧 그리하고, 저 그냥 또 안 가려니까 이제 양식을 멀리 이제 딱 저기 어디에다 숨겨 버리고

- 이제 전에는 나무함지 있잖아요? 나무함지에나 이제 뭐 동이에나 그런 곳에다 양식을 좀 담아 놓고 이제 조금씩 동냥 주듯이

음.

- 바가지에다 이제 한 바가지씩 퍼 주면서 우리는 뭐 먹고 살거냐고 당신들이 자꾸 막 집어 챙기면(?) 어 우리는 뭐 먹고 살거냐고 그냥 이것 가지고 가라고

음.

- 영감도 주거 뿌르고 나:가[50] 저거떨 어찌 미기 살리꺼이냐고 인자 그래노먼 인자 가요.

- 그르고 우리는 질까찌비 되:농깨로 점::부 처가꼬 올라오던 사람드리 똔 점::부 우리지비서 시: 갈락 허여.

음.

- 시: 갈라먼 막 하이고 망 욕뿐다고[51] 우러매가 막:: 우러무니가 막 욕 뿐다고 언능 날 안 세서 쎄게 올라 가라고 막 막 그래쌈서 막 홀가노먼[52] 조::타게 울 어무니를 (웃음).

- 그래가 디야네다[53] 구:를 파 노코 구:를 파 노코 그러면 인자 막 숭경들허고 인자 숭경드리 인자 여 아:무동네 발:랑군 와따는 자 저::그 산 몬당으다[54] 또 봉:화뿔를 써요[55]. 막 부를 놔:요.

음.

- 부를 놔: 놈 인자 그 동네에 인자 발:랑군 와따능 거를 아라가꼬는 겡:찰드리 인자 막 요 아페 쩐 든:파네 와 가꼬 그냥 총을 막 다닥닥닥 다 다다다 싸먼 막 쩨께 올라가고.

- 그럼 막 저 염방[56] 그그 겡:찰 숭경 와따고, 저넨 숭겡 와따고 언능 승겡드리 암 막 오기 저네 얼릉 가라고 막 그랜 그가꼬 보내고 그랜.

- 언:자[57] 올쭈를 몰라요. 오늘 쩌녁 저 동네로 가꺼잉가 이 동네로 오꺼잉가. 보::독 저 산밑 큰 산미치 되:농깨로. 하이 겁나요.

그럼 또 발:랑군 도아 줘따고 숭:경드리 또 머라 안함니까?

- 도와 주자네[58] 주구간 돌:라가따[59] 그래야지 우리드리 줘:딱 해서는 안되지요.

음.

- 그래가 인자 배나 머이나 인잔 배 짜서 어째 농: 거 이씨문 배트레서 그냥 싹:: 짱그라가[60] 가부리요.

- 막 주구 다리 요롱 거 가물라 끌텅바테[61] 댕기무 막 쑤싱깨로.

- 영감도 죽어 버리고 내가 저것들 어찌 먹여 살리겠느냐고 이제 그래 놓으면 이제 가요.

- 그리고 우리는 길갓집이 돼 놓으니까 전부 쳐가지고 올라오던 사람들이 꼭 전부 우리집에서 쉬어 가려고 해.

음.

- 쉬어 가려면 막 아이고 막 고생한다고 우리 어머니가 막 우리 어머니가 막 고생한다고 얼른 날이 새지 않을 때 빨리 올라가라고 막 막 그래 쌓으면서 막 홀려 놓으면 좋다고 해, 우리 어머니를. (웃음)

- 그래가지고 뒤껼에다 굴을 파 놓고 굴을 파 놓고 그러면 이제 막 순경들하고 이제 순경들이 이제 이 아무 동네 반란군 왔다는 이제 저 그 산 꼭대기에다 또 봉홧불을 켜요. 막 불을 놔요.

음.

- 불을 놔 놓으면 이제 그 동네에 이제 반란군 왔다는 것을 알아가지고는 경찰들이 이제 막 이 앞에 저 들판에 와가지고 그냥 총을 막 다다다 다 다다다 쏘면 막 쫓겨 올라가고.

- 그럼 막 저 계속 그 그 경찰 순경 왔다고, 전에는 순경 왔다고 얼른 순경들이 막 오기 전에 얼른 가라고, 막 그래 그래가지고 보내고 그랬는데.

- 언제 올 줄을 몰라요. 오늘 저녁 저 동네로 갈 것인지 이 동네로 올 것인지. ** 저 산 밑 큰 산밑이 돼 놓으니까. 아이 겁나요.

그럼 또 반란군 도와 주었다고 순경들이 또 뭐라 안 합니까?

- 도와 준 것이 아니라 저희들이 훔쳐갔다 그래야지, 우리들이 주었다고 해서는 안되지요.

음.

- 그래가지고 이제 베나 뭐나 이제 베 짜서 어찌해 놓은 것 있으면 베틀에서 그냥 싹 잘라가지고 가 버려요.

- 막 저희 다리 이런 것 감으려고 그루터기밭에 다니면 막 쑤시니까

- 사네 망 나무 그렁 걸 막 끌텅이 이씽깨 그렁게 쑤시고 그렁깨로 막 인드를 막 칭::칭 가마가꼬 댕게요.(소음)

- 거 인 날:보고62) 아풍 거멩이로63) 우르 인잔 어무니가 누:씨라고 그러면 가만 누:씨면 이 머이요 금서 막 그냥 신 시는차64) 발로 올러 와 가꼬 막 차부리요.

- 차부리믄 아이고 거 우리 애기가 염:병을 해 가꼬 시방 가:통을65) 해 가꼬 저레 가꼬 올:66) 주글찌 넬: 주글지 모른디 그거는 건드리지 마라고 그떼 주꺼따고 그레 그레노믄 그 방에 안 드러와요. 염:병 오린다고.

아.

- 그러믄 배 그노믈 나 오세다가 나 몸멩이다가67) 창::창68) 이릴 막 보둠꼬69) 배까래 그노믈 요래 보둠꼬 막 뭘:가70) 가머가꼬 요래가꼬 우아기로71) 요론 먼 인잔 남자들 먼 오슬 항 개 요래 둘러 씨고 막 거짐말로 우러요. 엄마 아:이고 아파 주꺼써 그름스로 울:고 이씨먼 조용히 해 그러거 엄마 엄마 그러고 이씨믄 (웃음) 저네는 어메라 그래끄등.

응

- 어메 아이고 주껀네 머리가 아파 주껀네 배가 아퍼 주껀네 그레노면 그 방에 드로도 안 해요72).

아.

- 인자 막 도꼬 인자 먼 몬 또린73) 놈드른 인자 막 그래도 소양업씨 막 디비고74) 그래가.

- 그래가꼬 멀: 처덥꼬75) 이래가꼬 막 이래가꼬 안자씨면 그러고 가고 또 우리 이우자 애기 몬 논는 아지메가 하나 이써서 또 우리 지비 그 아지메76) 인자 아재가77) 인자 사네로 인자 발:랑군 와따 허먼 인자 투막투막78) 새:로 머쓴장 울타리 꾸녕도79) 해 노코 먼:또 해 노코 막 뒤에 올라가는 지를 맹그라노코 싹:: 남자드리 막 뉘 지베 하나 와따고 거시기나 헝개 잠도 자도 모도 시우자믈80) 자고 그래요.

― 산에 막 나무 그런 것 막 그루터기가 있으니까 그런 것 쑤시고 그러니까 막 이런 곳을 막 칭칭 감아가지고 다녀요.

　― 그 이제 나보고 아픈 것처럼 우리 이제 어머니가 누워 있으라고 그러면 가만 누워 있으면 "이 뭐요?" 그러면서 막 그냥 신 신은 채 발로 올라 와 가지고 막 차 버려요.

　― 차 버리면 아이고 그 우리 아이가 염병을 해가지고 지금 가통을 해가지고 저래가지고 오늘 죽을지 내일 죽을지 모르는데 그것은 건드리지 말라고 그때 죽겠다고 그래 그래 놓으면 그 방에 안 들어와요 염병 옮는다고.

　아.

　― 그러면 베 그것을 내 옷에다가 내 몸뚱이에다가 칭칭 이렇게 막 안고 베 가래 그것을 이렇게 안고, 막 뭘 가지고 감아가지고 이래가지고 윗옷을 이런 무슨 이제 남자들 무슨 옷을 한 개 이렇게 둘러쓰고 막 거짓말로 울어요. "엄마 아이고 아파 죽겠어." 그러면서 울고 있으면 "조용히 해." 그러고, "엄마 엄마" 그러고 있으면 (웃음) 전에는 '어메'라 그랬거든.

　응

　― "어메 아이고 죽겠네 머리가 아파 죽겠네 배가 아파 죽겠네." 그래 놓으면 그 방에 들어오지도 않아요.

　아.

　― 이제 막 ＊＊ 이제 뭐 못 훔친 놈들은 이제 막 그래도 소용없이 막 뒤지고 그래가지고,

　― 그래가지고 뭘 마구 덮고 이래가지고 막 이래가지고 앉아 있으면 그렇게 가고, 또 우리 이웃에 아기 못 낳는 아주머니가 하나 있어서 또 우리 집이 그 아주머니 이제 아저씨가 이제 산으로 이제 반란군 왔다 하면 이제 듬성듬성 사이로 뭐 이제 울타리 구멍도 해 놓고 뭐도 해 놓고 막 뒤에 올라가는 길을 만들어 놓고 싹 남자들이 막 누구 집에 하나 왔다고 거시기나 하니까 잠도 자도 새우잠을 자고 그래요.

- 그래가꼬 발:랑군남세[81] 몬: 사라서 그러다가 자 일녀니 너머가가꼬 이:년 인자 새년[82] 인자 사뭘때리 데:서 모도 하꼬르[83] 드리가고 그러는디 인자 궁:근 업:써가꼬 우리 크노빠르 그를 몬 곌차따네요. 쩨깐헌 깔땀사리로[84] 내:창 줘:서 인자 새겡을 바다무꼬 인자 음:서[85]가꼬 인자 그랜는디.

- 우리 언니드리 너:인디 팔람맨디 우리 오빠드리 너:이 언니 인자 우리 여,여 여동우가니[86] 너:이 그랜 우리 언니가 가이네 따리 너:이나 뎀서 하나도 조럽쌍 항 개도 엄:따고 인자 나를 하꼬를 가라고 인자 그랜 새로 드르가 새로 드르 간다고 핸:는디 우로빠 가이네가 글 글 빼워가 머허꺼이냐고 나도 글 모빼와따고 가지 마라 그래.

음.

- 그래가꼬 인자 하꼬를 몬 뜨러가 그냥 조캐들만[87] 키우고 사라써.

음 여 유기오떼가 그믄 제일 힘들게 사션네요이~.

- 예.

음.

- 그래가 글 모:빼웅 거 인자 동네 인자 청년드리 인잔 난:중에 글 곌춘다고 허고. 또 임밍군드리 막 오그 거그에 또 여그 막 밀려가꼬 거세 해써요.

- 또 임민군드리 처:으메는 와 가꼬 유기오때 그 때는 임민군드리 우리를 글 곌춘다고[88].

아 그레요.

- 동:청에다가[89] 칠파늘 부치노코 그를 게우고[90] 저네 머 한:수발 눈 바라마 이야기하라 그 일 저 이:붕 노래

아.

- 그런 노래를 곌차 주고 그래가꼬는 난:주에는 엘 인잔 발:랑구니 인자 쬐께 가고나서는 인자 또 청년드리 인자 곌춘다고 해 가꼬 거그서 좀 배우고 그래가꼬 그 이름짜라도 알지요. 글도 몰라요.

- 그래가지고 반란군 때문에 못 살아서 그러다가 이제 일년이 넘어가가지고 이년 이제 새해 이제 삼월이 돼서 모두 학교를 들어가고 그러는데 이제 근근이 없어가지고 우리 큰오빠를 글을 못 가르쳤다네요. 조그마한 꼴머슴으로 계속 줘서 이제 새경을 받아 먹고 이제 없어가지고 이제 그랬는데,

- 우리 언니들이 넷인데 팔남매인데 우리 오빠들이 넷, 언니 이제 우리 여자 동기가 넷, 그랬는데, 우리 언니가 계집애 딸이 넷이나 되면서 하나도 졸업장 한 개도 없다고 이제 나를 학교를 가라고 이제 그랬는데, 새로 들어가 새로 들어간다고 했는데 우리 오빠가 계집애가 글 그것 배워서 뭐 할거냐고 나도 글 못 배웠다고 가지 말라 그래.

음.

- 그래가지고 이제 학교를 못 들어가 그냥 조카들만 키우고 살았어.

음, 여 6.25 때가 그러면 제일 힘들게 사셨네요.

- 예.

음.

- 그래가지고 글 못 배운 것 이제 동네 이제 청년들이 이제 나중에 글 가르쳐 준다고 하고, 또 인민군들이 막 오그 거기에 또 여기 막 밀려가지고 거시기 했어요.

- 또 인민군들이 처음에는 와가지고 6.25 때 그때는 인민군들이 우리를 글 가르친다고.

아, 그래요.

- 마을회관에다가 칠판을 붙여 놓고 글을 가르치고 전에 뭐 '한수발 눈 바람아 이야기하라' 그 일 저 이북 노래

아.

- 그런 노래를 가르쳐 주고 그래가지고는, 나중에는 에 이제 반란군이 이제 쫓겨 가고 나서는 이제 또 청년들이 이제 가르친다고 해가지고 거기서 좀 배우고 그래가지고 그 이름자라도 알지요. 글도 몰라요.

인민군드리 갈처중 거슨 주로 노래가틍 거 갈처조써요?

− 노래도 겔차주고 막 그래써요.

글짜도 알켜주고.

− 글도 겔차주고91) 노래도 겔차주.

겔차주고 응 노래가 지금까지 또 기어기 나네요이~.

− 쩨깐빼끼는 몰라요.

(웃음)

− 우 첨 아피 머 처으메가92) 머잉고 제목또 모르고.

음.

− 벨지슬 다 해찌요이~.

− 그래가 저녀그로도 글 배우로 가:허고 인자 에리서는 글 배우로 가:고 그라핸넌디 인자 좀 커서는 울 아부지가 구:싱 영:가미 되야가꼬 바람난다고 또 나가도 몯 허게 해요.(웃음)

음 아버지::랑은 주로 농사 지션나요?

− 인자 울 오빠들 싹:: 구니네 재피가고 인자 도피헌다고 인자 어디로 더::그 서, 섬나라에 그런 디 가서 머 강원도 우리 세쩨 오빠는 강원도 머 무코당가 거그 가가꼬 또 오징에뺄 딸 타로 따라댕기다가.

음.

− 인자 함 번썩 호까다93) 함버썩 오믄 그냥 오징에 수류미94) 몰릉 거.

응.

− 그걸 그냐 한 춤썩 가:오문 막 이,이,이가 아푸드륵 씨버무꼬 나문 막 설싸가 그거또 마:니 무긍깨 설싸가 나데요.

− 막 설싸를 마:니 하고 그래써요.

− 그나 울 옵 울 아부지허고 나허고 인자 살리믈 산:다고 살:고 메느리 데꼬 드:레 몯 나가고 긍깨 맨마던95) 나만 인자 울 언니드른 다 시집 가뿌리고.

인민군들이 가르쳐 준 것은 주로 노래 같은 것 가르쳐 줬어요?

－ 노래도 가르쳐 주고 막 그랬어요.

글자도 가르쳐 주고.

－ 글도 가르쳐 주고 노래도 가르쳐 주

가르쳐 주고 응 노래가 지금까지 또 기억이 나네요.

－ 조금밖에는 몰라요.

(웃음)

－ 우, 첨, 앞에 뭐 처음이 뭐인지 제목도 모르고

음.

－ 별짓을 다 했지요.

－ 그래가지고 저녁이면 글 배우러 가고 이제 어려서는 글 배우러 가고 그리했는데 이제 좀 커서는 우리 아버지가 구식 영감이 되어가지고 바람 난다고 또 나가지도 못하게 해요.(웃음)

음, 아버지랑는 주로 농사지으셨나요?

－ 이제 우리 오빠들 싹 군대에 잡혀가지고 이제, 도피한다고 이제 어디로 저기 서, 섬나라에 그런 데 가서 뭐 강원도 우리 셋째 오빠는 강원도 뭐 묵호인지 거기 가가지고 또 오징어배 타러 따라다니다가,

음.

－ 이제 한 번씩 어쩌다 한 번씩 오면 그냥 오징어 오징어 말린 것.

응

－ 그걸 그냥 한 축씩 가져오면 막 이, 이, 이가 아프도록 씹어 먹고 나면 막 설사가 그것도 많이 먹으니까 설사가 나데요.

－ 막 설사를 많이 하고 그랬어요.

－ 그러나 우리 아버지하고 나하고 이제 살림을 산다고 살고, 며느리 데리고 들에 못 나가고 그러니까 만만한 나만 이제 우리 언니들은 다 시집가 버리고,

음.

- 만:날 소 미기고 머 소 질드려96) 가꼬 포돕::씨 인자 소 질떠러지먼97) 세양치98) 선 하동장으 가서 바까 큰 세99) 인자 포라 무거 뿌리고 소앙치 함 마리 몰고 오먼 또 우라부지 그거 질 드린다문 또 나:가00) 아페 끄:야 되요

음.

- 끄:꼬101) 댕김스롱 인자 이라 허문 인자 따라서 댕기다가 인자 지리 얼추 떨러질라허문. (웃음)

(웃음)

- 밀바테나 보리바테나 나:가 수머뿌라 그래요. 우리 아부지가.

음.

- 수머 뿌리라 해서 어:디 수머 뿔먼 누늘 흘금::허이 아:페 오다가 채리보고는102) 울 아부지를 막 훌챙이103)차104) 꿀:꼬 나헌티로 쪼차오고. (웃음) 소가.

#@(웃음)

- 그르고 세:상을 살:고.

음 그레 인제 부모님들 농사 진:능 걸 도와 주시고.

- 또 공출. 일본 싸람들 인자 논.

음.

- 그거 인자 어더 가고 지:이 노으면 저네:: 우라 인자 우리는 모르제마는 우리 언니드른 인자 우리는 나으 느께 나:농깨 그르찌마는 일본 싸람들 노늘 인자 울 아부지가 일본싸람들 미테 가서 일:도 해 주고 인자 그렁 거를 허고 사라노 가서 살:다가 또 인자 너:무 집도 살:다가 그래농깨 일본 싸람드리 노늘 줘:서 그거를 인자 적싼지105) 노니라고 그러데요. 그걸 보고.

음.

- 일본싸람 노늘 줘:서 인자 그노믈 공:추를 가꼬 인자 농사를 지여가

음.

– 만날 소 먹이고 뭐 소 길들여가지고 겨우 이제 소 길나면 송아지 하 동장에 가서 바꿔 큰 소 이제 팔아먹어 버리고 송아지 한 마리 몰고 오면 또 우리 아버지 그것 길들인다면 또 내가 앞에 끌어야 돼요.

음.

– 끌고 다니면서 이제 이랴 하면 이제 따라서 다니다가 이제 길이 얼 추 나려 하면,

(웃음)

– 밀밭에나 보리밭에나 내가 숨어 버려라 그래요. 우리 아버지가.

음.

– 숨어 버려라 해서 어디 숨어 버리면 눈을 흘금거리며 앞에 오다가 쳐다보고는 우리 아버지를 막 극쟁이째 끌고 나한테로 쫓아오고. (웃음) 소가.

(웃음)

– 그렇게 세상을 살고.

음, 그래 이제 부모님들 농사짓는 걸 도와 주시고

– 또 공출. 일본 사람들 이제 논.

음.

– 그것 이제 얻어가지고 지어 놓으면, 전에 우리 이제 우리는 모르지마는 우리 언니들은 이제 우리는 늦게 낳아 놓으니까 그렇지마는, 일본 사람들 논을 이제 우리 아버지가 일본 사람들 밑에 가서 일도 해 주고 이제 그런 것을 하고 살아 놓 가서 살다가 또 이제 남의집도 살다가 그래 놓으니까, 일본 사람들이 논을 줘서 그것을 이제 '적산지논'이라 그러데요. 그걸 보고.

음.

– 일본 사람 논을 줘서 이제 그것을 공출을 가지고 이제 농사를 지어가

공:추를 해서 인잔 수를106) 가파요. 논, 노늘, 논쑤를 가파요.

(헛기침)

- 그르믄 인전 또 가마니트를 해: 노코 가마이 짜는디 울 아부지는 뚜드리고 인자 요리 인자 지플107) 하날하날 요리 미기주믄 울 아 인자 또 한쪼게서 우롤 인자 올케 올케더리나 언니가 인자 요리 자버댕기고 나느 요리 미기주고 그래가 가마니 짜 가꼬 인잔 근대넬라고108) 사나쿠도109) 인자 토꼬게110) 까요.

음.

- 그래가 가마니 뭉꺼 가 그걸 인자 여 지그믄 머 기게가 쌔:쓩깨 그러지만 저:: 몬당 찌빈디 여그 성그장써111) 한지락꺼지 또 저나야 되요.

- 공추를 헐라믄. 그 일본싸람 논 수를 줄라믄. 그걸 보고 적싼지 노니라 그럼서 그 수를 인자 줄라믄 어쩨뚱가네112) 우리 처:자113)때꺼정114) 그 논 쑤를 가파써요.

그레요?

- 논.

그니깐 일본싸람 간 뒤에도.

- 예.

그믄 그, 그 노늘 인제 바드셔꾸마니요. 인자이~.

- 예.

아 그 노느리~.

- 인자 쓰 농사를 지여 가 인자 해마동115) 인자 감능 거이라요116) 인자 말하자믄.

긍께 소:유는 인제 근 가께 되찌요, 그건.

- 예 그러가 인자 인자 난:중에 인자 해방 되고는 인자 우리 우리 아푸로 도라저찌요117).

음.

지고 공출을 해서 이제 수를 갚아요. 논, 논을, 논 수를 갚아요.

(헛기침)

- 그러면 이제 또 가마니틀을 해 놓고 가마니 짜는데 우리 아버지는 두드리고 이제 이리 이제 짚을 한 올 한 올 먹여 주면 울 아 이제 또 한 쪽에서 우리 올, 이제 올케 올케들이나 언니가 이제 이리 잡아당기고 나는 이리 먹여 주고 그래가지고 가마니 짜가지고 이제 무게가 나가도록 새끼도 이제 특특하게 꽈요.

음.

- 그래가지고 가마니 묶어가지고 그걸 이제 여, 지금은 뭐 기계가 썼으니까 그렇지만, 저 꼭대기집인데 여기 섬거 장에서 한지락(지명)까지 또 져 내야 돼요.

- 공출을 하려면. 그 일본 사람 논 수를 주려면. 그걸보고 적산지논이라 그러면서 그 수를 이제 주려면. 아무튼 우리 처녀 때까지 그 논 수를 갚았어요.

그래요?

- 논.

그러니까 일본 사람 간 뒤에도.

- 예.

그러면 그 그 논을 이제 받으셨구먼요. 이제.

- 예.

아, 그 논을.

- 이제 농사를 지어가지고 이제 해마다 이제 갚는 거예요, 이제 말하자면.

그러니까 소유는 이제 갖게 되지요, 그건.

- 예, 그래가지고 이제 이제 나중에 이제 해방 되고는 이제 우리 우리 앞으로 되었지요.

음.

- 그거이 영:거이 인자. 그래가 열딴 마지기.

열딴 마지기.

- 예.

노니 되꼬이~.

- 그라농께 어찌 해:뜽가네 그래도 인자 노니 논 썸지기가 데지요.

- 또 다랑지논[118] 좀 사고 그래가 논썸지가 사고 그렁깨 야 우라부지가 고상을 해 그러지 우리는 잘 무꼬 사라써요.

열 딴 마지기면 마:니 마:난네요. 노니.

- 인자 다랑지논 사고 긍깨른 섬지기라문 스무점마지가 한섬지기 아님니까?

- 그래 울 아부지가 고상을 해 그러치 우리 무꼬 사능 거 저네는 쑥빱해 무꼬 머 송쿠밥[119] 해 무꼬 모도[120] 그러고 쑹 캐:다가 모도 쌀마가꼬 해 무꼬 무시밥[121] 해 무꼬 그래도 우리지비는 그럼 밥 암 무거써요.

- 인제 벨:미로 인자 쑥 캐 가꼬 인자 쪼깜::썩 서꺼 가꼬 소금 간간허이 여:[122] 가꼬 그래가꼬 해, 해 무으믄 그거이 마시따 싸코 우리드른 그래고 사라찌.

- 농사가 마:나가꼬 우리드른 인제 이:리 좀 데:서 그러치 그리 몸: 무꼬 살:고 그리는[123] 안해써요.

－ 그것이 영구히 이제. 그래가지고 열닷 마지기.

열닷 마지기.

 － 예.

논이 됐고.

 － 그래 놓으니까 어쨌든 그래도 이제 논이 논 섬지기가 되지요.

 － 또 다랑이 좀 사고 그래가지고 논 섬지기 사고 그러니까 우리 아버지가 고생을 해서 그렇지 우리는 잘 먹고 살았어요.

열닷 마지기면 많이 많았네요, 논이.

 － 이제 다랑이논 사고 그러니까 섬지기라면 스무 마지기가 한 섬지기 아닙니까?

 － 그래 우리 아버지가 고생을 해 그렇지 우리 먹고 사는 것, 전에는 쑥밥 해 먹고 뭐 송기밥 해 먹고 모두 그렇게 쑥 캐다가 모두 삶아가지고 해 먹고 무밥 해 먹고 그래도, 우리집은 그런 밥 안 먹었어요.

 － 이제 별미로 이제 쑥 캐가지고 이제 조금씩 섞어가지고 소금 간간하게 넣어가지고 그래가지고 해, 해 먹으면 그것이 맛있다 쌓고 우리들은 그렇게 살았지.

 － 농사가 많아가지고, 우리들은 이제 일이 좀 고돼서 그렇지 그렇게 못 먹고 살고 그렇지는 않았어요.

1.2 결혼 과정

음 그러네요. 음 그러믄 인자 어쩨뜬 겨로는. 겨로는 어떠케 하서써요?

- 그냥 인자 늘:거가꼬 인자 얼:거 가꼬 인자 인자 그리 양서기 그리 이씽깨 우리 저네 할무니가 우리 나 망 나서 울 할무니가 우리 지비는124) 좀 그래도 울 아부지가 애룬::씨게 버리서 일:만 알고 밤만 알고 애:씨게 버리서 시미 조아서 버리농께 머 무그꺼임 쪼깜 그래도 넘보덤 좀 나:꼬 그렁깨 자::꾸 우리 자그나부지들 찌비다 퍼다 주더라네요. 곡썩 그렁 거를.

누가요?

- 우리 할무니가.

아.

- 그래가 인자 나하고 우리 나 손미테125) 동생 인자 난 동생허고 손니를 바다가꼬126) 인는디 그 저네는 그거이 먼 그리 쩝찔게르 찌믄 그거이 거선다고127) 싹:: 나:가 우리 인자 애:기 그거는 인자 막 다:미 다글다글128) 끄러 가꼬 인자 주거 뿌리고.

아.

- 나:는 인자 좀 커농깨 그걸 이기내고 사:는디 인자 천::지가129) 여 막 따까리가130) 안 안잔능가요131)? 그거이 그거이. 그걸 싹:: 뜨더서 자:: 꼬 재:드라네요. 그거 쌀 퍼낸 숭 내니라고132). 자꾸 씨러 모두더라네 요133). 따까리 떼: 가꼬. 나:가.

- 그래가꼬 인자 인자 얼거농깨로 인자 곰:보라고 그래 긍깨 시집 와 서조창134) 그리 곰:보라고 인자 하:대르 바꼬.

그니까 그 증상이 이러케 어쩨뜬 곰보하면 얼 얼구리 얼케데지요이~?

- 네.

음, 그러네요. 음, 그러면 이제 아무튼 결혼은, 결혼은 어떻게 하셨어요?

－ 그냥 이제 늙어가지고 이제 얽어가지고, 이제 이제 그리 양식이 그렇게 있으니까 우리 전에 할머니가 우리 나 막 낳아서 우리 할머니가, 우리 집은 좀 그래도 우리 아버지가 애를 써서 벌어서 일만 알고 밭만 알고 애쓰게 벌어서 힘이 좋아서 벌어 놓으니까 뭐 먹을 것이 조금 그래도 남보다 좀 낫고 그러니까, 자꾸 우리 작은아버지들 집에다 퍼다 주더라네요. 곡식 그런 것을.

누가요?

－ 우리 할머니가.

아.

－ 그래가지고 이제 나하고 우리 내 밑의 동생 이제 낳은 동생하고 천연두를 앓고 있는데 그전에는 그것이 무슨 그리 **** 끼면 그것이 거시기한다고 싹 내가 우리 이제, 아기 그것은 이제 막 담이 그르렁그르렁 끓어가지고 이제 죽어 버리고,

아.

－ 나는 이제 좀 커 놓으니까 그걸 이겨 내고 살았는데, 이제 사방이 이 막 딱지가 앉았잖습니까? 그것이 그것이. 그걸 싹 뜯어서 자꾸 쟁이더라네요, 그거 쌀 퍼내는 흉내 내느라고. 자꾸 쓸어 모으더라네요. 딱지 떼어가지고 내가.

－ 그래가지고 이제 이제 얽어 놓으니까 이제 곰보라고, 그래 그러니까 시집와서조차 그렇게 곰보라고 이제 하대를 받고

그러니까 그 증상이 이렇게 아무튼 곰보하면 얼 얼굴이 얽게 되지요?

－ 네.

손니믈 허게 데면.

- 예.

옌나레느니?

- 그래가꼬 큼서롱도[135] 너마페 얼굴 함번 몬 내노코 펭::상 사래미 오면 싱키고 숭:꼬.

음 지그믄 별로 그러지를 안는데 엔:나레는.

- 인자 사리 빠징꼬 인자 늘궁깨로 사리 주르미 징깨 인자 그거이 음: 써저써요. 저네는 마:니 그래써요.

음 그레 가지고 겨로는 그러믄 인제 어떠케 하셔써요? 누가 중메를 하션나요?

- 인자 우리 오빠가 인자 인자 해:방이 되고 구니네를[136] 인자 또 우리 오빠는 서울 ○○○이라는 냥바니 우리 어무니 외:사초니등거이다네요[137].

- 그때 머 구켕가 머 구케으워닝가 서울써 해쓸 거이요.

- 거래가꼬 우리 여 지널며네 사라는디 거 우리 인자 아저씨가 거그야 인자 이씽깨로 우리 어무니가 인자 거그르 차자가서 우리 아들 좀 살리도 라고[138] 그리 가서 인자 사:정을 헝께 인자 껭:차레다가 여: 줘써. 인자 우리 크노빠는 인자 구니네르 앙 가고.

- 인자 오빠드리 인제 두:리 서:이는 인자 구니네를 가따오고 그랜는디 그때는 인자 구니네 우리 크노빠 갈 때는 구니네 가문 막 중는 파니라예[139].

- 그래 우르 오빠는 인자 구니네 가서 아저저 서울 가서 인자 껭:찰로 이꼬 우리 두:째 오빠는 가가꼬 머머 포병잉가 머 보벵 보벵이라드냐 차 몰른 사람 차 몰코[140] 댕기고 인자 거그::다가 차에 부리 나가꼬 하:상을 이버 가꼬 또 울 어무니 얼::매나 또 세 키워노문 긍깨 포라가꼬 또 거그 에 멘:헤 댕기고 벵워네 가서 거 될: 수발허고.

음.

- 그렁 거 험스롱 다 포라무꼬 또 서울 껭:찰로 이쓰성도 만::날 용도 늘 또 와서 가꼬 가제.

천연두를 앓게 되면.

- 예.

옛날에는.

- 그래가지고 크면서도 남 앞에 얼굴 한 번 못 내놓고 평생 사람이 오면 숨기고 숨고.

음, 지금은 별로 그러지를 않는데 옛날에는.

- 이제 살이 빠지고 이제 늙으니까 살이 주름이 지니까 이제 그것이 없어졌어요. 전에는 많이 그랬어요.

음, 그래가지고 결혼은 그러면 이제 어떻게 하셨어요? 누가 중매를 하셨나요?

- 이제 우리 오빠가 이제 이제 해방이 되고 군대를 이제, 또 우리 오빠는 서울 ○○○이라는 양반이 우리 어머니 외사촌이었던 모양이에요.

- 그때 뭐 국회인지 뭐 국회의원인지 서울에서 했을 거예요.

- 그래가지고 우리 이 진월면에서 살았는데 그 우리 이제 아저씨가 거기에 이제 있으니까 우리 어머니가 이제 거기를 찾아가서 우리 아들 좀 살려달라고 그리 가서 이제 사정을 하니까 이제 경찰에다가 넣어 주었어. 이제 우리 큰오빠는 이제 군대를 안 가고.

- 이제 오빠들이 이제 둘, 셋은 이제 군대를 갔다 오고 그랬는데 그때는 이제 군대에 우리 큰오빠 갈 때는 군대에 가면 막 죽는 판이에요.

- 그래 우리 오빠는 이제 군대에 가서 아 저 저 서울 가서 이제 경찰로 있고, 우리 둘째 오빠는 가가지고 뭐 뭐 포병인지 뭐 보병 보병이라더냐 차 모는 사람 차 몰고 다니고, 이제 거기다가 차에 불이 나가지고 화상을 입어가지고 또 우리 어머니 얼마나 또 소 키워 놓으면 그러니까 팔아가지고 또 거기에 면회 다니고 병원에 가서 거 뒷수발하고.

음.

- 그런 것 하면서 다 팔아먹고 또 서울 경찰로 있으면서도 만날 용돈을 또 와서 가지고 가지.

월급또 바다쓸텐데.

- 어찌 된 판 월:그블 얼:매나 바단능고 모지랭깨로 가서 도라지.

음.

- 항 완::날141) 와서 돈 도라고 그거 주고 저거 주고 자석뜰남사142) 우리 부모들 참 고상 마니 해써요.

응 그레끄망.

- 그래가 소 키워노문 긍깨 포라 뿌리고 또 세양치 문 사가꼬 오문 또 그놈 질드려가꼬 또 그놈 좀 클만허면 도니 아:서부면143) 또 포라 뿌리고.

(웃음)

- 만::날 세나 미기고 또 거 울 아부지 혼차서144) 이:를 그리 형깨로 또 그 가마니 그렁거또 또 나도 저내고 아부지 혼차서 저냉깨로 노는 마:니 되제 일본싸람들 노늘 마:니 차질 해:쩨.

음.

- 긍깨 그 논 수를 주자형깨145) 자::꼳 마:니 공:추를 해야 됭깨.

- 아부지가 짠:해서 나도 저내곤 아부지도 저내고 그래노먼 동네 싸람드리 (웃음) 심 조코 막 씨열딸 뒤딱 허싸코.

먼 따리요?

- 씨열딸 존,뒤:따고.

씨월따리 뭐에요?

- (웃음) 인자 일 잘 허고 인자 그런 딸 뒤:따고 인자.

아.

- 하 울 아부지허고 나허고 농사를 지:무꼬 그라농깨 시지블 와도 이:른 하나도 겁 안나요.

아.

- 이:른 하나도 거비 안 난디 뭉능 거이 조깜 이 지비도 무그 꺼는 마:

월급도 받았을 텐데.

– 어찌 된 판, 월급을 얼마나 받았는지 모자라니까 가서 달라지.

음.

– 아무렴. 만날 와서 돈 달라고 그것 주고 저것 주고 자식들 때문에 우리 부모들 참 고생 많이 했어요.

응, 그랬구먼.

– 그래가지고 소 키워 놓으면 그러니까 팔아 버리고 또 송아지 * 사가지고 오면 또 그놈 길들여가지고 또 그놈 좀 클 만하면 돈이 아쉬우면 또 팔아 버리고.

(웃음)

– 만날 소나 먹이고 또 그 우리 아버지 혼자서 일을 그리 하니까 또 그 가마니 그런 것도 또 나도 져 내고 아버지 혼자서 져 내니까 논은 많이 되지, 일본 사람들 논을 많이 차지를 했지.

음.

– 그러니까 그 논 수를 주려 하니까 자꾸 많이 공출을 해야 되니까,

– 아버지가 짠해서 나도 져 내고 아버지도 져 내고 그래 놓으면 동네 사람들이 (웃음) 힘 좋고 막 '씨열딸' 두었다고 해 쌓고

무슨 딸이오?

– 씨열딸 됐다고.

'씨열딸'이 뭐예요?

– (웃음) 이제 일 잘하고 이제 그런 딸 됐다고 이제.

아.

– 하, 우리 아버지하고 나하고 농사를 지어 먹고 그래 놓으니까 시집을 와도 일은 하나도 겁 안 나요.

아.

– 일은 하나도 겁이 안 나는데, 먹는 것이 조금 이 집도 먹을 것은 많은

넌디146) 만날 그대로 괜찬트만 영:감 먼 장사허고 그랜는디 인자 얼거때 가꼬 인자 우리 씨어무니가 인자 나:를 쫌 몬 빠서 그래.

그러면 그 결혼할 떼는 그럼 이 그거또 가튼 여기니까는 누가 아라서 중메를 헤꾸마뇨.

― 갸:치 장사허다가 동녤::뿌니 인자 장사허고.

음.

― 울 오빠도 장사허고 인자 근디 울 엄니 인자 가치 인자 도와주로 장에 따라댕기고.

음.

― 울 오빠 장사허는디 또 도와 주로 따라 댕기고 그러다가 동:네 뿌니 인자 항께 이약 인자 우리 아저씨는 천지서 인자 중수를147) 해서 또 쩨께 온다고 얼거농깨 쩨께 온다고 인자 옹거이 쩨께 온다고 와도 그리 모뽀데요. 그래가 상 거이 그냥 쫌 얄:구지 그리 사라 가꼬.

헤헤 예 결혼 헐 떼는 뭘 이러케 요새는 머 혼수도 망:코 막 허자나요이~?

― 예.

머머 어디 뭐 헤 기여기 나심니까? 머를 헤:야 가꼬 고로코 머 이렁 거뜰 그떼는?

― 요 지비서 농이 오문.

음.

― 인자 지믈 인자:: 오깜허고 시지블 이꼬올 오깜허고 인자 돈: 좀 허고 도:니자네 저네는 곡써글 줘요. 싸를 항 가마니 준다든지 머 한 서믈 준다든지 그리주믄 주고 인자 또 농허고 온 녀:가꼬 오라고 농 해 주고 그러믄 인자 우리드른 인사온148) 해 가꼬 오지요.

음 인사오슨 친척드레게 주론.

― 예.

음.

데, 만날 그대로 괜찮더니 영감 뭐 장사하고 그랬는데, 이제 얽었다 해가지고 이제 우리 시어머니가 이제 나를 좀 못 봐서 그래.

그러면 그 결혼할 때는 그럼 이 그것도 같은 여기니까는 누가 알아서 중매를 했구먼요.

— 같이 장사하다가 동넷분이 이제 장사하고,

음.

— 우리 오빠도 장사하고 이제 그런데 우리 어머니 이제 같이 이제 도와 주러 장에 따라다니고,

음.

— 우리 오빠 장사하는 데 또 도와 주러 따라다니고, 그러다가 동넷분이 이제 함께 이야기 이제 우리 아저씨는 사방에서 이제 중매를 해서 또 쫓겨온다고 얽어 놓으니까 쫓겨 온다고 이제 온 것이 쫓겨 온다고 와도 그렇게 못 보데요. 그래가지고 산 것이 그냥 얄궂게 그렇게 살아가지고.

헤헤, 예, 결혼할 때는 뭘 이렇게 요새는 뭐 혼수도 많고 막 하잖아요?

— 예.

뭐뭐 어디 뭐 헤 기억이 나십니까? 뭐를 해가지고 그렇게 뭐 이런 것들 그때는?

— 이 집에서 농이 오면,

음.

— 이제 짐을 이제 옷감하고 시집을 입고 올 옷감하고 이제 돈 좀 하고, 돈이 아니라 전에는 곡식을 줘요. 쌀을 한 가마니 준다든지 뭐 한 섬을 준다든지 그렇게 주면, 이제 또 농하고 옷 넣어 가지고 오라고 농 해 주고 그러면 이제 우리들은 예단 해가지고 오지요.

음, 예단은 친척들에게 줄 옷.

— 예.

음.

- 인제 처채는 씨어메 씨아배 요 이부자리허고.

음.

- 인잔 또 온 허고.

음.

- 또 인자 지바네 인자 지바니 마:느문 자그나부지들 인자 자그너무니들 모도 저네 우리들 시집올 때는 자그나부지드른 두루막[149] 해 가꼬 오고.

음.

- 자그너무니드른 인자 저구리[150] 시방 저고리라 그러지만 저네는 저구리 인자 그거 해 가꼬 오고.

음.

- 우리 엄니가 인자 질싸믈[151] 잘 헝께 밍기[152] 밍기저구리 인자 점부 자으너무니드른 해다 해:주고 해:오고 또 자그나부지드른 두루막 해:오고 인자 어런들 인자 또 먼 당승모 인자 저런 분드른 인자 보신[153] 항 커리썩[154]. (웃음)

그러치요이.

- 예 보신 항 커리썩 점부 해가꼬 오고 그래찌요.

- 그래 인자 고상을 해 농깨로 지금도 여 농 아네 온 시지본 온 이써요. 아까와서 나:뚜고 거 채리봐요. (웃음)

(웃음)

- 멩:배[155] 즉 멩:배 적쌈도 열: 깨믄 한 죽.

아.

- 멩:배 적쌈도 한 죽, 저구리도 한 죽, 치매도 한 죽 채로[156] 그 때 배카레로[157] 가꼬 와씨무니나[158] 나:뚜고 짤라서 쓰 써 씨먼 허꺼인디 먼:헌다고 싹:: 싹 짱그라서[159] 가이로[160] 짤라서 오슬 맨, 맨드라 가꼬 한 죽썩 땅 양:쪼글 딱딱 끼:매서 그러가 농을 여 다::뿍 두 농을 해 주데.

아이고 마:닌네여.

– 이제 첫째는 시어머니 시아버지 요 이부자리하고.

음.

– 이제 또 옷하고

음.

– 또 이제 집안에 이제 집안이 많으면 작은아버지들 이제 작은어머니들 모두 전에 우리들 시집올 때는 작은아버지들은 두루마기 해가지고 오고

음.

– 작은어머니들은 이제 '저구리', 시방 저고리라 그러지만 전에는 '저구리' 이제 그것 해 가지고 오고.

음.

– 우리 어머니가 이제 길쌈을 잘 하니까 명주 명주저고리 이제 전부 작은어머니들은 해다 해 주고 해 오고, 또 작은아버지들은 두루마기 해 오고 이제 어른들 이제 또 뭐 당숙모 이제 저런 분들은 이제 버선 한 켤레씩. (웃음)

그렇지요.

– 예, 버선 한 켤레씩 전부 해가지고 오고 그랬지요.

– 그래 이제 고생을 해 놓으니까 지금도 이 농 안에 옷 시집온 옷 있어요. 아까와서 놔두고 그것 쳐다봐요. (웃음)

(웃음)

– 무명, 즉 무명 적삼도 열 개면 한 죽.

아.

– 무명 적삼도 한 죽, 저고리도 한 죽, 치마도 한 죽. 차라리 그때 배통으로 가지고 왔으면 놔두고 잘라서 썼으면 할 것인데 뭐한다고 싹싹 잘라서 가위로 잘라서 옷을 만들어가지고 한 죽씩 딱 양쪽을 딱딱 꿰매서 그렇게 해가지고 농을 넣어 가득 두 농을 해 주데.

아이고, 많이 있네요.

– 게양 우리 소누에[161] 언니가 나는 얄구께 쩨까이 해 가꼬 주더마는 저거는 오슬 죽쭈기[162] 해서 준다고 또 와서 땅깡을[163] 노라서 또 우런니가 똗 똗 좀 돌라가가고.

(웃음)

– 나느 얄구께 해주 해 가꼬 시집보내드마느 저거는 그 마:니 해 준다 그렁깨 우르 아부지가 누구 거치 그러자네 이 우리 서내기는[164] 고상도 마:니 허고 해 그리 해 줘야 된다 세도 사 주꺼인디 세도 함 마리 준다 핸는디 몬 쭈는디 오시나 젤 마:니 해 줘야지 글드만. 여그 옹깨 오시 마나 농깨 씨어메가 심녀늘 사라도 온 항가지도 안 해 주데요.

(웃음)

– 그렁거이 이꼬도 시방 인자 나마가꼬 저저그 시방 멩:배온 그렁 거는 저딴 나 농 쏘게다 여:노코 채리 봐요. 인자 나 주금 때 되문 인자 가따 내:삐리등가 어쩌등가.

(웃음)

– 중가네 중가네 그걸 스 아줌마드리 사로 댕기데요. 사러 댕김성 포라근디 싸디 싸게 멩온 그렁 거를 싸디 싸게 사 가꼬 가능 아 나는 안 폰데써요.

그거를 인자 어디 수이 가틍 걸로 팔라나?

– 몰라요. 멀 헐라고 그렁고 그 땍 한중 사러 댕기드만 나 폴도[165] 안 허고[166] 나는.

아니 여런데 거 사람 주그면 그렁 거 입짜나요?

– 지그믄 수이는 새로 맨드리는데요. 몰라 그 때는 인자 글로 폴라 그랜능가 어짼능가 아 인자 수이는 난자가 얼매 안 되지 안쏘?

겨론 헤 가지고 오 여 오니까 시데게 누가 어떤 데가 시꾸드리 이뜽가요? 누구누구 이뜽가요?

– 인자 오 남맨디 오 남맨디 인자 씨누는[167] 여어[168] 부리고 씨누는

- 그냥 우리 손위 언니가 나는 얄궂게 조금 해가지고 주더니만 저것은 옷을 죽으로 해서 준다고 또 와서 생떼를 써서 또 우리 언니가 또 또 좀 훔쳐가고.

(웃음)

- 나는 얄궂게 해 주 해가지고 시집 보내더니 저것은 그 많이 해 준다 그러니까, 우리 아버지가 누구같이 그런 것이 아니라 이 우리 선악이는 고 생도 많이 하고 해 그렇게 해 줘야 된다, 소도 사 줄 텐데 소도 한 마리 준 다 했는데 못 주는데 옷이나 제일 많이 해 줘야지 그러더구먼. 여기 오니까 옷이 많아 놓으니까 시어머니가 십 년을 살아도 옷 한 가지도 안 해 주데요

(웃음)

- 그런 것이 입고도 시방 이제 남아가지고 저 저기 시방 무명옷 그런 것은 ** 내 농 속에다 넣어 놓고 쳐다봐요. 이제 나 죽으면 때 되면 이제 가져다 내버리든지 어쩌든지.

(웃음)

- 중간에 중간에 그걸 아주머니들이 사러 다니데요. 사러 다니면서 팔 라 그런데, 싸게 싸게 무명옷 그런 것을 싸디 싸게 사가지고 가는 아 나 는 안 판댔어요.

그것을 이제 어디 수의 같은 것으로 팔려나?

- 몰라요. 뭐 하려고 그런지. 그때 한창 사러 다니더니 나 팔지도 않 고 나는.

아니, 이런 데 그 사람 죽으면 그런 것 입잖아요?

- 지금은 수의는 새로 만드는데요. 몰라 그때는 이제 그것으로 팔려고 그랬는지 어쨌는지. 아 이제 수의는 나온 지가 얼마 안 되잖소?

결혼 해가지고 오 여기 오니까 시댁에 누가 어떤 데가 식구들이 있던가요? 누구 누구 있던가요?

- 이제 오 남매인데 오 남매인데 이제 시누이는 결혼시켜 버리고 시누이는

여어 뿌리고 인자 씨아재들[169) 미테 세: 개[170) 나허고 인자 우리 영감허고 인자 그래치요.

음.

─ 긍:깨 너:히 인자 일곱 권세기[171) 사라찌요.

─ 씨어무니 씨아부지 나 일고 권세기 살:고.

그 한 지베서 다 삼:니까?

─ 예.

지비 쫌 커떤 모양이네요.

─ 요짜게 요 지비.

아 그 어찌게 그러케.

─ 여,여 여그에는 인자 아래차[172).

아하.

─ 아래차아 지플 가꼬 이:농깨 게:[173) 들고 계: 나고 그렁개 그 미찐 보돕씨[174) 쩨까::만 노푸게 해농깨 미치[175) 캉::캄해요 쩌근 동:네 노인드른 모도 와서 우리 아래빵에 모도 자고 그러데. 먼

사랑방처럼?

─ 네.

─ 덕썽넝가미라 그럼서러 영:가미 올 띠도 갈 띠도 엄:는 영:가미 인자 집찜마동 인자 지플 가꼬 덕썩[176) 그검:: 맨드라 주고 그냥 입 어더무꼬.

음.

─ 그르고 산다고 우리 아래빵에 와서 살:고.

음.

─ 저녀그로 자고 인자 또 나주로는[177) 너무지비 가 먼 덕썩또 맨 맨드르고

음.

─ 방석도[178) 맨드리고 그렁 거 인자 영:끔서로[179) 인자 너무지비 나주로는 가고 잘 띠가 엄:써 우리지비 잔다고 자고 그러데.

결혼시켜 버리고 이제 시동생들 밑에 셋, 나하고 이제 우리 영감하고 이제 그랬지요.

음.

— 그러니까 넷이 이제 일곱 식구가 살았지요.

— 시어머니 시아버지 나 일곱 식구가 살고.

그 한 집에서 다 삽니까?

— 예.

집이 좀 컸던 모양이네요.

— 이 쪽에 이 집이.

아, 그 어떻게 그렇게.

— 이, 이 여기에는 이제 아래채.

아하.

— 아래채 짚을 가지고 이어 놓으니까 기어 들고 기어 나고 그러니까 그 밑은 겨우 조금 높게 해 놓으니까 밑이 캄캄해요. 저기 동네 노인들은 모두 와서 우리 아랫방에 모두 자고 그러데, 뭐.

사랑방처럼.

— 네.

— 멍석영감이라 그러면서 영감이 올 데도 갈 데도 없는 영감이 이제 집집마다 이제 짚을 가지고 멍석 그것 만들어 주고 그냥 입 얻어먹고.

음.

— 그렇게 산다고 우리 아랫방에 와서 살고.

음.

— 저녁이면 자고 이제 또 낮으로는 남의 집에 가 뭐 멍석도 만 만들고.

음.

— 도래방석도 만들고 그런 것 이제 엮으면서 이제 남의 집에 낮으로는 가고 잘 데가 없어 우리집에서 잔다고 자고 그러데.

음.

― 거 우리드리 시집와 가서도 또 된:날 첫 쌔보게 인자 이러나서 똘어:르니라고 점::부 문녀러노고 바가테서 절허고.

― 새봉마동 머리 비꼬 첟쌔보게 이러나서 머리 비:꼬 또 오 까라 입꼬.

음 엔나레 그레찌요.

― 절허고 그래써요.

예.

― 거 인자 씨아바이180) 델로 와서 아부지 절 바드시이다181) 그러먼 인자 또 큼방으로 오문 난:자느 기찬타 허지마라.(웃음)

― 네:가 기찬차나 나:가 기찬타 오지 마라.(웃음)

음.

— 그 우리들이 시집와서도 또 뒷날 첫 새벽에 이제 일어나서 또 어른이라고 전부 문 열어놓고 밖에서 절하고.

— 새벽마다 머리 빗고 첫 새벽에 일어나서 머리 빗고 또 옷 갈아입고.

음, 옛날에 그랬지요.

— 절하고 그랬어요.

예.

— 그 이제 시아버지 데리러 와서 "아버지 절 받으십시오" 그러면 이제 또 큰방으로 오면 나중에는 "귀찮다 하지 마라. (웃음)

— 네가 귀찮은 것이 아니라 내가 귀찮다 오지 마라." (웃음)

1.3 전통 혼례식

(웃음) 그러지요. (웃음) 그 엔:날 구식 껴론 헤쓸 꺼시고요.

－ 예 지비서.

지비서이. 어떤:: 인제 절차로 순서가 어뜨케 되고 어뜬 시그로 결호늘 함니까?

－ 인제 장:개 온다고 인자 가:매 타고 오고.

음.

－ 처:메는 지미 오고 젤:로[182] 처메 인자 중시내비가[183] 언자 서로 영겨를 해 주문 인자 양:쪽 허라글 마트문 인자 사:싱이라고[184] 와요.

음.

－ 인자 그를 써 가꼬 인자 사:싱을 인잔 펜:지봉투를 하나 가따 주문 우리 지비로 인자 실랑찌비서 가꼬 오면 인자 그놈 바다 노코 이씨문 인자 또 메친 날 인자 또 지몬다 그래요.

음.

－ 금 인잔 저 하동자 여그서는 하동장으 가서 장:농 사고.

－ 또 우껄리미라고[185] 인자 또 우돈 세: 벌썩 세: 벌썩 허고 인자 그놈 지고 농 지고 그래가꼬 둘:썩 둘:썩 인잔 징꾸니 두:리 인자 지고 와요. 농 한짝썩 지고 혼차서 한 항 커리를[186] 다 몬: 징깨.

음.

－ 거 따 인자 짐 그놈 지고 여:코 인잔 갈라서 여:코 그래가꼬 오므 오든 거스글 인자 우리는 그냥 도:느로 주데요. 양서깝쓸.

－ 인자 상구[187] 저네 엄:는 지비는 쌀:로 주고.

음음.

－ 근디 우리 집은 우리 농사가 망:코 그렁깨 도:늘 얼매가 완능구 인

(웃음) 그러지요. (웃음) 그 옛날 구식 결혼했을 것이고요.

― 예, 집에서.

집에서. 어떤 이제 절차로 순서가 어떻게 되고 어떤 식으로 결혼을 합니까?

― 이제 장가온다고 이제 가마 타고 오고,

음.

― 처음에는 짐이 오고 제일 처음에 이제 중신아비가 이제 서로 연결을 해 주면 이제 양쪽 허락을 맡으면 이제 사주단자라고 와요.

음.

― 이제 글을 써가지고 이제 사주단자를 이제 편지 봉투를 하나 가져다 주면 우리 집으로 이제 신랑집에서 가지고 오면 이제 그것 받아 놓고 있으면 이제 또 몇 일 이제 또 짐 온다 그래요.

음.

― 그러면 이제 저 하동장 여기서는 하동장에 가서 장롱 사고.

― 또 '웃걸림'이라고 이제 또 윗옷 세 벌씩 세 벌씩 하고 이제 그것 지고 농 지고 그래가지고 둘씩 둘씩 이제 짐꾼이 둘이 이제 지고 와요. 농 한짝씩 지고 혼자서 한 한 채를 다 못 지니까.

음.

― 거기에다 이제 짐 그것 지고 넣고 이제 나누어서 넣고 그래가지고 오면 오던 거시기를 이제 우리는 그냥 돈으로 주데요. 양식값을.

― 이제 사뭇 전에 없는 집은 쌀로 주고.

음음.

― 그런데 우리집은 우리 농사가 많고 그러니까 돈을 얼마가 왔는지 이

자 모르제 나:는 인자. 인자 도:늘 이로 주고.

낭깐 이쪽 시데게서 도:늘.

— 예.

그럼니까?

— 예.

그거 가지고 머 하라고?

— 인작 인작 머 장만헐 인자 그럼 우껄리만 허먼 인자 우리 지비서 인 잗 소:곧 거틍 거.

음.

— 신 그렁 걸 점:부 인자 우리 지비서 사거등. 그렁걸 사::고 인자 그 러라고 인자 주는디 인쟌 우리쟌 또 우리지비서는 인자 우 그 씨대게 인 자 또 절꺼슥 헌다 절깝씨라고 인자 똔 자그나부지차 자그너무니들 그리 또 오슬 해 가꼬 오고.

음 절깝씨랑 거슨.

— 지그믄 도:느로 안 주능가요?

— 절 바드믄 예식짱에서 절 바드믄 도:니 긍깨 그그 인자 그 갑씨지 인자 온 해다 주능 거는 저네는. 저네는 오슬 해:다 줜:넌 지그믄 인자 도: 느로 안 주능가요?

그믄 오슬 헤:다 준다는 마른 자그너머니가 오슬 헤,헤서 주셔따고요?

— 이 인자 우리 시시 친정에서 자:나부지드른 두루막 허고.

아아아.

— 자:너머니드른 저고리허고

인사 온 인사오슬

— 인사오슬 그리 해 가꼬 시방은 점:부 도느로 안 주능가요 절 바드믄.

예예예 그러치요.

— 그르니까 절깝씨라 인자 온 해:다주능.

제 모르지, 나는 이제. 이제 돈으로 주고.

그러니까 이제 시댁에서 돈을.

－ 예.

그럽니까?

－ 예.

그것 가지고 뭐 하라고.

－ 이제 이제 뭐 장만할 이제 그러면 '웃걸림'만 하면 이제 우리 집에서 이제 속옷 같은 것.

음.

－ 신 그런 것을 전부 이제 우리집에서 사거든. 그런 걸 사고 이제 그러라고 이제 주는데, 이제 우리집 또 우리집에서는 이제 우 그 시댁에 이제 또 절 거시기한다 절값이라고 이제 또 작은아버지 작은어머니들 그렇게 또 옷을 해 가지고 오고.

음, 절값이란 것은

－ 지금은 돈으로 주잖아요?

－ 절 받으면 예식장에서 절 받으면 돈이 그러니까 그그 이제 그 값이지 이제 옷 해다 주는 것은 전에는. 전에는 옷을 해다 주었는데 지금은 이제 돈으로 주잖아요?

그러면 옷을 해다 준다는 말은 작은어머니가 옷을 해 해서 주셨다고요?

－ 아, 이제 우리 시시 친정에서 작은아버지들은 두루마기 하고.

아아아.

－ 작은어머니들은 저고리 하고

예단 예단을

－ 예단을 그리 해가지고. 지금은 전부 돈으로 주잖아요. 절 받으면.

예예예. 그렇지요.

－ 그러니까 절값이라 이제 옷 해 다 주는.

응응.

― 그래가꼬 인자 시지비라고 가:매 타고 인자 또 나를 바다가꼬 게론 나를 바다가꼬 실랑은 가:매 타고.

음.

― 인제 또 상:각188) 아부지는 상:각 딸:코.

음.

― 또 칭구들 우인들허고.

음.

― 우인드리 인자 함: 지고 또 따라와 하고.

음.

― 그래 인제 음음 이일 먼 예:를 지내지요.

에 에:를?

― 예: 지내고 인자 날라게189) 해서 인자 하리빰 자고 오는 사람.

으흠.

― 또 이틀빰 자고 오는 사람.

음.

― 나를 바드문.

시글 인제 심부지베서 하자나요?

― 예.

식 하고 하루빰 자고.

― 인자인.

하루나 이틀빰 자고 오고.

― 인자 실랑이 인자 장:개 와서 하리 시:여 오는 사람.

으흠.

― 뒨:날 인자 날라게 해써요. 뒨:날 바로 오는 사람.

음.

응응.

― 그래가지고 이제 시집이라고 가마 타고 이제 또 날을 받아가지고 결혼날을 받아가지고 신랑은 가마 타고.

음.

― 이제 또 위요 아버지는 위요 따르고

음.

― 또 친구들 우인들하고.

음.

― 우인들이 이제 함 지고 또 따라와서 하고.

음.

― 그래 이제 음 음 뭐 예를 지내지요.

예, 예를?

― 예 지내고 이제 빨리 해서 이제 하룻밤 자고 오는 사람,

으흠.

― 또 이틀 밤 자고 오는 사람.

음.

― 날을 받으면.

식을 이제 신부집에서 하잖아요?

― 예.

식 하고 하룻밤 자고.

― 이제

하루나 이틀 밤 자고 오고.

― 이제 신랑이 이제 장가와서 하루 쉬어 오는 사람,

으흠.

― 뒷날 이제 빨리 했어요. 뒷날 바로 오는 사람.

음.

- 음 인자 뒨:날 올 싸라믄 인자 오늘 연방 한저리¹⁹⁰⁾ 또 치닌허고¹⁹¹⁾ 한저리는 또 떡 허고 한쪼가리는¹⁹²⁾ 떠그 지그믄 방애씨리 이쩨마넌 그때는 방애씰도¹⁹³⁾ 엄:꼬.

음.

- 동구리 국썩 그렁 거 다 인자 친지 친정아서 사 가꼬.

음.

- 동구리예다가 또 찰떡 항 거 메:떡 항 거.

- 연방 치닌허고 나머 인자 또 동:네싸람들 한저네 인자 그 가리를 뽀서가야데요¹⁹⁴⁾. 안쩌게는.

음.

- 읻일 그래고 또 하,하리빰 자는 나른 인자 시:는 날 이틀빰 자는 나른 인자 시:는 날 인자 허고 그러허믄 인잗 또 시:는 나른 인자 아척빰¹⁹⁵⁾ 해 노믄 친척뜰 먼 지바네 머: 오빠들 먼: 동생들 머이 해 가꼬.

- 실랑 심부 또 바블 한 상에 노코 또 떼 미기고 서로 떼 미이라 자바서 시,시기고¹⁹⁶⁾. 해우¹⁹⁷⁾, 해우싸믈 싸가꼬 또 거따가 꼬막 껍떼기 머 게기 뻬따우¹⁹⁸⁾ 그렁 걸 여: 가꼬 실랑을 무그라 (웃음) 싸 여:주고.

아 웨 놀릴려고 그렁가요?

- 아 인자 거:: 인자 암 무거믄 인자 또 인자 꺼꾸루¹⁹⁹⁾ 다라매:²⁰⁰⁾ 노코 인자 뚜드리고.

- (웃음)

- 그런 세상을 살다가 인자 금.

그 인제.

- 지그믄 조:은 세상 아잉가요?

실랑은 그러케 다라 어 이러케 다루능 거슨 어:디나 다 이쩌요. 거니까 머.

- 아 실랑 다라매능 거는 인자 천날 저녁 그르케 해도 그러 인자 낼: 갈꺼 거틈 천날 저녀 다라매고.

- 음, 이제 뒷날 올 사람은 이제 오늘 계속 한쪽에서 또 사람 접대하고 한 쪽은 또 떡 하고 한 쪽은 떡, 지금은 방앗간이 있지마는 그때는 방앗간도 없고.

음.

- 동고리 ** 그런 것 다 이제 친지 친정에서 사가지고,

음.

- 동고리에다가 또 찰떡 한 것 메떡 한 것.

- 계속 대접하고 나면 이제 또 동네 사람들 *** 그 가루를 빻아야 돼요, 안쪽에서는.

음.

- 이이 그리고 또 하 하룻밤 자는 날은 이제 쉬는 날 이틀 밤 자는 날은 이제 쉬는 날 이제 하고 그리하면 이제, 또 쉬는 날은 이제 아침밥 해놓으면 친척들 뭐 집안의 뭐 오빠들 뭐 동생들 뭐 해가지고.

- 신랑 신부 또 밥을 한 상에 놓고 또 떼어 먹이고 서로 떼어 먹여라 잡아서 시 시키고. 김 김을 싸가지고 또 거기에다가 고막 껍질 뭐 고기 뼈 그런 것을 넣어가지고 신랑을 먹으라 (웃음) 싸서 넣어 주고.

아, 왜 놀리려고 그러나요?

- 아, 이제 그 이제 안 먹으면 이제 또 이제 거꾸로 매달아 놓고 이제 두들기고.

- (웃음)

- 그런 세상을 살다가 이제.

그 이제

- 지금은 좋은 세상이잖아요?

신랑은 그렇게 매달아 이렇게 다루는 것은 어디나 다 있지요. 그러니까 뭐.

- 아, 신랑 매다는 것은 이제 첫날 저녁 그렇게 해도 그러 이제 내일 갈 것 같으면 첫날 저녁 매달고.

음.

- 그라너문 재:인꺼름 오면 사을마네 또 재:인꺼르믈 가요.

제: 인꺼르미 뭐에요?

- 사을마네 또 인자 처가찌비 인자 또 인사허러 가요.

사을마네 시덱 지브로 가따가 다시 또 처,처가에 가요?

- 아문201). 인자 시 오늘 시집 요지브로 또 시집 와쓰믄, 하리202) 시:
가꼬 사을마네 또뜬.

또.

- 또 처가찌비 인자.

어그는 지비 가까우니까 얼릉 가따 올 쑤 인는데 먼: 데는 그러케 안데자나요?

- 인자 어쩬능고 모르지요 인자 우리드른 인자. 긍깨 저네는 보:통 개
즉헌203) 디로 마:니 안 와능가요?

음.

- 서르 이 동네 저넬 똥네 중시내비가 댕김스로 중시늘 양쪼그로 해 가꼬

음.

- 인자 선:도 베기고204) 인자 그러장깨205) 개직헌 디로 저네는 마:니
해찌요.

아 그 사연마.

- 지그믄 머 외:국써도 오고 머 서울써도 오고 그래찌마는.

(웃음)

- 저네는 서르 이 동네 저 동네 서륵 그래가꼬 마:니 해찌요.

음 거 처가에도 사을마네 함 번 가서 또 인사 드리고.

- 예.

예.

- 무슨 노무 떠근 하:수판상206) 떡 쏙 눈:는 떡꾹써근 이:고 댕기고 사
을마네 오믄 인자 또또 떡 해가꼬 또 줘요.

음.

 - 그렇지 않으면 '장인걸음' 오면 사흘만에 또 '장인걸음'을 가요.

'장인걸음'이 뭐예요?

 - 사흘만에 또 이제 처갓집에 이제 또 인사하러 가요.

사흘만에 시댁으로 갔다가 다시 또 처 처가에 가요?

 - 아무렴. 이제 시 오늘 시집 이 집으로 또 시집왔으면, 하루 쉬어가지고 사흘만에 또.

또

 - 또 처갓집에 이제

여기는 집이 가까우니까 얼른 갔다 올 수 있는데 먼 곳은 그렇게 안 되잖아요?

 - 이제 어땠는지 모르지요 이제 우리들은 이제. 그러니까 전에는 보통 가까운 곳으로 많이 오잖아요?

음.

 - 서로 이 동네 저 동네 중신아비가 다니면서 중매를 양쪽으로 해가지고

음.

 - 이제 선도 보이고 이제 그러려니까 가까운 곳으로 전에는 많이 했지요.

아 그 사연만

 - 지금은 뭐 외국에서도 오고 뭐 서울에서도 오고 그러지마는.

(웃음)

 - 전에는 서로 이 동네 저 동네 서로 그래가지고 많이 했지요.

음, 그 처가에도 사흘만에 한 번 가서 또 인사 드리고

 - 예.

예.

 - 무슨 놈의 떡은 항상 떡 속 넣는 떡바구니는 이고 다니고 사흘만에 오면 이제 또 또 떡 해가지고 또 줘요.

아, 엔:나레는 헐 꺼시 업씅께 따로 그냥 떠기 제일 저기.

　－ 떠기 제:리라. 사을마네 오면 또 그냥 모뽀낸다오 또 그 떠글 해:서 또 또 이: 보내고.

　－ 떡또 잘 헌디 배 고푼 세상이 데:농께 그냥 저네는 떡또 그리.

그러지요.(웃음)

　－ 마:니 해찌예.

귀항 거시지요.

　－ 예 시방 머 해나도 떡 묵또 아너고.

(웃음)

　－ 망:구에 조:은 세상 아이요?

그러케 그럳 그런 데 엔:날 그 호년식 떼는 어떤 음식뜨를 주로 줌비하등가요? 떡 말고 그바께 장만항 거뜨리?

　－ 전: 부치고 데:지 잡꼬 머 내:나 그렁 거이지요 뭐.

음.

　－ 유개207)허고.

유게허고.

　－ 인제 지그믄 까:자가208) 인제 저네는 유:과.

음.

　－ 유개를 해 가꼬 봉:: 에.

　－ 겔혼식 날:자버 노먼 메:칠 저네부터 술 해 여코 그냥 그 머스 머이라니209) 저네 술 치로210) 댕기는 사람들 아이고.

　－ 저네는 살링게 찌권도 나무해 노먼 살링게 찌궈니 와서 야:다이고.

(기침) 아 세무서에서 와서.

　－ 세무서애서 또 술 치로 댕기고

음.

　－ 수리 막 복짝뽁짝211) 끈능 거시 저:: 세무서애서(웃음) 낼 모레 인자

아, 옛날에는 할 것이 없으니까 따로 그냥 떡이 제일 저기.

— 떡이 제일이야. 사흘만에 오면 또 그냥 못 보낸다고 또 그 떡을 해서 또 또 이어 보내고.

— 떡도 잘 하는데, 배고픈 세상이 돼 놓으니까 그냥 전에는 떡도 그렇게.

그렇지요. (웃음)

— 많이 했지요.

귀한 것이지요.

— 예, 지금 뭐 해 놔도 떡 먹지도 않고.

(웃음)

— 만고에 좋은 세상 아니오?

그렇게 그런 그런 곳 옛날 그 혼인식 때는 어떤 음식들을 주로 준비하던가요? 떡 말고 그 밖에 장만한 것들이?

— 전 부치고 돼지 잡고 뭐 내나 그런 것이지요 뭐.

음.

— 유과 하고.

유과 하고.

— 이제 지금은 과자가 이제 전에는 유과.

음.

— 유과를 해가지고 봉 예.

— 결혼식 날 잡아 놓으면 며칠 전부터 술 해 넣고 그냥 그 뭐 뭐냐 전에 술 단속하러 다니는 사람들, 아이고.

— 전에는 산림계 직원도 나무해 놓으면 산림계 직원이 와서 야단이고.

아, 세무서에서 와서.

— 세무서에서 또 술 단속하러 다니고.

음.

— 술이 막 보글보글 끓는 것이 저 세무서에서 (웃음) 내일 모레 이제

겔혼헐 때 이자 걸러 가꼬 무글 쑤를 큰:: 도가지에다가 인자 지반 만:헌 사람든 큰:: 도가지에다 막 싸를 여나무 되썩 꼬두바블212) 쩌서 수를 해 여: 노코 복짝뽁짝 끄르믄 세:무서 찌귀니 오먼 그냥 거:짐말로 금뚜주를 치고 애:기 나 나:따고.

（웃음）

- 부:정 인는다고 몬: 뜨로게.

어.

- 금뚜주를213) 연방 치고 야다니 노먼 그거또 난:중에는 소양도 엄씨 치로 드로고 벌:그블214) 물:고 막 그래써요. 쩌.

결혼할 때 이제 걸러가지고 먹을 술을 큰 독에다가 이제 집안 넓은 사람들은 큰 독에다 막 쌀을 여남은 되씩 고두밥을 쪄서 술을 해 넣어 놓고 보글보글 끓으면 세무서 직원이 오면 그냥 거짓말로 금줄을 치고 아기 낳 낳았다고.

(웃음)

― 부정 탄다고 못 들어오게.

어.

― 금줄을 계속 치고 야단을 하면 그것도 나중에는 소용도 없이 단속하러 들어오고 벌금을 물고 막 그랬어요, 저.

1.4 결혼 생활

엉(웃음) 그레찌요. 그 다메 겨로늘 헤 가지고 그럼 인자 신혼 살리믄 어,
어:디에서 이러케 그냥 한,한데서 사라씀니까?

― 저네는 인자 큰메느리는 큰지베 한테[215] 어:른들허고 살:고 자근메
느린 인자 저:그믈[216] 내: 노코 그래찌요.

음 그 큰메느리세요?

― 예.

아 큰며느리니까 그러믄 한데서 사션네.

― 아이 따로 사라써요 그렁깨.

음 아, 한:참 이따가 나중에 따로 사라찌요.

― (한숨) 구년 넉:딸마네.

아 가치 산 지 구년 넉:딸마네.

― 꼭:: 살:라고.

음.

― 멍쳉이 시늉을 허고 그리 박때를 해:도 그냥 우리 친정어무니가 **뻴
따구마**[217] 나마도 거그 사라야 억찌 써야 된다고.

음.

― 또 우리 오빠는 남자는 구니네 가서 중능 거이고.

음.

― 여자는 그 사리꽅[218] 드러가무 그 자리에서 **뻽따구**가 나마도 그 지
비서 사능 거인디 나오기만 나오면 우리 지비는 발 몯 떼껭이께 몬 나오
라제[219] 암:: 디도 가본 디는 업:쩨.

갈 떼가 엄:네.

― 갈 띠가 엄:서 그냥 주그나 사나 살:고 울 엄니 핑상 친정 어무니는

엉(웃음) 그랬지요. 그 다음에 결혼을 해가지고 그럼 이제 신혼 살림은 어 어디에서 이렇게 그냥 한 한 곳에서 살았습니까?

- 전에는 이제 큰며느리는 큰집에 한데 어른들하고 살고, 작은며느리 는 이제 분가를 내어 놓고 그랬지요.

음, 그 큰며느리세요?

- 예.

아, 큰며느리니까 그러면 한데서 사셨네?

- 아이, 따로 살았어요 그러니까.

음, 아, 한참 있다가 나중에 따로 살았지요.

- (한숨) 구 년 넉 달만에.

아, 같이 산 지 구 년 넉 달만에.

- 꼭 살려고.

음.

- 멍청이 시늉을 하고 그렇게 박대를 해도 그냥 우리 친정어머니가 뼈 다귀만 남아도 거기 살아야 억지 써야 된다고.

음.

- 또 우리 오빠는 남자는 군대에 가서 죽는 것이고,

음.

- 여자는 그 사립문 들어가면 그 자리에서 뼈가 남아도 그 집에서 사 는 것인데 나오기만 나오면 우리 집에는 발 못 댈 것이니까 나오지 말라 고 하지, 아무 데도 가본 곳은 없지.

갈 곳이 없네.

- 갈 곳이 없어 그냥 죽으나 사나 살고, 우리 어머니 평생 친정어머니는

뻴따우만 나마도 사라라. 뻴따우만 나마도 사라라.

음.

― 그래가 그냥 멍청이 시늉으로 상:깨 긍깨 날:보고 멍체이라고.

음.

― 동네 싸람도 멍체이라고 그러고 나를.

― 지바네서도 점:부 멍체이라고 그냥 멍청::허이 밤만 무꼬 패:먼 마꼬.

(웃음)

― 그냥 그르고 사라써요.

예.

― 그래가 인자 구년 넉:딸마네 인잔 구년 살:고는 인자 하도 몬 쌀거태서[220] 나:가[221] 인자 눈치도 생기고 인자 꾀도 쪼깜 나:고 그래서 실랑을 보고 인자 애기 두 개[222] 세 개로[223] 나: 노코. 나 어:디 인자 그러자 인자 인자 우리 여 너메 똥네 나허고 가치 시지본 사람 도망을 간디.

음.

― 진:주여게 가뜨라네요.

아.

― 진:주여게 가가꼬 이씅깨로 누가 (웃음) 할메가 하나 와서 날: 따라 갈라냐 그래 따라 간당깨 주그 딸레 지비 식땅허는 디다 마:를 해 주르떠 다네요.

아.

― 그래 따라 간는디 성:거가 끈나 가꼬 아 성:거 때가 데야 가꼬 성:거 헌다고 가치 항께 머 할메 하나허고 두:리 인는디 식땅에 거그 두:리 인는디 그 할메가 성:거러러 간다 가는디 일씨를 모니거뜨라네요.

― 그래서 또 쫌 도로 와 뿌리가꼬 그 인잔 욷 그 우리 칭구가 인자 가치 시지블 와 농깨 그 칭구가 나도 몬 쌀거따고 그렁깨로 사:능 거는 망:구에 배 부르게 무꼬 살: 건는디 그 할메가 무다니[224] 메치른 이썬는디

뼈다귀만 남아도 살아라, 뼈다귀만 남아도 살아라.

음.

― 그래가지고 그냥 멍청이 시늉으로 사니까 그러니까 나보고 멍청이라고

음.

― 동네 사람도 멍청이라고 그러고 나를.

― 집안에서도 전부 멍청이라고 그냥 멍청하게 밥만 먹고 패면 맞고.

(웃음)

― 그냥 그렇게 살았어요.

예.

― 그래가지고 이제 구 년 넉 달만에 이제 구 년 살고는 이제 하도 못
살 것 같아서 내가 이제 눈치도 생기고 이제 꾀도 조금 나고 그래서 신랑
을 보고 이제 아이 둘 셋을 낳아 놓고, 나 어디 이제 그러자 이제 이제
우리 이 너머 동네 나하고 같이 시집온 사람이 도망을 갔는데,

음.

― 진주역에 갔었더라네요.

아.

― 진주역에 가가지고 있으니까 누가 (웃음) 할멈이 하나 와서 날 따라
가겠느냐고 그래서 따라간다니까 자기 딸네 집에 식당하는 데다 말을 해
주더라네요.

아.

― 그래서 따라갔는데 선거가 끝나가지고 아 선거 때가 되어가지고 선
거한다고 같이 하니까, 뭐 할멈 하나하고 둘이 있는데 식당에 거기 둘이
있는데 그 할멈이 선거하러 간다 가는데 한 순간도 못 있겠더라네요.

― 그래서 또 도로 와 버려 가지고, 그 이제 그 우리 친구가 이제 같이
시집을 와 놓으니까 그 친구가 나도 못 살겠다고 그러니까, 사는 것은 만
고에 배부르게 먹고 살겠는데 그 할멈이 괜히 며칠은 있었는데

그 할메가 친 거 성:거허러 간다고 가뿌링깨로 일씨로[225] 그 막 애기드리 보고 자와[226] 몬 니꺼뜨라고.

- 그 지비도 애기를 두: 개로 나: 노코 간는디.

음.

- 일씨로 모니꺼 해:서 그냥 와따고 그리왇.

음.

- 그래 그리 이야글[227] 해 주글 나도 가볼라고. (웃음)

(웃음)

- 나도 가 볼라고 인자 우리 지비 인자 울 아 큰오빠가 나올 쩨는 마:를 허고 나와야지 멀:리 나오면 우리 살림 모 쌍깨 그래 아:라고 저네는 멀:리 도망을 가면 막 장:개 드리도라고 처가찌비 울러 가고 날:리가 나고 그래써요. 저네는.

아 그레요.

- 그래농깨 우리 살림 모 싼다고 그러글 지서에 가서 말:허고 그로라는 뽀느로 지서에 나:가 그럴쩨는 숭경이 무수바서 어리 기:는디 어찌 지서를 가꺼잉가요?

(웃음)

- 그래서 인자 스 실랑이라고 보고 인자 나:가 주거도 몬 살 거틍깨.

예.

- 나 갈란다고. 당신도 날: 배르 배 차아서 뚜드라 패고 씨어메는[228] 씨어메대로 그르고 씨아제드른 씨아제들대로 날: 멍체이라 허고 나 몬: 쌀 거틍깨 나 가꺼잉깨 가서 싱모 사라가꼬 도:는 보내 줄 꺼잉깨 우리 애기들 하꼬는 당신돈 글 몬 빼와가꼬 그렁깨 나:도 우리 애기들 개출 거잉깨 난 어디 가서 어디 정:해가 살:기는 안 허꺼잉깬 싱모 사라가 돈:보내 줄 꺼잉깨 그러라 허드만.

- 실랑이 댕김서 방을 어더 가꼬.

그 할멈이 그 선거하러 간다고 가 버리니까 갑자기 그 막 아이들이 보고 싶어 못 있게더라고.

　- 그 집도 아이를 둘 낳아 놓고 갔는데,

음.

　- 한 순간도 못 있겠어서 그냥 왔다고 그래서 왔.

음.

　- 그래서 그렇게 이야기를 해 주길(래) 나도 가 보려고. (웃음)

(웃음)

　- 나도 가 보려고 이제, 우리집 이제 우리 아 큰오빠가 나올 적에는 말을 하고 나와야지 멀리 나오면 우리 살림 못 사니까 그리 알라고. 전에는 멀리 도망을 가면 막 장가들여 달라고 처가에 올라가고 난리가 나고 그랬어요, 전에는.

아, 그래요.

　- 그래 놓으니까 우리 살림 못 산다고 그러길래, 지서에 가서 말하고 그러라는 셈으로 지서에 내가 그럴 적에는 순경이 무서워서 ** 기는데 어찌 지서를 가겠어요?

(웃음)

　- 그래서 이제 신랑보고 이제 내가 죽어도 못 살 것 같으니까,

예.

　- 나 가겠다고. 당신도 날 배를 배 차서 두드려 패고 시어머니는 시어머니대로 그리고 시동생들은 시동생대로 날 멍청이라고 하고, 나 못 살 것 같으니까 나 갈 테니 가서 식모 살아가지고 돈은 보내 줄 테니까 우리 아이들 학교는 당신도 글 못 배워가지고 그러니까 나도 우리 아이들 가르칠 테니까 난 어디 가서 어디 정해가지고 살지는 않을 테니까 식모 살아가지고 돈 보내 줄 테니까, 그러라 하더구먼.

　- 신랑이 다니면서 방을 얻어가지고.

(웃음)

- 내라치메 지믈 실:로 오꺼인디 나는 그 그렁 중도 모리고 저녀게 싹:: 요렁 거를 싹 싸:라데요.

- 싸라 싹 거더가 싸라 그러글렌 싸 노코 나는 우리 지비는 이렁 거 안 가 가꺼이라229) 그렁깨 수를 항:: 치해드륵 무꼬 와가꼬는 만땅고230) 무꼬 와서 걸 싹 싸라글레 나 이거 싸노키는 싸 나도 우리 지비는 나는 안 가 가꺼이다231) 나:가. 나:는 옴만 가 가제 안 가가꺼이라 그래뜽만.

- 수를 얼매나 무거뜬지 복짭해농깨 고 얼매나 무거뜬지 쎄:가 안 도 라가데요.

음.

- 그래서 그냥 싸 노코 인자 싸라 싸서 인자 해:나 때리까 시퍼서 싸 라 싸아서 인자 싸 노코 인자 술찌메 누: 자부루글레 나도 인자 따라 자 찌요이~.

- 글 따라서 인잔 애기들 인자 큼방에 인잔 자고.

음.

- 나 나한테 인자 점 뭉능 걸 항 개 허고 자근 모이마하고232) 인자 가 이나233) 저저 장애자 됭 가이네 저걷허고 인자 데꼬 인자 자:째. 그 뒨:날 아치메 자고 일라서 막:: 사올 떠린디 아치메 보리 방애 찌: 가꼬 밥 밥 허는디 여 너메 동네 남자고 여자고 그냥 느르러니234) 그냥 우리 시라빵 으로235) 그냥 쑥::허니 막 나라비로236) 서서 드로와요.

음.

- 그랟 먼 니링고 해:뜨마느 그 싸: 농 그걸 인자 막 동:네 싸람들 점: 부 드러가서 드러내:데요.

- 그리 드러냉:깨 우리 씨어메란 사라믄 농 착 어퍼노코 아들 온 싹:: 빼뜨라 뿌루고 안 주데요.

나간다고? 미와서?

(웃음)

- 내일 아침에 짐을 실러 올 것인데 나는 그 그런 줄도 모르고 저녁에 싹 이런 것을 싹 싸라데요.

- 싸라 싹 걷어가지고 싸라 그러길래, 싸 놓고 나는 우리집에는 이런 것 안 가지고 갈거야 그러니까 술을 아주 취하도록 먹고 와가지고는 만취하도록 먹고 와서 그걸 싹 싸라길래, 나 이것 싸 놓기는 싸 놔도 우리집에는 나는 안 가 가겠다 내가. 나는 옷만 가지고 가지 안 갈거야 그랬더니만,

- 술을 얼마나 먹었던지 복잡해 놓으니까 그 얼마나 먹었던지 혀가 안 돌아가데요.

음.

- 그래서 그냥 싸 놓고 이제 싸라 싸서 이제 행여나 때릴까 싶어서 싸라 싸서 이제 싸 놓고 이제 술김에 누워 자 버리기에 나도 이제 따라 잤지요.

- 그 따라서 이제 아이들 이제 안방에 이제 자고,

음.

- 나 나한테 이제 젖 먹는 것 하나하고 작은 사내애하고 이제 계집애 저 저 장애자 된 계집애 저것하고 이제 데리고 이제 잤지. 그 뒷날 아침에 자고 일어나서 막 사월인데 아침에 보리방아 찧어가지고 밥 밥 하는데 이 너머 동네 남자고 여자고 그냥 줄지어서 그냥 우리 대문으로 그냥 쑥 하고 막 줄지어 서서 들어와요.

음.

- 그래 무슨 일인고 했더니마는 그 싸 놓은 그걸 이제 막 동네 사람들 전부 들어가서 들어내데요.

- 그리 들어내니까 우리 시어매란 사람은 농 착 엎어 놓고 아들 옷 싹 빼앗아 버리고 안 주데요.

나간다고? 미워서?

- 부모 마다 나간다고.

- 아이고 머. 다 헐라면, 이야글 다 헐라먼 머.

씨아, 시아버지는 그럼 뭐 암 말씀도 안 하션나요? 그럼.

- 씨아부지는 영:[237] 조아요.

엉 조은데 어쩨 이러케 고생.

- 네 고부라[238] 그런다. 이거이 고부다. 고붕깨 쪼깜만 더 살:먼 괜차느꺼이다. 만:날 드:레 날보고 가,가자고.

음.

- 그래가 드:레 가먼 나를 만:날 홀가요[239].

음.

- 씨아바이는[240]. 인자 그만 합씨다. 그렁 거는.

에.(웃음)

- 다 헐라믄 뭐 연소끄글 하나 꾸미도 나:가 뭐.

예.

- 묻 모따허 꺼이고.

에.

- 그렁 거이 다 채게 나가믄 또 꼴부꼬.

에 아이 에기 가저쓸 떼 머 어려워떤 이리나 기어게 남:는 이리 이써요? 에기 에이, 아이들 가저쓸 떼.

- 뭐 에이 그리 사:는 세상에 뭐 뭐 애:기 선다고 어쩌고 뭐 허도 몰허고 바블 몬 무거찌요 인자.

에 입더시 심헤서?

- 예.

음.

- 앙:거또[241] 몸 무꼬 배:를 짜고 인는디 만::날 게우고 뭘 몬 무꼬 누니 캉::캄해 가꼬 난:장에는[242] 인자 배 짜다가 인자 아야어 막 몬 껀저이

- 부모 마다하고 나간다고.

- 아이고 뭐. 다 하려면, 이야기를 다 하려면 뭐.

시아, 시아버지는 그럼 뭐 아무 말씀도 안 하셨나요? 그럼?

- 시아버지는 아주 좋아요.

아주 좋은데 왜 이렇게 고생.

- 네 고비라 그런다. 이것이 고비다. 고비이니까 조금만 더 살면 괜찮을 것이다. 만날 들에 나보고 가, 가자고.

음.

- 그래가지고 들에 가면 나를 만날 홀려요.

음.

- 시아버지는. 이제 그만 합시다. 그런 것은.

예.

- 다 하려면 뭐 연속극을 하나 꾸며도 내가 뭐.

예.

- 못, 다 못 할 것이고.

예.

- 그런 것이 다 책에 나가면 또 꼴불견이고.

예, 아기 아기 가졌을 때 뭐 어려웠던 일이나 기억에 남는 일이 있어요? 아기 아기, 아기들 가졌을 때.

- 뭐, 에이 그렇게 사는 세상에 뭐 뭐 아기 선다고 어쩌고 뭐 하지도 못하고 밥을 못 먹었지요, 이제.

예, 입덧이 심해서?

- 예.

음.

- 아무 것도 못 먹고 베를 짜고 있는데 만날 게우고 뭘 못 먹고 눈이 캄캄해가지고 나중에는 이제 베 짜다가 이제 아야 막 못 견디고

눞: 드러누워 뿌리써요.

음.

— 그래선 존: 니레[243] 나르 우리 지비나 좀 보내 도라고[244] 우리 지비
나 날: 좀 보내 도라고.

음 친정찌베.

— 예.

— 아 그래농깨 인잔 실랑이란 사라미[245] 인자 중매한테다[246] 이야글
핸:능가 인자 인자 묵또 몯 허고 만:날 게우기만 게우고 데자[247] 뭐 그냥
거러가다도 턱 자빠저 부루고 꺼꾸라저 뿌리고 긍깨 인자 보내 주데요.

예.

— 보내 줘:서 인자 우리 지비 강::깨 우리 어메[248] 인자 장:사 허든 거
시기 이씽깨 뭘 막 인능 건 엄:능 건[249] 가꼬 와서 해 주고 모린 밍테도
탕::탕 뚜드려 가꼬 막 미여꾹또 끼레 주고.

아.

— 또 무꼬 잔 음석또 머 중 무꼬 자먼 죽 해 주고 밤 무꼬 머 밤 무꼬
잠 밥 해주고 그러고 우리:: 크놀케가 나 네: 살 무거서 와따네요.

아하.

— 근디 인자 우리 어머니란 사람믄 인자 울 아부지 일:만 알:고 밤만
앙:깨 울 어무니가 인자 살리믈 인자 두:랑을[250] 해요.

— 울 어무니 인자 머 도:니 엄:쓰믄 비즐[251] 내:로 가도 우러무니가 가
고 장을 보러 가도 우러무니가 가고 그렁 그렁깨 먼 아들레를 구니네 가
고 저렁 건 먼 수발하능 거또 울 어무니가 댕임서 허고 그렁깨 울 아부지
는 일:만 알:고 밤만 알:고 긍깨 지비 암부터 이써요. 살림 인자 검바께
돌:고 글믄 울 올케가 어메메니로[252] 나를 거:처늘[253] 해요. 울 올, 올케
도 설:리[254] 커따네요. 부모가 에리서 주거 뿌루고.

음.

눕 드러누워 버렸어요.

음.

- 그래서 좋은 일에 나를 우리 집에나 좀 보내 달라고 우리 집에나 날 좀 보내 달라고.

음, 친정집에.

- 예.

- 아, 그래 놓으니까 이제 신랑이란 사람이 이제 중매장이한테다 이야기를 했는지, 이제 이제 먹지도 못하고 만날 게우기만 게우고 과연 뭐 그냥 걸어가다가도 턱 넘어져 버리고 거꾸러져 버리고 그러니까, 이제 보내 주데요.

예

- 보내 줘서 이제 우리집에 가니까 우리 엄마 이제 장사하던 거시기 있으니까 뭘 막 있는 것 없는 것 가지고 와서 해 주고 마른 명태도 탕탕 두드려가지고 막 미역국도 끓여 주고.

아.

- 또 먹고 싶은 음식도 뭐 죽 먹고 싶으면 죽 해 주고 밥 먹고 뭐 밥 먹고 싶으면 밥 해 주고 그러고, 우리 큰올케가 나 네 살 먹어서 왔다네요.

아하.

- 그런데 이제 우리 어머니란 사람은 이제 우리 아버지 일만 알고 밭만 아니까 우리 어머니가 이제 살림을 이제 두량을 해요.

- 우리 어머니 이제 뭐 돈이 없으면 빚을 내러 가도 우리 어머니가 가고 장을 보러 가도 우리 어머니가 가고 그러 그러니까, 뭐 아들네를 군대에 가고 저런 것 뭐 수발하는 것도 우리 어머니가 다니면서 하고 그러니까, 우리 아버지는 일만 알고 밭만 알고 그러니까 집에 안 붙어 있어요. 살림 이제 금밖에 돌고 그러면 우리 올케가 엄마처럼 나를 돌봐 줘요. 우리 우리 올케도 서럽게 컸다네요. 부모가 어려서 죽어 버리고.

음.

- 그래 사람 마:는 디 시지블 가고 잡따 해서 우리 지비로 와따고. 아 우리 씨 씨아재들 데꼬 장난도 치고 씨아재들도 성수가 아이고 어, 어메는 방,박, 바까트로 동:깨로.

음.

- 성수를 부모거치 생각허고.

음

- 엔 인자 나:를 애기 인자 당시니 농: 거멩이로[255] 펭상 저네는 업:꼬 댕기고 그래따네요. 네: 살 무꼬 그럴 쩌에는. 그라고 우리 올케가 그리 부모멩이로 평상 바로 부모로 사마써요.

음.

- 아 글글 올케가 그래가꼬 옹깨로 뭘:몸 무꼬 그래 몰라가꼬 옹깨로 오:만 걸 다 해 주고.

- 이 애기를 나아가꼬 가도 그냥 우리 올케한테다 내:비리고[256] 그냥 나는 나대로 그냥 칭구들허고 놀:로 댕기고 그래요.

- (웃음)

음.

- 하::룬네[257] 언:데로[258] 댕김서 놀:다가 가라고.

음.

- 울 올케가.

음.

- 아 올케가 저지 마나 가꼬 인자 난:중에는 인자 끄터리에는[259] 인자 우리 크나들허고 우리 올케 인자 망내이[260] 아들허고 가치 나써요. 한 동 가비라예[261].

음.

- 나:농깨 저지 마나 가꼬.

그 저즐 머꼬.

─ 그래서 사람 많은 곳에 시집을 가고 싶다고 해서 우리집으로 왔다고. 아, 우리 시 시동생들 데리고 장난도 치고 시동생들도 형수가 아이고 어 엄마는 방 밖 밖으로 도니까.

음.

─ 형수를 부모같이 생각하고.

음

─ 이제 나를 아기 이제 당신이 낳은 것처럼 평생 전에는 업고 다니고 그랬다네요. 네 살 먹고 그럴 적에는. 그리고 우리 올케가 그렇게 부모처럼 평생 바로 부모를 삼았어요.

음.

─ 아, 글 글 올케가 그래가지고 오니까 뭘 못 먹고 그래 말라가지고 오니까 오만 것을 다 해 주고.

─ 이 아기를 낳아가지고 가도 그냥 우리 올케한테다 내버리고 그냥 나는 나대로 그냥 친구들하고 놀러 다니고 그래요.

─ (웃음)

음.

─ 하루 내 어느 곳으로 다니면서 놀다가 가라고.

음.

─ 우리 올케가.

음.

─ 이 올케가 젖이 많아가지고 이제 나중에는 이제 끝에는 이제 우리 큰아들하고 우리 올케 이제 막내아들하고 같이 낳았어요. 한 동갑이에요.

음.

─ 낳아 놓으니까 젖이 많아가지고.

그 젖을 먹고.

- 그냥 전 미기서 델꼬 이꼬 나는 놀로 댕기고 그래써요. 친정에 가면.
(웃음) 올케가 조으신 부니네.

- 예.

음.

- 그래 오, 오래 몬 살고 거열 고만 중가네 그냥 주거 부리고.

아.

- 똑 부모 주긍 거멩이로.

음.

- 그래요. 시방도 생각하문 우리 올케가 그리 불쌍헤 주커테요.

예 에:기들 키우고 **** 무슨 베기리나 돌 잔치 가틍 거또 막 세:고 그려셔 씁니까?

- 머 잔치 허도 안 해써요.

음 별 거 안허고요이~. 음 산:후 에 나:코 조리는 그러므는 주로 친정에서 하션네요.

- 아니요. 애나262) 애기들 그, 근 친정어263) 가도 애기들 해나 거그서 노으면264) 여 씨어머니가 먼 트꺼리265) 잠는다고.

아.

- 우로빠가 절떼 누구집266) 까 노으라고 몬 노게 해.

아.

- 거 여그서 나:찌요.

예. 그러믄 머 산후에 먿 시어머니한테 별로 데접또 몯 바드셔껜네.

- 올 저녁 똑 세: 개는 바므로 나써요.

예.

- 바므로 나가 오늘쩌녀게 노으면 인자 닐 하리 인젤 누: 씨믄 된:날 아치메도 오늘 나아 노크면 인자 된날 아치메 인자 하리 밥 어더 무음 된날 아침 밥 어더 무으면 하리 능:꼬 인자 사흘마네 쌈: 피운다 그래꺼등

- 그냥 젖 먹여서 데리고 있고 나는 놀러 다니고 그랬어요. 친정에 가면.

(웃음) 올케가 좋으신 분이네.

- 예.

음.

- 그래 오 오래 못 살고 그 그만 중간에 그냥 죽어 버리고.

아.

- 꼭 부모 죽은 것처럼.

음.

- 그래요. 지금도 생각하면 우리 올케가 그렇게 불쌍해 죽겠데요.

예, 아이들 키우고 **** 무슨 백일이나 돌잔치 같은 것도 막 쇠고 그러셨습니까?

- 뭐 잔치 하지도 않았어요.

음, 별 것 안 하고. 음 산후에 나중에 조리는 그러면은 주로 친정에서 하셨네요.

- 아니오. 행여나 아이들 그 그 친정에 가도 아기들 행여나 거기서 낳으면 시어머니가 무슨 트집 잡는다고.

아.

- 우리 오빠가 절대 너희집 가서 낳으라고 못 낳게 해.

아.

- 그 여기서 낳았지요.

예, 그러면 뭐 산후에 뭐 시어머니한테 별로 대접도 못 받으셨겠네요.

- 올 저녁 꼭 셋은 밤으로 낳았어요.

예.

- 밤으로 내가 오늘 저녁에 낳으면 이제 내일 하루 이제 누워 있으면 뒷날 아침에도 오늘 낳아 놓으면 이제 뒷날 아침에 이제 하루 밥 얻어 먹으면 뒷날 아침 밥 얻어 먹으면 하루 눕고 이제 사흘만에 '쌈 피운다' 그

뇨, 저네는.

쌈: 피운다?

― 예.

― 쌈: 피운다 그럼스롱 인자 그 애기 그 미역 항 가닥허고 쌀:허고 저:리 채리 노커등뇨, 애기를 노으면 저네는.

예.

― 애기를 움모게다가 인잔 쌀 한되나 허고 인자 인자 그 인자 봉 마, 복 빠드라고 그른::다고 마:른 인전 그래선 쌀 좀 허고 인자 미역 항 가닥 허고 요리 물 떠 가꼬 상에다 저:리 나: 노코 나:먼 인자 사헐마네 인자 인자 오,어찌녀아 나:쓩깨 오늘 하리 이따가 내라치메 인자

― 그건 그거 그거 미역 그놈 가꼬 쌀허고 가꼬 나와가꼬 그놈 가 밥 해 가꼬 그 상에다 채리 노래요.

음.

― 그면 사헐마네 글믄 나와서 밥 채리 노믄 머 글 어찌 드러가꺼잉 가요?

그레서 이를 시작하능 거에요 인제?

― 아 일 시작허지요.

음.

― 물 여다 밥또 해 무꼬 그애가 인자 사헐 사헐 너머 가고 낭:깨로 그 세도 오짐 마:니 안 누능가요이?

예.

― 한 함 번 누문 한 동우라요²⁶⁷⁾.

예에.

― 한 동우제.

― 또 데:지 그 데:지막²⁶⁸⁾ 아페다 또 구더글²⁶⁹⁾ 요리 파 나 가꼬는 그 따가 그 또 오짐 그논는디 내:로믄 데:지도 그 꾸정물만²⁷⁰⁾ 뭉는디 머

랬거든요, 전에는.

쌈 피운다?

― 예.

― '쌈 피운다' 그러면서 이제 그 아기 그 미역 한 가닥하고 쌀하고 저쪽에 차려 놓거든요, 아기를 낳으면 전에는.

예.

― 아기를 윗목에다 이제 쌀 한되나 하고 이제 이제 그 이제 복 복 받으라고 그런다고 말은 이제 그랬어, 쌀 좀 하고 이제 미역 한 가닥하고 이리 물 떠가지고 상에다 저쪽에 놔 놓고 나면 이제 사흘만에 이제 이제 엊저녁에 낳았으니까 오늘 하루 있다가 내일 아침에 이제,

― 그것 그것 그것 미역 그놈 쌀하고 가지고 나와가지고 그놈 가지고 밥 해가지고 그 상에다 차려 놓으래요.

음.

― 그러면 사흘만에 그러면 나와서 밥 차려 놓으면 뭐 그 어찌 들어갈 것인가요?

그래서 일을 시작하는 거예요, 이제?

― 아, 일 시작하지요.

음.

― 물 여다가 밥도 해 먹고 그래가지고 이제 사흘 사흘 넘어가지고 낳으니까 그 소도 오줌 많이 누잖아요?

예.

― 한 한 번 누면 한 동이예요

예. 예.

― 한 동이지.

― 또 돼지 그 돼지우리 앞에다 또 구덩이를 이렇게 파 놔가지고는 거기다가 그 또 오줌 그 놓는 데 내려오면 돼지도 그 구정물만 먹는데 뭐

오짐 마:니 누지요이.

예에.

– 하리 데:지 오짐 한, 한 동우 똗 시꾸가 마:능깨 사:람 오짐 한 동우.

– 똗 세 오짐 그거 싸: 노문 세 오짐 한 동우.

– 요 이 건:네 요 요거이 우리 큰 집 바친디 인젠 나:가 인잔 나와 뿌, 상:깨 그서한디 인자 시방 씨아재가 데꼳 씨어메를 데꼬 이씽깨로 인자 씨, 씨아재가 시방 해 뭉는디 요요 아페 요 감:나무 받 저 저거이 인자 씨어메 바친디 아침마둥 저건 여내야 되요.

아.

– 예. 세 오짐 함 본, 데:지 오짐 함 본, 사라모짐 함 본.

– 그거 여내 노코느 또 나먼 또 애:기 머 똥 싸고 오짐 싼 똗 빨래 씨꺼야제271).

– 그러장깨 인제 또 어른 빨래도 똔 씨꺼야되고 응깨.

– 애기 그 배:서 그리 이:를 그리 나락 홀쩨272), 애:기 배: 가꼬 모 숭구제273) 나락 홀쩨,

음.

– 논 매:제, 점:부 다 그렁 걸 다 애기 배: 가꼬도 헝깨로.

– 애기를 나: 노먼 날라가꺼멩이라요274). 모미 개버와서275).

(웃음)

– 긍깨 머 애기야 머 울:먼 머 내:나 드러가서 저 쭈는 거이제 머. 암:디 아푼 디도 읍써요.

음.

– 근디 일 저무나 사나276) 이:를 해:도 머.

건강하셔서 그레요.

– 그러고 시:상을 사라찌요. 시방 싸람들 뭐 조리허니 뭐 어쩌니 해도 조리허꺼이 어디가 이써요?

오줌 많이 누지요.

　예. 예.

　- 하루 돼지 오줌 한 한 동이, 또 식구가 많으니까 사람 오줌 한 동이.

　- 또 소 오줌 그것 싸 놓으면 소 오줌 한 동이.

　- 이 이 건너 이 이것이 우리 큰집 밭인데, 이제 내가 이제 나와 사니까 거시기한데 이제 지금 시동생이 데리고 시어머니를 데리고 있으니까 이제 시동생이 지금 해 먹는데, 이 이 앞에 이 감나무밭 저것이 이제 시어머니 밭인데 아침마다 저것 넣어 놔야 돼요.

　아.

　- 예. 소 오줌 한 번, 돼지 오줌 한 번, 사람 오줌 한 번.

　- 그것 넣어 놓고는 또 나면 또 아기 뭐 똥 싸고 오줌 싼 또 빨래 씻어야지.

　- 그러려니까 이제 또 어른 빨래도 또 씻어야 되고 그러니까.

　- 아기 그 배어서 그렇게 일을 그렇게 벼 타작하지 아기 배어가지고 모 심지 벼 타작하지,

　음.

　- 논 매지, 전부 다 그런 것 다 아기 배어가지고도 하니까.

　- 아기를 낳아 놓으면 날아갈 것 같아요. 몸이 가벼워서.

　(웃음)

　- 그러니까 뭐 아기야 뭐 울면 뭐 내나 들어가서 젖 주는 것이지 뭐, 아무 곳 아픈 곳도 없어요.

　음.

　- 그런데 일 젊으나 마나 일을 해도 뭐.

　건강하셔서 그래요.

　- 그렇게 세상을 살았지요. 지금 사람들 뭐 조리하느니 뭐 어쩌니 해도 조리할 것이 어디에 있어요?

예. 자 자식 키우면서 제일 기어게 남는 일 하나만 이야기를 헤: 달라 그러
는데 자식들 가운데서 머 그 따, 따, 따님 그 장에가 인는 따니메 우리 마으메
늘 걸리셔께써요이.

 － 그건남세[277) 저금나찌요이~.

아 그레써요? 그 딸 떼무네 또.

 － 아드른 머이마만 두: 개 나: 농깨로 조아서 우리 씨아바이는 수리
마::니 잡싸요.

아.

 － 정때[278) 여: 해거름판[279) 되문 아적빱 잡쑤꼬 나가::시문 해 너머갈
때 되문 인잗 지비 인자 인자 모도 가튼 이랭드리 모도 인자 제껭[280) 찌
블 차자강깨 혼차 그 주마게 몬니꼬

음.

 － 가:치 나오먼 온:: 동네를 댕임서롱 아글 써요.

(웃음)

 － 아글 써.

술 잡쑤먼.

 － 예. 온:: 동네를 댕임서 아글 씨문 우리지븐 손지 그 걷.

으흥.

 － 우리 애기가 그리 예삐데요 저네. 예삐 가꼬 요래 가꼬 자꼬 아글
씨고 댕기믄 애기가 곧 너러치꺼멩이라요[281). 고노문 하나씨가 깍:: 요래
자꼬 요래가 댕이먼 (웃음) 시방도 동네 아그, 할메드리 숭을 봐.

 － 아부지 애기 날 주씨요 그러먼 놔:라 놔:라 그런다고 (웃음) 그래가
댕임서 아글 씨고 그냥:: 동:네가 어그너그니[282) 아글 씨고 야:다니고 글
드만, 가이네 그거는 나: 농깨로 가이네 나:따 체리도 안 봐요[283).

아하. (웃음)

 － 체리도 안 보고 나는 나무 댕기고 나무허로 댕기고 인자 씨어무니는

예, 자 자식 키우면서 제일 기억에 남는 일 하나만 이야기를 해 달라 그러는데 자식들 가운데서 뭐 그 따 따 따님 그 장애가 있는 따님에 우리 마음에 늘 걸리셨겠어요.

− 그것 때문에 분가했지요.

아, 그랬어요? 그 딸 때문에 또?

− 아들은 사내아이만 둘 낳아 놓으니까 좋아서 우리 시아버지는 술을 많이 잡숴요.

아.

− 점심 때 이 해거름판 되면 아침밥 잡수고 나가시면 해 넘어갈 때 되면 이제 집에 이제 이제 모두 같은 일행들이 모두 이제 제각기 집을 찾아가니까 혼자 그 주막에 못 있고,

음.

− 같이 나오면 온 동네를 다니면서 악을 써요.

(웃음)

− 악을 써.

술 잡수면.

− 예, 온 동네를 다니면서 악을 쓰면 우리집은 손주 그것

으흠.

− 우리 아기가 그리 예쁘데요 전에. 예뻐가지고 이래가지고 잡고 악을 쓰고 다니면 아기가 곧 떨어질 것 같아요. 그놈의 할아버지가 꼭 이렇게 잡고 이래가지고 다니면 지금도 동네 아이, 할머니들이 흉을 봐.

− "아버지 아기 날 주세요" 그러면 "놔라, 놔라." 그런다고 (웃음) 그래가지고 다니면서 악을 쓰고 그냥 동네가 떠들썩하게 악을 쓰고 야단이고 그러더니만 계집애 그것은 낳아 놓으니까 계집애 낳았다고 쳐다보지도 않아요.

아하. (웃음)

− 쳐다보지도 않고 나는 나무 다니고 나무하러 다니고 이제 시어머니는

인자 들게[284] 댕기지요 인자이~.

엉.

－ 여르메는 삼뿔겡[285], 삼동에는 멩: 잔능 거. 멩: 잔는 물레에 멩: 잔능 거 그거 허로 가먼 애기를 말리에다가[286] 내:놔요.

음.

－ 근디 여여가 시방은 우리가 인자 요릴 점부 무: 내농께 그러지 여:가 점:부 대바치라요.

아하 그레꾸나.

－ 여 말리엔 저짝 말리에 해도 안 드로와요. 대:: 처 가꼬 또 대 포라 무글라고[287].

아.

－ 대 처서 폴먼 돈 버릴라고 아 날 샌[288] 중얼 몰라요. 저,저, 저네 시집 쌀 때.

－ 대바 쏘기 되야가꼬 캉::캄 해 가꼬 날 샌 중도[289] 모르거꼬 그랜는디 그 대밭 소게다가 시:상에[290] 애기를 그리 한: 디다가 오짐 싼다고 방에 냄:새 난:다고.

으흠.

－ 바가테다 내:노코 멩[291] 떨기 하로 가고 나는 나무허로 가고 그러고 나먼 아:가 떨다가 떨다가 지지리[292] 함 본 치고 떨다가 떨다가 지지리 함 본 치고.

－ 그러나 나무를 안 하무 또 날리가 나 꺼이고 그렁 걸 나:뚜고 나갈라문 나도 울고 제도[293] 울고 그래가꼬 인자 가서 나무 해 가꼬 저::그 이심니나 되꺼이요.

－ 그런디서 나무 그걸 고개에다 해 가꼬 이고 오고 나먼 캉:캄 어두부꼬[294] 그래 다:서 싸를 무거도 글 서도 몯해써요.

－ 음.

이제 들에 다니지요 이제.

엉.

- 여름에는 '산뿔겡', 겨울에는 무명 잣는 것. 무명 잣는 물레에 무명 잣는 것, 그것 하러 가면 아기를 마루에다가 내놓아요.

음.

- 그런데 여기가 지금은 우리가 이제 이리 전부 묵혀 놓으니까 그렇지 여기가 전부 대밭이에요.

아하, 그랬구나.

- 이 마루에 저쪽 마루에 해도 안 들어와요. 대 쳐가지고 또 대 팔아 먹으려고.

아.

- 대 쳐서 팔면 돈 벌려고 아 날 새는 줄을 몰라요 저 저 전에 시집 살 때.

- 대밭 속이 되어가지고 캄캄해가지고 날 새는 줄도 모르겠고 그랬는데, 그 대밭 속에다가 세상에 아이를 그렇게 한데다가 오줌 싼다고 방에 냄새 난다고,

으흠.

- 밖에다 내놓고 목화 떨기 하러 가고 나는 나무하러 가고, 그러고 나면 아이가 떨다가 떨다가 진저리 한 번 치고 떨다가 떨다가 진저리 한 번 치고,

- 그러나 나무를 안 하면 또 난리가 날 것이고, 그런 걸 놔두고 나가려면 나도 울고 저도 울고, 그래가지고 이제 가서 나무해가지고 그 이십 리나 될 거요,

- 그런 곳에서 나무 그것을 고개에다 해가지고 이고 오고 나면 캄캄 어둡고, 그래서 다섯 살을 먹어도 그 서지도 못했어요.

- 음.

- 만::나리 그 궁뎅이만 끄꼬 댕이체 설 쭈를 몬 해써.

음.

- 그래 인자 삼동에295) 그거이 쩌,쩌 소아마비가 와뜽갑써요296).

음.

- 어러 가꼬. 소아마비가 와서 인자 우리지비 양:바는297) 인자 장을,
장을 보고 인자 그러다가 인자 무신날로는298) 애기들도 키우고 그러장깨
돈:도 마:니 들고 그러등깨 유리빵을 하나 채리써요, 저:: 멘 소지에다가.

- 유리빵을 하나 채리 난:는디 저 우리 친정 똥네 싸라미 장작 짱수를
여:수로 댕기써요.

음.

- 장 나무를 함:: 배 실:코 여:수 가서 폴고 또 오고 그랜는디, 자 거따
가 열라글 해 가꼬 여:수 유리빵에 가서 인자 그 인자 열뚜무를299) 끼우
물 마:니 드는 날 장자글 함::배 실코 가는디 금 그 실:코 감서롱 가는디
인자 따라감서 인자 짐때300) 인자 저::금 배가 걸:고 그러면 인자 막 짐때
내릴 거석 짐때 그노믈 인자 살:때301) 질러주고 그렁 걸 헌:깨로 자기도
조:코 운는302) 가선 거따가 인자 거울 거틍 거 그렁 거 인저 실:코 옹깨
조:코.

음.

- 차를 불러 가꼬 실코 오면 도:니 망:코 그렁개 인자 거그 따라가서
지,짐때 저 살:때 질러주고 그렁 걸 허고 인자 그 배에다 옴서는 실:코 오
고 근는디 아:가303) 풍:: 불잉그라근304) 이만저마니고 해 가꼬 숨도 몬 씨
고 아:가 영:: 주께 데:써 인자. 아파서 인자.

여리 나따고요?

- 예.

- 그래 인자 저:그 장터 인자 약빵에 이사 그때는 진:니사라 그래써요.

음.

－ 만날 그 궁둥이만 끌고 다니지, 설 줄을 몰랐어.

음.

－ 그래 이제 겨울에 그것이 저 저 소아마비가 왔던가 봐요.

음.

－ 얼어가지고. 소아마비가 와서 이제 우리집 양반은 이제 장을 장을 보고 이제 그러다가, 이제 무싯날로는 아이들도 키우고 그러려니 돈도 많이 들고 그러니까 유리 가게를 하나 차렸어요, 저 면 소재지에다.

－ 유리 가게를 하나 차려 놓았는데 저 우리 친정 동네 사람이 장작 장사를 여수로 다녔어요.

음.

－ 장 나무를 한 배 싣고 여수 가서 팔고 또 오고 그랬는데 이제 거기다가 연락을 해가지고, 여수 유리 가게에 가서 이제 그 이제 열두물을 ＊＊ 물 많이 드는 날 장작을 한 배 싣고 가는데, 지금 그 싣고 가면서 가는데 이제 따라가면서 이제 삿대 이제 저기 배가 걸고 그러면 이제 막 삿대 내릴 거시기 삿대 그것을 이제 삿대 질러주고 그런 것 하니까는, 자기도 좋고 우리는 가서 거기다가 이제 거울 같은 것 그런 것 이제 싣고 오니까 좋고.

음.

－ 차를 불러가지고 싣고 오면 돈이 많고 그러니까 이제 거기 따라가서 삿대 저 삿대 질러주고 그런 것 하고 이제 그 배에다 오면서는 싣고 오고 그러는데, 아이가 불잉걸은 이만저만이고 해가지고 숨도 못 쉬고 아이가 영 죽게 됐어 이제. 아파서 이제.

열이 났다고요?

－ 예.

－ 그래 이제 저기 장터 이제 약방에 의사 그때는 진의사라 그랬어요.

음.

- 그 약빵도 허고 이:사도 허고 그랜는디 거그 가서.

- 저녀게 인자 오, 저녁빱 무꼬 아::무래도 아놔서 인자 열 씨나 되:서 인자 물때꺼를305) 알고 할메가 서:메서 와농깨 물때꺼를 알:고 인자 날보고 아:를 어부라 그러데요.

- 아:를 어버라 그러글레 인자 업:꼬 인젠 나랑 두:리 인자 건 약빵아페가서 선는디 이 지믈 실:코 오능 거이 되:농깨 무리 다 드려야 인자 다 든다거는 마:니 드려야 배가 올로 오꺼이라요.

아.

- 이 꼬랑꺼지306) 올라오장깨307) 무리 다 드러서 오장깨로 열 뚜시가 너머요. 그란 그 이야글 헐라먼 참:: 가슴 아파요.

- 그래 인제 거 약빵아페 가서 인자 씨어메도 이꼬 나도 이꼬 인젠 떨:고 인잖 두:리서 인잖 애기는 업꼬 애기는 등거리가 뜨겁 쩡도로 불염, 막 여,여리 올라 뿌리꼬.

음.

- 그래가 인는디 오데요. 그래 인자 그래 인자 가:게 아페 거그 그게 가게 무늘 열:고 가게::에서 인자 가:게가 바로 뵈기요308), 이 약빵허고.

- 그랜 가:게 무늘 열:글라깡 인잖 그러고 이야글 몯 허게 해요.

- 서방 각씨 이야글 몯 허게 만나질 몯 허게 해요.

아 씨,씨어머니가.

- 예. 그래 나는 가마::니 서씽깨로 가드마는 아:가 아퍼가 와따 그래요.

- 인제 거그 인잖 근처야 상:께로 인자 그 지:니사도 이무룹찌요 이~309), 쪼깐.

- 그래 인 따라 오라그러글레 저:: 안찌비 이떠마요310). 그래 안찌비로 데꼬 감스롱 인자 약빵은 장가 나꼬 안찌브로 안찝 시, 세림무늘 알:고 인자 그렁께 가드마는 뚜드리드만.

- 그 약방도 하고 의사도 하고 그랬는데 거기 가서,

- 저녁에 이제 오, 저녁밥 먹고 아무래도 안 와서 이제 열시나 돼서 이제 물때를 알고 할머니가 섬에서 와 놓으니까 물때를 알고 이제 나보고 아이를 업으라 그러데요.

- 아이를 업으라 그러길래 이제 업고 이제 나랑 둘이 이제 거기 약방 앞에 가서 서 있는데, 이 짐을 싣고 오는 것이 돼 놓으니까 물이 다 들어야 이제 다 든다는 것은 많이 들어야 배가 올라올 거예요.

아.

- 이 도랑까지 올라오려니 물이 다 들어서 오려니까 열두시가 넘어요. 그런 그 이야기를 하려면 참 가슴 아파요.

- 그래 이제 그 약방 앞에 가서 이제 시어머니도 있고 나도 있고 이제 떨고, 이제 둘이서 이제 아이는 업고 아이는 등이 뜨거울 정도로 불 영 막 열 열이 올라 버리고,

음.

- 그래가지고 있는데 오데요. 그래 이제 그래 이제 가게 앞에 거기 그게 가게 문을 열고 가게에서 이제 가게가 바로 보여요, 이 약방하고.

- 그래 가게 문을 열려니까 이제, 그렇게 이야기를 못 하게 해요.

- 서방 각시 이야기를 못 하게, 만나지를 못 하게 해요.

아, 시 시어머니가.

- 예. 그래서 나는 가만히 서 있으니까 가더니마는 아이가 아파가지고 왔다 그래요.

- 이제 거기 이제 근처 사니까는 이제 그 진의사도 임의롭지요, 조금.

- 그래서 따라오라 그러길래 저 안집이 있더구먼요. 그래서 안집으로 데리고 가면서 이제 약방은 잠궈 놓고 안집으로 안집 사립문을 알고 그러니까 가더니마는 두드리더구먼.

- 밤쭝에 누가 그래 주꺼잉가요이~311), 모:린 사람 거트먼. 그랜 인자 호:탠디 인자 나가 호태요 호태요 그렁깨 뭔 니링가 그럼시로 나오데요. 나오더마는, 애기가 아파서 나:가 물겐 허로 가따 와뜨마는 애기가 너무 마:니 아프네요. 그래 그렇게 좀 데꼬 드로라고 글드만. 인자 그때 인제 베니싱 베니싱 그 주사를 한 대 주데요.

- 베니싱 그 주사를 한 대 주드마는 그거 인자 저냥 인자 마처가꼬 옹깨 여:리 내링깨로 그이 아푸먼 자꾸 여러 날 병워느로 가야 허껄 아잉 가요?

에.

- 몽까게 해요. 그래가 방꾸서다 인자 처바가 봐:도 농깨 저거이 그만 뇌가.

쯔쯛.

- 모:지래고 그만 아:가 저릳.

열 떼무네 그레요. 여리 노픈 열 떼무네 뇌가 상헤요.

- 그 어째뚱가네 그래가꼬 그날 쩌녁 베니싱 주사 한 대 마치고 우리 집따 데리다 농 거이 저래가 저리 벵:시니 되야 가꼬 다:쌀 묵또로꺼지 거:또 몯 해요.

- 그르능 글 천지서 인자 장사르 댕깅깨 자네가 그리 말:고 데꼬312) 나오게.

- 그른 부모 미테서 사라봐:짜 벨 거석또 엄:네. 그 제:집또313) 그레 노치 마:고 데꼬 나오게.

- 그래싸:서 인자 데꼬 인잗 나도 모리게 긍깨 방을 그리 어더 노코 어더 노코 데꼬 나와 가꼬 인자 자기가 버려 가꼬 인자 노늘 동간들 겔추고 인자 무꼬 살고 그러고 쪼깜썩 남:능 걸 저추글 헝 거이 인자 저네는 그 머이냐 치게또니라고314).

네.

- 밤중에 누가 그래 줄 것인가요? 모르는 사람 같으면. 그래서 이제 호탠데 이제 "내가 호태요 호태요." 그러니까 무슨 일인가 그러면서 나오데요. 나오더니마는 아이가 아파서 내가 물건 하러 갔다가 왔더니마는 아이가 너무 많이 아프네요. 그래 그러니까 좀 데리고 들어오라고 그러더구먼. 이제 그때 이제 페니실린 페니실린 그 주사를 한 대 주데요.

- 페니실린 그 주사를 한 대 주더니마는 그것 이제 그냥 이제 맞혀가지고 오니까 열이 내리니까 그것이 아프면 자꾸 여러 날 병원으로 가야 할 것 아닌가요?

예.

- 못 가게 해요. 그래가지고 방구석에다 이제 쳐박아 놔 놓으니까 저것이 그만 뇌가.

쯧쯧쯧.

- 모자라가지고 그만 아이가 저리.

열 때문에 그래요. 열이 높은 열 때문에 뇌가 상해요.

- 그 아무튼 그래가지고 그날 저녁 페니실린 주사 한 대 맞히고 우리 집에다 데려다 놓은 것이 저래가지고 저리 병신이 돼가지고 다섯 살 먹도록까지 걷지도 못해요.

- 그러는 걸 사방에 이제 장사를 다니니까 "자네가 그리 말고 데리고 나오게.

- 그런 부모 밑에서 살아 봤자 별 거시기도 없네. 그 자네 부인도 그래 놓지 말고 데리고 나오게."

- 그래 쌓아서 이제 데리고 이제 나도 모르게 그러니까 방을 그리 얻어 놓고 얻어 놓고 데리고 나와가지고 이제 자기가 벌어가지고 이제 논을 동기간들 가르치고 이제 먹고 살고 그리고 조금씩 남는 걸 저축을 한 것이 이제 전에는 그 뭐냐 장체계라고.

네.

– 안 이썬능가요?

에.

– 그 인자 체게또늘 인자 노코 인자 그래가꼰 인자 그걸 가꼬 노늘 서: 마제기315), 두: 마제기 까삐긴 안돼. 우리 씨자으나부지가 인자 여, 여 미테 또 여그 살:다가 저그 꺼:치로316) 인자 이사를 감성 그 노늘 폴:고 갈라 항 *깨.

– 자그나부지 그, 그를 그리 말고 그 노늘 나:를 주시요. 그리 노늘 주 시요. 도:니 모:지래서(울음) 함 마지는 그냥 서: 마지기를 자붐서롱 함 마 지기는 도:니 모질항깨317) 나:가 그냥 갈라무끼로318) 지:꼬 두: 마지기 깝 쓴 나:가 도:느로 드리꺼잉께 밍녀네 나:가 도:니 되건네요.

– 체게또늘 또 바꼬 그러면 밍녀네는 함 마지기깝쓸 되건는디 그리 모, 이 노늘 그리 몰 허문 이 노늘 모 짭꼬 함 마지기 두마지기는 어디 살 떠도 업:꼬 그렁깨 이 노늘 나:를 주시요. 그러면 나 올해 함 마지기는 나 갈라무끼를 해 가꼬 쌀로 디리고 명녀네 나:가 함 마지기깝쓴 자그나 부지를 디리께요. 긍깨 그러라 그러드라네요.

– 그래 가꼬 나 시집 옹깨 노늘 서: 마지기 사 놔떠요. 그래 이~ 그 농 그 서: 마지기 그 노믈 인자 가꼬 나간는디 가꼬 나가고 인자 근 제그 믈319) 나가꼬 너무 인자 저빵으로320) 나가꼬 저빵에서 또 나가래서 그렁 걸 데꼬 나가 가꼬 저:그 어디야 먼 논, 지비 폴고 간다는 지브 비슬 내 가꼬 그걸 사라 삼간 지블 참 빼다도 조:코 저 모까 마으레 산는디.

어.

– 피지 키를 너머 가요321). 논도 다 때려 여:도 안 되거테요, 그 비지.

음.

– 그래서 인잔 그냥 집 그노믈 도로 내:나:써요.

– 뉘 저빵이라도 그냥 헐란다게322). 몬자323) 저빵 줘:떤 집또 메느리 허고 하비 안 되서324) 따로 사:는디 그 할메가 우리 아래차에325) 와서 사

- 있었잖아요?

예.

- 그 이제 장체계를 이제 놓고 이제 그래가지고 이제 그걸 가지고 논을 서 마지기, 두 마지기 값밖에 안 돼. 우리 시작은아버지가 이제 이 이 밑에 또 여기 살다가 저기 어치(지명)로 이사를 가면서 그 논을 팔고 가려 하니까,

- "작은아버지, 그 그를 그리 말고 그 논을 나를 주시오. 그리 논을 주시오. 돈이 모자라서 (울음) 한 마지기는 그냥 서 마지기를 잡으면서 한 마지기는 돈이 모자라니까 내가 그냥 병작을 짓고 두 마지기 값은 내가 돈으로 드릴 거니까 내년에 내가 돈이 되겠네요."

- "장체계를 또 받고 그러면 내년에는 한 마지기 값이 되겠는데 그리 못 이 논을 그리 못하면 이 논을 못 잡고 한 마지기 두 마지기는 어디 살 데도 없고 그러니까 이 논을 나를 주시오. 그러면 나 올해 한 마지기는 나 병작을 해가지고 쌀로 드리고 내년에 내가 한 마지기 값은 작은아버지를 드릴게요." 그러니까 그러라고 그러더라네요.

- 그래가지고 나 시집오니까 논을 서 마지기 사 놨데요. 그래 이 그 논 그 서 마지기 그것을 이제 가지고 나갔는데, 가지고 나가고 이제 그 분가를 해가지고 남의 이제 셋방으로 나아가지고, 셋방에서 또 나가라고 해서 그런 것을 데리고 나가가지고 저기 어디야 무슨 논, 집이 팔고 간다는 집을 빚을 내가지고 그걸 살아 삼간 집을 참 뼈대도 좋고 저 못 가 마을에 샀는데,

어.

- 빚이 키를 넘어 가요. 논도 다 때려 넣어도 안 되겠데요, 그 빚이.

음.

- 그래서 이제 그냥 집 그것을 도로 내놨어요.

- 누구 셋방이라도 그냥 하겠다고 해. 먼저 셋방 줬던 집도 며느리하고 성격이 안 맞아서 따로 사는데 그 할머니가 우리 아래채에 와서 살라고

라라326) 그르데요.

음.

― 그러자 인자 저,저 정지나무 몬자327) 지지따 안 허등가요?

― 그 다라미 저근 저 운녀그로328) 인자 시, 이새로 간다고 그 지비 나:
딱 혼디 다:: 오,오 게:들고 게:나는 지비 한 차329) 나서 그냥 너무 저빵
사느이 빈, 비지 쪼깜 지나따나330) 인자 큰 비즌 인자 짐 몬자 찌 인자
새론 잡, 사가꼬 간 지블 포라 가꼬 큰 비즌 갑꼬 에 자:근 비즌 쪼깐만
해 가꼬 누:가 그냥 요 지블 사라 너무 저빵 가능 거뽀동331) 나:따.

― 그래서 인젇 그 지블 그럴찌 알무 인자 나 욱째피332) 가꼬 머이 머
인 종도333) 모르 나:는 인잔 따라만 댕이는 거이라요.

― 그래 인잔 서방이라고 인자 댕김서 그렁 걸 해 가꼬 그 지블 자버
가꼬 인자 게:들고 게:나:나따나 노니 안 너머 강깨 살:거떼요. 또 배가 고
파 어찌 사꼬 시퍼서.

음.

― 가:뜬334) 그녀네335) 인잔 이사는 오기는 인자 오두막 찌비로 이노멜
똥네로 오기는 완는디 금녀네 농사 징: 걸 가꼬 점:분 매상을 하고 인잔
북떼기336) 인자 홀테로337) 그때 홀터 농깨 인자 가장가리338) 그렁 거 인
자 북떼기가 인는디 그거 뜽게로 한: 서미 곤 싹:: 인잔 나무치는 매상을
해 삐리고 인자 빌 까파 뿌리고 그 항 가마이를 한 서믈 찌이가꼬 무꼬
낭깨롬 머 얼매나 뭉능가.

― 우리 친정 어무니가 장에 가먼 올때 드로니라 그러먼 또 아들 몰리
또 바께쓰 가꼬 오니라 그러먼 바께쓰로 하나 가꼬 댕임서 주문 그 노믈
이고 요 강: 건네서 이고 건네와 가꼬 또 해 무꼬.

(웃음)

― 참:: 우리 어메 아부지 나 골벵드린네요.

에.

그러데요.

　음.

　- 그러자 이제 저 저 정지나무(?) 이전에 지었다 하잖던가요?

　- 그 사람이 저기 저 윗녘으로 이제 시 이사를 간다고 그 집이 났다고 하는데 다 오오 기어 들고 기어 나가는 집이 한 채 나서, 그냥 남의 셋방 사느니 빈 빚이 조금 지더라도 이제 큰 빚은 이제 집 먼저 이제 새로 집 사가지고 간 집을 팔아가지고 큰 빚은 갚고 에 작은 빚은 조금만 해가지고, 누가 그냥 이 집을 사라 남의 셋방 가는 것보다 났다.

　- 그래서 이제 그 집을 그럴 줄 알면 이제 나 붙잡혀가지고 뭐가 뭔 줄도 모르고 나느 이제 따라만 다니는 거예요.

　- 그래 이제 서방이라고 이제 다니면서 그런 걸 해가지고 그 집을 잡아가지고 이제 기어 들고 기어 나가더라도 논이 안 넘어 가니까 살겠데요. 또 배가 고파 어찌 살까 싶어서,

　음.

　- 하여튼 그해에 이제 이사는 오기는 이제 오두막집으로 이놈의 동네로 오기는 왔는데, 금년에 농사 지은 걸 가지고 전부 매상을 하고 이제 북데기 이제 탈곡기로 그때 타작해 놓으니까 이제 '가장가리' 그런 것 이제 북데기가 있는데 그것 뜨니까 한 섬이 곧 싹 이제 나머지는 매상을 해 버리고 이제 빚 갚아버리고, 그 한 가마니를 한 섬을 찧어가지고 먹고 나니까 뭐 얼마나 먹는지.

　- 우리 친정어머니가 장에 가면, "올 때 들어오너라" 그러면 또 아들 몰래 또 "양동이 가지고 오너라" 그러면 양동이를 하나 가지고 다니면서 주면 그것을 이고 이 강 건너서 이고 건너와가지고 또 해 먹고.

　(웃음)

　- 참, 우리 어머니 아버지 나 골병 들였네요.

　예.

- 그래 인자 오두막 거: 삼:성 인자 비지 인자 쪼깜:: 인자 참 키우는 안 거서그고 또 그래도 인자 오두마글 사라도 인자 비즌 비지라.

- 얼쭈 가:꼬 낭 요미테 요: 하라씨안테339) 여: 하라쓰가 하나, 하나 사라는디 하라씨가 서:딸 그믐나리 됭께 우리 시라빠 호:태 어쩌가 항상 어쩌까 그래가 인잔 어쩌간 인자 또 그 비즐 가:꼬 나 장사 허등 거또 싹:: 포라 냉기 삐리고.

음.

- 인자 그러고 이따항께 장사허다 그러고 이따항깨로 인자 상인드리 인자 돌봐줘요.

- 미:원 메 뽕다리340) 주고 비누 메 짱 주고 성냥 메 뽕 주고 그래가꼬 포라 가꼬 가프게. 폴:먼 그날 그 나리 가:꼬

- 또 나무치기341) 남:능 거는 자네 또 먼 용, 개양똔 씨고 그러고 나, 장으로 나오게 그래서 인자 나가서 인자 장사를 허는디, 인잔 가이네 저걸 모도 다 저래 노치 말고 벵워느로 좀 데꼬 가보게 그래싸서 그래서 인잔 논 저걸 가꼬 인자 그 오두막 찌비 그 아래찌비 인::자 대문찌비라고 이써요.

- 대문찌비 가서 인자 인자 우리 할무이허고 친처기라 아재라 그래요.

- 아재아그 저그 논 여 놈 자꼬 나:가 저 가이네르 데꼬 벵:워늘 좀 가봐야거쏘. 모도 다 벵워늘 가믄 나수꺼이라 싼는디 저걸 안 제 펭상 안잔는 거뽀동 해:나 거러나 모 모:씨나따나 거러나 댕기믄 오짐 똥이나 안 개림, 개리믄 안 살거쏘 그래가꼬.

음.

- 그래서 인자 글 논 등끼르 가꼬 강깨 등끼로 가꼬 강깨 인잔 그러치마는 나가 자네 노늘 잡꺼능가 버른 대로 갑쏘.

아.

- 그럼성 도:늘 주데요.

- 그래 이제 오두막 그 살면서 이제 빚이 이제 조금 이제 참 키우는 거시기 안 하고 또 그래도 이제 오두막을 살아도 이제 빚은 빚이라,

- 얼추 갚고 나 이 밑에 이 할아버지한테, 이 할아버지가 하나 하나 살았는데 할아버지가 섣달 그믐이 되니까 우리집 양반 호태 어찌 할까 그래가지고 이제 어쨌든지 이제 또 그 빚을 갚고 나 장사하던 것도 싹 팔아 넘겨 버리고,

음.

- 이제 그러고 있다 하니까 장사하다가 그러고 있다 하니까는 이제 상인들이 이제 돌봐 줘요.

- 미원 몇 봉지 주고 비누 몇 장 주고 성냥 몇 봉 주고 그래가지고 팔아가지고 갚으니까. "팔면 그날 그 날에 갚고.

- 또 나머지 남는 것은 자네 또 뭐 용(돈) 가용돈 쓰고 그러고 나 장으로 나오게" 그래서 이제 나가서 이제 장사를 하는데 이제 계집애 저걸 모두 다 "저렇게 놓지 말고 병원으로 좀 데리고 가 보게" 그래 쌓아서 그래서 이제 논 저걸 가지고 이제 그 오두막 집이 그 아랫집이 이제 대문집이라고 있어요.

- 대문집에 가서 이제 이제 우리 할머니하고 친척이라 아저씨라 그래요

- 아저씨 ** 저기 논 이것 잡고 내가 저 계집애를 데리고 병원을 좀 가 봐야겠소. 모두 다 병원을 가면 나을 거라 쌓는데 저걸 앉 제 평생 앉아 있는 것보다 행여나 걸어나 못쓰나마나 걸어나 다니면 오줌 똥이나 안 가리, 가리면 살잖겠소 그래가지고,

음.

- 그래서 이제 그 논 등기를 가지고 가니까 등기를 가지고 가니까 이제 "그렇지마는 내가 자네 논을 잡겠는가 버는 대로 갚게."

아.

- 그러면서 돈을 주데요.

- 그애 여:수 애야워네 인자 드러댕기는342) 사라믈 어찌 아라가꼬 인자 장사하러 댕깅깨 인자 순천 싸람 머 어디 싸람 모이서 허능 거이 되:농깨 장사를 모이는 디가 되:농깨 순:천 인자 아저씨드리 인자 장, 가튼 장사허는 아저씨드리 여:수 애야워네 그리 잘 본다네.

음.

- 거그 댕기는 아무거 씨를 차자 가소343) 금서 인자 그 인자 주소를 저거 줘:서 그 주소를 가꼬 인자 나허고 두:리 업:꼬 나는 자기가 애기를 몬 너꺼뚱깨 인자 다서쌀 뭉는 걸 업:꼬 참 삼사워레 해는 질:고 그걸 업:꼬 그그 애야워네 드는 드나드는 인자 이사가 야글 주구 지비다 인자 좀 가따 논능갑떼 인자 마리레쯤 인자.

아.

- 인자 쌔벼다344) 논는 거이지요이~. 가따 볻::능가 한재로 미기라 그러데요.

음.

- 근디 그때 또느로 육처넌 마:니처너닌디 그때 또느로 돈 육처너늘 인자 가꼬 인자 간는디 야기 반:재갑빼끼는 안 되데요.

- 그래 도:니 요러타 그렁깨로 한재르 미기씨믄 똑 씨건는디 할 쑤 음 따고 금성 그냥 반:재라도 미기야 야:가 건는다 그르데요.

음.

- 아이 그걸 미기 농깨로 요론 디를 자꼬 서드란 마리요.

아.

- 베름빠글345) 잡꼬 서서 인자 자:꼬 세우라데요. 그래 인자 세우고 그러 인자 자:꼬 세우고 다리를 주물라 주고 그렁깨 인자 자꼬 요리 인자 베름빠글 자꼬 선, 인저간냐 서따서따 험서 인자 조:탕깨 제도 조와서 그냥 이:꼬346) 그래선 그러드마느 인제 거르믄 건:는디.

- 한 쪽 다리를 인잔 평::상 말리에다가 끄:네 노믄 여래 가꼬 뽈고 요

- 그해 여수 애양원에 이제 드나드는 사람을 어찌 알아가지고 이제 장사하러 다니니까 이제 순천 사람 뭐 어디 사람 모여서 하는 것이 돼 놓으니까 장사를 모이는 데가 돼 놓으니까 순천 이제 아저씨들이 이제 장, 같은 장사하는 아저씨들이 여수 애양원이 그리 잘 본다네.

음.

- "거기 다니는 아무개 씨를 찾아 가게" 그러면서 이제, 그 이제 주소를 적어 줘서 그 주소를 가지고 이제 나하고 둘이 업고, 나는 자기가 아이를 못 업겠으니까 이제 다섯 살 먹은 걸 업고 참 삼사월에 해는 길고 그걸 업고 그 그 애양원에 드는 드나드는 이제 의사가 약을 자기 집에다 이제 좀 가져다 놓았나 보데. 이제 말일쯤 이제.

아.

- 이제 훔쳐다 놓는 것이지요. 가져다 났는지 한 재를 먹이라 그러데요.

음.

- 그런데 그때 돈으로 육천원 만이천원인데 그때 돈으로 돈 육천원을 이제 가지고 이제 갔는데, 약이 반 재 값밖에는 안 되데요.

- 그래 돈이 이렇다 그러니까는 한 재를 먹였으면 꼭 좋겠는데 할 수 없다고 그러면서 그냥 반 재라도 먹여야 아기가 걷는다 그러데요.

음.

- 아이 그걸 먹여 놓으니까 이런 데를 잡고 서더란 말이오.

아.

- 벽을 잡고 서서 이제 자꾸 세우라데요. 그래 이제 세우고 그러 이제 자꾸 세우고 다리를 주물러 주고 그러니까 이제 잡고 이리 이제 벽을 잡고 서 이제 ** 섰다섰다 하면서 이제 좋다 하니까 저도 좋아서 그냥 웃고 그래서 그러더마는 이제 걸음은 걷는데,

- 한쪽 다리를 이제 평생 마루에다가 꺼내 놓으면 이래가지고 빨고 이

래가꼬 인는디 여그 요 걸 말리에 이나 단: 디는 겐차나요.

음.

- 연 통:: 요런 디는 바가테 요요 바람 씬 디는 똑:: 어러 도링걷맹키라요.

- 어릉어릉어릉이³⁴⁷⁾ 그 노믄. 인자 에리서 인자 좀 거렁댕기고 인자 여나, 여나무 살 무글 때 요린 여르멘 반 반중우³⁴⁸⁾ 요렁 걸 이피서 내: 노믄 좀 싹싹 날:보고 씨끼라 그래요 안 씨끄서 그러타고 사람드리. 흑바테³⁴⁹⁾ 궁그러등 걸 더러 씨끼지 아:를 저래 논는다고 지비를 데리다 좀 씨끼 봐.

- 그, 그 사를 똑떼기 디리다 봐. 그거이 땡가 머잉가 그르믄.

- 인젣, 인자 쿵깨로 인자 근 제:가 오슬 감충개 저러치 통:: 어를오도릉 건메이라요, 사리. 땅에 이나 땅에 말리에 단:디는 겐차나요.

- (한숨) 그라가꼬 또 오다가 소아꽈에 순:천 소아꽈에 들리 가꼬 또 약 쫌 타고 그래저래 인자 저건한테만 최:서늘 다 인자 해: 가꼬 완농깨 인자 거렁댕기리기는 인자 짜욷땅짜울땅³⁵⁰⁾ 저리 다리 절:고 거러 댕이는 디 다름도³⁵¹⁾ 몬: 치고.

- 뇌도 좀 시기면 허고 안 시기면 안 허고 그래요.

아이고. (웃음)

- 그러 나 하:도 괴씸해 나 씨어메 나 차또 안허요.

그러시.

- 가보도 안 허요.

그러시건네요. (웃음)

- 그래가꼬 시방 구십 여서 쌀 무거.

으응.

- 근는디 날:보고 머 그지께도³⁵²⁾ 씨어메는³⁵³⁾ 주, 씨어메 주글 때는 가야지 그러. 나:가 거그 멀:허러 가꺼이요?

아.

래가지고 있는데 여기 이것 마루에 오히려 닿는 데는 괜찮아요.

음.

－ 이 통 이런 데는 밖에 이 이 바람 센 데는 꼭 얼어서 도린 것 같아요.

－ 어룽어룽해 그것은. 이제 어려서 이제 좀 걸어다니고 이제 여나, 여남은 살 먹을 때 이러 여름에 반 반바지 이런 걸 입혀서 내 놓으면 좀 싹싹 나보고 씻겨라 그래요. 안 씻겨서 그렇다고 사람들이. 흙 위에 굴렀던 걸 더러 씻기지 애를 저렇게 놓는다고. "댁들 데려다 좀 씻겨 봐."

－ "그 그 살을 똑똑히 들여다 봐. 그것이 때인지 뭐인지." 그러면.

－ 이제 이제 크니까 이제 그 제가 옷을 감추니까 저렇지 통 옻이 오른 것 같아요, 살이. 땅에 오히려 땅에 마루에 닿는 데는 괜찮아요.

－ (한숨) 그래가지고 또 오다가 소아과에 순천 소아과에 들려가지고 또 약 좀 타고 그래저래 이제 저것한테만 최선을 다 이제 해가지고 와 놓으니까 이제 걸어다니기는 이제 기우뚱기우뚱 저렇게 다리 절고 걸어 다니는데 달음박질도 못 치고.

－ 뇌도 좀 시키면 하고 안 시키면 안 하고 그래요.

아이고. (웃음)

－ 그래 나 하도 괘씸해서 나 시어머니 나 찾지도 않아요.

그러시(겠어요.)

－ 가 보지도 안 하오.

그러시겠네요. (웃음)

－ 그래가지고 지금 구십여섯 살 먹어.

으응.

－ 그랬는데 나보고 뭐 그제도 시어머니는 주, 시어머니 죽을 때는 가야지 그래. 내가 거기 뭐 하러 갈거요?

아.

- 이적찌354) 안 차즌 씨어메 인자 날: 씨어메 차즈꺼요? 나 앙 가꺼이요.

음.

- 거:서 동네 싸람드리 욕: 안허건능가? 너미 욕 헌다고 나:가 사그, 그 요게 겁나서 나 거그 가꺼이요?

음.

- 앙가 꺼이요 나. 하::, 하:다355) 몸써리가 나서 나 앙가요.

음. 할무니 떼무네 손녀가 그러케 되야 부러꾸만.

- 예.

결구그니~.

- 나 하나 지::형 거는 갠차나요.

- 어찌그나 시방거치 딸세상에야고 딸세상에 요러는디 저거 하나를 뉘피 노코 저녀기믄 이 에미 엄는 자석 두 개 뉘피 노코 저거 저러고 눈: 능 거 채리보믄356) 나:가 저녀게 자믈 몬 짜요.

음.

- 아뇨요, 자미. 초저녀게 한 심· 자고 나믄 잠 안 자요.

아이고.

- (울음소리) 나 산: 세:상을 다:: 마·를 헐라문 참:: 비:극 연소끄글 한 남 끼미도 모따 끼미꺼요, 나무 꺼요.

시어머니를 어떤 고야칸 시어머니를 보셔가꼬 그러케 되네요.

- 여지껏 안 찾은 시어머니 이제 와서 시어머니 찾을 것이오? 나 안 갈 거요

음.

- 거기서 동네 사람들이 욕 안 하겠는가? 남이 욕한다고 내가 그 욕에 겁나서 나 거기 갈 것이오?

음.

- 안 갈 거요 나. 하, 하도 몸서리가 나서 나 안 가요.

음. 할머니 때문에 손녀가 그렇게 돼 버렸구먼.

- 예.

결국은.

- 나 하나 제한 것은 괜찮아요.

- 어쨌거나 지금처럼 딸세상이라고 딸세상에 이러는데 저것 하나를 눕혀 놓고 저녁이면 이 어미 없는 자식 둘 눕혀 놓고 저것 저러고 누워 있는 것 쳐다보면 내가 저녁에 잠을 못 자요.

음.

- 안 와요, 잠이. 초저녁에 한 숨 자고 나면 잠 안 와요.

아이고.

- (울음소리) 내가 산 세상을 다 말을 하려면 참 비극 연속극을 한 편 꾸며도 한 편 꾸며도 다 못 꾸밀 것이오. 남을 것이오.

시어머니를 어떤 고약한 시어머니를 보셔가지고 그렇게 되네요.

1.5 시집살이

- 오직::357) 나:가 오:직허먼 나가 사:라므로 태:가 너무 지비 와 가꼬 너무 큰메느리로 안진 나:가 부모를 안 찬는 나:가 오직 허먼 그러거쏘?

음.

- 나도 부모 되꺼인디 나도 메느리한테 나도 씨어메라. 나도 너무 멘, 딸한테 씨어무이요.

음.

- 그런디 오직허먼 나:가 씨어무이를358) 안 차꺼쏘?

에이고 참 어쩨서 그러케 말:도 몯 허게 허까이~.

- 말:도 몯 허능 거이 아이라 이 머리가 자기 먼 거서기라요 그냥.

아하 막 멀크뎅이를359) 자꼬 그냥.

- 쩨깜만 멈 자기한테 마땅차늠 막 뜨더데요 그냥.

아하.

- 그래가꼬 씨아제들또 그 처럼는 거뜨를 뚜드 패라고 저, 저녀늘 벌, 저녀니 제 사리 아파야 저녀니 마:를 드르꺼이라고 나:가 마:란든능 거이 머 이써? 시기는 대로 허고 허는디.

하여튼 미워, 미와꾸만 하여튼 이유 업씨 미워서.

- 예.

응.

- 그러니 씨아제들또 그 어메가 그러멍 나이 그래도 중하꾜 고등하꾜 를 댕기씨믄.

알 텐데이~.

- 그런 사:례를 아: 꺼인디 주:메가 패:란다고 패거쏘?

쯧쯧 아이고 형수를.

－ 오죽 내가 오죽하면 내가 사람으로 태어나 남의 집에 와가지고 남의 큰며느리로 앉은 내가 부모를 안 찾는 내가 오죽하면 그러겠소?

음.

－ 나도 부모 될 것인데 나도 며느리한테 나도 시어머니야. 나도 남의 딸한테 시어머니요.

음.

－ 그런데 오죽하면 내가 시어머니를 안 찾겠소?

아이고 참 어째서 그렇게 말도 못하게 할까?

－ 말도 못 하는 것이 아니라 이 머리가 자기 무슨 거시기예요 그냥.

아하 막 머리끄덩이를 잡고 그냥.

－ 조금만 뭐 자기한테 마땅찮으면 막 뜯어대요 그냥.

아하.

－ 그래가지고 시동생들도 그 철없는 것들을 두들겨 패라고 저 저 년을 벌 저 년이 제 살이 아파야 저 년이 말을 들을 것이라고 내가 말 안 듣는 것이 뭐 있어? 시키는 대로 하고 하는데.

하여튼 미워, 미웠구먼 하여튼 이유없이 미워서.

－ 예.

응.

－ 그러니 시동생들도 그 어머니가 그러면 나이 그래도 중학교 고등학교 다녔으면.

알 텐데.

－ 그런 사리를 알 것인데 저희 어머니가 패란다고 패겠소?

쯧쯧, 아이고, 형수를.

- 태꿘도 선상을 저:그 어치360) 가서 고등하꼬 조럽허고 태꿘도를 배우고 어치서 선상을 해:써요.

음.

- 정제361) 언젤 우리지비 영:감 인자 장사가먼 인자 어메야 새보그로 전:피362) 주고 머:: 헌다고 또 따라가요. 따라가고 아무도 엄:꼬 나 혼자 이써요

- 그러믄 무다니363) 지비 와따가 그냥 정지364) 빼당 안 주글 띠만 팽:깨 꿈지길 띠도 몬: 꿈디기고 한나잘::내365) 울:고 이따가.

근 그 시동셍이 그냥 괴:니 그레요?

- 하무요366).

참, 고 노미 이상하네. 허 지금 보니까 모시고 사는 시동셍.

- 예. 그러가꼬 그 아들한테로 기여이~ 따라 가써요. 그러고 나서 인자 요 집터를 지블 지:라데요.

- (울음 소리) 인자 장:개 가고 주구도 각씨들 데꼬 살:고 흥깨 인저 좀 어쩡가 우리가 그 지비 긍깨 뒤:에서 이런 바우가 너머 와가꼳 지동 나무를 하나 뚜드리 삐:농깨 미러뿌:농깨로 지비 반:파가 된:논디 인자.

- 천지다 인자 터를 인자 지블 살:라고 비즐 또 지나따나 어디 빈: 지비 이씨먼 하나 살:라고 천지에도 지비 업떼요, 그때는. 시방은 모도 내:비리고 주꼬 어쩌고 해:농깨 지비 이써도.

으으음.

- 빈: 지비 업써서 (한숨) 지블 질라고 봉깨 도:는 웅꼬.

- 그래서 인자 어디 오두마이나 또 또 어디 오두마이나 항 개 인능가야 아무리 차자도 엄:꼬 그랜는디 인자 주구 마:미 내:도능가 어째능가 인자 인자 셍이라고 차자 댕기고 인자 그랜는디 도:늘 인자 망넹이367) 씨아제 그걸 그거 인자 참 돈 번:대로 주구를 다: 갤차, 그를 갤찬는디.

- 주구도 요랑 이꺼찌이다이~368). 그래가 도:늘 첨마나늘 빌리 주꺼

- 태권도 선생을 저기 어치 가서 고등학교 졸업하고 태권도를 배우고 어치에서 선생을 했어요.

음.

- 부엌 언제 우리집 영감 이제 장사 가면 이제 시어머니야 새벽으로 전표 주고 뭐 한다고 또 따라가요. 따라가고 아무도 없고 나 혼자 있어요.

- 그러면 괜히 집에 왔다가 그냥 부엌 바닥 안 죽을 데만 패니까 꿈적일 데도 못 꿈적이고 한나절 내내 울고 있다가,

그 그 시동생이 그냥 괜히 그래요?

- 아무렴요.

참 그놈이 이상하네. 하 지금 보니까 모시고 사는 시동생.

- 예. 그래가지고 그 아들한테로 기어이 따라갔어요. 그리고 나서 이제 이 집터를 집을 지으라데요.

- (울음 소리) 이제 장가가고 저희도 각시들 데리고 살고 하니까 이제 좀 어쩐가, 우리가 그 집이 그러니까 뒤에서 이런 바위거 넘어와가지고 기둥 나무를 하나 때려 버려 놓으니까 밀어 버려 놓으니까 집이 반파가 됐는데 이제,

- 천지에다 이제 터를 이제 집을 사려고 빚을 또 지더라도 어디 빈 집이 있으면 하나 사려고 천지에도 집이 없데요, 그때는. 지금은 모두 내버리고 죽고 어쩌고 해 놓으니까 집이 있어도.

<u>으으음.</u>

- 빈집이 없어서 (한숨) 집을 지으려고 보니까 돈은 없고.

- 그래서 이제 어디 오두막이나 또 또 어디 오두막이나 하나 있는지 아무리 찾아도 없고 그랬는데, 이제 저희 마음이 돌았는지 어쨌는지 이제 이제 형이라고 찾아다니고 이제 그랬는데, 돈을 이제 막내 시동생 그걸 그거 이제 참 돈 버는 대로 저희를 다 가르쳐 글을 가르쳤는데,

- 저희도 요량 있겠지요. 그래가지고 돈을 천만 원을 빌려 줄 것이니까

잉깨 이자 엄:씨 주꺼잉깨 지블 지:라데요.

- 그래 여그따가 지:라 그래서 나 여 안 진는데써요. 나가 그 세상을
또 가서 어찌 사꺼이요? 난 앙 가꺼이요.

- 나 어그라지나따나369) 여그 살라요. 여그 살제 앙 가꺼이요. 그래
또 저놔로 힘스롱 그따가 지블 지:라고 인자 글 안 허,허그 안 헌다고 그
래. 어찌 그 성지리 어디로 가고 안 허꺼이요? 나 안 허꺼이요 그렁깨 난:
중엔 주구가 데꼬 간다 그르데요.

- 그르드만 대:자370) 인자 그른다고 인자 주구감 인자 정 그러면 우리
가 모:시고 가꺼잉깨 여그 따 지블 지:라 그렁깨는 우리 아들허고 영:감허
고 기여이 여따 집:띠다. 그래서 여:와 사는디 여그 옹깨 또 그래요.

- 요짜게 삼:서롱 도로 그래요.

- 도로 그러고 하:수펑상371) 집 뜨더내라고 바:작떼기르372) 작떼기르
가꼬 와서 이녀나 집 뜬, 영:감 인자 그러자 여그 와가꼬 인자 한 사: 녀
닝가 오: 녀닝가 살:다가 여그 집 찌 노코 주거써요.

- 날마다 여그에다가 집 뜨더내라고 날:보 이녀나 집 찌더내라니 어찌
사꺼이요?

- 인자 그래이 인:자 나:가 도매에 오능 게기요? 응? 나:가 인자 멀:
차무꺼이요? 그래 인자 인쟌 두:리 싸와대:찌.

아.

- 두:리 싸와대:써요, 인자.

- 니 모 쌀먼 나 모 쌀고 인자. 그래 인자 대:게 인자 그리 싸와댕:깨
인자 아드리 데:꼬 가데.

- 아 그랜는디 나:가 그 찰, 부모라 차꺼쏘? 안 차자요. 그런 세상을
사라써. 응.

음, 아조.

- 긍깨 그 이 딸 요거이 첼::롬 모게 걸리서 나:가.

이자 없이 줄 것이니까 집을 지으라데요.

　－ 그래 여기다가 지으라 그래서 나 여기에 안 짓는댔어요. 내가 그 세상을 또 가서 어찌 살 것이오? 나 안 갈 것이오.

　－ 나 허물어지나마나 여기 살겠소. 여기 살지 안 갈 것이오. 그래 또 전화를 하면서 거기다가 집을 지으라고. 이제 안 그런다고 그래. 어찌 그 성질이 어디로 가고 안 할 것이오? 나 안 할 것이오. 그러니까 나중에 저희가 데리고 간다 그러데요.

　－ 그러더니 과연 이제 그런다고 이제 저희가 이제 정 그러면 우리가 모시고 갈 것이니까 여기다 집을 지으라 그러니까는, 우리 아들하고 영감하고 기어이 여기다 짓습디다. 그래서 여기 와서 사는데 여기 오니까 또 그래요.

　－ 이쪽에 살면서 도로 그래요.

　－ 도로 그리고 계속 집 뜯어 내라고, 지겟작대기를 작대기를 가지고 와서, 이년아 집 뜯, 영감 이제 그러자 여기 와가지고 이제 한 사 년인지 오 년인지 살다가 여기 집 지어 놓고 죽었어요.

　－ 날마다 여기에다가 집 뜯어 내라고 나보고 이년아 집 뜯어 내라니 어찌 살 것이오?

　－ 이제 그래 이제 내가 도마에 오른 고기요. 응? 내가 이제 뭘 참을 것이오? 그래 이제 이제 둘이 싸워 댔지.

　아.

　－ 둘이 싸워댔어요 이제.

　－ 너 못 살면 나 못 살고 이제. 그래 이제 되게 이제 그렇게 싸워 대니까 이제 아들이 데리고 가데.

　－ 아, 그랬는데 내가 그 찾, 부모라 찾겠소? 안 찾아요. 그런 세상을 살았어. 응.

　응, 아주.

　－ 그러니까 그 이 딸 이것이 제일 목에 걸려서 내가.

그러건네이~. 아느 궨차늘 쑤 이썬는데.

— 예.

야글 제데로 모: 쓰고.

— 딸만 너무 딸거치 잘 가 살:고 요로문 나 나:가 이해해요. 저네 세상이라 시집 사는 세상이다 허고 나:가 살: 건는디.

— 딸꺼정 저래농 글 보문 나:가 몬, 몬 차꺼떼요.

— 너미 천만 마:를 허고 만: 마:를 해:도 나 귀에 안 드러와요.

예 그러, 노미야 사:정을 알 거써요?

— 예.

마으믈.

— 그래서 자석 키웅거이 젤:로 그거이 자석 키움서로.

예 아이고 아이고.

— (울음 소리)

그만하세요. 너무 그냥 감정에 복바치셔서. (웃음)

— 응 참말로 나:가.

예.

그러겠네요. 아 괜찮을 수 있었는데.

— 예.

약을 제대로 못 쓰고.

— 딸만 남의 딸처럼 잘 가서 살고 이러면 나 내가 이해해요. 옛날 세상이라 시집 사는 세상이다 하고 내가 살겠는데,

— 딸까지 저렇게 해 놓은 걸 보면 내가 못 못 찾겠데요.

— 남이 천만 말을 하고 만 말을 해도 내 귀에 안 들어와요.

예, 그러 남이야 사정을 알겠어요?

— 예.

마음을.

— 그래서 자식 키우는 것이 제일 그것이 자식 키우면서.

예, 아이고, 아이고.

— (울음 소리)

그만하세요. 너무 그냥 감정에 북받치셔서.

— 응, 참말로 내가.

예.

■주석

1) '포돕시'는 '겨우'의 뜻. 옛말 'ㅂ둧ㅎ다'는 현대어 '빠듯하다'의 선대형인데, 어근 'ㅂ둧'으로부터 파생된 부사 'ㅂ둧이'가 표준어에서는 '빠듯이', 전남방언에서는 '보도시'나 '포도시'로 바뀌었다. 전남방언의 일반적 형태인 '포도시'에 /ㅂ/이 첨가되어 광양 지역어의 '포돕시'가 생겨났다. '포돕시' 또는 '포도시'는 표준어 '빠듯이'와 기원을 같이 하는 말이지만 그 의미가 완전히 같지는 않다. 예를 들어 전남방언에서 '먹기 싫은 밥을 포돕시 먹었다'는 가능하지만, '먹기 싫은 밥을 빠듯이 먹었다'는 표준어에서 불가능한 문장이 되기 때문이다. 이것은 표준어 '빠듯이'가 '어떤 한도나 정도에 겨우 맞출 정도로'의 뜻으로 의미 영역이 줄어들었기 때문이다.

2) '그년'은 '그해'의 방언형. 이 구술자는 '해' 대신 한자어 '년'을 사용하여, '새해'는 '새년', '이듬해'의 뜻으로 '뒷년'과 같은 말을 사용한다. '년'(年)은 '작년'(昨年), '금년'(今年)처럼 한자어끼리 결합하는 것이 일반적인데, 광양 지역어에서는 '그년'이나 '뒷년'처럼 우리말과의 합성이 가능하다는 점에서 특이하다.

3) '입학'은 전남방언에서 '이:박'으로 흔히 소리 난다. 낱말 중간의 /ㅎ/이 탈락되기 때문이다. 그런데 광양 지역어에서는 '이:팍'처럼 /ㅎ/이 제 소리값을 유지하고 있다. 이는 동남방언과 같은 양상으로서 아마도 이웃한 경남 지역어의 영향 탓으로 보인다.

4) '고마'는 '그만'의 방언형. 여기서는 '달리 해 볼 도리가 없어서' 정도의 뜻.

5) 부정어 '못'은 이 지역어에서 '몬'으로 쓰인다. 아마도 경남방언의 영향 탓으로 보인다. '있다'의 부정 표현 '없다'도 이 지역어에서 '엤다'로 쓰이는데 이처럼 '몬', '엤-'과 같이 부정의 의미를 지닌 낱말들이 콧소리로 변한 것은 같은 부정의 범주에 있는 '안'에 유추된 결과이다.

6) '마'는 후행 발화를 생각할 시간을 벌고 후행 발화를 초점화 하기 위한 기능을 하는 담화표지이다. 동남방언에 두루 나타나는 이 담화표지가 경남에 접해 있는 광양 지역어에서도 쓰이고 있다.

7) 표준어에서 '대로'는 의존명사로서 '족족'의 의미를 나타낸다. 여기서는 '식구'와 같은 집합명사 뒤에 와서 '모든'의 의미로 쓰였다. 그 밖에 '수대로'라는 표현도 '모두'의 뜻으로 쓰이는 경우가 있다.

8) '세상 버리다'는 '세상 떠나다'의 뜻.

9) '-음성'은 '-으면서'의 방언형. '-음서'로도 쓰인다.

10) '가이내'는 옛말 '가ᄉ나희'의 후대형으로서 '계집아이'의 뜻.

11) '막뗑이'는 '막둥이'의 방언형. '막냉이'라는 말이 같은 뜻으로 쓰이기도 한다.

12) '없:-'처럼 긴 /ㅓ/가 /ㅗ/로 원순화 되었는데 이는 아마도 뒤따르는 양순자음 /ㅂ/ 때문으로 보인다.

13) '글제'는 '그럴 때'의 뜻이다. 전남방언에서 '그러힐'은 '그럴'로 줄어들어 쓰이며 이 '그럴'은 다시 '글'로 준다. 그래서 '그러허다'는 '글허다' 또는 '글다'로 쓰이게 된다. '글제'는 '그러힐 제 → 그럴 제 → 글 제'와 같은 과정을 겪은 것이다. '제'는 의존명사 '적'과 처격토씨 '에'의 결합형에서 변한 말이다.

14) '양석'은 '양식'의 방언형. 전남방언에서 표준어 '식'이 '석'으로 발음되는 예가 흔하다. '자식'은 '자석', '곡식'은 '곡석', '훨씬'은 '훨썩' 등으로 말하는 것이 그런 예이다.

15) '싫다'는 전남방언에서 '싫다'로 재구조화 되었다. 표준어에서 ㄷ-불규칙활용을 하는 낱말들은 모두 이렇게 재구조화를 겪었는데, '눓다(=눈다), 뭃다(=묻다), 겂다(=걷다)' 등이 이러한 예이다.

16) '하나이나'는 '하나나'의 뜻이다. '하나이'의 '-이'는 사람의 수효를 셀 때 사용하는 말로서, '하나이, 둘이, 서이, 너이, 다섯이, 여섯이, ...' 등으로 쓰인다. 이러한 '하나이'에 토씨 '나'가 결합한 것이 '하나이나'이다.

17) '남짝'은 옛말 '남죽'의 후대형이다. '남죽 > 남즉 > 남직 > 남짓'의 변화를 거쳐 현대 표준어형 '남짓'에 이른다. 따라서 '할무니남짝으로'는 직역하면 '할머니 남짓으로'가 될 터인데 여기서는 '비롯해서'의 뜻으로 해석된다.

18) '그양'은 '그냥'의 전남방언형. '그양' 외에 '기냥'이나 '기양' 또는 '걍'으로도 쓰인다. 여기서 '그양'은 단순한 부사가 아니라 담화표지로서 후행 발화를 강조하는 기능을 하는 말이다.

19) '암다'는 '아무 데'의 방언형. '아무'는 전남방언에서 '암'으로 흔히 줄어 쓰인다. 예를 들어 '암제'(=아무 때), '암시랑토 안허다'(=아무렇지도 않다)에서 이를 확인할 수 있다.

20) '업지다'는 '엎드리다'의 방언형.

21) '싸다'는 '쏘다'의 방언형. 전남의 대부분의 지역에서는 '쏘다'라 하는데, 광양에서는 '싸다'라 하여 특이하다.

22) '무장'은 '점점'의 뜻. 반복하여 '무장무장'처럼 쓰이는 수가 많다.

23) '한질'은 '한길'의 방언형.

24) '밑에가'는 '밑에' 또는 '밑에서'의 뜻이다. 여기서 '가'는 원래 동사 '가다'(去)에서 문법화한 것으로서 처격토씨 '에' 뒤에 붙거나 명사에 바로 연결되어 장소를 나타낸다.

25) '권속'(眷屬)은 '권솔'(眷率)과 같은 뜻으로서 '식구'를 가리킨다.

26) '도르레하다'는 둥글게 모여 있는 모양을 나타낸다. 표준어에서 '도래'는 '둥근'의 뜻을 갖는 접두사로서 '도래떡, 도래방석, 도래소반, 도래송곳, 도래함지' 같은 말에 쓰인다. '도르레하다'의 '도르레'도 '도래'와 같이 동사 '돌다'에서 파생된 말로서 '둥글다'의 뜻을 갖는다.

27) '솔나무'는 '소나무'의 방언형. 표준어와 달리 /ㄹ/이 탈락되지 않는 특징을 보인다.

28) '난장'은 '나중'의 방언형. 보통 '난중'으로 쓰인다. /ㅈ/, /ㅊ/ 앞에서 /ㄴ/가 첨가된 결과인데, '인자'(=이제)나 '깐치'(=까치) 등과 같은 예이다.

29) '거서허다'는 '거시기허다'의 뜻. '거시기'는 표준어에서 이름이 얼른 생각나지 않거나 바로 말하기 곤란한 사람 또는 사물을 가리키는 대명사로 쓰이는데, 전남방언에서도 마찬가지다. 따라서 접미사 '-허-'가 결합한 '거시기허다'는 대체로 '뭐하다' 정도의 뜻을 나타내게 된다. '거시기허다'는 전남방언에서 '거석허다'처럼 쓰이는 것이 보통이며, '거서허다'는 '거석허다'에서 /ㄴ/가 탈락한 형태이다. '거석허다'의 '거석'은 '무엇'의 옛말 '무슥'에 유추되어 생긴 '그슥'이 변한 말로 '그슥'의 '그'는 지시어이다.

30) '파뜩파뜩'은 표준어에서 '어떤 생각이 갑자기 순간적으로 잇따라 떠오르는 모양' 또는 '어떤 물체나 빛 따위가 갑자기 순간적으로 잇따라 나타나는 모양'을 나타내는 말이다. 여기서의 '파뜩파뜩'은 순간적으로 갑자기 나타나는 것은 아니나, 이제 막 생겨나는 모양을 나타내는 말로 쓰였다.

31) '커리'는 '켤레'의 방언형.

32) '구덕'은 '구덩이'의 방언형. 지역에 따라 '구덩'이라고도 한다.

33) '싱키다'는 '숨기다'의 방언형. '숨다'의 사동형 '숨키다'가 움라우트를 겪어 '쉼키다'가 되고 자음동화와 모음의 평순화를 거쳐 '싱키다'로 변하였다. 전남방언에서 '숨다'의 사동접미사는 표준어와 달리 '-키'이다.

34) '집세기'는 '짚신'의 방언형.

35) '소리'(疏履)는 상제(喪制)가 초상 때부터 졸곡(卒哭) 때까지 신는 짚신을 말한다. 총을 드문드문 따고 흰 종이로 총 돌기를 감았다. '엄짚신'이라고도 한다.

36) '앵기다'는 '손에 걸리다'의 뜻.

37) '해나'는 '행여나'의 방언형. '행이나'로도 쓰인다.

38) '-는가이야'는 '-는가비야'에서 /ㅂ/이 탈락한 형태인데 '-나 봐'의 뜻으로 해석된다.

39) '글때'는 '그럴 때'가 줄어든 것으로서 여기서는 '그때'의 뜻.

40) '안 추린능가요?'는 '치렀잖아요?'의 뜻을 갖는 확인물음이다. 부정문으로써 확인물음을 나타내는 것은 국어의 일반적 특징이나, 단형과 장형의 두 가지 부정 형식 가운데 어느 것을 사용하는지에 따라 방언 차이가 드러난다. 표준어를 비롯한 중부방언은 장형부정 '-지 않-' 또는 그 축약형인 '-잖-'으로써 확인물음을 나타내지만, 동남방언이나 서남방언 등은 장형보다는 단형의 부정형식을 사용한다. '안 추렀는가요?' 역시 단형부정에 의한 확인물음이다. 한편 전남방언의 대부분 지역에서는 단형부정으로써 확인물음을 나타내되, 그 부정형식이 더 문법화 되어 오로지 확인물음만을 표현하기 위한 통사적 형식으로 굳어지기도 했다. 그래서 이들 지역에서는 단형부정의 부정사 '안'이 한 문장 안에서 여러 차례 나타나기도 하고, '안'이 위치하

는 자리가 서술어 앞뿐만 아니라 서술어 뒤에도 올 수 있고 심지어는 문장의 맨 앞이나 뒤에도 올 수 있는 등의 특징을 보인다. 전남방언에서의 이러한 확인물음 방식과 비교해 보면 광양 지역어는 경남방언과 동일한 확인물음의 형식에 머물러 있어 '안'의 문법화가 전남의 다른 지역과 같은 정도에 이르지는 않은 것으로 보인다.

41) '추리다'는 '치르다'의 방언형.

42) '주구'는 '저희'의 방언형. 전남의 다른 지역에서는 '즈그'가 흔히 쓰인다.

43) '내창'은 '줄곧'의 뜻. 아마도 '줄창'과 '내내'와의 혼태어로 생각된다.

44) '-응깨로'는 '-으니까'의 방언형. '로'는 '-응깨'에 수의적으로 붙는 첨사인데, 이음씨끝 '-음서'에도 붙어 '-음시로' 등으로 쓰이기도 한다.

45) 보조동사 '뿌리다'는 '버리다'의 방언형. 전남의 동부 지역은 서부 지역과 달리 된소리로 발음되는 경향이 있다. 전남의 서부 지역에서는 '불다' 정도로 쓰인다.

46) '동우'는 '동이'의 방언형.

47) '-데끼'는 '-듯이'의 방언형.

48) '바가치'는 '바가지'의 방언형. '박'에 접미사 '-아치'가 결합된 형이다.

49) '-을 것이다'는 전남의 서부 지역에서는 /ㅅ/이 유지된 '-꺼시다'로, 동부 전남에서는 /ㅅ/이 탈락한 '-꺼이다'로 쓰이는 경향이 있다.

50) 일인칭 대명사 '나'에 주격토씨가 결합하면 전남의 동부에서는 '나가', 서부에서는 '내가'로 실현된다. '나가'는 아마도 '나를, 나도, 나만, 나한테,…' 등과 같은 토씨 결합형에 유추된 결과로 보인다.

51) '욕보다'는 '수고하다', '고생하다'의 뜻.

52) '홀기다'는 타동사 '홀리다'의 뜻.

53) '뒤안'은 '뒤꼍'의 뜻.

54) '산몬당'은 '산마루'의 뜻. '몬당'은 전남방언에서 '몰랑', '몰렝이', '몰랑가지' 등으로도 쓰이는데, 옛말 'ᄆᆞᄅᆞ'에서 접미사가 결합해 생긴 어형들로서 산꼭대기뿐만 아니라 일반적인 꼭대기의 뜻으로 쓰이는 것이 보통이다.

55) '쓰다'는 '켜다'의 방언형. 중세형 '혀다'에서 구개음화를 일으킨 형 '써다'가 변한 것이다. 반면 표준어 '켜다'는 '혀다'가 격음화를 일으킨 형이다.

56) '연방'은 '연속해서 자꾸'의 뜻.

57) '언자'는 '언제'의 방언형.

58) '-잔해'는 '-지 않고' 또는 '-는 것이 아니라'의 뜻. '-잔해'는 '-지 안해'가 축약된 것으로서 표준어의 '-지 않고'에 형태적으로 대응된다. '도와주지 안해'와 '도와주지 않고'의 대응에서 보듯이 전남방언의 씨끝 '-어'는 표준어의 '-고'에 대응된다. 고대 및 중세의 대조 구문에서는 씨끝 '-어'가 사용되었는데 후대의 '-어 > -고'로의 대

체에 따라 표준어는 '-고'로 바뀌었다. 반면 전남방언은 '-어 > -고'의 대체를 겪기 이전의 형식을 간직하고 있는데 '-잔해'가 이를 보여 준다. 표준어에서도 '이것은 할머니 유품이 아니라 어머니 유품이다'에서 보듯이 '아니-'의 경우 씨끝 '-어'의 교체형 '-라'를 사용하여 '-어> -고' 이전의 형식이 부분적으로 유지되기도 한다.

59) '돌라가다'는 '훔쳐가다'의 방언형. '훔치다'에 대한 전남방언형은 '돌르다'이다.

60) '짱글다'는 '자르다'의 뜻. 전남의 대부분 지역에서는 '짤르다'로 쓰이므로 이는 경남방언형이 유입된 것이다.

61) '끌텅'은 '그루터기'의 방언형. 표준어 '그루터기'가 '그루'의 옛말 '그릏'에 접미사 '-더기'가 결합한 것이라면, '끌텅'은 '그릏'에 접미사 '-덩'이 결합한 형태이다.

62) '날보고'는 '나보고'의 뜻. '보다'의 원래 의미가 아직 남아 있어 목적격토씨가 결합한 '날'이 쓰였다. 이런 형태는 주로 동부 전남에서 찾아진다.

63) '멩이로'는 '처럼'의 뜻. '로' 없이 '멩이'만으로도 쓰인다.

64) '차'는 '채'의 방언형.

65) '가통'(加痛)은 환자의 병이 심해져서 고통이 더함의 뜻.

66) '올'은 '오늘'의 방언형. '오늘 죽을지 내일 죽을지'와 같은 대조구문에서 '오늘'과 '내일'은 대조의 관계에 있기 때문에 '내일'의 축약형 '낼'에 운을 맞추기 위해 '오늘'도 '올'로 축약되었다. 빈도가 높은 표현에서 '오늘'은 '온'으로 축약되는 것이 일반적인데, '온 아척'(=오늘 아침), '온 저녁'(=오늘 저녁) 등에서 이를 확인할 수 있다.

67) '몸뗑이'는 '몸뚱이'의 방언형.

68) '창창'은 '찬찬'의 방언형으로서 단단하게 자꾸 감거나 동여매는 모양을 나타내는 말이다.

69) '보둠다'는 '안다'의 방언형.

70) '가'는 '가지고'의 방언형. 광양 지역어에서는 '가지고'가 '가' 또는 '갖고'로 쓰이는데, 여기서 '가'는 경남방언형, '갖고'는 전남방언형이다. 따라서 광양지역어는 전남방언형과 경남방언형을 모두 쓰는 셈이다.

71) '우아기'(うわぎ)는 '윗옷'의 일본말.

72) '안해요'는 '않아요'의 뜻. 전남방언은 '않다'가 '안허다'처럼 축약되지 않은 본디형으로 쓰이는 수가 많다. '많다'에 대한 '만허다', '귀찮다'에 대한 '귀찬허다' 등도 같은 예이다.

73) '도리다'는 '훔치다'의 뜻. '돌르다'로도 쓰인다.

74) '디비다'는 '뒤지다'의 뜻. 중세어 '드위다'에 대응하는 형으로서 전남의 다른 지방에서는 '뒤:다'가 쓰인다. 아마도 고대형 *'드비다'로부터 *'드비다 > 드위다 > 뒤다'와 같은 변화가 일어났을 것으로 추정된다. 그렇다면 경남방언이나 광양지역어의 '디비다'는 가장 오래된 형태를 반영하는 말인 셈이다. 또 다른 중세어형 '두디

다'는 구개음화를 거쳐 현재 표준어 '뒤지다'로 발달하였다.

75) '처덮다'는 '마구 덮다'의 뜻.

76) '아지메'는 '아주머니'의 방언형. 전남의 대부분의 지역에서는 '아짐'형이 쓰이는데, 광양처럼 경남과 접한 전남의 동부 지역에서는 경남과 같은 '아지메' 형이 쓰인다.

77) '아재'는 '아저씨'의 방언형.

78) '투막투막'은 '듬성듬성'의 뜻.

79) '구녕'은 '구멍'의 방언형. '구녕' 외에 '구녁'과 같은 형도 쓰인다. 중세어 '구무/굵'으로부터 단일형 '구멍'이 발달하였다면 전남방언형 '구녕'은 '구멍'의 콧소리 /ㅁ/가 /ㄴ/로 교체한 것이다.

80) '시우잠'은 '새우잠'의 뜻.

81) '남세'는 '때문에'의 뜻. 그 밖에 전남방언에서 '난세'나 '난시'와 같은 형이 쓰이기도 한다.

82) '새년'은 '새해'의 뜻. '그해'를 '그년'으로 말하는 것처럼 이 구술자는 순수 우리말 '해' 대신 한자어 '년'(年)이 합성된 말을 즐겨 사용한다.

83) '르'는 '를'의 변이형으로서 모음이나 /ㄹ/ 다음에서 쓰인다. 경남방언의 목적격토씨 '로'로 발달하기 이전의 형태로 추정된다.

84) '깔담살이'는 '꼴머슴'의 뜻. '담살이'는 '더부살이'를 뜻하던 옛말 '다무사리'가 축약된 말로서 전남방언에서는 어린 머슴을 뜻한다. 꼴을 베어 나르는 어린 머슴은 '깔담살이', 갓난아기를 돌보는 여자아이는 '애기담살이'라 한다.

85) '읎다'는 '없다'의 방언형. 광양 지역어는 '없다'를 '읎다'라고 하는데, 이는 같은 부정어의 계열에 드는 '안'에 유추되어 콧소리로 변한 결과이다. 경남방언이나 광양 지역어에서 능력 부정의 부정어 '못'을 '몬'이라 하는 것도 같은 이유이다.

86) '동우'는 '동구'의 /ㄱ/이 탈락한 형태이다. '동구'는 '동기'(同氣)의 방언형.

87) '조캐'는 '조카'의 방언형.

88) '겔추다'는 '가르치다'의 방언형.

89) '동청'(洞廳)은 '마을회관'을 가리킨다.

90) '게우고'는 '겔추고'의 잘못된 발음으로 보인다.

91) '겔치다'는 '가르치다'의 방언형.

92) '처음에'가 여기서는 마치 명사처럼 쓰였다. 이것은 전남방언에서 시간이나 공간의 낱말은 처격토씨 '에'를 결합하여 '앞에가 지퍼'(=앞이 깊어), '밑에가 무구와'(=밑이 무거워), '처음에가 어려워'(=처음이 어려워), '난중에가 심들어'(=나중이 힘들어)처럼 쓰이기 때문이다. 시간이나 공간의 명사에 처격토씨가 결합되어 새로운 명사로 파생되었다고 할 수 있다.

93) '혹가다'는 '어쩌다가'의 뜻으로서, 한자어 '혹'(或)에 동사 '가다가'가 결합된 합성 어이다.

94) '수류미'는 '말린 오징어'를 뜻하는 일본말 '스루메'(するめ)를 말한다.

95) '맨맛허다'는 '만만하다'의 방언형.

96) '질들이다'는 '길들이다'의 방언형.

97) '질떨어지다'는 '길나다'의 방언형. 동사 '떨어지다'에는 '병이나 습관 따위가 없어 지다'는 의미가 있어, 예를 들어 '감기가 떨어지지 않아 큰 고생을 하였다'와 같이 쓰인다. 송아지가 쟁기질을 할 수 있기 위해서는 타고난 습관을 버려야 하므로 '떨 어지다'를 사용한 것으로 보인다. 여기서 '질'은 '질들이다'의 '질'과 같은 것이다.

98) '세양치' 또는 '소앙치'는 '송아지'의 방언형. '세양치'는 중세어 '쇠야지'의 후대형, '소앙치'는 '쇠'가 '소'로 대체된 이후 만들어진 개신형으로 보인다.

99) '세'는 '소'의 방언형. 중세어 복합어 '쇠고기, 쇠머리, 쇠무릎, 쇠뿔, 쇠야지, 쇠똥' 에는 관형격토씨가 결합된 '쇠'가 주로 나타난다. 나중에 관형격토씨가 '의'로 단일 화하고 선행 모음과의 축약이 일어나지 않게 되면서 '쇠'는 방언에 따라 牛를 뜻하 는 새로운 말로 재구조화 되었다. 광양 지역어도 이러한 변화를 겪은 말이라 할 수 있다. 따라서 이 지역어의 '세'는 '쇠 > 쇠 > 세'와 같은 변화를 거친 어형이다.

100) '나가'는 '내가'의 방언형. 이처럼 주격토씨 앞에서 '내'가 아닌 '나'를 쓰는 것은 주로 전남의 동부 지역인 광양, 여수, 순천 등지이다.

101) '끗다'는 '끌다'의 방언형. 옛말 '그스다'의 후대형이다. 광양 지역어는 전남의 다른 곳의 방언과 달리 용언의 끝소리 /ㅅ/이 모음 앞에서 탈락되는 불규칙활용을 한다.

102) '채리보다'는 '쳐다보다'의 뜻. 형태적으로는 표준어 '째려보다'와 관련이 있을 듯 하나, '째려보다'는 못마땅하여 매서운 눈초리로 흘겨보다는 뜻이므로 의미상 맞지 않다. 여기서는 단순히 '쳐다보다'의 뜻으로 쓰였다.

103) '홀쳉이'는 '극젱이'의 방언형. 극젱이는 땅을 가는 데 쓰는 농기구로서, 쟁기와 비 슷하나 쟁깃술이 곧게 내려가고 보습 끝이 무디다. 보통 소 한 마리로 끄는데, 소 가 들어가기 힘든 곳에서는 사람이 끌기도 한다. 쟁기로 갈아 놓은 논밭에 골을 타거나, 흙이 얕은 논밭을 가는 데 쓴다.

104) '차'는 접미사 '째'의 방언형이다. 그래서 '통째'는 이 방언에서 '통채'나 '통차'로 쓰인다.

105) '적산지'의 '적산(敵産)은 1945년 8·15 광복 이전까지 한국 내에 있던 일제나 일본 인 소유의 재산을 광복 후에 이르는 말이다. 따라서 '적산지'는 '敵産地'일 것이다.

106) '수'(收)는 도조나 길미 따위의 받을 곡식이나 이자를 가리킨다.

107) '짚'의 받침소리 /ㅍ/는 전남의 대부분 지역에서는 /ㅂ/로 바뀌었으나, 동부 전남에 서는 /ㅍ/를 유지한다.

108) '근대내다'는 '무게가 나가도록 만들다'의 뜻. 여기서 '근대'는 '근수'(斤數)와 같은 뜻의 말로 보인다.

109) '사나쿠'는 '새끼'(繩)의 방언형. 전남방언에서는 '사네키'나 '사쳉이'와 같은 형도 쓰인다.

110) '톡허다'는 '특특하다'의 뜻으로서 피륙 따위의 바탕이 촘촘하고 조금 두껍다는 뜻.

111) '섬거'(蟾居)는 광양시 진상면 섬거리(蟾居里)를 가리키는 지명이다.

112) '어쨌든간에'에서 '간에'는 '어쨌든', '아무튼', '하여튼' 등에 수의적으로 결합하는 말이다. 같은 의미를 갖는 '좌우당간에'에도 '간에'가 확인된다. 다만 '좌우당간에'의 '간에'는 다른 경우와 달리 필수적으로 결합되는 말이다.

113) '처자'(處子)는 '처녀'의 뜻.

114) '꺼정'은 '까지'의 방언형. 중세어 'ᄀᆞ장'의 후대형이다.

115) '마동'은 '마다'의 방언형. 따라서 '해마동'은 '해마다'의 뜻인데, 전남방언에서는 흔히 '해년마동'으로 쓰이기도 한다.

116) '거이라요'는 '것이어요'의 방언형. 동남방언의 경우 반말의 씨끝 '-아'는 지정사에서 '-라'로 변동한다. 광양 지역어도 동남방언과 같은 변동을 보인다.

117) '돌아지다'는 '(소유권 등이) 옮아지다' 또는 '바뀌다'의 뜻.

118) '다랑지논'은 '다랑이'의 방언형으로서 산골짜기의 비탈진 곳 따위에 있는 계단식으로 된 좁고 긴 논배미를 가리킨다.

119) '송쿠'는 '송기'(松肌)의 방언형으로서 소나무의 속껍질을 말한다. 쌀가루와 함께 섞어서 떡이나 죽을 만들어 먹기도 한다.

120) '모도'는 '모두'의 방언형. '모도'는 옛말의 동사 '몯-'에 접미사 '-오'가 결합된 말로서 모음조화를 지킨 어형이다. 이 '모도'가 표준어에서는 '모두'로 바뀌면서 모음조화가 깨지게 되었다. 따라서 전남방언형 '모도'는 모음조화를 지킨 옛 어형을 그대로 유지하고 있는 셈이다.

121) '무시'는 '무'의 방언형으로서 옛말 '무수'에 대응하는 형태이다.

122) '옇다'는 '넣다'의 방언형. 옛말 '녛다'에서 /ㄴ/가 탈락하여 전남방언형으로 발달한 반면, '녛다 > 넣다'처럼 반모음이 탈락하여 표준어형이 되었다.

123) '그리'는 '그렇게'의 뜻. 동남방언에서는 '그렇게'의 뜻으로 '그리'를 즐겨 쓰는데 광양 지역어에서도 마찬가지로 '이리', '그리', '저리' 등이 선호된다.

124) '지비'는 '집이'로서 '집에'가 고모음화한 것이다. '집에'는 '집'에 처격토씨가 결합한 말이지만 명사 또는 대명사로 재구조화 하여 쓰인다. 시간과 공간의 낱말들에 처격토씨 '에'를 결합하여 명사처럼 쓰이는 것이 전남방언의 특징적인 어법인데, '집에'도 이런 범주에 드는 말이다. 예를 들어 '집이가 갔소?'라면 '댁이 갔소?'의

뜻으로서 이때의 '집이'는 '댁'과 같은 대명사로 쓰이는 말이다.

125) '손밑에'는 '손아래'의 뜻.

126) '손님을 받다'는 '천연두를 앓다'의 뜻. 여기서 '손님'은 '천연두'를 가리키는 말로서, 전남 신안 지역에서는 '왕손님'이라고도 한다. 천연두와 같은 무서운 병을 손님으로 예우함으로써 역신(疫神)을 달래 보려는 의도가 숨어 있는 표현이라 하겠다.

127) '거선다고'는 '거시기 헌다고'의 줄임말.

128) '다글다글'은 목구멍에 가래 따위가 걸려 숨을 쉴 때 자꾸 거치적거리는 소리로서 표준어 '그르렁그르렁'에 대응하는 방언형. 원래 '다글다글'은 표준어 '들들'과 같이 콩이나 깨 따위를 휘저으며 볶는 모양을 형용하는 의태어인데, 여기서는 가래가 끓는 소리를 표현한다.

129) '천지'(天地)는 여기서 '곳곳'의 뜻. 때로 '사방'과 함께 어울려 '사방천지'는 '모든 곳'의 뜻으로 쓰이기도 한다.

130) '따까리'는 헌데나 상처에서 피, 고름, 진물 따위가 나와 말라붙어 생긴 껍질인 '딱지'의 방언형. 그 밖에 전남방언에는 '따껭이'와 같은 어형도 쓰인다.

131) 표준어 '딱지'는 '지다' 또는 '생기다'와 같은 동사와 어울리는데, 방언형 '따까리'도 마찬가지이며 여기에 덧붙여 동사 '앉다'도 쓰일 수 있다. 뜻은 '생기다'와 동일하다.

132) '숭'은 '흉내'의 뜻. '흉내 내다'는 전남방언에서 '숭내 내다'로 쓰이는데, 이때의 '숭내'가 '숭'으로 쓰인 것이다. 다만 '숭'이 '흉내'의 뜻을 가질 때에는 언제나 동사 '내다'와 함께 쓰일 때뿐이며, 홀로는 '흉내'의 뜻을 나타내지 못한다. '숭'이 홀로 쓰이면 표준어 '흉'을 뜻하게 된다.

133) '모두다'는 '모으다'의 방언형. 옛말 '몯다'는 '모이다', '몯오다'는 '모으다'의 뜻이었다. 따라서 광양 지역어의 '모두다'는 옛말 '몯오다'에서 온 것이다.

134) '조창'은 '조차'의 방언형. 전남의 서부지역에서는 '조차'로 쓰이는데 경남과 인접한 광양에서 경남지역어의 영향으로 '조창'이 쓰이게 된 것으로 보인다. 토씨 '조차'가 동사 '좇다'에서 문법화된 것이므로 '조차'가 어원에 충실한 형이라 하겠다. 따라서 경남방언형 '조창'은 나중에 /ㅇ/이 첨가된 것이다. '조차'와 같은 뜻을 갖는 전남방언형 '할라'에 대한 경남방언 '하부랑' 역시 '하부라'에 /ㅇ/이 첨가된 것이다.

135) '-음서롱'은 '-으면서'의 방언형. 보통은 '-음서'로 쓰이는데 여기에 '롱'이 덧붙었다.

136) '군대를 가다'의 뜻으로 전남방언은 '군인에를 가다'라 한다. '군인'을 일종의 공간 명사인 '군대'로 인식하고 여기에 처격토씨 '에'를 결합하여 재구조화한 명사로 해석하는 것이다.

137) '외사촌이든거이다네요'에서 '-든 거이다'는 '-던 것이다'의 방언형인데 표준어와

달리 말할이의 추정을 나타내어 '-었나 보다'로 해석된다. 따라서 '외사촌이든거이 다'는 '외사촌이었던 모양이다' 정도의 뜻을 갖는다. 비슷하게 '-는 거이다'는 '-나 보다', '-은 것이다'는 '-었나 보다'로 해석된다.

138) '살리도라'는 '살려달라'의 방언형. '도라'는 '달라'의 방언형인데, 표준어와 달리 내포문이 아닌 환경에서도 쓰일 수 있는 것이 특징이다. 표준어에서는 '다오'와 '달라'가 현재 남아 있지만 '달라'는 '다오'와 달리 주로 내포문 안에서만 나타난 다. 그 반면 전남방언형 '도라'는 내포문이 아닌 경우에도 쓰일 수 있어 '야야 그 것 좀 나 도라'(=야야 그것 좀 나에게 줘라)와 같은 예가 가능하다. 전남방언에서 는 내포문 밖에서 '도라'와 함께 '주라'형도 쓰일 수 있는데 이는 '도라 > 주라'의 변화가 진행 중이기 때문일 것이다.

139) '-이라예'는 '-이어요'의 방언형. 여기서 '예'는 표준어 '요'의 동남방언형인데, 광양 지역어가 동남방언형을 쓰고 있는 경우이다. 이 '예'는 아마도 긍정의 응답어 '예' 에서 토씨로 문법화한 것으로 추정된다.

140) '몳다'는 차를 '몰다'의 방언형.

141) '완날'은 '만날'의 방언형.

142) '남사'는 '때문에'의 뜻. '남세', '난세', '난시' 등으로도 쓰인다.

143) '아섭다'는 '아쉽다'의 방언형. 광양 지역어는 경남 방언과 마찬가지로 ㅂ-규칙 활 용을 한다.

144) '혼차'는 '혼자'의 방언형.

145) '-자 형께'는 '-려 하니까'의 뜻이다. 마침씨끝 '-자'는 청유법 씨끝이므로 말할이와 들을이가 함께 행동하는 경우에 사용되는 것이 원칙이다. 그런데 이 '-자'가 내포 문에 나타나고 동사 '허-'가 상위문의 동사로 쓰이는 경우 이 '-자'는 문장의 주어 의 의도를 나타낼 수 있다. 내포문 환경에서는 들을이에 대한 행동 요구라는 상황 의존적(deictic) 요소가 표명되지 않기 때문에 단지 말할이만의 의지만이 표명되게 된 것으로 보인다. 이런 변화는 특히 씨끝 '-어도', '-으먼'(= -으면), '-고' 등과 결 합될 때 확인되는데, 예를 들어 '내가 혼차 가자도 질을 모릉께 못 가.'(=내가 혼 자 가려고 해도 길을 모르니까 못 가.), '거그를 가자면 못해도 한 시간은 걸릴 것 인디.'(=거기를 가려면 적어도 한 시간은 걸릴 텐데.), '내가 살자고 고론 짓을 허 겄는가?'(=내가 살려고 그런 짓을 하겠나?)와 같은 예가 이러한 의미 기능을 보여 준다. '-자도', '-자먼', '-자고'가 주어의 의도를 나타내는 것은 전남의 모든 지역에 서 가능할 것으로 보이지만, 이유를 나타내는 '-응께'가 결합한 '-자 형께'나 '-장 깨'가 주어의 의도를 나타내는 것은 적어도 서부 전남에서는 불가능하다. 그렇다 면 광양 지역어의 '-자 형께'나 '-장깨'가 의도를 나타내는 용법은 '-자도', '-자먼', '-자고'가 가졌던 의미 기능이 '-응께'에까지 확대된 결과로 해석될 수 있다.

146) '만허다'는 '많다'의 방언형. 표준어 '귀찮다', '편찮다', '괜찮다', '많다', '시원찮

다'와 같은 낱말들은 모두 전남방언에서 '귀찮허다', '편찮허다', '괜찮허다', '만허다', '시원찮허다' 등과 같이 축약되지 않은 본디형이 쓰인다.

147) '중수'는 '중매'의 방언형. '중매'의 뜻으로 전남방언에서는 '중신'이 널리 쓰인다.

148) '인사옷'은 '예단'의 뜻. 사돈집에 인사로 가져가는 의류라는 뜻일 것이다.

149) '두루막'은 '두루마기'의 방언형.

150) '저구리'는 '저고리'의 방언형.

151) '질쌈'은 '길쌈'의 방언형.

152) '밍기'는 '명주'의 방언형으로서 역구개음화가 일어난 형이다. 전남방언에서 '명주'는 보통 '멩지'나 '밍지'로 쓰이는데 이 '밍지'로부터 역구개음화가 일어나 '밍기'가 된 것이다.

153) '보신'은 '버선'의 방언형.

154) '커리'는 '켤레'의 방언형.

155) '맹배'는 '무명'을 가리킨다. 전남방언에서 '목화'(木花)는 '미영' 또는 '멩'이라 하며 이 목화에서 난 실은 '미영실/멩실', 이 실로 짠 베는 '미영베/맹베'라 한다. 표준어 '무명'과 전남방언의 '미영'은 형태적으로 대응하지만 지시물은 '베'와 '목화'를 각각 가리키는 점에서 차이가 있다.

156) '채로'는 '차라리'의 뜻.

157) '카레'는 아마도 옷감을 두루마리처럼 말아놓은 '통'을 의미하는 것으로 추정된다.

158) '왔이무나나'는 '왔으면은'의 뜻. '이나'는 '은'이 이음씨끝 뒤에 붙을 때 나타나는 변이형이다.

159) '짱글다'는 '자르다'의 방언형.

160) '가이'는 '가위'의 방언형. 전남지역에서는 '가새'가 일반적이며 전남 동부 지역에서는 '가시개'가 쓰인다. 이로 보면 광양 지역은 '가시개'가 예상되는데 이 경우는 표준어 '가위'가 유입되어 '가이' 형태로 쓰이고 있는 것이다.

161) '손우에'는 '손위'의 방언형. '위'는 전남방언에서 '욱'이나 '우'로 쓰이는데 이는 물론 옛말 '웋'이 반영된 말이다.

162) '죽죽이'는 '죽으로'의 뜻.

163) '띵깡' 또는 '뗑깡'은 일본말 てんかん에서 온 말로 원래는 '간질병'이란 뜻이다. 아이들이 보채면서 생떼를 부릴 때 땅바닥에 누워 마치 간질병 환자처럼 몸부림치기 때문에 이런 말을 사용한 것으로 보인다. 우리말로는 '생떼'로 번역할 수 있다.

164) '선악'은 구술자의 이름.

165) '폴다'는 '팔다'의 방언형.

166) '폴도 안허다'는 '팔지도 않다'의 방언형. 전남방언에서는 장형부정 형식으로서 '-지도 않다' 대신 씨끝 '-지'가 없는 '-도 안허다'가 주로 쓰인다. 씨끝 '-지'가 없는 부정형식으로서 '-도 안허다' 외에 '-든 안허다'나 '-들 안허다'도 흔히 쓰인다. 이처럼 전남방언의 부정형식에서 씨끝 '-지'가 쓰이지 않는 것이 일반적이지만 씨끝 '-지'가 이 방언에서 완전히 사라진 것은 아니어서 관용적인 형식 '-잔해'(='-지 않고')나 '말다'를 이용한 부정 형식에는 남아 있기도 하다.

167) '씨누'는 '시누이'의 방언형.

168) '여으다'는 표준어 '여의다'에 대응하는 말로서, 자식을 혼인시킨다는 뜻이다. 전남방언에서는 '여우다'가 일반적인 형이다. 표준어에서 '여의다'는 부모나 사랑하는 사람이 죽어서 이별하다 또는 딸아이를 시집보내다 등의 의미를 갖는데, 전남방언은 딸뿐만 아니라 아들까지 포함하여 자식을 결혼시키는 것을 가리키는 점에서 차이를 보인다.

169) '씨아재'는 '시동생'의 방언형. 지역에 따라 '시아재'라 하기도 한다. 반면 시아주버니는 '시숙'(媤叔)이라 하여 한자어 '숙'을 사용한다. '씨아재'에 포함된 '아재'는 표준어 '아저씨'에 대응되는 방언형이나 그 지시체는 같지 않다. 숙항 항렬에 속하는 당숙들을 가리키는 점은 같으나 '아저씨'가 결혼하지 않은 아버지의 남동생을 가리킬 수 있는 반면 전남방언은 이 경우 '삼촌'을 사용하는 것이 일반적이다. 한편 '시아재'는 시동생의 지칭어로 쓰이고 부르는 말로는 '시아재' 또는 '아재'를 그냥 사용한다.

170) 사람을 셀 때 이 지역어에서는 '개'라는 분류사를 사용한다. 전남방언에서 일반적으로 잘 사용하지 않는 표현이다.

171) '권섹'은 '권속'(眷屬)이다.

172) '아래차'는 '아래채'의 방언형이다.

173) '기어'는 이 지역에서 '게:'로 축약되는데 전남의 서부 지역에서는 이러한 축약이 일어나지 않아 차이를 보인다.

174) '보돕씨'는 '겨우'의 뜻. 옛말 'ㅂ둣ᄒ다'는 현대어 '빠듯하다'의 선대형인데, 어근 'ㅂ둣'으로부터 파생된 부사 'ㅂ드시'가 전남방언에서 '보도시'나 '포도시'로 바뀌었다. 이 '보도시'에 /ㅂ/이 첨가되어 광양 지역어의 '보돕시'가 생겨났다. 전남방언에서는 거센소리로 변한 '포도시'나 '포돕시'가 더 일반적인 형이다.

175) '밑이'는 이 지역어에서 [미치]로 발음된다. 이것은 광양 지역어가 전남방언의 일반적 형태인 '밋'이 아닌 '밑'을 기저형으로 갖기 때문이다.

176) '덕석'은 '멍석'의 방언형. 표준어에도 '덕석'이 있으나 추울 때에 소의 등을 덮어주는 명석을 가리키는 제한된 의미를 지닌다.

177) '낮'(晝)은 서부 전남에서는 '낫'이지만 동부 전남에서는 '낮'으로 쓰인다. /ㅈ/, /ㅊ/를 끝소리로 갖는 체언, 예를 들어 '꽃', '젖' 등은 전남의 대부분 지역에서는 /ㅅ/

을 기저음으로 가져 '꼿', '젓'으로 쓰이지만 광양에서는 이와 달리 '꽃', '젖'을 기저형으로 갖는다.

178) '멍석'은 '도래방석'의 뜻으로서 곡식을 널어 말리는 데 쓰이는 짚으로 둥글게 짠 멍석이다.

179) '영끄다'는 '엮다'의 방언형. '엮다 > 여끄다 > 영끄다'와 같은 변화를 겪은 것으로 보인다. 같은 변화가 '껑끄다'(< 꺾다)에서도 확인된다.

180) '씨아바이'는 '시아버지'의 방언형.

181) '-이다'는 '-십시오'의 뜻. 광양, 여수, 하동, 남해 등지의 방언에서 확인되는 높임의 명령형 씨끝이다. 전남의 다른 지역에서 쓰이는 '-씨요'에 대응하는 씨끝이라 할 수 있다. 아마도 중세어의 높임의 안맺음씨끝 '-이-'가 결합된 형에서 발달한 것으로 보인다.

182) '젤로'는 '제일'의 뜻. '질로'로도 흔히 쓰인다.

183) '중신애비'는 '중매쟁이'의 뜻.

184) '사싱'은 '사성'의 방언형. '사성'(四星)은 '사주단자'의 뜻으로서 혼인이 정해진 뒤 신랑 집에서 신부 집으로 신랑의 사주를 적어 보내는 종이를 말한다.

185) '웃걸립'은 전통 혼례 때 신부가 사 가는 윗옷.

186) '커리'는 '채'의 뜻. 원래 '커리'는 표준어 '켤레'의 방언형으로서 신, 양말, 버선, 방망이 따위의 짝이 되는 두 개를 한 벌로 세는 단위이다. 여기서는 두 짝으로 이루어진 농이므로 '커리'를 쓴 것으로 보인다. 일반적으로 농을 세는 단위는 '채'이므로 '커리'는 '채'를 뜻하는 말이라고 할 수 있다.

187) '상구'는 '사뭇'의 방언형. '상구'는 주로 경남 지역어에서 쓰이는 말인데 인접한 광양 지역어에서도 함께 쓰인다.

188) '상각'은 '상객'(上客) 또는 '위요'(圍繞)의 방언형으로서 혼인 때에 가족 중에서 신랑이나 신부를 데리고 가는 사람을 가리킨다.

189) '날라게'은 '날래게'의 방언형. '날래다'의 옛말은 '날ᄅᆞ다'이므로 광양 지역어의 '날라다'는 옛말을 반영한 말로 보인다. 전남의 남부 지역에서는 '날랍다'가 쓰인다.

190) '저리'는 '자리'의 뜻이며 여기에서는 '쪽'의 뜻.

191) '친안'은 '사람들을 접대하다'의 뜻으로 추정된다.

192) '쪼가리'는 '조각'의 방언형.

193) '방앳실'은 '방앗간'의 방언형. '방앳실'의 '실'은 숯이다.

194) '뽀석다'는 '빻다'의 방언형. '빻다'의 15세기 형은 'ᄇᆞ᠔다'이다. 'ᄇᆞ᠔다'는 후대에 의미에 따라 '부수다'와 '빻다'의 두 형태로 분화된다. 'ᄇᆞ᠔다 > 빻다'의 변화 과정에는 /ㅎ/의 첨가가 개재되는데 이는 아마도 '빻다'와 의미적으로 관계있는

'찧다'(< 닿다)에 유추된 것으로 보인다. 전남방언에서 '빻다'는 '뽀수다'와 '뽀숙다'의 두 가지 형태로 분화된다. '뽀숙다'는 주로 경남방언과 접해 있는 동부 지역에 나타난다. '뽀숙다'는 '뽀수다'에 /ㄱ/이 첨가되어 형성된 말인데 이 역시 '찧다'의 경남방언형 '찍다'에 유추된 것으로 추정된다. 여기에 나타난 '뽀석다'는 '뽀숙다'의 변이형이다.

195) '아척밥'은 '아침밥'의 방언형. '아침'은 서남방언에서 '아직', '아적', '아칙', '아척' 등으로 쓰인다.

196) '시기다'는 '시키다'의 방언형. 15세기형 '시기다'를 그대로 계승한 형이다.

197) '해우'는 '해의'(海衣)로서 '김'을 가리킨다. '해의'는 '바다옷'이란 의미인데 이처럼 김과 같은 이끼류를 '옷'이라 부르는 용법이 전남방언에서도 확인된다. 예를 들어 전남방언에서는 '돌에서 자라는 이끼'를 '독옷', '돌담에서 자라는 이끼'를 '담옷'이라 부른다. 이것은 그러한 이끼가 돌이나 담을 둘러싸면서 보호한다고 생각하여 우리 몸을 감싸는 옷을 연상하기 때문일 것이다.

198) '뻬따우'는 '뼈다귀'의 방언형.

199) '꺼꾸루'는 '거꾸로'의 방언형.

200) '달아매다'는 '매달다'의 뜻. 전남방언에서는 '매달다' 대신 '달아매다'를 쓴다. '매다'는 다는 방법이므로 동작의 순서를 따지자면 '매달다'가 맞는 말일 텐데 '달아매다'를 쓰는 이유는 분명치 않다. 다만 물리적인 순서와 다른 순서로 결합된 합성어가 흔히 방언에서 발견되는데 '집어까다'에 대한 전남방언형 '꼬집다'도 이러한 예에 속한다.

201) '아문'은 '아무럼'의 방언형. 전남방언에서는 '아먼', '암' 또는 '하먼'이나 '함' 등이 쓰이며 경남방언에서는 '하먼'이나 '하모' 등이 쓰인다. 이진호(2014)는 '하먼'이 동사 '하다'의 활용형 '하면'에서 감탄사로 바뀐 것으로 보았다. 그렇다면 전남방언형 '아먼'이나 '암' 역시 '하면'에서 온 것일 것이다. 즉 '하면 > 하먼 > 아먼 > 암'의 변화를 겪은 것으로 추정된다. 이러한 추정이 맞을 경우 '아먼'이나 '암'은 표준어 '아무럼'과는 어원을 달리하는 셈이다.

202) '하리'는 '하루'의 방언형.

203) '개즉허다'는 '가깝다'의 뜻. 전남방언에서는 '가찹다', '가직허다'와 같은 형이 함께 쓰인다. '개즉허다'는 '가직허다'가 움라우트를 겪은 형이다.

204) '베기다'는 사동사 '보이다'의 방언형. 표준어의 사동접미사 '-이-' 대신 '-기-'가 쓰인 것이 다르다. 전남의 다른 지역에서는 대부분 '-이-'를 사용하여 '베이다' 등으로 말한다. 피동접미사 역시 사동접미사와 같은 형을 쓴다.

205) '그러장깨'는 '그러자 헝깨'의 축약형으로서 '그러려고 하니까'의 뜻이다. 청유형이 내포된 축약 형식이 굳어지고 의미마저 '-으려고'의 뜻으로 바뀌었다.

206) '하수핀상'은 '항상'의 뜻. '핀상'은 아마도 '평생'에서 온 말로 보이나, '하수'의 어원은 알기 어렵다.

207) '유개'는 '유과'(油菓)의 방언형. '유과'는 '유밀과'라고도 하는데 밀가루나 쌀가루 반죽을 적당한 모양으로 빚어 바싹 말린 후에 기름에 튀기어 꿀이나 조청을 바르고 튀밥, 깨 따위를 입힌 과자를 말한다.

208) '까:자'는 '과자'의 방언형.

209) '머이라니'는 '뭐이라니'이며 '뭐이라냐'와 같은 말이다. 여기서는 혼잣말 '뭐냐'의 뜻으로 쓰였다.

210) '술 치다'는 '밀주를 단속하다'의 뜻.

211) '복작뽁작'은 보글보글 술이 끓을 때 생기는 소리를 나타내는 말.

212) '꼬두밥'은 '고두밥'의 방언형으로서 아주 되게 지어져 고들고들한 밥을 가리키는데 여기서는 찹쌀이나 멥쌀을 물에 불려서 시루에 찐 밥, 즉 지에밥을 뜻한다.

213) '금뚜줄'은 '금줄'의 뜻. 부정한 것의 침범이나 접근을 막기 위하여 문이나 길 어귀에 건너질러 매거나 신성한 대상물에 매는 새끼줄. 아이를 낳았을 때, 장 담글 때, 잡병을 쫓고자 할 때, 신성 영역을 나타내고자 할 때에 사용한다. 이 줄이 있는 곳은 사람이 함부로 드나들지 못한다.

214) '벌급'은 '벌금'의 방언형.

215) '한테'는 '한데'의 방언형. '한더 > 한데 > 한테'의 변화를 겪었다. 전남방언에서 둘째 음절 이하에서 거센소리로 변화한 예들이 많은데 '혼자 > 한차' 등이 이런 예이다.

216) '저금'은 '분가'의 뜻. '저금'은 '제금', '지금'이라고도 하는데, 옛말 '지여곰'에서 발달한 말이다. '지여곰'은 옛말에서 '각자'를 뜻하던 말이었는데, 전남방언에서는 '각자'의 뜻 외에 '분가'라는 명사로 바뀌어 쓰인다. '저금나다'는 '분가하다', '저금내다'는 '분가시키다'의 뜻을 갖는다.

217) '뻴따구'는 '뼈다귀'의 뜻. '뻬다구'나 '뻽따구'와 같은 형도 전남방언에서 흔히 쓰인다.

218) '사립팍'은 '사립짝'의 방언형. 여기서는 '사립문'의 뜻으로 쓰였다.

219) '못 나오라제'는 '나오지 말라 하지'의 뜻. 부정 명령의 자리에 '말다' 대신 '못' 부정어가 쓰인 경우이다.

220) '못 살거태서'는 '못 살 것 같아서'의 뜻. 동남방언에서는 '것 같다'가 '것 겉다'로 쓰이는데, 이때 '것'과 '겉'이 축약되어 '겉다'로 쓰인다.

221) 일인칭대명사 '나'는 주격토씨 앞에서 '내'로 변동하는 것이 일반적인데 이 지역어에서는 '나'로 평준화되었다. 전남의 동부 지역에서 주로 이러한 평준화가 이루어진 것으로 보인다.

222) 아기와 같은 사람을 셀 때 이 구술자는 '명'이나 '사람' 대신 '개'라는 분류사를 사용하는 것이 특이하다.

223) '로'는 모음 다음에서 쓰이는 목적격토씨 '를'의 변이형.

224) '무다니'는 '無斷히'이며 '아무 이유 없이', '괜히', '공연히'의 뜻이다. 전남방언에서는 '무담씨'로도 쓰이는데 '무담씨'의 '씨'는 같은 의미를 갖는 부사 '공연스레'의 '스레'와 대응하는 것으로 추정된다.

225) '일시로'는 '一時로'이며, '한 순간도' 또는 '갑자기'의 의미로 해석된다.

226) '잡다'는 '싣다'의 방언형. '잖다'로도 쓰인다.

227) '이약'은 '이야기'의 방언형.

228) '시어메'는 '시어머니'의 방언형.

229) '안 가꺼이라'는 '안 갈거야'의 방언형. 표준어 '거야'와 달리 이 지역어에서는 '거이라'처럼 지정사의 어간 '-이'가 드러나 있다.

230) '만땅고'는 '만(滿)tank'의 일본식 발음. '가득 차 있다'는 뜻을 나타낸다.

231) '-을 것이다'는 이 지역어에서 '-으꺼이다'로 쓰인다. '것'의 /ㅅ/은 서부 전남에서는 수의적으로 탈락되는 데 반해 동부 전남에서는 필수적으로 탈락되는 차이가 있다.

232) '모이마'는 '사내애'의 뜻. 지역에 따라 '머시마'나 '머이마' 등으로 쓰이기도 한다.

233) '가이나'는 '계집애'의 뜻. 지역에 따라 '가시나'나 '가시네' 또는 '가이네' 등으로 쓰이기도 한다.

234) '느르러니'는 '늘늘허다'의 활용형인데 줄지어 늘어선 모양을 나타내는 말이다. 어원적으로 '늘어서다'에 포함된 '늘다'의 '늘'이 반복하여 어근을 형성한 것으로 보인다.

235) '시라빵'은 '사립문'의 뜻인데 '사립짝'의 방언형으로 보인다. 이 구술자는 '시라빵'과 같은 뜻으로 '사리꽉'을 쓰기도 한다.

236) '나라비'(ならび[並び])는 늘어선 모양이나 늘어선 것, 또는 줄을 뜻하는 일본말. 여기서는 '줄지어'의 뜻으로 쓰였다.

237) '영'은 표준어에서 주로 부정적인 표현이나 부정적인 의미를 갖는 말을 수식하여 '대단히'나 '도무지'의 뜻으로 쓰인다. 여기서는 긍정적인 의미의 표현 앞에 쓰여 표준어와 차이를 보인다.

238) '고부'는 '고비'로서 일이 되어 가는 과정에서 가장 중요한 단계나 대목, 또는 막다른 절정을 뜻한다. '고부'나 표준어 '고비'는 모두 옛말 '고비'에서 온 말로서 동사 어간 '곱-'(曲)에서 파생된 말이다. 애초에 이중모음 '의'를 가졌던 낱말이 표준어에서 'ㅣ'로 그리고 전남방언에서 'ㅜ'로 변이하는 예로는 '나비/나부'(< 나비), '조기

/조구'(< 조기) 등을 더 들 수 있다.

239) '홀그다'는 '홀리다'의 방언형. '홀리다'는 자동사와 타동사로 쓰여 '무엇의 유혹에 빠져 정신을 차리지 못하다' 또는 '유혹하여 정신을 차리지 못하게 하다'의 뜻으로 쓰인다. 여기서 '홀그다'는 타동사로 쓰였다. 전남방언에서는 일반적으로 '홀기다'가 쓰이며 표준어 '홀리다'와 마찬가지로 자동사와 타동사의 용법을 함께 갖는다.

240) '씨아바이'는 '시아버지'의 방언형.

241) '암 것'은 '아무 것'의 방언형. 전남방언에서 '아무'는 흔히 '암:'으로 줄어 쓰이는데, '암 디'(=아무 데), '암 제'(=아무 제) 등이 그런 예이다. 그러나 '*암 도시'(=아무 도시), '*암 학교'(=아무 학교), '*암 직장'(=아무 직장)'으로 줄어 쓰지는 않으므로 '아무'가 '암'으로 줄어드는 경우는 사용 빈도가 매우 높아 거의 관용화 된 경우에 한하는 것으로 보인다.

242) '난장'은 '나중'의 방언형. 흔히 '난중'으로 쓰인다.

243) '존 일에'는 상대에게 선의나 호의를 베풀어 주기를 바랄 때 쓰이는 관용적인 표현이다. 예를 들어 '존 일에 나 좀 디꼬 가써요.'는 '나 좀 데리고 가시면 정말 좋겠어요.'의 뜻이다.

244) '도라'는 '달라'의 방언형이나 '달라'와 달리 내포문이 아닌 환경에도 쓰일 수 있다. 예를 들어 '그것 나 좀 도라'(=그것 나 좀 줘라)처럼 쓰인다.

245) '신랑이란 사람'은 말할이가 자신의 신랑을 객관화 시켜 표현하는 말법이다. 이럴 경우 말할이와 대상과의 심리적 거리가 느껴진다.

246) 여기서 '중매'는 '중매쟁이'를 가리킨다.

247) '데자'는 '과연'의 뜻. 서부 전남에서는 '데차' 또는 '데큰'이라고도 한다.

248) '어메'는 '엄마'의 방언형. 지역에 따라 '엄니'나 '엄메' 등이 쓰이기도 한다.

249) '있는 것 없는 것'은 '있는 것 모두'를 뜻하는 말이다. 이처럼 우리말에는 '있는 x 없는 x'와 같은 형식으로써 '있는 x 모두'를 뜻하는 말법이 있다. 예를 들어 '있는 돈 없는 돈 모두 털어서 집을 샀다'라고 하면 '있는 돈 모두'를 털었다는 뜻이다.

250) '두랑'은 '두량'(斗量)의 방언형으로서 '일을 헤아려 처리함'의 뜻이다.

251) '빚'는 서부 전남에서 '빗'으로 쓰이나 동부 전남에서는 '빛'으로 쓰인다. 이처럼 체언의 끝소리 /ㅈ/, /ㅊ/는 서부 전남에서 모두 /ㅅ/로 쓰이지만 동부 전남에서는 /ㅈ/, /ㅊ/를 유지한다. '젖'과 '젓', '낯'과 '낫'의 대립이 이를 보여 준다.

252) '메니로'는 '처럼'의 뜻. '메니로' 외에 '멩이로', '메로', '멩키로', '멩키', '마니', '마니로', '마이로' 등 다양한 형태가 전남방언에서 쓰인다.

253) '거천'은 '모시고 보살핌'의 뜻이다.

254) '설리'는 '서러이'의 방언형.

255) '멩이로'는 '처럼'의 뜻. '로' 없는 '멩이'도 가능하다.

256) '내비리다'는 '내버리다'의 방언형.

257) '내'는 표준어에서 부사와 접미사로 쓰인다. 부사로 쓰일 때에는 '내내'의 준말로 쓰이면서 '처음부터 끝까지 계속해서'의 뜻을 갖는다. '내'가 접미사로 쓰일 때에는 '봄내, 여름내, 저녁내, 아침내'처럼 계절이나 '아침', '저녁' 등의 낱말에 결합하여 '그 기간의 처음부터 끝까지'를 뜻하며 이들 낱말을 부사로 만드는 기능을 한다. '하루'는 표준어에서 '*하루내'와 같은 파생부사를 만들지 못하므로 이때의 '내'는 접미사가 아닌 부사로 기능한다. 따라서 표준어의 경우 '하루내'가 아닌 '하루 내'로 써야 한다. 한편 전남방언에서는 '하룻내'처럼 사이시옷이 개재되어 쓰여 표준어와 차이를 보인다. 사이시옷이 개재되어 있는 것으로 보아 '하룻내'는 한 낱말로 보아야 하며 이때의 '내'는 '내내'의 준말로 볼 수 있다.

258) '언 데'는 '어느 데'의 준말. 표준어에서는 '어느 곳'이라야 할 경우지만 전남방언에서는 '곳' 대신 '데'를 쓴다. 전남방언에서는 '곳'을 사용하지 않기 때문이다. 따라서 표준어에서 '곳'을 써야 할 자리에 전남방언은 예외 없이 '데'를 쓰게 된다. 예를 들어 '아무 곳'은 '암 디', '내가 살던 곳'은 '내가 살던 디', '가는 곳마다'는 '간 디마다'라고 해야 한다.

259) '끄터리'는 '끄트머리'의 방언형. 여기서는 시간의 끝으로서 '나중'과 같은 뜻을 나타낸다.

260) '망내이'는 '막내'의 방언형. 서부 전남에서는 '막둥이'라 한다.

261) '-이라예'는 '이어요'의 방언형이다. 여기서 '-라'는 반말 씨끝 '-어'의 동남방언형이며, '예'는 높임의 토씨 '요'의 동남방언형이다. 전남의 서부 지역에서는 '-이어라우'처럼 토씨 '라우'를 써야 한다.

262) '애나'는 '행여나'의 방언형. '행이나', '해나' 등으로 쓰이기도 한다.

263) '친정어'는 '친정에'의 방언형이다. 처격토씨 '에'가 앞선 모음에 동화되어 '어'로 바뀐 것인데 이러한 동화는 동남방언의 특징이며 서남방언에서는 보이지 않는 것이다. 이런 점에서 광양 지역어는 경남 방언과 매우 유사한 음운적 특징을 보인다고 하겠다.

264) '놓다'는 '낳다'의 방언형. 전남의 서부 지역에서는 '놓다' 대신 '낳다'를 쓴다.

265) '트꺼리'는 '트집'의 뜻. 아마도 '트집거리'에서 온 말로 보인다.

266) '누구'는 '너희'의 방언형. '느그'나 '니기'로도 쓰인다.

267) '동우'는 '동이'의 방언형.

268) '데지막'은 '돼지우리'의 뜻. 여기서 '막'은 한자어 幕으로서 겨우 비바람을 막을 정도로 임시로 지은 집을 가리키는 말이다. 표준어에서는 '오두막', '원두막' 등에 이 말이 쓰이는데, 전남방언에서는 '돼지우리'를 가리키는 데에도 이 '막'이 쓰인

다. '우리'라는 순순한 우리말 대신 한자어 '막'을 사용하는 경우라 하겠다.

269) '구덕'은 '구덩이'의 방언형. 일반적으로 전남방언에서 '구덩이'는 '구뎅이' 또는 '구덩'이 쓰이는데, 광양 지역어에서는 '구덕'이 쓰였다.

270) '꾸정물'은 '구정물'의 방언형.

271) '씨끄다'는 '씻다'의 방언형. 전남방언에서는 '시치다' 또는 '싫다' 등이 일반적으로 쓰이는데, 광양 지역어는 '씨끄다'를 쓴다.

272) '훑다'는 '붙어 있는 것을 떼기 위하여 다른 물건의 틈에 끼워 죽 잡아당기다'는 뜻으로서 벼훑이나 그네를 사용하여 벼를 탈곡하던 시절에 사용하던 말이다. 그런데 탈곡기 등 기계를 사용하여 탈곡을 하는 경우에도 이 말이 쓰이면서 '훑다'는 '탈곡하다'처럼 일반적인 뜻을 갖게 되었다. 서부 전남에서는 '훑다' 또는 '홀트다'라 하고 이로부터 파생된 '홀테'는 탈곡기를 가리키는 말로 쓰이기도 한다.

273) '숭구다'는 '심다'의 방언형. 중세어 '삶다'와 '심다'는 음운적 조건에 따른 교체형인데 표준어는 나중에 '심다'로 통일된 반면 전남방언은 '삶다'형으로 통일되어 오늘날 '숭구다' 또는 '싱기다' 등으로 쓰이는 것이다.

274) '멩이'는 '처럼'의 뜻을 가진 토씨이다. 이 '멩이'에 지정사 '이다'가 결합하여 '멩이다'가 되면 '처럼이다' 또는 '같다'의 뜻이 된다. 따라서 '것멩이라요'는 '것 같아요'의 뜻이다.

275) '개붑다'는 '가볍다'의 방언형.

276) '젊으나 사나'는 '젊으나 마나'의 뜻이므로 '사나'는 선행 표현 '젊으나'를 부정하는 말이어야 한다. 이 '사나'는 '죽으나 사나'에서 유추된 것으로 추정된다.

277) '남세'는 '때문에'의 뜻.

278) '정때'는 '점심 때'의 뜻이다. 따라서 '정:'은 '점심'이 줄어든 말일 터인데, 이 '정'은 홀로 쓰이는 법은 없고 언제나 '때'나 '참'과 어울려 쓰인다. 그 결과 '점심 때'와 같은 관용적인 의미를 나타낼 때는 '정때'나 '정참'처럼 줄어들어 쓰이게 된다.

279) '해거름'은 해가 서쪽으로 넘어가는 일. 또는 그런 때를 가리키는 말이므로 광양지역어는 표준어와 같은 형태를 쓰는 셈이다. '해거름'에 '판'이 결합하여 해가 서쪽으로 넘어가는 때를 가리키게 되는데, 이때의 '판'은 '처지', '판국', '형편'의 뜻을 나타내는 말이다. 보통은 '해거름'에 시간을 나타내는 의존명사 '참'을 결합하여 '해거름참'이라 하는데 광양 지역어에서 '참' 대신 '판'을 사용한 것이 독특하다. 전남의 서부지역에서는 '해거름'의 /ㄱ/가 탈락하여 '해:름'이라 하고(해거름 > 해어름 > 해:름) 여기에 '참'이 결합되어 '해름참'이라고도 하는데 두 말은 모두 해가 서쪽으로 넘어가는 때를 가리킨다.

280) '제경'은 '제각기'의 뜻이다.

281) '너러치다'는 '내려지다' 또는 '떨어지다'의 뜻. '너러치다'는 표준어 '내려뜨리다'

와 '내려지다'의 두 가지 뜻으로 해석된다. 여기서는 자동사 '내려지다'의 뜻으로 쓰였다. 전남방언에서는 '내려뜨리다'에 대해 '냇치다'와 '떨치다'의 두 가지 형이 쓰인다. '냇치다'는 '내려치다'가 축약된 것이며, '떨치다'는 '떨어치다'가 축약된 것이다. 여기서 접미사 '-치-'는 표준어의 '-뜨리-'에 대응하는 것으로서 강세나 사동의 기능을 맡는다.

282) '어근너근이'는 '떠들썩하게'의 뜻.

283) '체리보다'는 '쳐다보다'의 방언형. '체리보다'의 부정은 '안 체리보다'나 '체리보도 안허다'로 쓰여야 할 것 같은데 여기서는 장형부정 '체리보도 안허다' 대신 '체리도 안 보다'로 쓰였다. 합성용언의 부정형을 만들 때 이처럼 선행 표현에 '도'를 결합시키고 후행표현에 '안'을 선행시키는 방식은 전남방언에서 흔히 찾아볼 수 있다. 예를 들어 '돌아가다'는 '돌아도 안 가다', '찾아보다'는 '찾아도 안 보다' 등으로 쓰이는 것이다. 물론 '돌아가도 안허다'나 '찾아보도 안허다'와 같은 장형부정도 가능하다. 그렇다면 '찾아보다'에 대한 장형부정형으로 '찾아보도 안허다'와 '찾아도 안 보다'의 두 가지가 가능한 셈이다.

284) '들게'의 '게'는 향격토씨 '에'의 변이형이다. 따라서 '들게'는 '들에'의 뜻이다.

285) '산뿔겡'은 그 의미가 불명이다. 맥락으로 보아 '나무하기'와 같은 것이 아닐까 추정해 본다.

286) '말리'는 '마루'의 방언형.

287) '폴다'는 '팔다'의 방언형.

288) '날 샌 중'은 '날 새는 줄'이다. 여기서 보듯이 전남방언형 '샌'은 표준어 '새는'에 대응한다. 전남방언에서는 기원적으로 현재를 나타냈던 '느'가 탈락하는 변화가 일어났는데 '-는데 > -은데', '-느니 > -으니'와 같은 변화가 이를 보여 준다. 관형형 씨끝 '-는 > -은'도 이러한 변화의 한가지이다. 다만 역사적으로 '있-'이 포함된 '-었는'이나 '-겄는'에서는 아직도 '느'가 남아 있어 보수적인 양상을 보여 준다.

289) '중'은 '줄'과 같은 뜻을 갖는 의존명사.

290) '시상에'는 '세상에'의 방언형으로서 여기서는 뜻밖의 일에 놀라움을 표시하는 감탄사로 쓰였다.

291) '멩'은 여기서 '목화'의 뜻. '멩'은 옛말 '믜명'에서 발달한 것으로서 표준어 '무명'과 형태적 기원은 같지만 의미는 약간 달라졌다. 표준어에서는 '무명'이 주로 베를 가리키지만, 전남방언에서는 솜이 자라는 나무인 '목화'를 가리킨다. 그래서 베를 가리킬 때에는 '멩베'와 같은 형을 쓴다.

292) '지지리'은 '진저리'의 방언형. '진저리'는 차가운 것이 몸에 닿거나 무서움을 느낄 때에, 또는 오줌을 눈 뒤에 으스스 떠는 몸짓을 가리킨다.

293) '제'는 재귀대명사 '저'의 방언형. 원래는 '저'의 주격형이었으나 재구조화 되어 '저'와 같은 낱말로 기능하게 되었다.

294) '어두붑다'는 '어둡다'의 방언형.

295) '삼동'(三冬)은 원래 '겨울 석 달'을 뜻하나 여기서는 단순히 '겨울'의 뜻.

296) '-등갑써'는 '-든가 봐'의 뜻. '-든가 봐'는 전남방언에서 '-든가비여'로 쓰이기도 하는데 '-든갑써'의 '-써'는 '-든가비여'의 '-이여'가 변한 말로 보인다.

297) '우리집양반'은 아내가 다른 사람에게 자신의 남편을 가리키는 말이다. 전남방언에서 '집'은 흔히 '집이'로 쓰이는데 이것은 '집'에 처격토씨 '에'가 결합한 '집에'가 변한 것이다. '집에'는 단순히 '집'의 처격형이기도 하지만 '집'이라는 공간명사에 붙어 새로운 명사로 재구조화한 형이기도 하다. 따라서 전남방언형 '집이'는 표준어 '집'에 대응하는 말이라 하겠다. 그러므로 표준어적 표현 '우리집양반'을 이 방언에서 '우리집이양반'이라 하는 것은 매우 자연스럽다. 한편 반대로 남편이 아내를 다른 사람에게 말할 때 표준어는 '우리집사람' 또는 줄여서 '집사람'이라 하지만 전남방언에서는 '우리집잇사람' 또는 '집잇사람'이라 한다. '집잇사람'은 재구조화된 '집이'에 사이시옷이 개재된 형이다.

298) '무싯날'은 정기적으로 장이 서는 곳에서, 장이 서지 않는 날을 말한다.

299) '열두물'은 물때의 하나로서 조수 간만의 차로 볼 때에 음력 5일과 6일, 20일과 21일을 이르는 말이다. 표준말로는 '열두무날'이라고도 한다.

300) '짐때'는 '삿대'의 뜻으로서 배질을 할 때 쓰는 긴 막대를 가리킨다. 배를 댈 때나 띄울 때, 또는 물이 얕은 곳에서 배를 밀어 나갈 때 쓴다.

301) '살대'는 '삿대'의 방언형. '삿대'는 배질을 할 때 쓰는 긴 막대로서 배를 댈 때나 띄울 때, 또는 물이 얕은 곳에서 배를 밀어 나갈 때 쓴다.

302) '운는'은 '우리는'이다.

303) '아가'는 '아이가'이므로 '아이'는 이 방언에서 '아:'로 줄어들어 쓰임을 알 수 있다.

304) '불잉그락'은 '불잉걸' 또는 '잉걸불'의 방언형으로서 불이 이글이글하게 핀 숯덩이를 가리킨다.

305) '물때꺼'는 '물때'의 뜻으로서 하루에 두 번씩 밀물과 썰물이 들어오고 나가고 하는 때를 말한다.

306) '꼬랑'은 '도랑'의 뜻. 표준어에서 '고랑'은 두둑한 땅과 땅 사이에 길고 좁게 들어간 곳을 '두둑'에 상대하여 이르는 말인데 전남방언에서 '꼬랑'은 물이 흐르는 도랑을 가리킨다. 그래서 하숫물이 흐르는 곳을 '꼬랑창'이라 하기도 한다.

307) '-장깨'는 '-자 헝깨'가 축약된 형으로서 '-으려니까'의 뜻. 내포된 청유문이 의도로 해석되는 특이한 구성이다.

308) '뵈기다'는 '보다'의 피동형으로서 표준어 '보이다'의 방언형. 사동형과 마찬가지로 접미사 '-기'를 사용하는 것이 특징이다.

309) '이무롭다'는 '임의롭다'의 방언형으로서 '서로 친하여 거북하지 아니하고 행동에

구애됨이 없다'는 뜻이다.

310) '있드만요'는 '있더구먼요'의 방언형. 마침씨끝 '-구만'은 표준어 '-구먼'에 대응하는 전남방언형인데, 모음 뒤에서는 '-구만' 외에 '-ㄱ만'으로도 교체한다. 그래서 '잘 하는구먼'은 이 방언에서 '잘 하구만' 또는 '잘 항만'처럼 쓰인다. 그러므로 회상시제 형태소 '-드-'와 결합한 '하더구먼'은 '하드구만' 또는 '하득만'으로 교체하는데 특히 이 경우 '하드만'처럼 /ㄱ/가 완전히 탈락하기도 한다. '있드만요'의 '있드만'이 이를 보여 주는 예이다. 그러나 '-드-'가 없는 환경에서는 /ㄱ/ 탈락이 일어나지 않아, '가는구먼'은 '가구만', '각만'으로 교체하여 쓰일 수 있어도 /ㄱ/가 탈락한 '가만'으로 쓰이지는 못한다.

311) 첨사 '이~'가 의문문에 결합할 경우 상대에게 동의를 구하는 말을 강조하는 기능을 한다. 이 첨사 '이~'는 응답어 '응'에서 문법화한 것이다(김태인 2015).

312) '데꼬'는 '데리고'의 방언형. '델꼬', '딜꼬', '디꼬'라고도 한다.

313) '제 집'은 제 삼자가 남편에게 그 남편의 부인을 가리켜서 하는 말이다.

314) '치겟돈'은 '장체계'로 빌린 돈을 말하는데, '장체계'란 예전에, 장에서 비싼 이자로 돈을 꾸어 주고 장날마다 본전의 일부와 이자를 받아들이던 일을 가리킨다.

315) '마제기'는 '마지기'의 방언형.

316) '꺼치'는 지명 '어치'를 말하는 것으로 추정된다.

317) '모질하다'는 '모자라다'의 방언형. 옛말 '모ᄌ라다'가 '모지라다'를 거쳐 '모질하다'로 재구조화 된 것으로 보인다. '모질하다'로 재구조화 되면서 어근 '모질-'을 이용하여 '모질이'(부족한 사람)와 같은 새로운 낱말을 파생시켰다.

318) '갈라묵기'는 '병작'(並作)의 뜻으로서 지주가 소작인에게 소작료를 수확량의 절반으로 매기는 일을 말한다. 표준어에서는 '배메기'라고도 한다.

319) '제금'은 '분가'의 뜻. '저금', '지금'이라고도 하는데, 옛말 '지여곰'에서 발달한 말이다. '지여곰'은 옛말에서 '각자'를 뜻하던 말이었는데, 전남방언에서는 '각자'의 뜻 외에 '분가'라는 명사로 바뀌어 쓰인다. '제금나다'는 '분가하다', '제금내다'는 '분가시키다'의 뜻을 갖는다.

320) '접방'은 '셋방'의 뜻. '접방'은 '곁방'이 구개음화를 겪은 것으로서, '곁방'은 안방에 딸린 작은 방을 가리키지만 남의 집 한 부분을 빌려 사는 방을 가리키기도 한다. '접방'은 후자의 뜻이다.

321) '빚이 키를 넘다'는 자신이 감당할 수 없을 정도로 빚을 지다는 뜻이다.

322) '헐란다게'는 '헐란다고 해'의 축약형. 인용토씨 '고'가 'ㄱ'으로 줄어들 수 있는 것이 전남방언의 특징이다.

323) '몬자'는 '먼저'의 방언형. /ㅈ/가 탈락하여 '모냐'라고도 한다.

324) '합(合)이 되다'는 두 사람의 성격이나 취향이 잘 맞아 관계가 매우 좋음을 가리키

는 말이다.

325) '아래차'는 '아래채'의 방언형.

326) 피인용문에서 해라체의 명령형 씨끝은 '-어라'가 아닌 '-으라'를 취해야 한다. 따라서 '살아라'와 같은 명령법의 형태는 이것이 간접인용문이 아닌 직접인용문임을 의미하는 것이다. 그러나 의미적으로는 직접인용보다는 간접인용으로 해석하는 것이 더 자연스럽다. 따라서 이 경우는 직접인용문을 이용하여 간접인용을 나타내는 이 방언의 한 특징으로 해석할 수도 있을 것이다.

327) '몬자'는 '먼저'의 방언형이나 여기서는 '이전에'의 뜻이다. 같은 뜻으로 '몬잣번' 이 쓰이기도 한다.

328) '웃녁'은 '윗녘'의 방언형. 표준어 '윗녘'은 단순히 '위쪽'을 의미하기도 하지만, 어느 지방을 기준으로 하여 그 북쪽 지방을 이르는 '뒤대'를 뜻하기도 한다. 전남방언의 '웃녁'은 언제나 '뒤대'의 의미로만 쓰인다. '위쪽'의 의미로는 그냥 '우게'나 '우게쪽'이라고 한다. 물론 '우게쪽'도 '뒤대'의 의미로 쓰일 수 있다.

329) '차'는 집을 세는 단위인 '채'의 방언형.

330) '-나따나'는 '-나 마나' 또는 '-더라도'의 뜻. 우리말에는 '-든지 말든지', '-거나 말거나', '-나 마나'와 같이 '말'이 결합되어 양보의 뜻을 나타내는 구문이 있다. 그런데 '-나따나'도 이와 같은 양보의 뜻을 갖는 점에서 공통인데 통사적으로는 '-나 마나'와 같은 구성을 보인다. 따라서 '-나따나'의 '따나'는 '-나 마나'의 '마나'와 동일한 의미를 나타내는 것으로 보아야 할 것이다.

331) '보동'은 비교격토씨 '보다'의 방언형. '보돔', '보단', '보듬' 등의 다양한 형태로 쓰이기도 한다.

332) '욱잡히다'는 '붙잡히다'의 뜻.

333) '종'은 의존명사 '줄'의 방언형. '중'이라고도 한다. 아마도 옛말의 의존명사 '동'에서 유추에 의해 형성된 말로 보인다.

334) '가뜬'은 '하여튼'의 방언형.

335) '그년'은 '그해'의 뜻.

336) 표준어에서 '북데기'는 짚이나 풀 따위가 함부로 뒤섞여서 엉클어진 뭉텅이를 가리키고, 북한에서는 벼나 밀 따위의 낟알을 털 때 나오는 짚 부스러기, 깍지, 이삭 부스러기 같은 찌꺼기를 가리킨다. 광양 지역어의 '북데기'는 표준어나 북한에서의 용법을 모두 포함한다. 한편 전남방언에서 '북데기'는 '부피'의 뜻으로도 쓰인다. 예를 들어 '북데기가 커서 못 들겄다'라고 하면 '부피가 커서 못 들겠다'의 뜻이다.

337) '홀테'는 '탈곡기'의 방언형. 기계 탈곡기가 나오기 이전에 벼훑이나 그네로 벼를 훑어서 탈곡을 하였기 때문에 동사 '훑다' 또는 '훑다'가 쓰였고 이로부터 탈곡하는 도구인 '홀테'가 파생되었다. '홀테'는 결코 '*홀테'라 하지 않으므로 '탈곡하다'

는 뜻으로는 '훑다'보다는 '훞다'가 더 일반적인 것이었을 것으로 추정한다.

338) 타작할 때 나오는 북데기, 곧 짚이나 풀 따위가 함부로 뒤섞여서 엉클어진 뭉텅이를 말한다.

339) '하라씨'는 '할아버지'의 방언형. '하나씨'의 /ㄴ/이 /ㄹ/로 바뀐 것이다.

340) '봉다리'는 '봉지'의 방언형.

341) '나무치기'는 '나머지'의 방언형. 전남의 다른 지역에서는 '남지기' 또는 '나무지기'라고도 한다.

342) '들어댕기다'는 '드나들다'의 뜻.

343) 예사낮춤의 명령형 씨끝 '-소'는 표준어 '-게'에 대응하는 방언형. 전남방언에서는 표준어 '-게'에 대하여 '-소'를 사용한다. 다만 완도 등지에서는 '-게'를 사용하여 육지의 방언과는 다른 모습을 보이기도 한다.

344) '쌔비다'는 '남의 물건을 훔치다'는 뜻을 나타내는 속된 말.

345) '베름빡'은 壁을 뜻하던 옛말 'ᄇᆞ람'과 한자어 '벽'의 합성어인 '바람벽'의 방언형으로서 방이나 칸살의 옆을 둘러막은 둘레의 벽을 말한다. 전남의 완도나 신안 지역에서는 합성된 낱말의 순서가 뒤바뀐 '벽바람'을 사용한다.

346) '잇다'는 '웃다'의 방언형.

347) '어룽어룽허다'는 '어룽어룽하다'의 뜻으로서 여러 가지 빛깔의 큰 점이나 줄 따위가 고르고 촘촘하게 무늬를 이룬 데가 있다는 뜻이다.

348) '반중우'는 '반바지'의 뜻. '중우'는 '중의'(中衣)로서 '고의'와 같이 남자의 여름 홑바지를 가리킨다.

349) '흑밭'은 '흙으로 덮인 땅'의 뜻.

350) '짜우땅짜울땅'은 '기우뚱기우뚱'의 방언형. '찌우뚱짜우뚱'이라고도 한다.

351) '다름'은 '달음질'의 방언형으로서 '빨리 뛰어가다'를 뜻하는 동사 '닫-'에서 파생된 명사이다. '달음질'에 대해 전남방언은 '담박질' 또는 '달음박질' 등의 낱말을 쓰기도 한다. 오늘날 전남방언에서 '닫다'는 쓰이지 않고 '닫다'의 사동형 '달리다'가 이를 대체했는데 다만 파생명사인 '달음'이나 '담박질' 등에 그 흔적이 남아 있다.

352) '그지께'는 '그제'의 방언형. 전남방언에서는 '어제'나 '그제'가 단독으로 쓰이지 않고 접미사 '-께'가 결합된 '어저께'나 '그저께'로만 쓰인다.

353) '씨어메'는 '시어머니'를 낮추어 부르는 말.

354) '이적찌'는 '여지껏'의 방언형. '이적'은 지시어 '이'와 때를 나타내는 명사 '적'이 합성된 말로서 '지금'이나 '현재'를 뜻한다. 여기에 붙은 '-지'는 '까지'나 '껏'의 뜻을 나타내는 말로 보인다.

355) '하다'는 '하도'의 방언형.

356) '채리보다'는 '쳐다보다'의 뜻.

357) '오직'은 '오죽'의 방언형. 때때로 '허먼'과 함께 '오직허먼'처럼 쓰이기도 한다.

358) '씨어무이'는 '시어머니'의 방언형. '씨어메'가 낮춘 말이라면 '씨어무이'는 중립적인 표현이다.

359) '멀크뎅이'는 '머리끄덩이'의 방언형으로서 머리카락을 한데 뭉친 끝을 가리킨다. 여자들이 싸울 때 이 부분을 잡고 싸우므로 '멀크뎅이'는 여자들의 싸우는 과정에서 주로 쓰인다.

360) '어치'는 지명.

361) '정제'는 '부엌'의 방언형. 한자어 鼎廚에서 변한 말로 보인다. 반면 표준어 '부엌'과 어원이 같은 '부삭' 계통의 낱말들은 전남방언에서 '아궁이'를 뜻한다.

362) '전피'는 '전표'(傳票)의 방언형.

363) '무다니'는 '無斷히'로서 '괜히'의 뜻. 지역에 따라 '무담씨'로도 쓰인다.

364) '정지'는 '부엌'의 방언형. '정제'라고도 한다.

365) '한나잘'은 '한나절'의 방언형.

366) '하무'는 '아무럼'의 방언형. 동사 '하다'의 활용형 '하면'에서 문법화한 감탄사이다. 경남방언에서 '하모' 등으로 나타나는데 여기서는 '하무'로 쓰였다.

367) '망냉이'는 '막내'의 방언형.

368) '이다'는 표준어 '요'에 대응하는 방언형으로서 반말에 결합하여 상대에 대한 높임을 표시한다. 이 '이다'는 섬진강을 중심으로 전남의 광양, 여수, 경남의 하동, 남해 등지에서 사용되는 어형이다. 전남의 대부분의 지역에서는 '라우'가 쓰이며 경남의 나머지 지역에서는 '예'가 쓰인다. 이는 상대높임의 안맺음씨끝 '-이-'가 결합한 형태로 추정된다.

369) '어그라지다'는 '허물어지다'의 뜻. '허그러지다'라고도 한다.

370) '대자'는 '과연'의 뜻. 지역에 따라 '대차'나 '대큰' 등으로 쓰이기도 한다.

371) '하수평상'의 '평상'은 '평생'의 방언형이며 이 말에 앞선 '하수'의 의미는 분명치 않다. '하수평상'은 여기서는 '계속해서'의 뜻으로 쓰인 말이다.

372) '바작떼기'는 '지겟작대기'의 방언형. '바작'은 표준어 '발채'의 방언으로서 짐을 싣기 위하여 지게에 얹는 소쿠리 모양의 물건을 가리킨다. 싸리나 대오리로 둥글넓적하게 조개 모양으로 결어서 접었다 폈다 할 수 있게 되어 있다. 끈으로 두 개의 고리를 달아서 얹을 때 지겟가지에 끼운다. '바작떼기'는 '바작작대기'가 줄어든 말로서 지게를 받치는 작대기를 가리킨다.

02 거주 생활

2.1 가신과 조상 숭배

(웃음) 자 그러면 인제 오늘 제가 여:쭤보능거슨 (침을 다시며) 엔:나레 사:시던 생활 이야김니다.

엔:나레느뇨이~ 지베 집 지베 지반 고꼬세가 구:시니 드러가따고 헤:가지고,

− 예.

그 막 밥 체레노코,

− (웃음)

그레짜나요?

− 예.

에를 드러서, 워디

− 소 솜비비고 막.

예 솜비비고,

워디 어:디에다가 주로 마:니헬? 지반 어:디?

− 쩌: 움모게.

움모게다가요?

− 예.

아, 움모게다가 누구한테 빔:니까? 어떤 신 어떤 신한테요? 머.

− 인자 조항님네[1],

예.

− 인자 우린 우예[2] 선조들 인자,

어.

− 근눔 빌:고,

음.

− 인자 개꾸는[3] 쪼차 내고, (웃음)

(웃음) 자 그러면 이제 오늘 제가 여쭤 보는 것은 (침을 다시며) 옛날에 사
시던 생활 이야기입니다.

옛날에는요 집에 집 집에 집안 곳곳에 귀신이 들어갔다고 해가지고

— 예.

그 막 밥 차려 놓고

— (웃음)

그랬잖아요?

— 예.

예를 들어서 어디

— 소 손 비비고 막

예, 손 비비고

어디 어디에다가 주로 많이 했? 집안 어디?

— 저 윗목에

윗목에다가요?

— 예.

아, 윗목에다가 누구한테 빕니까? 어떤 신 어떤 신한테요? 뭐

— 이제 조왕님네

예.

— 이제 우리 위 선조들 이제

어.

— 그것 빌고

음.

— 이제 객귀는 쫓아내고

으음음

조항 조항신?

― 예.

조항니믄 먼:시니데요? 머떤 시그로 어떤?

― 조항이 내나 우리 애기들 씨 배다중 그렁거이[4] 인자 조항이고,

조항이.

― 부떠게[5] 조황들.

부떡.

― 예.

아 어아저 인제 지금 가트믄 부어게 인는 시는.

― 예.

조항가틍거, 예.

또, 머 셈: 가튼데도 머 이러케 헤:씀니까? 엔나레? 우무리나 이런데도?

― 지금도 허는 사라믄 해:요.

아 그레요?

― 예 바가치에다가,

예.

― 자 앙가란즈라고[6], 바가치에다가 인자 싸를 다마가꼬,

예.

― 거:: 인자 싸레다가 인자 초뿌를 꼬자가꼬 저녕내 서떨 그믐날 저녁
부를 써나요[7].

아.

― 그럼 인자 저녕:내 인자 그래 다마 노으면 저녕내 인자 부리 부터
내레가요.

음 그럼 저기 고 무쑥 무리 무뤼에 둥둥 떠이껜네요?

― 예.

으음음

조왕, 조왕신?

— 예.

조왕님은 무슨 신이대요? 어떤 식으로 어떤?

— 조왕이 내나 우리 아기들 씨 배게 해 주는 그런 것이 이제 조왕이고,

조왕이

— 부뚜막에 조왕들

부뚜막

— 예.

아, 어 아 저 이제 지금 같으면 부엌에 있는 신은,

— 예.

조왕 같은 것, 예

또 뭐 샘 같은 데도 뭐 이렇게 했습니까? 옛날에? 우물이나 이런 데도?

— 지금도 하는 사람은 해요.

아, 그래요?

— 예, 바가지에다가

예.

— 이제 가라앉지 말라고 바가지에다가 이제 쌀을 담아가지고,

예.

— 그 이제 쌀에다가 이제 촛불을 꽂아가지고 저녁내 섣달 그믐날 저녁 불을 켜 놔요.

아.

— 그럼 이제 저녁내 이제 그렇게 담아 놓으면 저녁내 이제 불이 붙어 내려가요.

음, 그럼 저기 고 물 속 물이 물 위에 둥둥 떠 있겠네요?

— 예.

오 웨: 그렁거에요?

— 인자 공디리능[8] 거이제, 그거는.

아 공디리능거.

— 예.

자기 지바니나 자식뜰 잘 되라고?

— 예.

— 인자 저네는 인자 그리 인자 밥 따마노코,

음.

— 인자 개꾸 쪼차낸:다고 네 구석찌에다가[9]

예.

— 쑥뿌를 피워요, 나가라고

오

— 잡씬들 나가라고.

쑥뿌를 피우먼 뜨구와서 나강가요?

— (웃음) 몰:라요 뭐 행이 구저서 나가능 거잉가 어쩌능가

아.

— 쑥뿌를 그리 피우데요.

아.

그다메 움모게다가 상 체레노코?

— 예.

손 비비구요?

— 예.

음.

그다메 거 아가 아까그 세마구[10] 세마:구 거 거그도 함니까? 소인는데?

— 인자 소늘 비비무 막 인자 짓 점쟁이가 와서,

음.

오, 왜 그런 거예요?

- 이제 공 드리는 것이지, 그것은.

아, 공 드리는 것.

- 예.

자기 집안이나 자식들 잘 되라고.

- 예.

- 이제 전에는 이제 그렇게 이제 밥 담아 놓고,

음.

- 이제 객귀 쫓아낸다고 네 구석에다가

예.

- 쑥불을 피워요 나가라고.

오.

- 잡신들 나가라고.

쑥불을 피우면 뜨거워서 나가나요?

- (웃음) 몰라요. 뭐 향이 궂어서 나가는 것인지 어쩌는지

아.

- 쑥불을 그리 피우데요.

아.

그 다음에 윗목에다가 상 차려 놓고

- 예.

손 비비고요?

- 예.

음.

그 다음에 그 아까 그 외양간 외양간 거 거기도 합니까? 소 있는데?

- 이제 손을 비비면 막 이제 점쟁이가 와서

음.

- 천:지를 막 댕김서롱 막 물러나라고 막 카를 가꼬 댕임서 막 이러고 대끝 트러가꼬 댕임서 뚜:드리고, 그래가 싹: 쪼차내:노코 가 그래쪼.

- 저네머 아푼 사라미 이꺼나,

아 그러면

- 머이 좀 지바네 머 좀 쩍찌그이 찌고 머 구진 거세기 이쓰믄,

음.

- 그래 소늘 비비요이 그래.

음.

고건 인제 천제 뭐 그런 인제 무:당이나 이런 사람 불러다가 항 거시고,

- 예.

인자 안: 그러치 앙코 그냥 지반 어:러니,

- 예.

거 인제 머 이러케 에 지반 머 마당에다가도 머 헌다등가 막,

- 저이 이유제[11] 또: 머 그리 인자 잘 주:생기는[12] 사라미 이씨믄,

음.

- 인자 그사라미 인자 불러다가 인자 바블 해:서 채리 노코, 마당까에나 저런디다 채리 노코,

으음.

- 인자 대꾸 트러가 손때를 자바요.

음.

- 그래가꼬 막 주:생김성 막 두리고[13] 어쩌고 해가꼬 막 모 바비랑 거 상에 채리 나떵거 막 바가치에다 물 좀 해가꼬 가꼬 나가서 막 부정을 치고 그러믄, 인자 시락빠게다[14] 지펄 까라노코 그노믈 부어 노믄, 짐성더르 와서 무꼬 개:도 무꼬 고양이도 무꼬 또 새:도 와서 무꼬 그래요.

－ 사방을 막 다니면서 막 물러나라고 막 칼을 가지고 다니면서 막 이렇게 대나무 끝 틀어가지고 다니면서 두드리고 그래가지고 싹 쫓아내 놓고 가고 그랬지요.

　－ 전에 뭐 아픈 사람이 있거나

아, 그러면

　－ 뭐가 좀 집안에 뭐 좀 찝찝한 것이 끼고 뭐 궂은 거시기가 있으면,

음.

　－ 그렇게 손을 비벼요 그래.

음.

그건 이제 순전히 뭐 그런 이제 무당이나 이런 사람 불러다가 하는 것이고,

　－ 예.

이제 안, 그렇지 않고 그냥 집안 어른이,

　－ 예.

그 이제 뭐 이렇게 예 집안 뭐 마당에다가도 뭐 한다든지 막,

　－ 저희 이웃에 또 뭐 그리 이제 잘 주워섬기는 사람이 있으면,

음.

　－ 이제 그 사람이 이제 불러다가 이제 밥을 해서 차려 놓고, 마당 가에나 저런 곳에다 차려 놓고

으음.

　－ 이제 대나무 끝 틀어가지고 손대를 잡아요.

음.

　－ 그래가지고 막 주워섬기면서 막 속이고 어쩌고 해가지고 막 뭐 밥이랑 그 상에 차려 났던 것 막 바가지에다 물 좀 해가지고 가지고 나가서 막 부정을 치고 그러면 이제 사립문 밖에다 짚을 깔아 놓고 그것을 부어 놓으면 짐승들이 와서 먹고 개도 먹고 고양이도 먹고 또 새도 와서 먹고 그래요.

음 그러믄 머 거기에 귀:시니 잡꿔가 거가 부터인능가 거 다무거부런능가
그런 뜨시

─ 인자 구:시니 웅:가 무고 간쩐 인자,

어.

─ 강거이지요 인자.

음.

고 그흐 그사라믄 무:당도 아닌데도 그냥 참 잘 쓰

예.

─ 우리 여여 아래찌비 여그 아지매가 참 자래요.

오호.

─ 우리 지뇌가에15) 아지매빨16) 되는디,

음.

─ 그 아지매가 영: 잘드 그렁걸 자래요.

─ (웃음)

그레요이~? 예:.

─ 저네는 여: 어깨 요런디가 아푸고 그러머, 또 싸를 요리 삽 저 바끄
르게다 요리 다마가꼬, 째까넌 수:거늘 요리 끄 둘러 씨:가꼬 잡꼬 그노믈
가꼬 또 막 훔처17) 세움성 요리 운짜고18),

거머 고걸 머락함니까? 그렁거슬?

─ 그걸보고 머라 하데예? (웃음)

고걸 다른데선 잠밤메긴다고,

─ 아이 잠밤 메긴다.

예.

─ 잠:밤19) 미긴다고.

그러조이~?

─ 예.

음, 그러면 뭐 거기에 귀신이 잡귀가 거기에 붙어 있는 것 다 먹어 버렸는지 그런 뜻이,

— 이제 귀신이 오는지 먹고 갔는지 이제

어.

— 간 것이지요 이제.

음.

그 그 그 사람은 무당도 아닌데도 그냥 참 잘 쓰,

예.

— 우리 여 여 아랫집 여기 아주머니가 참 잘해요.

오호.

— 우리 진외가의 아주머니뻘 되는데,

음.

— 그 아주머니가 아주 잘 드 그런 것을 잘해요.

— (웃음)

그래요? 예.

— 전에는 여 어깨 이런 데가 아프고 그러면 또 쌀을 이리 삽 저 밥그릇에다 이리 담아가지고 조그만 수건을 이리 둘러씌워가지고 잡고 그것을 가지고 또 막 움켜 세우면서 이리 문지르고,

그러면 그걸 뭐라 합니까? 그런 것을?

— 그걸보고 뭐라 하더라? (웃음)

그걸 다른 곳에서는 잠밥 먹인다고.

— 아이, 잠밥 먹인다.

예.

— 잠밥 먹인다고.

그러지요?

— 예.

잠밤 미긴다고 그러초이~?

― 예.

― 요이 여 우리 아지매가 참: 자래써요. 그런디 지금 서울가 사라요.

아.

잠밤 미거머는 인자 아픈데가 좀 나아 시원헤지고 막 이런다하고, (웃음)

― (웃음)

― 그거이 마:메 공시니지.

아.

― 마:메 구신. 지그믄 그렁거 안해도 머, (웃음)

(웃음) 음

― 지그믄 인자 점부 물리치로로 가능거이제, 어디가 아푸문.

그러치요. (웃음) 엔:나렌 그렁거 모:를 떼는 그러케 다,

― 음 또 이:월 바람 올린다고.

예.

― 이:월 바람 올린다고.

그게 무슴 마림니까?

― 저저저 이:워레 바람 올린다고 그럼서롱 떡허고 해가꼬,

― 시방 나 그 날:도 이저뿐네 메친날 메친날 나를 바다가꼬,

음.

― 거 대나무르 끄너다 세워 노고 거따 헝겊떼기

음.

― 색새까지로 헝:거플[20] 짤막짤막 요망썩허이 해가꼬 거 대에다 다락시:리랑 다라노코, 그미테다가 또 지펄가꼬 따바르[21] 요리 영꺼가꼬,

음.

― 거따 물쭝바를[22] 떠 떠다노코 또 아침마동 거따 무를 가라요.

음 이:월따레.

잠밥 먹인다고 그러지요?

– 예.

– 이이 여 우리 아주머니가 참 잘했어요. 그런데 지금 서울에 살아요.

아..

잠밥 먹이면은 이제 아픈 데가 좀 나아 시원해지고 막 이런다 하고, (웃음)

– (웃음)

– 그것이 마음에 귀신이지.

아.

– 마음에 귀신. 지금은 그런 것 안 해도 뭐 (웃음)

(웃음) 음.

– 지금은 이제 전부 물리치료를 가는 것이지, 어디가 아프면.

그렇지요. (웃음) 옛날엔 그런 것 모를 때에는 그렇게 다.

– 음, 또 이월 바람 올린다고.

예.

– 이월 바람 올린다고.

그게 무슨 말입니까?

– 저 저 저 이월에 바람 올린다고 그러면서 떡하고 해가지고,

– 지금 나 그 날도 잊어버렸네, 몇 일 몇 일 날을 받아가지고,

음.

– 그 대나무를 끊어다가 세워 놓고 거기에다 헝겊

음.

– 색색으로 헝겊을 짤막짤막 이만큼씩하게 해가지고 그 대에다 달아 실이랑 달아 놓고, 그 밑에다가 또 짚을 가지고 똬리 이렇게 엮어가지고,

음.

– 거기에다 물 중발을 떠 떠다 놓고 또 아침마다 거기에다 물을 갈아요.

음, 이월에.

— 예.

그거또 그거또 뭐,

— 그 인자 바람 큰 바람 올라가는 나른 여라그랜[23) 나린디,

아.

— 그 아:네[24) 메틴날[25) 메틴나른 줄 잘 모리건네, (웃음) 이저 뿌리고.

그거이 바람 올린다고?

— 예.

바람 올린

— 이:월때리 바라미 젤:로 세:거등요.

아.

— 헝깨[26) 바람 올린다고 인자.

바람 올린다는 마른 거 바람 따라서 누가 올라가능가?

— (웃음) 그러게요.

으음 그레요이~.

— 예.

그것도 그것도 뭐.

— 그 이제 바람 큰 바람 올라가는 날은 열아흐렌데,

아.

— 그 이전에 몇 일 몇 일인 줄 잘 모르겠네. (웃음) 잊어 버리고.

그것이 바람 올린다고?

— 예.

바람 올린.

— 이월이 바람이 제일 세거든요.

아..

— 그러니까 바람 올린다고 이제.

바람 올린다는 말은 그 바람 따라서 누가 올라가나?

— (웃음) 그러게요.

음, 그래요.

2.2 금기 생활

자:, 그 엔나레 보믄 노인드리 어떨떼는 멀:허지 마라, 이런 머머 허지 마라는 이리 마나요?

정월 초하루 나른 너무 머 여자드리 너무지비 머 어떠게 갇 드러가지 마라,

— 가지마라. 예.

예. 그런거뜰 마니짜나요?

— 언:제나 초하린 나른 너무 지비 드러가지 마라고,

아.

— 넘

— 여자드른 너무 지비 드러가믄 재수가 엄따고,

음.

— 저네 우리 친정 아부지도,

— 또 남자드리 지내문 여자가 뽀르르이 건네가지 마고,

아.

— 언:제나 남자들 지내가고 나문 가고,

음.

— 뭐 지금도 차가 저그 오먼 그 차 보내노코 건네가지, 저:그 차 오는디 아페 뽀르르이 건내가고 그거이는 여자드른 그런 이를 안허능 거이고.

음.

음 특히 여자들헌테이~.

— 예.

하꾸요이~.

— 그런다구요. 울 아부지도 저네 시집올 때 그렁걸 싹: 안치노코 시키요

자, 그 옛날에 보면 노인들이 어떤 때는 뭘 하지 마라, 이런 뭐 뭐 하지 말라는 일이 많아요.

정월 초하루는 남의 뭐 여자들이 남의 집에 뭐 어떻게 들어가지 마라.

- 가지 마라, 예.

예, 그런 것들 많이 있잖아요?

- 언제나 초하루는 남의 집에 들어가지 말라고,

아.

- 남

- 여자들은 남의 집에 들어가면 재수가 없다고.

음.

- 전에 우리 친정아버지도,

- 또 남자들이 지나가면 여자가 뽀르르 건너가지 말고,

아.

- 언제나 남자들 지나가고 나면 가고,

음.

- 뭐 지금도 차가 저기 오면 그 차 보내 놓고 건너가지, 저기 차 오는데 앞에 뽀르르 건너가고 그것은 여자들은 그런 일을 안 하는 것이고.

음.

음, 특히 여자들한테.

- 예.

하고요.

- 그런다고요. 우리 아버지도 전에 시집올 때 그런 그런 걸 싹 앉혀 놓고 시켜요.

(웃음)

  ― 이 이전[27] 노:이니 데야가꼬.

(웃음)

  ― 구싱만 탕:탕: 해가꼬.

음.

또 겨론할 떼, 인자 겨론 허 허 할 떼는 또 멀:허지 마라 그렁거 이쓸까요? 겨론식 나:두고는 머: 어쩌르,

  ― 게론헐 때 가 가:매타고 가:먼, 가:매 타고 가는디.

  ― 그 동네 머: 애기를 나아떵가,

음.

  ― 그렇거러먼, 애기 논: 지비 이꼬 그러먼,

  ― 그 아페다가 호:바글 큰 호:바글 하나 앙꼬 가요.

그 집 지나갈 떼는?

  ― 그 동:네 가문.

아.

  ― 그 동네 애기 논: 지비 이써문.

예.

  ― 게론허고 감스록 게론해가꼬 가:매를 타와가먹, 가:매 여페다가 무나 페다가 호:바글 요리 나:노코 뒤에 안자 호:박 뛰에 안자가꼬,

아.

  ― 그이 머 구:신 쫀능거이다여[28].

호:바기?

  ― 예.

오.

  ― 헝께 제:사문 제:사때 다릉거는 다: 나도 호방너무른[29] 안노커등요.

아하 호:바기 귀신 쫀는 나무린게요.

(웃음)

─ 예전 노인이 되어가지고.

(웃음)

─ 구식만 탕탕 해가지고

음.

또 결혼할 때 이제 결혼 하 하 할 때는 또 뭘 하지 마라 그런 것 있을까요? 결혼식 놔 두고는 뭐 어째

─ 결혼할 때 가 가마 타고 가면, 가마 타고 가는데

─ 그 동네 뭐 아기를 낳았든지,

음.

─ 그런 것이면, 아기 낳은 집이 있고 그러면,

─ 그 앞에다가 호박을 큰 호박을 하나 안고 가요.

그 집 지나갈 때는?

─ 그 동네 가면

아..

─ 그 동네 아기 낳은 집이 있으면

예.

─ 결혼하고 가면서 결혼해가지고 가마를 타고 가며 가마 옆에다가 문 앞에다가 호박을 이리 놔 놓고 뒤에 앉아 호박 뒤에 앉아가지고,

아..

─ 그것이 뭐 귀신 쫓는 것이래.

호박이?

─ 예.

오.

─ 그러니까 제사면 제사 때 다른 것은 다 놔도 호박나물은 안 놓거든요.

아하, 호박이 귀신 쫓는 나물이니까요.

─ 예.

음 흥미롭네요.

에 겨론 떼 그런 제미인는 저기 인네요. 또 다릉거는 혹씨 겨론헐 떼는 머?

─ 몰라 그렁 거는 인자 다릉 거는 몰라요.

음 그레요.

또 사:라미 주거서 초상칠 떼는, 또 머머 하면 안된다.

─ 거그도 또 요 요어지 애기 논디허고 초상허고는 또 서로 저기데야가꼬, 초상을 인자 개구니[30] 데야가꼬 할 쑤 엄써서 인자 가문 인젠 저녀게 드로면 막 부:정을 처야지요.

머 어떠케 침니까? 부정을 어떠케?

─ 막 소그물 헐 뿌리고.

음.

─ 인자 깨끄시 인자 거석허고, 거그서 머 오또 가라입꼬 드로라 인자,

음.

─ 더:럽따고,

음.

─ 그러지요.

음.

그러조이~. (헛기침)

─ 초상친디 가따오문 저네는 애기가 그리 울:면, 초상친디 가따와서 저지러서 그런다고, 그리 마:리때요.

아 초상지베 가따오며는 그게 모미 더:러와지고 좀 그런다고요이~?

─ 예.

또 이 떼에 따라서 머 정초에는 너무지베 바늘 빌리러 가지 마라라 머 그럼 말도 이씀니까?

─ 굴:도 싸로 가지 마라.

— 예.

음, 흥미롭네요.

예, 결혼 때 그런 재미있는 것이 있네요. 또 다른 것은 혹시 결혼할 때는 뭐?

— 몰라. 그런 것은 이제 다른 것은 몰라요.

음, 그래요.

또 사람이 죽어서 초상 치를 때에는 또 뭐 뭐 하면 안 된다.

— 거기도 또 요 요 아기 낳는 곳하고 초상하고는 또 서로 적이 되어가지고 초상을 이제 계원이 되어가지고 할 수 없어서 이제 가면 이제 저녁에 들어오면 막 부정을 쳐야지요.

뭐 어떻게 칩니까, 부정을 어떻게?

— 막 소금을 뿌리고,

음.

— 이제 깨끗이 이제 거시기하고, 거기서 뭐 옷도 갈아입고 들어오너라 이제,

음.

— 더럽다고.

음.

— 그러지요.

음.

그러지요. (헛기침)

— 초상 치르는 데 갔다 오면 전에는 아기가 그렇게 울면 초상 치르는 데 갔다 와서 저질러서 그런다고, 그렇게 말이 있데요.

아, 초상집에 갔다오면은 그게 몸이 더러워지고 좀 그런다고요.

— 예.

또 이 때에 따라서 뭐 정초에는 남의 집에 바늘 빌리러 가지 마라, 뭐 그런 말도 있습니까?

— 불도 싸러 가지 마라.

예?

— 불도 따러 가지 말,

— 저네는 이 성낭 거틍거이 귀허고 그렁깨,

어.

— 이우찝써 부를 마니 싸가꼬[31] 와써요.

아.

— 불쌀게에다가[32] 그지비 잉그라글[33],

예.

— 다머가꼬 그냥 쪼:차와가꼬,

음.

— 인자 부를 부:먼 거서고, 막 오다가 그냥 바라메 그냥 부리 이러나가꼬 막 중가네다가 막 널쭈고[34] 그래써요, 저네는.

음. (웃음) 그런 다른 정워레는 그걸 하지 마라고요?

— 예.

음 웨 그럴까요?

— 인자 해러붕깨[35], 어:른드리 그러지요.

음: 그레요이~. 아라씀니다. (기침)

예?

─ 불도 싸러 가지 마

─ 전에는 이 성냥 같은 것이 귀하고 그러니까,

어.

─ 이웃집에서 불을 많이 싸가지고 왔어요.

아.

─ '불쌀개'에다가 그 집 잉걸불을,

예.

─ 담아가지고 그냥 쫓아와 가지고,

음.

─ 이제 불을 불면 거시기 고, 막 오다가 그냥 바람에 그냥 불이 일어 나가지고 막 중간에다가 막 떨어뜨리고 그랬어요, 전에는.

음. (웃음) 그런 다른 정월에는 그걸 하지 마라고요?

─ 예.

음, 왜 그럴까요?

─ 이제 해로우니까 어른들이 그러지요.

음, 그래요. 알았습니다. (기침)

1) '조항님'은 '조왕님'의 방언형. '조왕'(竈王)은 부엌을 맡는 신으로서, 늘 부엌에 있으면서 모든 길흉을 판단한다고 한다.

2) '우에'는 '우'(上)와 처격토씨 '에'가 결합한 말로서 공간명사에 처격토씨가 붙어 한 단어로 재구조화된 것이다. 전남의 서부지역이라면 '우게'가 될 터인데, 경남과 접해 있는 동부전남에서는 '우에'로 나타난다.

3) '객구'는 '객귀'(客鬼)의 방언형으로서 떠돌아다니는 귀신을 가리킨다.

4) '아이들 씨 배도록 해 주는 신'을 여기서는 조왕이라 하였다. 일반적으로 아기를 점지하고 산모와 산아(産兒)를 돌보는 세 신령을 '삼신' 또는 '제왕'이라 하는데 이 구술자는 조왕과 삼신 또는 제왕을 혼동하고 있는 것으로 판단된다.

5) '부떡'은 '부뚜막'의 방언형. 전남방언에서는 지역에 따라 '부뚜막', '부수막', '부뜽', '부숭', '부뚝', '부숙'과 같은 다양한 어형이 쓰인다. '부떡'은 '부뚝'과 같은 계열의 낱말이다.

6) '안 가라앉으라고'는 '가라앉지 않도록'의 의미이다.

7) '쓰다'는 '켜다'의 방언형. 옛말 '혀다'가 전남방언에서 '써다'를 거쳐 '쓰다'가 된 것이다. 표준어는 '켜다'로 바뀌었지만 '썰물'에서처럼 '써다'로 바뀌기도 한다.

8) '불공'(佛供)은 부처 앞에 공양을 드리는 일을 말한다. '불공 드리다'에 유추하여 부처가 아닌 민간에서 모시는 다양한 신들에게 공양을 드리는 일을 '공 드리다'라고 한다. 부처가 아니므로 '불공'의 '불'(佛)을 제외한 것이다.

9) '구석지'는 '구석'의 방언형. 지역에 따라 '구석데기'라고도 한다.

10) '세마구'는 '외양간'의 방언형. '마구'는 원래 마구간을 가리키는 말인데, 외양간을 가리키는 말로도 쓰일 수 있다. 이런 경우에는 마구간과 구별하기 위해 '소'의 방언형 '세'를 덧붙여 '세마구'라고 말한다.

11) '이웆'은 '이웃'의 방언형으로서 옛말을 유지한 형이다.

12) '주:생기다'는 '주워섬기다'의 방언형.

13) '두리다'는 '두르다'의 방언형. 여기서는 둥글게 내저어 흔들다는 뜻으로 쓰였다.

14) '시락박'은 '사립짝'의 방언형으로 보이는데 여기서는 '사립문께'의 뜻으로 쓰였다. 이 구술자는 '시라빵'이나 '사리팍'을 '사립문'의 의미로 쓰기도 한다. '시락박'의 기원을 '사립'과 '밖'의 합성어로 해석한다면 이 낱말이 뜻하는 '대문 근처'의 의미는 매우 자연스럽게 설명된다. 그런데 이 구술자는 '시라빵'이나 '사리팍'을 '대문'의 의미로 쓰기도 하므로 이러한 해석에 어려움이 생긴다. '대문'과 '대문 근처'의

의미가 서로 관련 있음은 표준어 '오래'에서 확인할 수 있다. '오래'는 애초 門을 가리키던 순수한 우리말이었지만, 현재는 門보다는 한동네의 몇 집이 한 골목이나 한 이웃으로 되어 사는 구역 안 또는 거리에서 대문으로 통하는 좁은 길과 같은 공간적 의미를 나타낸다. '대문'에서 '대문 근처'로의 의미 확대가 이루어진 것이다. 만약 '오래'에서의 이러한 해석을 '시락박'에도 적용한다면 '시락박'은 애초 '사립문'을 가리키던 말이라 할 수도 있을 것이다. 여기서는 '시락박'을 '사립짝'과 '사립밖'의 두 가지로 해석할 수 있는 가능성을 제시하는 데 만족하고자 한다.

15) '진외가'는 아버지의 외가를 뜻하는 말이다.

16) '-빨'은 '-뻘'의 방언형으로서 '그런 관계'를 뜻하는 말이다.

17) '훔치다'는 '움키다'의 방언형으로서 손가락을 우그리어 물건 따위를 놓치지 않도록 힘 있게 잡다는 뜻이다.

18) '운짜다'는 '문지르다'의 뜻. 전남방언에서는 지역에 따라 '문대다' 또는 '문때다' 등이 쓰이는데 광양 지역어에서는 '문'이 '운'으로 /ㅁ/이 탈락하면서 '문때다'가 '운짜다'로 변한 것으로 추정된다. 광양 지역어에서 낱말의 첫소리 /ㅁ/이 탈락되는 다른 예로서 '왕구'(萬古)를 들 수 있다.

19) '잠밥'은 환자의 아픈 곳에 붙어 있는 잡귀를 쫓기 위한 민간 조치로서, 곡식을 한 되쯤 담아 보자기에 싸서 환자의 아픈 곳을 문질러 주는 행위를 말한다.

20) '헝겊'은 전남의 서부 지역에서 '헝겁'으로 쓰이지만 광양을 비롯한 동부 전남에서는 '헝겊'으로 쓰인다. 이처럼 체언의 말음에 나타나는 거센소리는 동부 전남에서 그대로 유지되는 경향이 있다. 반면 서부 전남에서는 예사소리로 변한다. 그래서 '앞'과 '압', '짚'과 '집', '꽃'과 '꼿'의 대립이 나타나게 된다.

21) '따바리'는 '똬리'의 방언형. 전남의 서부 지역에서는 '또가리'가 쓰이고 동부의 일부에서는 '또배'나 '또배기'와 같은 형이 쓰이기도 한다. /ㄱ/와 /ㅂ/의 대립에 의해 전남의 서부와 동부가 분화되는 예이다.

22) '중발'은 조그마한 주발을 가리킨다. '주발'은 놋쇠로 만든 밥그릇으로서 위가 약간 벌어지고 뚜껑이 있는 그릇이다.

23) '열아그레'는 '열아흐레'의 방언형.

24) '그 안에'는 '그 이전에'의 뜻이다. 예를 들어 '이월 안에'는 '이월 이전에'의 뜻으로서 '안'과 같은 공간표현이 시간에 확대 적용된 경우라 하겠다. '안'과 달리 '밖'은 시간을 나타내지 않아 '안'과 차이를 보인다.

25) '몇 일'을 '메틴날'이라 하였다. '멫 일날'로 쓰여야 할 터인데 역구개음화가 일어나 '멭 일날'로 변화하였고, '일'의 끝소리 /ㄹ/이 /ㄴ/으로 변하여 '멭 인날'이 된 것이다. 아마도 '날'의 끝소리 /ㄹ/ 때문에 일어난 음변화로 보인다.

26) '헝깨'는 문장의 앞에 나타나 접속부사처럼 쓰였다. 접속부사로서 '하-'계와 '그러-'

계의 두 종류가 있음은 잘 알려진 사실이다. 일반적으로 '그러-'가 '하-'에 비해 더 널리 쓰이며 특히 입말에서는 사용 빈도가 월등히 높은 것으로 생각되어 왔다. 그런데 이 경우는 '하-'계에 속하는 '헝깨'가 구술발화에서 확인되어 특이하다.

27) '이전'은 '예전'의 방언형.

28) '-다여'는 '-다고 해'의 축약형이다. 내포문 앞에서 씨끝 '-라'가 쓰여할 자리에 '-다'가 쓰였다. 이는 전남방언의 특징으로서 '-라 > -다'와 같은 유추 변화의 결과이다. 물론 수의적으로 '-라'가 나타날 수 있으므로 '-다여' 대신 '-라여'라고 할 수도 있다.

29) '너물'은 '나물'의 방언형. 전남의 남부 지역에서는 '노물'이 쓰인다.

30) '계군'은 '계원'(契員)의 뜻.

31) '불을 싸다'는 '불씨를 꾸러미 속에 넣어 불 지를 자리에 놓다'는 뜻이다.

32) '불쌀개'는 불 지를 자리에 놓기 위해 불씨를 싸는 꾸러미를 가리킨다.

33) '잉그락'은 '잉걸불'의 방언형으로서 불이 이글이글하게 핀 숯덩이를 가리킨다.

34) '널쭈다'는 '떨어뜨리다'의 방언형. 전남의 다른 지역에서는 '낼치다' 등이 쓰이는데, 광양 지역어의 '널쭈다'는 경남 방언과 동일한 어형이다. 여기에서 보듯이 접미사 '-쭈-'는 표준어 '-뜨리-'나 서부전남의 '-치-'에 대응한다.

35) 이 방언에서는 이웃한 경남방언과 같이 ㅂ-불규칙활용이 없이 규칙활용을 한다. '해러붕께'가 이를 보여 준다.

O3 질병과 민간요법

3.1 각종 질병과 민간요법

그다으메 그다으메는 인제, 엔나레 지금도 병이 만:치만 엔나레도 병이 만:치 아나씁니까? 근데 야기 별로 업:쓰니까,

— 예.

사:람드리 인자 그 민간 요:뻐비라 헤:가지고, 엔:나레는 인제 저기를 헤써요. 어떤 치료를 헌다고 막 여러 가지로,

— 예.

헨는데.

에:를 드러서 막 버즈미 마:니 셍게따 피부뼝 얼구리 베즘 버즈미 마:니 셍겨따, 그러면 엔옌:나레는 먼 어트케 치료를 헤:씁니까, 버지미?

— 이예 약뿌렝이¹⁾ 거틍거 조:타는 약뿌렝이 머 그렁걸 캐:다가 인자 막 찌:서도 보리고²⁾ 음 글거서도 보리고,

음 약뿌렝이를?

— 예.

음.

— 우리 (웃음) 우리 시방 세째 아드리 또 기 띠예 여그에가 도래버지미³⁾ 생기가꼬,

예.

— 망:우~이⁴⁾ 야글 해도 안데고 해서, 똥을 보르면 난:는대서 똥을 볼라농깨, 주거도 안볼릴라고 울:고 야:다니서,

— 또 마느를 찌:부치가꼬 헤글트리면⁵⁾ 그가꼬 야글 보리면 난:는다고,

어떤 머?

— 마늘.

그 다음에 그 다음에는 이제 옛날에 지금도 병이 많지만 옛날에도 병이 많지 않았습니까? 그런데 약이 별로 없으니까,

— 예.

사람들이 이제 그 민간요법이라 해가지고 옛날에는 이제 저기를 했어요. 어떤 치료를 한다고 막 여러가지로,

— 예.

했는데

예를 들어서 막 버짐이 많이 생겼다 피부병 얼굴이 버짐 버짐이 많이 생겼다 그러면 옛 옛날에는 무슨 어떻게 치료를 했습니까? 버짐이?

— 이제 약초 뿌리 같은 것 좋다는 약초 뿌리 뭐 그런 걸 캐다가 이제 막 찧어서도 바르고 음 긁어서도 바르고,

음, 약초 뿌리를?

— 예.

음.

— 우리 (웃음) 우리 지금 셋째 아들이 또 귀 뒤에 여기에 도래버짐이 생겨가지고,

예.

— 아무리 약을 해도 안 되고 해서 똥을 바르면 낫는대서 똥을 발라 놓으니까 죽어도 안 바르려고 울고 야단이어서,

— 또 마늘을 찧어 붙여가지고 헤어지게 만들면 그래가지고 약을 바르면 낳는다고,

어떤 뭐?

— 마늘

헤글트니 머에요?

- 인자 그걸 볼라노:먼 사리 막 뜨거워서 그냥 헤:지지 안나요?

어어응.

- 그래가가꼬 헤:글트린다 그래가꼬.

예.

- 그걸 좀 찌: 볼라뜨만 아이고 아:가 그양 네:바를 띠:데요, 뜨그 막 아파서.

음.

- 그 그래도 난:는 그래 안 나싱깨, 그래가꼬 나순다고6) 인자 그래.

- 인자 나:끼는 나:산는디, 거가 머리가 두문두문해이 항개썩 이꼬 머리가 엄써요.

오 (웃음) 지금도요?

- 지금도 좀 자:가요. 함범 뿌리가 안낭깨.

아아.

- 근디 인자 지그믄 인자 쪼깜 요리 지룽깨로7),

예.

- 지룽깨 우:에머리가8) 와서 요리 더퍼가꼬 요런디.

- 저네는 인자 나:가 머리로 까까조요, 우리 애기더른.

예.

- 수뽀찌로.

예.

- 나:가 머리르 까꾸문, 여기 한쪼게는 여가 머리가 두문두문해니 나:고 알구께 나:농깨로, 제간 나:를 원:망을 해.

- 엄마는 멀헌다고 날: 여따가 이래허이 멀 도쿤걸 볼라가 이 머리도 안나게 해난냐?

(웃음) 긍게 엔:나레는 똥:을 보르먼 버지미 난:는다.

'헤글튼'이 뭐예요?

─ 이제 그걸 발라 놓으면 살이 막 뜨거워서 그냥 헤어지잖아요?

어어응.

─ 그래가지고 헤어지게 만든다 그래가지고,

예.

─ 그걸 좀 찧어 발랐더니 아이고 아이가 그냥 네 발을 뛰데요. 뜨거막 아파서.

음.

─ 그래도 낫는 그래 안 나으니까 그래가지고 고친다고 이제 그래.

─ 이제 낫기는 나았는데 거기가 머리가 드문드문하게 한 개씩 있고 머리가 없어요.

오, 지금도요?

─ 지금도 좀 작아요. 한번 뿌리가 안 나니까.

아아.

─ 그런데 지금은 이제 조금 이리 기르니까

예.

─ 기르니까 윗머리가 와서 이리 덮어가지고 이런 데

─ 전에는 이제 내가 머리를 깎아 줘요, 우리 아이들은.

예.

─ 스포츠 머리로.

예.

─ 내가 머리를 깎으면 여기 한 쪽에는 여기에 머리가 드문드문하게 나고 얄궂게 나니까 제가 나를 원망을 해.

─ 엄마는 뭐 한다고 날 여기에다 이렇게 뭘 독한 걸 발라가지고 이 머리도 안 나게 해 놨느냐?

(웃음) 그러니까 옛날에는 똥을 바르면 버짐이 낫는다.

- 예.

마늘 도캉걸 하먼 난:는다.

- 똥:을 보리믄 그거이 머: 뽀라 올리서 난:는다고 또 똥:을 보리라고
모도 그래싸:터마는, (웃음) 주거도 애기가 데:농께 더:럽따고 그걸 암보
릴래,

(웃음)

- 마느리 찌: 부치써요.

음.

그다으메, 머 땀 땀떼나 이렁거 땀띠가틍거 나먼 어뜨게 엔:나레는 어뜨게
치료할찌, 땀띠는.

- 땀뗑이9) 나모 마10) 애기드른 부늘 볼라주고, 저네

아아 예.

- 부늘 볼라주고 그래써요.

으음.

지금도 그러지요? 뭐 이러케 좀 피부가 이제카믄,

- 예.

분볼라주고.

- 지금도 애기들 막 물:고 그러면,

예.

- 사치 물:고 그러면 볼라주고 그래.

음.

또 머 부스 부스르미나 이렁거 이렁거 나:면 어떠케 어떠케 치료 하시나요,
부시럼 가틍거 나:면?

- 찰밤나무.

예?

- 찰밤나무.

- 예.

마늘 독한 걸 하면 낫는다.

- 똥을 바르면 그것이 뭐 빨아 올려서 낫는다고 또 똥을 바르라고 모두 그래 쌓더니마는, (웃음) 죽어도 아이가 되어 놓으니까 더럽다고 그걸 안 바르려고 해.

(웃음)

- 마늘을 찧어 붙였어요.

음.

그 다음에 뭐 땀 땀띠나 이런 것 땀띠 같은 것 나면 어떻게 옛날에는 어떻게 치료할지 땀띠는?

- 땀띠 나면 아이들은 분을 발라주고, 전에

아아. 예.

- 분을 발라 주고 그랬어요.

으음.

지금도 그러지요? 뭐 이렇게 좀 피부가 이러면

- 예.

분 발라 주고.

- 지금도 아이들 막 무르고 그러면

예.

- 살이 무르고 그러면 발라 주고 그래.

음.

또 뭐 부스 부스럼이나 이런 것 이런 것 나면 어떻게 어떻게 치료하시나요, 부스럼 같은 것 나면?

- 찰밥나무

예?

- 찰밥나무

예.

- 그거를 인자 저네는 그런 나무가 쌔:써꺼등요.

예.

- 시방은 막 거이 조:태가꼬 다 파가가고 어쩌고 막, 한:창 그거 조:타고 그냥 모도 그냥 탄: 칼 음 톱: 날:가꼬 댕임서 그냥 찡이 가꼬 댕임서 모도 막 남자드리 파가가고 날:리를 천는디, 글쩨는 그렁거이 쌔야쓰깨,

- 찰밤나무 미테 뿌리를 캐:먼 캐:가꼬 와서 그건 인자 캉::깡 찌:먼 찰지디[11] 찰저요.

예.

- 그걸 인자 요리 막 음 해를[12] 빼낸다고 그렁걸 보리고 그래써요.

아 그럼 부스러미 넘 난:나요?

- 예.

어 그럼 일쯩에 약초네요이~.

기게똑 가틍거 올라오먼 어떠나요? 기게똑 오르먼, 머리에.

- 긍깨 그렁걸 마니 해:요.

예 그런 시그로?

- 예.

- 저 질겡이,

예.

- 질겡이 그거또,

삐뿌젱이?

- 예 빼뿌제미[13].

예.

- 저넌 우이들뜨른 빼뿌제미라헌디 여 채게는 질겡이데요.

예.

예.

‑ 그것을 이제 전에는 그런 나무가 썼었거든요.

예.

‑ 시방은 막 그것이 좋다고 해가지고 다 파가지고 가고 어쩌고 막 한창 그것 좋다고 그냥 모두 그냥 탄 음 칼 톱 낫 가지고 다니면서 그냥 괭이 가지고 다니면서 모두 막 남자들이 파가지고 가고 난리를 쳤는데 그때는 그런 것이 썼으니까,

‑ 찰밥나무 밑에 뿌리를 캐면 캐가지고 와서 그것 이제 쾅쾅 찧으면 차지디 차져요.

예.

‑ 그걸 이제 이리 막 화를 빼낸다고 그런 걸 바르고 그랬어요.

아, 그럼 부스럼이 났나요?

‑ 예.

어, 그럼 일종의 약초네요.

기계총 같은 것 올라오면 어떠나요? 기계총 오르면 머리에.

‑ 그러니까 그런 걸 많이 해요.

예 그런 식으로.

‑ 예.

‑ 저 질경이.

예.

‑ 질경이 그것도.

‘뻬뿌젱이?

‑ 예, ‘빼뿌제미’.

예.

‑ 전에는 우리들은 ‘빼부제미’라 하는데 여 책에는 질경이데요.

예.

- 그거또 캐:가꼬 막 뿌리차,

음.

- 찌:가꼬 볼라주고.

음.

- 또: 제:비꼳,

네.

- 제:비꼳 그거또 찌:가꼬 볼라주고, 머 푸른 장댕이14) 앙꼬 그런디는 또 그렁걸 또 볼라주고.

푸 푸렁장뎅이?

- 장:댕이 나불고지고 그런디는,

아 멍들고 이런데?

- 예.

- 그렁걸 또 찌:가꼬 볼라도 주고,

음.

- 저네는 그라지만 뉘가 요새는 그렁거 아무도 아내요.

(웃음)

- 무조껀 벵워느로 가지.

누네 병:이 날: 수도 이짜나요? 머 눙꼬비 낀:다등가이~.

- 저넨 소금무를 막 점:부 씨꺼요.

소금물로?

- 예.

에 머 다:라 다:레끼 나고 이레도 막 다랃,

- 아 다레께15) 낭 그렁거능 인자, 그 짜먼 나:꼬.

짜먼 나:꼬. 소그므로 하고이~. 또 머에 이 엔:나레는 누내피라16) 헤:가 지고 누네 병:이 셍기자나요?

- 긍깨 눈삥이 와서 그냥, 그또 오리거등요17)?

― 그것도 캐가지고 막 뿌리채.

음.

― 찧어가지고 발라 주고.

음.

― 또 제비꽃.

녜.

― 제비꽃 그것도 찧어가지고 발라 주고. 뭐 푸른 멍이 앉고 그런 데는 또 그런 걸 발라 주고.

푸, '푸렁장뎅이'?

― 멍이 들어 나불거지고 그런 데는.

아, 멍들고 이런 데?

― 예.

― 그런 걸 또 찧어가지고 발라도 주고.

음.

― 전에는 그러지만 누가 요새는 그런 것 아무도 안 해요.

(웃음)

― 무조건 병원으로 가지.

눈에 병이 날 수도 있잖아요? 뭐 눈곱이 낀다든지.

― 전에는 소금물로 막 전부 씻어요.

소금물로?

― 예.

예, 뭐 다래끼 다래끼 나고 이래도 막 다래끼

― 아, 다래끼 난 그런 것은 이제 그 짜면 낫고.

짜면 낫고. 소금으로 하고. 또 뭐야 이 옛날에는 눈병이라 해가지고 눈에 병이 생기잖아요?

― 그러니까 그게 눈병이 와서 그냥 그것도 옮거든요.

네.

― 하나이[18] 아푸먼 그냥 시꾸대로 다 그리고 그러먼 긍개 소그무르 강가느이 해아꼬 만:날 씨꼬,

음.

― 그래찌요.

음.

그다으메 여기 옌:나레 무좀 이렁거쏜 이 손 사이에 무좀가틍거 이짜나요 발 사이에?

― 예.

가렵꼬, 그렁거뜨른 어:떠케 치료 헤쓸까요?

― 그렁거또 어쩨튼 씨:코 거그를 안다코로[19],

음.

― 머 감:도 쪼개가꼬 보리고,

가:믈 쪼게요?

― 예.

쎙감? 생

― 감, 쎙감[20].

엉.

― 쎙가물 쪼개가꼬 또 새:에다가 여코[21]. 또 머이냐?

― 무화가.

예.

― 요새 무화가.

예.

― 그걸보고 다:래라 하거등요, 저네 우리더른.

무화과를 다:레라고 그레써요?

― 예.

네.

─ 하나가 아프면 그냥 식구 모두 다 그리고 그러면 그러니까 소금으로 간간하게 해가지고 만날 씻고,

음.

─ 그랬지요.

음.

그 다음에 여기 옛날에 무좀 이런 것은 이 손 사이에 무좀 같은 것 있잖아요? 발 사이에?

─ 예.

가렵고. 그런 것들은 어떻게 치료했을까요?

─ 그런 것도 아무튼 씻고 거기를 닿지 않게.

음.

─ 뭐 감도 쪼개가지고 바르고,

감을 쪼개요?

─ 예.

날감? 날?

─ 감. 날감.

엉.

─ 날감을 쪼개가지고 또 사이에다 넣고. 또 뭐냐?

─ 무화과.

예.

─ 요새 무화과.

예.

─ 그걸보고 '다래'라 하거든요. 전에 우리들은.

무화과를 보고 '다래'라 그랬어요?

─ 예.

오호.

― 다:래 그걸르 인자 해:놈 막 그 찌니22) 영 그거이,

하얀 찜,

― 영: 그거이 도캐요.

에 하:얀 찌니 나오조.

― 그걸 보리고 막 그래써요.

으음 그레써요이~.

― 야기 업써서.

예.

감:기 감:기는 주로 어떠케 치료를 헤쓸까요? 야겁쓸 때는?

― 댄니파리허고, 또 그거 이르미 머이니라23)? 흐:건 꼬치 요리 지대머니24) 이씨문 그거 뽀라묵꼬 그러는디. 그걸 먼 나무라니라? 그 나무 이르믈 모르건네.

― 그거를 인자 막 쌀마가꼬.

음.

― 그 무를 마시고.

댄니파리하고?

― 예.

댄닙싹하고이~?

― 그 나무를 머 윤:동초라25) 그러데요.

윤:동초?

― 예.

오.

― 윤:동초 나무 그거를 인자 막 능끄레기로26) 거더다가, 대바까야 그거이 마:니 능끄러27) 올라가거등요.

음.

오호.

- 다래 그것을 이제 해 놓으면 막 그 진이 영 그것이,

하얀 진.

- 영, 그것이 독해요.

예, 하얀 진이 나오지요.

- 그걸 바르고 막 그랬어요.

음, 그랬어요.

- 약이 없어서.

예.

감기 감기는 주로 어떻게 치료를 했을까요?

- 댓잎하고 또 그것 이름이 뭐니라, 하얀 꽃이 이리 기다랗게 있으면 그것 빨아 먹고 그러는데. 그걸 무슨 나무라고 하더라? 그 나무 이름을 모르겠네.

- 그것을 이제 막 삶아 가지고,

음.

- 그 물을 마시고.

댓잎하고

- 예.

댓잎하고.

- 그 나무를 뭐 인동초라 그러데요.

인동초?

- 예.

오.

- 인동초 나무 그것을 이제 막 넝쿨을 걷어다가 대밭 가에 그것이 많이 넝쿨져서 올라가거든요.

음.

- 그걸 인자 베:다가 댄니파리허고 막 베:가꼬 와서 쌀:마 노면 복싹: 허니[28] 무리 그래요.

- 검: 그거를 인잔 마시고 막 따믈 내:지요.

음.

- 이우르[29] 둘러 씨고 막,

음.

- 찌 (웃음) 쩜:질허는 시그로,

으음.

- 따믈 내고 그래써요. 이저네는.

- 우리들 감:기 드러가꼬 그래가 누:씨믄, 어메드리 가서 그걸 해:다 쌀마가꼬 항그륵 그냥, 머 당걸 타 저네 요새는 설탕이 이꼰 허제마:는 저네는 당원, 우리들 클쩨는[30] 당원, 그노믈 타가꼬.

- 달:게 해가꼬 인자 주믄 그눔 항그륵 마신 마신 무어 점 마시레 노코는 그냥 이우르 가따 처더퍼가꼬 그냥, (웃음)

(웃음)

- 따믈 쪽:: 빼주고 그래써요.

음.

예 그 효:꽈가 이썬나요?

- 인제 따믈 빼:농깨 나산능가, 그걸 무꼬 나산능가, (웃음)

(웃음)

- 나리 가서 나산능가 모르지요 인자.

예.

- 그거이 야기라고 그래가꼬 무거쓰깨.

그다으메 머, 콤무리 마니 난:다던가이~, 가:레가 이따덩가 이러먼 또 어: 떠케 치료를 헤쓸까요?

- 그렁거능 머 먼냐글 핸:능고 잘 모르거써요.

- 그걸 이제 베어다가 댓잎하고 막 베어가지고 와서 삶아 놓으면 불그스름하게 물이 그래요.

- 그러면 그것을 이제 마시고 막 땀을 내지요.

음.

- 이불을 둘러쓰고 막.

음.

- 찜질하는 식으로.

으음.

- 땀을 내고 그랬어요, 이전에는.

- 우리들 감기 들어가지고 그래가지고 누워있으면, 엄마들이 가서 그걸 해다 삶아가지고 한 그릇 그냥 뭐, 단 것을 타 전에. 요새는 설탕이 있곤 하지마는 전에는 당원, 우리들 클 적에는 당원, 그것을 타가지고,

- 달게 해가지고 이제 주면 그것 한 그릇 마신 마신 뭐 전부 마시라 해 놓고는 그냥 이불을 가져다 쳐덮어가지고 그냥 (웃음)

(웃음)

- 땀을 쭉 빼 주고 그랬어요.

음.

예, 그 효과가 있었나요?

- 이제 땀을 빼 놓으니까 나았는지 그걸 먹고 나았는지, (웃음)

(웃음)

- 날이 가서 나았는지 모르지요, 이제.

예..

- 그것이 약이라고 그래가지고 먹었으니까.

그 다음에 뭐 콧물이 많이 난다든지 가래가 있다든지 이러면 또 어떻게 치료를 했을까요?

- 그런 것은 뭐 무슨 약을 했는지 잘 모르겠어요.

예.

풍이 든 사람 이짜나요? 풍 풍마자따고.

— 예.

예.

— 풍마즌 사람 떨:고 드란잔는31) 사람.

에 목 반 반:쪼기 한 잘,

— 예.

어:떠케 치료 함니까 치료가 인나요? 엔:나레 그런 냥반드른,

— 엔:나레는 그래가 드란즈먼 이자 바로 병:신맹이로 드러안자써
찌요.

음.

— 머 나산능가요, 저네는?

그레쪼이~. 예.

그다으메 또 인제 엔나레는 체하 체를 체하기도 마:니 헤:짜나요이~ 꽉꽉

— 예.

체하고이~, 그러면 어:떠케 헤:씀니까 엔:나레는?

— 홀짜녀기32) 따:찌 머. 요런디.

손까라게 끄테?

— 바늘로33) 가꼬.

음: 피를 네

— 따고 홀꼬, 배가 아푸먼 홀꼬.

아.

— 배도 훌른 사라미 이써요.

아 잘 훌른 사라미,

— 예.

그 사람한(테) 그 사람 지베 감니까?

예.

풍이 든 사람 있잖아요? 풍 풍 맞았다고.

― 예.

예.

― 풍 맞은 사람, 떨고 들어앉아 있는 사람.

예 목 반 반쪽이 한 잘,

― 예.

어떻게 치료합니까? 치료가 있나요? 옛날에 그런 양반들은.

― 옛날에는 그래가지고 들어앉아 있으면 이제 바로 병신처럼 들어앉았었지요.

음.

― 뭐, 나았나요? 전에는?

그랬지요. 예.

그 다음에 또 이제 옛날에는 체하 체를 체하기도 많이 했잖아요? 꽉꽉.

― 예.

체하고. 그러면 어떻게 했습니까 옛날에는?

― 훑지 않고 땄지 뭐 이런 데.

손가락에 끝에.

― 바늘을 가지고

음, 피를 내.

― 따고 훑고, 배가 아프면 훑고.

아.

― 배도 훑는 사람이 있어요

아, 잘 훑는 사람이?

― 예.

그 사람한테 그 사람 집에 갑니까?

― 아이고 명제리 데머 우리지비 우리 친정 어머니 배 훌른 사라미라.

― 인자 오모까심 소:글 쪽::쪽 요리 훌터가꼬 등거리를[34] 뚜디리고,

아하.

― 또 손톰민 요런디를 따고,

아하.

― 거 급체헌사람 그렁깨 대방[35] 나떼요.

아 그레요?

― 급체허는 사람.

음.

― 가:가꼬 그냥 어:러니고 아:고 명질 띠 데문 그냥 우리 지비 피바리[36] 서요.

(웃음) 마:니 머꼬?

― 예. 언치따고.

으음.

또 체를 체:를 넨: 사람도 이짜나요, 체 넨:다고.

― 인자 체 내:능거는 인자 중가네 그래꼬,

중가네.

― 중가네 인자 체르 내:찌요.

음.

― 상구 저네 우리 째깐해:서는[37] 내:는 사람도 업:꼬.

음.

― 무조껀 막 훌른거이라 막 창시로[38] 훌터 내레찌. (웃음)

(웃음) 그레꾸나. 거또 잘 하는 사라미 이쓰니까요이~.

― 예.

― 어디가 여무다네요[39]. 훌트먼.

음?

- 아이고, 명절이 되면 우리 집 우리 친정어머니 배 훑는 사람이야.
- 이제 오목가슴 속을 쪽쪽 요리 훑어가지고 등을 두드리고
아하.
- 또 손톱 밑 이런 데를 따고,
아하.
- 그 급체한 사람 그러니까 대번에 낫데요.
아, 그래요?
- 급체한 사람.
음.
- 그래가지고 그냥 어른이고 아이고 명절 때 되면 그냥 우리 집에 줄이 서요.
(웃음) 많이 먹고?
- 예. 얹혔다고.
으음.
또 체를 체를 내는 사람도 있잖아요, 체 낸다고?
- 이제 체 내는 것은 이제 중간에 그랬고
중간에
- 중간에 이제 체를 냈지요.
음.
- 사뭇 전에 우리 조그마해서는 내는 사람도 없고.
음.
- 무조건 막 훑는 거야 막 창자를 훑어 내렸지. (웃음)
(웃음) 그랬구나. 그것도 잘 하는 사람이 있으니까요.
- 예.
- 어디가 단단히 뭉쳐 있다네요, 훑으면.
음?

- 창소를[40] 요:리요:리 누지리무[41],

음.

- 어디가 여문데가 이따네요.

아하.

- 거그를 인자 몬질몬질흐니[42] 그래가꼬 인자 무리게 해가꼬 훌터 내
른데요.

음.

- 거 우리더른 몰라요 어디가 어딘지.

음.

- 그래도 우리 어메는 그걸 자래.

(웃음)

나중에 중가네 인자 체 네:는 사람 요그 이런데도 체 네는 데가 이써씀니까?

- 저 하동가머 이써써요.

하동까지 가야데요?

- 예 저: 과냥도 이꼬.

오호.

- 아 순천 순천. 순천 거그 저저 그 불끄는 그거 머이라 하능 거이,

소방

- 소방서 미테.

음.

- 그:가면, 체를 저그 잘랜다고 함:참 오:지게[43] 댕견는디. 난주에느
그거이 머 마:수리라 싸코 그머 그래 싸테.

음.

체를 머하면 이러게 고기가,

- 무운 거또 엄는디 머 되:지괴기 그렁걸 어찜 그 소:게서 나옹거이
그저 썩또 안허고 가마니 싱싱허길 항걸 줌서 요걸 내:따고,

－ 창자를 이리이리 누르면,

음.

－ 어디가 단단히 뭉쳐 있는 데가 있다네요.

아하.

－ 거기를 이제 만지작만지작하게 그래가지고 이제 무르게 해가지고 훑어 내린대요.

음.

－ 그 우리들은 몰라요, 어디가 어딘지.

음.

－ 그래도 우리 엄마는 그걸 잘해.

(웃음)

나중에 중간에 이제 체 내는 사람 여기 이런 데도 체 내는 데가 있었습니까?

－ 저 하동 가면 있었어요.

하동까지 가야 돼요?

－ 예, 저 광양도 있고.

오호.

－ 아, 순천 순천, 순천 거기 저 저 그 불 끄는 그것 뭐라 하는 것이,

소방

－ 소방서 밑에

음.

－ 거기 가면 체를 저기 잘 낸다고 한창 오달지게 다녔는데, 나중에는 그것이 뭐 마술이라 쌓고 그 뭐 그래 쌓데.

음.

체를 뭐 하면 이렇게 고기가.

－ 먹은 것도 없는데 뭐 돼지고기 그런 걸 어찌 그 속에서 나온 것이 그저 썩지도 않고 가만히 싱싱한 것을 주면서 이걸 냈다고,

아하.

─ 뵈:주고 그런다고.

아 거진마리다고?

─ 그리고 어떤 사람드른 거 체를 냉깨 난:는닥 허고, 어떤 사람드른
또 그거이 마:수리라,

음.

─ 근다 그러고, 그래 싸튼만 몰라요.

그레요이~.

─ 뉘: 마리 오릉고.

자 그다으메 토사광란 이렁거늠 막 토하고,

─ 아 예.

설사하고 그렇게 이찌요 갑자기.

─ 강:라네 그 약찌로 가따고.

그렁거슨 야기 뭐 헤야되나요?

─ 우리드 클쩨게는 머이냐, 소:다 소:다 그걸 그냥 무꼬 무를 마시고
막 경거주준허이⁽⁴⁴⁾ 그러커등 그거이.

예.

─ 인자 어메가 배를 잘 훌틍깨 훌꼬,

─ 또 소금도 한:주먹 그때는, 시방은 짜붕거또 암뭉는다는디,

(웃음)

─ 소금도 한:주먹 무꼬 그냥 무를 자:꼬 무꼬 막,

아.

─ 무를 막 항그러글 다: 마시라 그러고,

음:.

─ 그러고 나면 인자 또 막 등거리를 뚜:드리고, 배를 훌꼬 손꾸라글
따고 인자 그러면,

아하.

－ 보여 주고 그런다고.

아, 거짓말이라고.

－ 그리고 어떤 사람들은 그 체를 내니까 낫는다고 하고, 어떤 사람들은 또 그것이 마술이라,

음.

－ 그런데 그리하고 그래 쌓더니마는 몰라요.

그래요.

－ 누구 말이 옳은지.

자 그 다음에 토사광란 이런 것은 막 토하고,

－ 아 예.

설사하고 그런 것이 있지요, 갑자기.

－ 광란에 그 약 지으러 갔다고.

그런 것은 약이 뭐 해야 되나요?

－ 우리들 자랄 적에는 뭐냐 소다 소다 그걸 그냥 먹고 물을 마시고 막 건건찝찔하게 그렇거든 그것이.

예.

－ 이제 엄마가 배를 잘 훑으니까 훑고

－ 또 소금도 한 주먹 그 때는, 시방은 짠 것도 안 먹는다는데,

(웃음)

－ 소금도 한 주먹 먹고 그냥 물을 자꾸 먹고 막

아.

－ 물을 막 한 그릇을 다 마시라 그러고

음:.

－ 그리고 나면 이제 또 막 등을 두드리고, 배를 훑고 손가락을 따고 이제 그러면

― 거 대:게 설사가 나다가 사라미 씨러지고 금 막 넉씨 엄시뿐 드러누
워씨문 또 막 힌주글 쒀가꼬 주고 그러데요. (웃음)

(웃음) 그레써요이~.

그다으메, 에 트키 에:드리 마니 그러조이~ 딸꾹찌리이~.

― 예.

어: 어:떠케 그침니까 거 딸꾹찌른? 막 오레 하는 수가 이짜나요?

― 그거또 인자 따:꾹찌를45) 허먼 등거르 뚜디고 무를 자꼬46) 마시고
그러데요.

아: 무를 마시고?

― 예.

음:.

그다으메 에:드리 막 놀:레가지고 경 정끼가

― 정끼47).

어 그거슨 어떠게 또, 그거 이런

― 저네는 머 빨강걸 베기먼 더 근다고,

아하.

― 막 꺼멍48) 보따르 가따 둘러씨:고 막, 그러데요.

― 그거또 깍깍 언치먼 그거이 정끼가 나요 애기들또.

아 언치먼?

― 언치먼.

음: 음:.

― 시방 그런 애기들 업써요이~. 저네는 영:,

지금도 이쓸껌니다. 가끔 머제 꽁 영 언처서 하는지 어쩐지 모:르지마는.

― 아이고 저네는 저그 정끼가 나:문 그냥 새:파래이49) 아:가 주거뿐는디.

아.

― 시방 그렁거이 엄:는디.

－ 그 되게 설사가 나다가 사람이 쓰러지고 그러면 막 정신이 없이 들 어누워 있으면 또 막 흰죽을 쒀가지고 주고 그러데요. (웃음)

(웃음) 그랬어요.

그 다음에 예 특히 애들이 많이 그러지요 딸꾹질이.

－ 예.

어 어떻게 그칩니까 그 딸꾹질은? 막 오래 하는 수가 있잖아요?

－ 그것도 이제 딸꾹질을 하면 등을 두드리고 물을 자꾸 마시고 그러 데요.

아, 물을 마시고?

－ 예.

음: .

그 다음에 애들이 막 놀래가지고 경 경기가.

－ 경기

그것은 어떻게 또 그거 이런

－ 전에는 뭐 빨간 걸 보이면 더 그런다고.

아하.

－ 막 검정 보따리를 가져다 둘러씌우고 막 그러데요.

－ 그것도 꽉꽉 엎히면 그것이 경기가 나요 아기들도.

아, 엎히면.

－ 엎히면

음. 음.

－ 시방 그런 아기들 없어요. 전에는 영.

지금도 있을 것입니다. 가끔 뭐 꽉 엎 엎혀서 하는지 어쩐지 모르지마는.

－ 아이고, 전에는 저기 경기가 나면 그냥 새파랗게 아기가 죽어 버리는데.

아.

－ 시방은 그런 것이 없는데.

아.

- 헤기는 쪼깜 시방은 쪼깜 어쩌문 와 벵:워느로 다라낭깨 머.

(웃음)

- 약또 쎈:꼬 시방은.

또 여: 쎄빠느리 혀에가 일: 일: 수도 이짜나요, 쎄빠다게~. 쎄빠느리~.

- 어째뜽가네 쎄: 이베 거서거능거는 소그미를 가꼬 허데요.

아.

- 소금.

소그미~ 음:.

그 다으메, 다으메 엔:나레 다 하신 말쓰민데이~.

머 저네 손니메 데헤서 자세하게 말씀 헤주선는데 손니믄 증:상이 어쩜니까? 이게 여가 뿔근뿔근,

- 거또 인자 여:리 오리고 그러능갑떼요.

어.

- 여리 어뜨 오리고 인자 그더믄 인자,

머 물찌비 셍깅가요?

- 인자, 오 하무요⁵⁰⁾.

- 거 인자 물:찌비 생기고,

음.

- 그러문 인자 저 그거 인자 그냥 가마니 이쓰 안 저지리면 소로⁵¹⁾가 지 그냥 그거이 딱:지가 내리문 갠차는디,

음.

- 인자 저지라노먼 막 그걸 긍는다데요 막.

그 가려우니까이~.

- 예.

예.

아..

― 하기는 조금 시방은 조금 어쩌면 와 병원으로 달아나니까 뭐.

(웃음)

― 약도 썼고 시방은.

또 이 혓바늘이 혀에 일 일 수도 있잖아요, 혓바닥에 혓바늘이.

― 아무튼 혀 입에 거시기 하는 것은 소금을 가지고 하데요.

아.

― 소금

소금이. 음.

그 다음에 다음에 옛날에 다 하신 말씀인데.

뭐 전에 천연두에 대해서 자세하게 말씀해 주셨는데 천연두는 증상이 어떻습니까? 이게 여기가 불긋불긋

― 그것도 이제 열이 오르고 그러나 보데요.

어.

― 열이 오르고 이제 그러면 이제

뭐 물집이 생기나요?

― 이제, 오 아무렴요.

― 그 이제 물집이 생기고.

음.

― 그러면 이제 저 그거 이제 그냥 가만히 있으 안 저지르면 쉽게 가지. 그냥 그것이 딱지가 내리면 괜찮은데.

음..

― 이제 저질러 놓으면 막 그걸 긁는다네요 막.

그 가려우니까.

― 예.

예.

─ 글거가꼬 인자 따까르52) 자:꾸 주어 뜬다데요.

음.

─ 저지르먼.

그러믄 인제 여기 흉터가 셍기고이~.

─ 예.

예.

그 아까 인제 풀 푸씸53)? 푸씸?

─ 예.

푸씨믄 증:상이 어떵가요?

─ 거:또 여:리 오리고 인자 한:참 여르 올라따가 인자 또 막 또 추우가54) 달라드러서 덜덜덜덜덜덜 떨:고.

음.

─ 대:게 떨:쩨는 이울 두:개 세:개 더퍼도 소:게서 떨리요.

으음:.

─ 그 인자 한:창 그래 알:코나머 인자 막 그 시간쩍 그러고 나먼 인자 막 더우가 올라와요.

아하.

─ 여:리 올라와요.

음: 사라미 더워따 추워따가,

─ 예.

기우니 기냥 다 빠:지게 셍겐네요.

─ 긍깨 그: 함번허고 나머 여름철 그냥 사람 맥빠진다고 그러고.

음.

그다으메 홍지니요? 홍지는?

─ 홍지니 내:나 그거이지.

에: 들한테 이뜽거 아니여요, 홍진 호녁?

— 긁어가지고 이제 딱지를 자꾸 주워 뜯는다데요.

음.

— 저지르면

그러면 이제 여기 흉터가 생기고.

— 예.

예.

그 아까 이제 학 학질 학질?

— 예.

학질은 증상이 어떤가요?

— 그것도 열이 오르고 이제 한창 열이 올랐다가 이제 또 막 또 추위가 달려들어서 덜덜덜덜덜덜 떨고.

음.

— 되게 떨 적에는 이불 두 개 세 개 덮어도 속에서 떨려요.

으음:.

— 그 이제 한창 그렇게 앓고 나면 이제 막 그 시간씩 그러고 나면 이제 막 더위가 올라와요.

아하.

— 열이 올라와요.

음, 사람이 더웠다 추웠다가

— 예.

기운이 그냥 다 빠지게 생겼네요.

— 그러니까 그 한 번 하고 나면 여름철 그냥 사람 맥빠진다고 그러고.

음.

그 다음에 홍역은요? 홍역은?

— 홍역이 내나 그것이지.

애들한테 있던 것 아니예요? 홍역 홍역?

- 아: 호녁.

어.

- 그거또 또 또들또들또드래이 그래요.

음.

- 홍진도.

음.

- 거:또 여리나.

아 거또 여리나고?

- 예. 거:또 여리나서 그냥 아:가 그냥 불링그락[55]거테.

어:.

- 그냥 이비 막 혜:지고.

음: 음:.

- 시방 홍역 주사가 이싱께 그만 나아 뿌리고***.

그러조 예:방이 ****.

✛ (휴대전화소리)

그다으메 어리네드리 이러케 보리 이러케 쏙,

- 볼치기[56].

볼치기.

- 예.

보리 좀 부:짜나요이~?

- 예.

그거슨 어 증:상이 어떵가요? 그냥 볼만 분:나요? 그 아:푼데가 인나요?

- 아휴 보:리 부서서 한쪼기 요:러치요 막.

어.

- 그: 대리보문 막 뜨근뜨근해요. 여리 올라가꼬 여가 벌::그레이 요래.

음. 그럼 그걸 어떠케야 난:는데요?

- 아, 홍역.

어.

- 그것도 또 도돌도돌하게 그래요.

음.

- 홍역도.

음.

- 그것도 열이 나.

아, 그것도 열이 나고.

- 예, 그것도 열이 나서 그냥 아기가 그냥 잉걸불 같아.

어.

- 그냥 입이 막 헤지고.

음. 음.

- 시방 홍역 주사가 있으니까 그만 나아 버리고.

그러지요. 예방이 ***

✚ (휴대전화 소리)

그 다음에 어린애들이 이렇게 볼이 이렇게 쑥

- 볼거리.

볼거리

- 예.

볼이 좀 붓잖아요?

- 예.

그것은 어 증상이 어떤가요? 그냥 볼만 붓나요? 그 아픈 데가 있나요?

- 아휴 볼이 부어서 한 쪽이 이렇지요 막.

어.

- 그 만져 보면 막 뜨근뜨근해요. 열이 올라가지고 여기가 벌겋게 이렇게.

음 그럼 그걸 어떻게 해야 낫는데요?

- 글쩨는 인자 베니신 주사르 가서 마치요.

아.

- 열 내리는 주사를.

페니실리느로.

- 베니신 이라고 그 주사를 마치고 또 그래도 얼릉 안갈리가문, 인자 먼 야래 먼: 야글 핸:능가 모르거따. 먼: 야글 핸:는디.

- 어디 장터 어디 강깨로, 거 그리 말:고 노랑조시57)

음.

- 계란 노랑조시에다가 힌조시58) 빼:뿔고 노랑조시에다가 소그믈 여라데요.

예.

- 소그믈 여:가꼬 헤:: 저싱깨로, 소그믈 여:먼 자꾸 데:저요.

아.

- 데:지먼 인자 그거를 인자 문쫑우에다가, 저네 창호지.

- 창호지를 인자 쪼깐:허이 요리 짤라가꼬 그거이에라가 요리 페:가꼬 볼라놓깨로 그거이 또 야기데.

오 볼치기 야기에요?

- 예.

하 노랑조시에다가?

- 예 노랑조 조시에다가 소그믈 여:가꼬 저싱께, 자:꾸 여 데:지데요.

음.

- 그럼 인자 수꾸라글 가 글거가꼬.

음.

- 짝: 까라가꼬 딱 부치놓깨로 그거또 야기로 나:떼.

네: .

- 주사르 마치서 나산능가,

- 그럴 때는 이제 페니실린 주사를 가서 맞혀요.

아.

　- 열 내리는 주사를.

페니실린으로.

　- 페니실린이라고 그 주사를 맞히고 또 그래도 얼른 안 내려가면 이제 무슨 이렇게 무슨 약을 했는지 모르겠다, 무슨 약을 했는지.

　- 어디 장터 어디 가니까 그 그리 말고 노른자.

음.

　- 계란 노른자에다가 흰자 빼 버리고 노른자에다가 소금을 넣으라 데요,

예.

　- 소금을 넣어가지고 휘휘 저으니까 소금을 넣으면 자꾸 돼져요.

아.

　- 돼지면 이제 그것을 이제 문종이에다가 전에 창호지.

　- 창호지를 이제 조그맣게 이리 잘라가지고 그것에다가 이리 펴가지고 발라 놓으니까 그것이 또 약이데.

오, 볼거리 약이에요?

　- 예.

하, 노른자에다가.

　- 예, 노른자 자에다가 소금을 넣어가지고 저으니까 자꾸 돼지데요.

음.

　- 그럼 이제 숟가락을 가지고 긁어가지고,

음.

　- 쫙 깔아가지고 딱 부쳐 놓으니까 그것도 약으로 낫데.

네.

　- 주사를 맞혀서 나았는지,

(웃음)

- 그거이 야기라고 그래서 나산능가, 나:떼요.

예.

- 그러고 나머 애기드리 빼:뻰 애비저요59) 그거또 허고 나먼. 볼치기도 허고 나먼.

고놈 보데껴 가지고.

- 예 여:리 나고 그렁깨.

에 저 봉:사는 누니 암보이는 사람 아닙니까?

- 예.

근데 누니 암보이는데도 누니 암보이는, 그 이저네 먼 병을 아라께찌요 눔뻥을이~. 어쩌다가 누니

- 모르지요 어짼는지 그렁거는.

음.

고건 치료 방버비 엔:나레도 치료가.

- 우리 저 친정에 거 우리 칭구 주구매가 그래가꼬 드러안잔는디,

음.

- 더드마서도 영: 이:를 잘:헌다네요.

안보여도?

- 예. 더드마서.

으음 인 잘 아는 근:처는 외우고 이찌요?

- 인자

- 외우고 이씽깨 그렁가 어쩡가, 뭘 메느리가 어디든 나가뿌리도 멀:잘 차자다 무꼬 그런다데요.

집 아:네서는

- 예.

익쑥하니까, 세로운디 가먼 인자 모:타고.

(웃음)

─ 그것이 약이라고 그래서 나았는지 낫데요.

예.

─ 그리고 나면 아이들이 빼빼 야위어져요. 그것도 하고 나면. 볼거리
도 하고 나면.

그것 보대껴가지고

─ 예, 열이 나고 그러니까.

예, 저 봉사는 눈이 안 보이는 사람 아닙니까?

─ 예.

그런데 눈이 안 보이는데도 눈이 안 보이는 그 이전에 무슨 병을 앓았겠지
요 눈병을. 어쩌다가 눈이?

─ 모르지요 어쨌는지 그런 것은.

음..

그건 치료 방법이 옛날에도 치료가?

─ 우리 저 친정에 그 우리 친구 저희 엄마가 그래가지고 들어앉았는데,

음.

─ 더듬어서도 아주 일을 잘 한다네요.

안 보여도?

─ 예, 더듬어서.

으음, 이제 잘 아는 근처는 외우고 있지요?

─ 이제

─ 외우고 있으니까 그런지 어쩐지 뭘 며느리가 어디든 나가 버려도 뭘
잘 찾아다 먹고 그런다네요.

집 안에서는

─ 예.

익숙하니까, 새로운 곳 가면 이제 못하고

- 인자 인제

예.

- 방에만 드러 안자씽깨,

예.

- 말리거튼디 그런디 나오고 냉:장고에서도 멀 더드마서따 가따 무꼬 근:다 그래싸테.

예.

그다으메 엔:나레 무:당 이런 사람들 와가지고 병: 고친다고 그렁거 보셔써요? 어떤지븐 보통 불러다가 허자나요 굳허고이~?

- 꼭 구드 구슬허고 그러지마네도 그래서 곤칭는가⁶⁰⁾ 어짼능가 그러고 나먼 모도 난:는다고 모도 그러싸틈만.

(웃음)

- 몰라요 (혀를 차며) 나는 손 암비벼 바:써요.

예 근데 어떤 지븐 그렁걸 조아하는 지비 이찌요?

- 이 정월되문 이 요 요새 막 집쩜마동 뚜드릴꺼여.

아 갈궁 치고 다닝거?

- 예.

아.

- 떠개노코.

음.

- 서:레 떠글 쪼까만 한다 그래요. 저저그 안택올때⁶¹⁾,

음.

- 헌다허고 그거 인자 안태기라고 지비서 그 나를 바다가꼬 점재이~ 한테 가 저믈 해가꼬 언제 며친날 우리집 뚜디리 도라고.

음.

- 그러무 와서 인자 뚜드리고 뚜드리문 또 점재이~ 반:치나⁶²⁾ 줘:부리고

- 이제 이제

예.

　- 방에만 들어앉아 있으니까

예.

　- 마루 같은 데 그런 데 나오고 냉장고에서도 뭘 더듬어서 가져다 먹고 그런다 그래 쌓데.

예.

그 다음에 옛날에 무당 이런 사람들 와가지고 병 고친다고 그런 것 보셨어요? 어떤 집은 보통 불러다가 하잖아요? 굿하고.

　- 꼭 굿을 굿을 하고 그러지마는 그래서 고쳤는지 어쨌는지 그리고 나면 모두 낫는다고 모두 그래 쌓더구만.

（웃음）

　- 몰라요. (혀를 차며) 나는 손 안 비벼 봤어요.

예, 그런데 어떤 집은 그런 것을 좋아하는 집이 있지요?

　- 이 정월 되면 이 요 요새 막 집집마다 두드릴 거야.

아, 걸립 치고 다니는 것?

　- 예.

아.

　- 떡 해 놓고.

음.

　- 설에 떡을 조금만 한다 그래요. 저기 안택 올 때.

음.

　- 한다 하고 그것 이제 안택이라고 집에서 그 날을 받아가지고 점쟁이한테 가서 점을 해가지고 언제 몇 일 우리집 두드려 달라고.

음.

　- 그러면 와서 이제 두드리고. 두드리면 또 점쟁이 반이나 줘 버리고.

음.

― 욕씸 마는 점재이~는 머 쌀도 마:니 나라 머 머또 떡또 마:니 나라 우째가 싹 싸질머지고 가고.

음.

아 정워레? 점쟁이 불러다가 그러케 하는 데도 이꼬?

― 보르마네.

응 보르마네이~.

― 예.

음.

또 인제 어 어떤 막 정심뼝이 이따거나 막 그런 사람드른 구테가지고 막 막 할

― 귀:신 드러따고.

어.

― 그람 막 메:에도 가서 뚜두리고.

어디요? 메 메?

― 무다니[63] 귀:신드러따고 머 저쩌그문[64] 선조들 메:에[65] 가서 뚜두리고,

으으음.

― 머 니가 드러서 이런다 그러고 머를 잘몯 해줘서 그런다 그러고 인자, 점재이~ 마레게야 이찌요.

음.

― 그러고 저: 네:거리에 가서 또 뭐 그사람 오슬 뭐 가따가 또 꼬실라[66] 주고 어쩌고 머 막 그래싸트만 우는 그렁거 안해바는 몰라요. 놈 허능 검만 봐:찌.

네:.

음.

― 욕심 많은 점쟁이는 뭐 쌀도 많이 놔라 뭐 뭐도 떡도 많이 놔라 어떻게 해가지고 싹 싸서 짊어지고 가고.

음.

아, 정월에? 점쟁이 불러다가 그렇게 하는 데도 있고?

― 보름 안에.

응, 보름 안에.

― 예.

음.

또 이제 어 어떤 막 정신병이 있다거나 막 그런 사람들은 굿해가지고 막 막 할

― 귀신 들었다고.

어.

― 그럼 막 묘에도 가서 두드리고.

어디요? 뫼, 뫼?

― 괜히 귀신 들었다고 뭐 걸핏하면 선조들 묘에 가서 두드리고,

으으음.

― 뭐 네가 들어서 이런다 그리하고 뭐를 잘못 해 줘서 그런다 그리하고 이제, 점쟁이 말하기에 달렸지.

음.

― 그리고 저 네거리에 가서 또 뭐 그 사람 옷을 뭐 가져다가 또 불살라 주고 어쩌고 뭐 막 그래 쌓더니마는 우리는 그런 것 안 해 봐서 몰라요. 남 하는 것만 봤지.

네.

3.2 약초 캐기

또 진:상은 사니 주위에 만:차나요이~?

― 예.

그르니까 약초가틍거 쫌 케고 그러셔써요?

― 삽초[67], 또 머 항가꼬[68],

음.

― 머 저렁걸 캐:다 모도 막 쌀:마 무꼬 그래땁떼[69].

음. 삽초는 어떠 어:디 아푼데 쓰나요?

― 몰라요. 나능 그렁걸 머 제:처레 댕이니라고 안해 반는디.

음.

― 할메드리 그렁걸 캐:다가 막 소테다가 쌀마가꼬 무를 마시고 날리를 치데요.

(웃음) 그레요?

― 나는 나 살:기가 복짜배가꼬, 돔:벌라고만 애:를 써쩨.

으음음 그런 약초에 데해서는 관시미 업:써꾸마뇨.

― 예.

음.

― 또 모:캐러 가는 사라미 저 하동 자아~[70] 가면 거: 캐:다가 즈저그 막 다라이[71] 거튼디 노코 폴먼 인자 거 그거 면 무더리[72] 사다가 쌀마 무꼬

음.

― 머 돌가지[73] 대:추 골고루 골가래 저으저저 참꼬뿌렝이[74]

음.

― 캐:다가 막 쌀:마가꼬 거따가 담:바블[75] 해 뭉는 사람 머 머: 어쩌고 해:싸튼만, 그래서 멩:이 징:가 멩:이 진:사람 쎄야씹띠다. (웃음)

또 진상(지명)은 산이 주위에 많잖아요?

— 예.

그러니까 약초 같은 것 좀 캐고 그러셨어요?

— 삽주, 뭐 엉겅퀴.

음.

— 뭐 저런 걸 캐다 모두 막 삶아 먹고 그랬다고 하데.

음. 삽주는 어떠 어디 아픈 데 쓰나요?

— 몰라요. 나는 그런 것 뭐 광양제철에 다니느라고 안 해 봤는데.

음.

— 할멈들이 그런 걸 캐다가 막 솥에다가 삶아가지고 물을 마시고 난리를 치데요.

(웃음) 그래요?

— 나는 나 살기가 복잡해가지고 돈 벌려고만 애를 썼지,

으음음, 그런 약초에 대해서는 관심이 없었구먼요.

— 예.

음.

— 또 뭐 캐러 가는 사람이 저 하동 장에 가면 그 캐다가 저 저기 막 넓은 대야 같은 데 놓고 팔면 이제 그 그거 몇 무더기 사다가 삶아 먹고

음.

— 뭐 도라지 대추 고루고루 고루고루 저기 저 진달래 뿌리

음.

— 캐다가 막 삶아 먹고 거기에다가 식혜를 해 먹는 사람 뭐 뭐 어쩌고 해 쌓더구마는 그래서 명이 긴지 명이 긴 사람 쌨습디다. (웃음)

■ 주석

1) '뿌렝이'는 '뿌리'의 방언형. 지역에 따라 '뿌렁구'라고도 한다. 따라서 '약뿌렝이'는 약초의 뿌리를 가리킨다.

2) '보리다'는 '바르다(塗)'의 방언형.

3) '도래버짐'은 둥그렇게 생긴 버짐을 말하며, 전남의 다른 지역에서는 '돈버짐'이라고도 한다.

4) '망우이'는 '만고(萬古)에'의 방언형으로서 '아무리'의 뜻.

5) '헤글트리다'는 '살갗이 터져 갈라지게 만들다.' 곧 '헤어지게 만들다'의 뜻이다.

6) '낫우다'는 '낫다'의 사동형 '낫게 하다'의 방언형으로서 옛말을 그대로 이어받은 것이다.

7) '질우다'는 '질다'(=길다)의 사동형으로서 '길게 하다' 또는 '기르다'의 뜻을 나타낸다.

8) '우에머리'는 명사 '우'(=위)와 처격토씨 '에'의 결합형 '우에'에 '머리'가 합성된 말이다. 전남방언에서는 '우엣머리'나 '우겟머리'처럼 사이시옷이 개재된 형으로 쓰이는 것이 일반적이나 여기서는 사이시옷 없는 형식이 쓰였다.

9) '땀뗑이'는 '땀띠'의 방언형. 전남방언에서도 지역에 따라 '땀떼기', '땀뜨럭', '땀뜨레기'라고도 한다. '땀띠'를 가리키는 옛말은 '쏨되', '쏨되야기' 등이 있는데, 현대어 '땀띠'는 '쏨되'를 계승한 형태이고 '땀떼기'는 '쏨되야기'를 이어받은 형이다. '쏨되야기'에 포함된 '되야기'는 홍역이나 천연두를 앓을 때 피부에 나타나는 발진을 이르는 말이니, '쏨되야기'는 땀 때문에 생기는 꽃이나 종기를 가리키게 된다.

10) '마'는 메움말(filler)로 쓰이는 담화표지. 동남방언에서 흔히 사용되는 담화표지인데 광양지역어까지 영향을 미친 것으로 보인다.

11) '찰지다'는 '차지다'의 방언형.

12) '해'는 '화'(火)의 방언형. 여기서는 '몸에 있는 더운 기운'을 가리킨다. '화 > 해 > 해'의 변화를 겪은 것으로 보인다.

13) '뻬뿌제미'는 '질경이'의 방언형.

14) '푸른 장댕이'는 '푸른 멍'의 뜻. '장댕이'는 아마도 '장독'(杖毒)의 방언형으로 보인다. 전남의 신안 지역에서는 멍을 가리켜 '푸렁등'이라고도 한다.

15) '다레께'는 '다래끼'의 방언형. 전남의 다른 지역에서는 '다랏'이 흔히 쓰인다.

16) '눈애피'는 '눈병'의 뜻. '애피'는 형용사 '아프-'에 접미사 '-이'가 결합된 '아픠'가 움라우트를 겪은 것으로서 표준어의 '앓이'에 대응한다. 따라서 '눈애피'는 '눈앓이', '가심애피'는 '가슴앓이', '배애피'는 '배앓이'인 셈이다.

17) '오리다'는 '옮다'의 뜻. 아마도 동사 '오르다'를 '옮다'의 뜻으로 사용한 것으로 보인다.

18) '하나'는 주격토씨로서 '가'가 와야 할 터인데 '이'가 쓰였다. 아마도 옛말 '흐낳'의 영향 때문으로 추정된다.

19) '-고로'는 '-게끔'의 뜻.

20) '쌩감'은 '날감'의 방언형.

21) '옇다'는 '넣다'의 방언형으로서 옛말 '넣다'의 /ㄴ/이 탈락한 형이다.

22) '찐'은 '진'의 방언형.

23) '-니라'는 '으레 그러하다'와 같은 의미를 나타낼 때 쓰이는 씨끝으로서 여기서는 혼잣말로 의문을 제기하는 용법으로 쓰였다. '-니라'는 물론 의문법 외에 서술법에도 쓰일 수 있는 씨끝이다.

24) '지댐허다'는 '기다랗다'의 뜻. '지댐허다'는 '질다'에 접미사 '-다랗-'의 전남방언형 '-드란허'가 결합한 '지드란허다'에서 변한 형태로 보인다. '커다랗다'에 대응하는 '크댐허다'와 같은 형도 전남방언에서 확인된다.

25) '윤동초'는 '인동초'의 방언형이다. 인동초는 인동과의 반상록 덩굴성 식물이다. 잎은 마주나고 긴 타원형이다. 전체에 짧은 갈색 털이 나고 꽃은 초여름에 잎겨드랑이에서 피는데 흰색에서 노란색으로 변한다. 열매는 가을에 검은색으로 익으며 줄기·잎·꽃은 종기나 매독, 임질, 치질 치료의 약재로 쓰인다. 한국, 일본, 중국 등지에 분포한다.

26) '능끄레기'는 '넝쿨'의 방언형. 전남방언에서는 '영쿨'이나 '덩쿨'과 같은 형도 함께 쓰인다.

27) '능끌다'는 '넝쿨지다' 또는 '덩굴지다'와 같은 뜻으로서 식물의 줄기가 덩굴이 되어 벋는다는 뜻이다. 중세어 '너출다'가 이에 해당하며 '너출다'로부터 영파생에 의해 '너출'(> 넌출> 넝쿨)이 파생되었듯이, 이 방언에서는 '능끌다'에서 영파생에 의해 '능끌'이 파생되고 여기에 접미사 '-에기'가 결합한 '능끄레기'가 파생되기도 하였다.

28) '복삭허다'는 '불그스름하다'의 뜻.

29) '이울'은 '이불'의 방언형. '이불'의 /ㅂ/이 탈락한 형태이다. 광양 지역어는 경남 방언과 마찬가지로 /ㅂ/이 유지되는 방언인데, '이울'의 경우에 /ㅂ/ 탈락이 보이는 것은 특이하다.

30) '제'가 이 방언에서는 '때'의 의미로 흔히 쓰인다. '제'는 어원적으로 '적'과 처격토씨 '에'가 결합한 말이다.

31) '들앉았는'은 여기서 '들어앉아 있는'의 의미이다. 전남 서부지역이라면 '들앉은'이라고 해야 될 터인데 관형형 씨끝 '-은' 대신 이 지역어에서는 '-았는'이 쓰였다. 이는 물론 동남방언의 영향 탓이다.

32) '홀짜녀기'는 '훑잔해'로서 '훑지 않고'의 뜻으로 해석된다.

33) '로'는 /ㄹ/ 다음에서 변동하는 목적격토씨 '를'의 변이형이다. 경남방언에서 모음과 /ㄹ/ 다음에서 '를'이 '로'로 변이하는데, 광양 지역어도 이웃한 경남방언과 같은 양상을 보인다.

34) '등거리'는 '등'의 방언형.

35) '대방'은 '대번에'의 방언형.

36) '피발이 서다'는 아마도 '줄을 서다' 정도의 의미인 듯하다.

37) '쩨깐하다'는 '조그맣다'의 방언형.

38) '창시'는 '창자'의 방언형.

39) '여물다'는 원래 과실이나 곡식 따위가 알이 들어 딴딴하게 잘 익다는 뜻이지만 여기서는 애초의 의미에서 전이되어 '단단하게 뭉쳐 있다'는 뜻을 나타낸다.

40) '창소'는 '창자'의 방언형. 전남의 다른 지역에서는 '창시', '창사', '창세기' 등의 어형이 쓰인다.

41) '누지르다'는 '세게 누르다'의 뜻이다.

42) '몬질몬질허다'는 '만지작만지작하다'의 뜻. '만지다'에 대한 전남방언형은 '몬지다' 또는 '몬치다'이므로 이 동사의 어간 '몬지'를 어근으로 하여 접미사 '-ㄹ'이 결합하여 다시 어근이 되고 여기에 접미사 '-허'가 덧붙어 파생된 동사이다.

43) '오지다'는 '오달지다'의 방언형으로서 '마음에 흡족하게 흐뭇하다'는 뜻.

44) '겅거주준허다'는 '건건찝찔하다'의 방언형으로서 약간 짜기만 하고 감칠맛이 없다는 뜻이다.

45) '따꾹질'은 '딸꾹질'의 방언형. 전남의 서부에서는 '포깍질'이라고 한다.

46) '자꼬'는 '자꾸'의 방언형. '차꼬'라고도 한다.

47) '징끼'는 '경기'(驚氣) 또는 '경풍'(驚風)의 방언형. 경풍은 어린아이에게 나타나는 증상의 하나로서, 풍(風)으로 인해 갑자기 의식을 잃고 경련하는 병증이다.

48) '꺼멍'은 '껌정'의 뜻.

49) '새파래이'는 '새파랗게'의 뜻. 표준어 '새파랗다'는 전남방언에서 '새팔허다'로 쓰이며 여기에 붙는 부사형성 파생접사는 '-니'이다. 이 '니'는 '하-'나 '허-'에 결합하여 부사로 만드는 파생접사이다. 따라서 '새파랗게'의 뜻으로 전남방언은 '새팔허니'를 쓰는데 광양 지역어에서는 '니'의 /ㄴ/가 탈락하여 '새팔허이'가 되어야 하는데 모음이 변이하여 '새파래이'가 되는 것이다.

50) '하무'는 '아무렴'의 방언형. '하모'로도 쓰인다.

51) '소로'는 아마도 '수월히'의 뜻으로 해석된다. '수월하다'는 전남방언에서 '솔허다' 또는 '솔합다' 등으로 쓰이는데, '소로'는 '솔허-'에 접미사 '-오'가 붙은 형으로 추

정된다.

52) '따까리'는 '딱지'의 방언형. '따까르'는 '따까리'에 목적격토씨 '르'가 붙은 형이다. 광양 지역어에서는 모음 다음에서 목적격토씨 '를'이 '르' 또는 '로'로 변동한다.

53) '풋심'은 '학질'의 방언형. '심'이라고도 한다.

54) '추우'는 '추위'의 방언형.

55) '불잉그락'은 '잉걸불'의 뜻

56) '볼치기'는 '볼거리'의 방언형.

57) '노랑조시'는 '노른자'의 방언형. '조시'는 옛말 'ᄌᆞᅀᆞ'를 반영한 형태로서 현대 표준어 '자위'에 대응한다. 전남의 서부 지역에서는 '노랑자', '흰자'처럼 '자'를 사용한다.

58) '흰조시'는 달걀 '흰자'의 방언형.

59) '애비지다'는 '야위어지다'의 방언형. '야위다'에 대한 전남의 서부 지역 방언형은 '야우다'인 데 비해 광양 지역어는 '애비다'로서 경남과 같은 어형을 보인다. '애비다'는 '*야비다'가 움라우트를 겪은 것으로서 /ㅂ/가 유지된 점이 서부 전남형과 차이를 보인다.

60) '곤치다'는 '고치다'의 방언형. /ㅈ/이나 /ㅊ/ 앞에서 /ㄴ/이 첨가되는 예이다. '난중'(=나중), '깐치'(=까치) 등도 이와 같은 /ㄴ/ 첨가를 보여 준다.

61) '안택'(安宅)은 집안에 탈이 없도록 무당이나 맹인(盲人)을 불러 가신(家神)들을 위로하는 일을 말한다.

62) '반:치'는 '절반'의 뜻. 전남의 서부 지역에서는 '반틈'이라고도 한다.

63) '무다니'는 '괜히'의 뜻.

64) '저쩍그먼'은 '제꺽하면'의 방언형으로서 '걸핏하면'의 뜻을 나타낸다.

65) '메'는 '뫼'로서 '묘'의 뜻. 원래 '산'(山)을 뜻하던 '뫼'가 의미의 변화를 일으켜 산에 쓰던 묘를 가리키게 되었다.

66) '꼬시르다'는 '불사르다'의 뜻. 표준어에서 '그슬다'의 피동형 '그슬리다'는 불에 겉만 약간 타게 되다는 뜻인데, 이에 대한 전남방언형은 '끄실리다'이다. 이 '끄실리다'의 모음을 /ㅗ/로 바꾼 '꼬실르다' 또는 '꼬시르다'는 단지 검게 만드는 것에 그치지 않고 불에 태우거나 사르는 것을 가리킨다. 모음을 바꿔 말맛의 변화를 주는 데 그치지 않고 불에 의한 변화의 강도를 표현하는 점이 특이하다.

67) '삽초'는 '삽주'의 방언형. '삽주'는 국화과의 여러해살이풀인데, 높이는 50cm 정도이며, 잎은 어긋나고 달걀 모양의 타원형이다. 7~10월에 연한 자주색을 띤 흰색 두상화(頭狀花)가 줄기 끝에 핀다. 어린잎은 식용하고 뿌리는 약용한다. '삽주'의 뿌리 가운데 껍질을 벗기지 않은 것은 '창출', 껍질을 벗긴 것은 '백출'이라 한다.

68) '항가쿠'는 '엉겅퀴'의 방언형.

69) '그랬답데'는 '그랬다고 합데'의 축약형. '-읍데'는 서북방언에 나타나는 씨끝인데 광양 지역어에서도 확인되는 것이 특이하다. '-읍데'는 표준어 '-데'에 대응한다.

70) '장아~'는 '장에'이다. 처격토씨 '에'는 이 지역어에서 선행 모음에 동화된다.

71) '다라이'(たらい[盥])는 넓은 대야를 뜻하는 일본말.

72) '무더리'는 '무더기'의 방언형으로서 어근 '묻-'에 접미사 '-어리'가 결합하여 '-어기' 가 결합한 표준어와 차이를 보인다. 어근 '묻-'은 아마도 옛말 '몯-'(=모이다)의 모음이 변이된 형으로 보인다.

73) '돌가지'는 '도라지'의 방언형이다. 전남방언에는 이 밖에도 '돌갓'이나 '도랏'이 더 쓰인다.

74) '참꽃'은 '진달래'의 방언. '개꽃'인 철쭉에 대한 상대적인 명칭이다.

75) '단밥'은 '식혜'의 방언형. 지역에 따라 '감주' 또는 '시케'라는 방언형을 쓰기도 한다.

04 세시풍속과 놀이

4.1 세시풍속

(웃음) 자 그다으메, 엔:나레는 인제 설: 보름 머 머 달마다

— 예.

머시 다: 이짜나요. 그레가지고 헹사 그떼마다 머 머 특뼈라게 어뜨 이 하
는 이:리 이꼬 그러자나요?

— 그렁걸 다 해:가꼬

예.

— 하문 그러지요.

자 함 그거슬 인자 거 하나씩 하나씩 함번, 에서 설:.

서:리믄 지그믄 인자 마:니 풍스비 달라저찌마는

— 예.

엔:날 정월 보 초하루 여기 서:리믄.

— 서:떨 그뭄날 저녀게 밥 채리노코.

서:떨 그뭄날 밥 바블 체려놈니까?

— 예, 걸:게 해가꼬,

오.

— 제:사를 모:시오.

그레요?

— 예.

— 저 예나 정월 초하린나른 떠꾸끼리노코.

아 제:사는, 차레는,

— 그뭄날 저녀게 허고.

아.

그걸 머:라고 그레요? 무슨 고거이 이르미 이씀니까? 서:떨 그뭄나레 하능

(웃음) 자, 그 다음에 옛날에는 이제 설 보름 뭐 뭐 달마다,

— 예.

뭐가 다 있잖아요? 그래가지고 행사 그때마다 뭐 뭐 특별하게 어뜨 이 하는 일이 있고 그러잖아요?

— 그런 걸 다 해가지고

예.

— 아무렴 그러지요.

자 한 그것을 이제 그 하나씩 하나씩 한 번 여기서 설,

설이면 지금은 이제 많이 풍습이 달라졌지마는,

— 예.

옛날 정월 보 초하루 여기 설이면

— 섣달 그믐날 저녁에 밥 차려 놓고,

섣달 그믐날 밥 밥을 차려 놓습니까?

— 예, 걸게 해가지고

오.

— 제사를 모셔요.

그래요?

— 예.

— 저 내나 정월 초하루는 떡국 끓여 놓고,

아, 제사는 차례는

— 그믐날 저녁에 하고

아.

그걸 뭐라고 그래요? 무슨 그것이 이름이 있습니까? 섣달 그믐날에 하는

거 보고.

- 인자 제:사 모신다 그러지요.

제:사모신다고 그레요?

- 예.

아 글고요.

- 제:사 모:시고, 인자 또 정월 초하린날 인자 또 떠꾸끼리노코 또 제:
사 모:시고.

음.

- 또 보르메 하고.

보르메는 주로 멀: 함니까?

- 보르멘 또 인제 찰밥 오:곡빱 해노코 인자.

예.

- 또 채리노코.

음식은 인제 보르메 체려 노치마는,

아 또 서우레는 서울 쪼게는 이렁게 이떼요. 거 딱딱한 머 땅:콩이나 이렁
걸 가따가 께 멍는 보르메.

아 그 예.

여기도 그렁게 이씀니까?

- 그냥 여:는 오:곡빱 해:요.

오:곡빱 허지요이~?

- 예.

예.

- 오:곡빱 허고 또 새: 쪼꼬, 보름날. (웃음)

세:쫀는 날 어떠케 어:디가서 세:쫀능가요?

- 새보게 인자 또 모닥뿔 나: 노코.

어.

것보고

　- 이제 제사 모신다 그러지요.

제사 모신다고 그래요?

　- 예.

아, 그리고요.

　- 제사 모시고 이제 또 정월 초하룻날 이제 또 떡국 끓여 놓고 또 제사 모시고

음.

　- 또 보름에 하고.

보름에는 주로 뭘 합니까?

　- 보름엔 또 이제 찰밥 오곡밥 해 놓고 이제,

예.

　- 또 차려 놓고

음식은 이제 보름에 차려 놓지마는

아, 또 서울에는 서울 쪽에는 이런 게 있는데요. 그 딱딱한 뭐 땅콩이나 이런 걸 가져다가 깨어 먹는 보름에.

아. 그 예.

여기도 그런 게 있습니까?

　- 그냥 여기는 오곡밥 해요.

오곡밥 하지요?

　- 예.

예.

　- 오곡밥 하고 또 새 쫓고 보름날. (웃음)

새 쫓는 날 어떻게 어디 가서 새 쫓나요?

　- 새벽에 이제 또 모닥불 놓아 놓고,

어.

－ 인자 새:쪼꼬.

세보게 어:디다 모닥뿔 피어요?

－ 저지 암:데라도 마당에 어디 해:노코는 막 새:쫀는다고 우여[1] 우여.
(웃음)

오 그거이 무슴 마리까요? 웨 그러까요?

－ 또 더우 포라뭉는다고 또 내 더우 허고.

어 그러조이~.

－ 예.

니더우 네더우이 더우 포라 뭉는다고이~. 예.

그다으메 또 그거 허션 나 나무지베 머 찰밥또 이러케 돌라서 머끼도 하고.

－ 인제 조:레르[2] 가꼬 어드로 댕기요

아 어드로 뎅긴다? 조:레로?

－ 집쩜마동 어:드로 댕겨.

음: 웨 어드로 다닐까요? 웨?

－ 더우 파라 뭉는다고 인자. 그러 인자 가문,

어.

－ 조레를 가꼬 어드로 가문,

예.

－ 머:시야[3] 그러면 대:다믈 허먼, 내더우 그러먼 더우 인자 그지비서
더우 포라멍는다 허고.

아 그러고.

－ 인자 몬자부린 사라미 인자 대:다블 허먼 인자 엽 더우를 포라뭉능
거이고, 근다고.

으음.

동:네들끼리도 뭐 헹사가 인나 노 노리가 이씀니까? 이 중네하고 저 동네하
고 머그먼 저기를 헌다덩가?

－ 이제 새 쫓고

새벽에 어디에다 모닥불 피워요?

－ 저기 아무 데라도 마당에 어디 해 놓고는 막 새 쫓는다고 우여 우여 (웃음)

오 그것이 무슨 말일까요? 왜 그럴까요?

－ 또 내 더위 팔아 먹는다고 또 내 더위 하고.

예, 그러지요.

－ 예.

네 더위 내 더위 더위 팔아 먹는다고. 예.

그 다음에 또 그것 하셨 남 남의 집에 뭐 찰밥도 이렇게 훔쳐서 먹기도 하고.

－ 이제 조리를 가지고 얻으러 다녀요.

아, 얻으러 다닌다? 조리로?

－ 집집마다 얻으러 다녀.

음, 왜 얻으러 다닐까요? 왜?

－ 더위 팔아 먹는다고 이제 그러 이제 가면.

어.

－ 조리를 가지고 얻으러 가면

예.

－ 아무개야 그러면 대답을 하면 내 더위 그러면 더위 이제 그 집에서 더위 팔아 먹는다고 하고.

아, 그러고

－ 이제 먼저 부른 사람이 이제 대답을 하면 더위를 팔아 먹는 것이고, 그런다고.

으음.

동네들끼리도 뭐 행사가 있나 노 놀이가 있습니까? 이 동네하고 저 동네하고 뭐 그러면 저기를 한다든지?

- 달집[4] 진는 거이지.

달찜 진는다고?

- 예. 동:네마동.

달찌폰 어떠케 진는?

- 인자 미테다가 인자 집 꺼틍걸 마:니 여코 대: 쩨다가[5] 인자 세워가꼬 지블 맹그러가꼬 요리 해.

음.

- 인자 거따 인자 또 소를 베다가 또 인자,

음.

- 해가꼬 그래 인자 꼬시리능[6] 거 인자 .

- 보르메 달리 뜨문 인자 볼보롬:허니[7] 뜨문 인자, 거따 소:원 빌지요. 젝쩨금[8] 인자, 모 자석한테 허구잔[9] 사람 머 뉘:한테 허구잔 사람 들 매김성,

어.

- 그사람 오슬 가따가 거따가 여:노코 인자 막 저를 허고 막, (웃음) 이라가꼬 저를 허고 그래요.

어 달찝 달찌블 인제.

- 올해도 허꺼이네요. 저저저 그러면 인자, 동:네 인자 집찜마동 인잔, 동네똔 헌다고.

음.

- 머 마:뉜 내:는 사이 이마뉜 내는 사람 머 직쩌금 이냐 성이껄 내:먼 그놈 가:꼬 인자 동네또네 씨고 그래요.

아 지금도 함니까 헹사가?

- 예.

달찝 테운다고.

- 장녀네는 재화이 재화니 지비서 또 오신 소님드리,

- 달집 짓는 것이지.

달집 짓는다고.

- 예, 동네마다.

달집은 어떻게 짓는

- 이제 밑에다가 이제 짚 같은 걸 많이 넣고 대 베다가 이제 세워가지고 집을 만들어가지고 이리 해.

음.

- 이제 거기다 이제 또 소나무를 베다가 또 이제

음.

- 해가지고 그래 이제 불사르는 거야 이제.

- 보름에 달이 뜨면 이제 불그스레하게 뜨면 이제 거기에다 소원 빌지요. 각자 이제. 뭐 자식에게 하고 싶은 사람 뭐 누구한테 하고 싶은 사람 들먹이면서.

어.

- 그 사람 옷을 가져다가 거기에다가 넣어 놓고 이제 막 절을 하고 막, (웃음) 이리해 가지고 절을 하고 그래요.

어 달집 달집을 이제

- 올해도 할 거예요. 저 저 저 그러면 이제, 동네 이제 집집마다 이제 동넷돈 한다고.

음.

- 뭐 만원 내는 사람 이만원 내는 사람 뭐 각자 그냥 성의껏 내면 그것 가지고 이제 동넷돈에 쓰고 그래요.

아 지금도 합니까 행사가?

- 예.

달집 태운다고.

- 작년에는 재환이 재환이 집에서 또 오신 손님들이,

어허

– 인자 질:띠가 엄써가서 그 아페 거그 논 한:나이 논 인는디 거따가 지으가꼬.

아하.

– (웃음)

사람 마:니 구경하러 가써요?

– 예.

– 어 거 지으가꼬 그냥 재화니 지비 오는 소님드르 모도 막 저녀게 차가 메때가 오고 막 그래가 그러고.

– 또 멘:장이 댕김서롱 또 동네마동 또 돈: 주고. 다뭄10) 머 이:마넌쌔기라도 주고 가고. 자 또 머 성:거에 날 싸람덜또 와서 또또 한닙썩 쩌 주고 가고.

(웃음) 장녀네는 풍성헨네요.

– 예.

(웃음) 음:

그니깐 그러케 노:능거시, 에 에

– 매:고11) 치고.

메:구치고이~.

– 예.

보르미 젤:로 거 머시 만:네요이~, 보름나리.

– 예.

정월 보름때면.

– 인자 동:네 싸람드리 천는디 인자, 저저 데모난 디로부터서는,

어.

– 재화니 지비서 인자 메고꾼들 소리해요.

음: 메고꾸는 어:디서 와요?

어허.

— 이제 지을 데가 없어서 그 앞에 거기 논 하나 논 있는데 거기에다가 지어가지고,

아하.

— (웃음)

사람 많이 구경하러 갔어요?

— 예.

— 어 그 지어가지고 그냥 재환이 집에 오는 손님들은 모두 막 저녁에 차가 몇 대가 오고 막 그래가지고 그러고.

— 또 면장이 다니면서 또 동네마다 또 돈 주고 다만 뭐 이만 원씩이라도 주고 가. 이제 또 뭐 선거에 나갈 사람들도 와서 또 또 한 잎씩 주고 가.

(웃음) 작년에는 풍성했네요.

— 예.

(웃음) 음.

그러니까 그렇게 노는 것이

— 풍물놀이 하고

풍물놀이 하고

— 예.

보름이 제일 그 뭐야 많네요. 보름날이.

— 예.

정월 보름 때면

— 이제 동네 사람들이 쳤는데 이제 저 저 데모난 뒤로부터서는

어..

— 재환이 집에서 이제 풍물놀이꾼들 소리 해요.

풍물놀이꾼은 어디서 와요?

- 몰라요, 어이서 오능고.

이 동네 싸람 아니고?

- 예.

오.

- 금 사라미 와서 그런 사람드리 오문 인자 재화니 지비서 인자 대:지 대:지머리 인자 사가꼬 인잔, 몬추문[12] 내:난는디, 장녀네는 또 우리 동: 네서 또 해:가꼬 또 대지 제:쌍 채리는디 또 노코.

- 거따가 머 도:늘 물리고 (웃음) 주를 처노코 또 도:늘 바다서 거딱 걸: 주레다가 끼:고.

(웃음)

- 그러면 인자 또 머 동:네 사우되는[13] 사암드리 멀: 술도 바다 오는 사람 돈:도 거:는 사람 또 과:일도 사다 주는 사람

음.

- 음 여러 가지라에.

저네는,

- 그래.

여 동:네 싸람드리 글먼 동:네 싸람드리 메구칠리리 엄네? 다른데서 와버 리면?

- 예.

어.

- 인자 저 진상 멘딴지에[14] 모도 또 메고치는 사람 또 안인능가요?

예.

- 절문삼들.

예.

- 인자 또 어이서 안 불러오문 인자 또 그런사람드리 치고 댕기고.

으음:

‒ 몰라요, 어디서 오는지.

이 동네 사람 아니고?

‒ 예.

오.

‒ 그런 사람이 와서 그런 사람들이 오면 이제 재환이 집에서 이제 돼지 돼지머리 이제 사가지고 이제 먼저는 내어 놓았는데 작년에는 또 우리 동네서 또 해가지고 또 돼지 제사상 차리는 데 또 놓고

‒ 거기다가 뭐 돈을 물리고 (웃음) 줄을 쳐 놓고 또 돈을 받아서 거기다가 그걸 줄에다가 꿰고.

(웃음)

‒ 그러면 이제 또 뭐 동네 사위되는 사람들이 뭐 술도 받아오는 사람 돈도 거는 사람 또 과일도 사다 주는 사람,

음.

‒ 음, 여러가지예요.

전에는

‒ 그래.

이 동네 사람들이 그러면 동네 사람들이 풍물놀이 할 일이 없네? 다른 데서 와 버리면?

‒ 예.

어.

‒ 이제 저 진상 면소재지에 모두 또 풍물놀이 하는 사람 또 있잖아요?

예.

‒ 젊은 사람들.

예.

‒ 이제 또 어디서 안 불러오면 이제 또 그런 사람들이 치고 다니고.

으음.

― 어째뜽가네[15] 메고 소리는 내:대. (웃음)

(웃음) 그러지요이~.

자 정워레는 그니깐, 보르미꼬 정월 초하루 이꼬 그레가지고 놀:고.

다음 이:워레는?

― 바람 올리능 거이고.

아까 바람 올리능거 말씀

― 예.

하셔쩌이~. 예.

사뭐레는?

― 사뭐레는 또 삼진날 모도 또 멀:

음.

― 거서 헌는디. 시방 일허니라고 안해요.

그니까 엔:날 기여글 더슬리먼, 삼진나레는 멀: 하션나요?

― 저네는 머 삼진날 인자, 날 바다가꼬 인자 뭔 땐

― 동:네사람드른 안해도 인자 직쩌금[16] 인자 마음쩌그로 인자 삼진날 인자 조은나리라 바다가꼬 인자 무슨 안택또허고 머 손도 비비고 그런 사람들 그럭허고.

음: 그레요이~.

사:워레는 인제 초파이리 인네요?

― 초팰:른냐 모도 공디리러 가고 놀:러 가고.

이저 저레로 저레로 가능거이고 공 가 공드리러 가능거는?

― 이따 가서 저레 가서 인자 젝쩌금[17] 인자 소원 빌:고.

음.

― 인자 저: 하동 송림 거튼디, 그런디 인자 모도 모이지면 거그 가서 논:닥허무 인자 거그 머 놀:먼 인자 멀 모도 술찌메 지그믄 술찌미지머 술찌메 모도 춤치고 놀:고 그런다고 온다요.

─ 아무튼 풍물 소리는 내데.

(웃음) 그러지요.

자, 정월에는 그러니까 보름 있고 정월 초하루 있고 그래가지고 놀고,

다음 이월에는?

─ 바람 올리는 것이고.

아까 바람 올리는 것 말씀

─ 예.

하셨지요. 예.

삼월에는

─ 삼월에는 또 삼짇날 모두 또 뭘,

음.

─ 거기서 하는데. 시방 일하느라고 안 해요.

그러니까 옛날 기억을 되살리면 삼짇날에 뭘 하셨나요?

─ 전에는 뭐 삼짇날 이제 날 받아가지고 이제 무슨 때

─ 동네 사람들은 안 해도 이제 각각 이제 마음으로 이제 삼짇날 이제 좋은 날이라 받아가지고 이제 무슨 안택도 하고 뭐 손도 비비고 그런 사람들 그렇게 하고,

음, 그래요.

사월에는 이제 초파일이 있네요.

─ 초파일날은 이제 모두 불공 드리러 가고 놀러 가고,

이제 절로 절로 가는 것이고 공 가서 불공 드리러 가는 것은?

─ 이따 가서 절에 가서 이제 각각 이제 소원 빌고,

음.

─ 이제 저 하동 송림 같은 데 그런 데 이제 모두 모여지면 거기 가서 논다고 하면 이제 거기 뭐 놀면 이제 뭐 모두 술김에 지금은 술김이지 뭐 술김에 모두 춤추고 놀고 그런다고 온대요.

음: 여기는 어떤 절로 감니까?

- 이제 젝쩌금 인자, 젝쩜 민는 저리 다 따로 안 인능가요?

음: 그레요이~.

초페:른 그러케 저레가고 놀:고이~.

오: 워레는?

- 인자 다:논나리제.

다논나른 지 지그믄 다논나른 안세지마는, 혹시 엔:나레 기여기 이씀니까 다노?

- 다논날 머 어:디 저저그 하동 송리거튼디 그런디,

음.

- 막 계:를 해가꼬,

음

- 거그 가서 하동 송리메 그네가 이꺼등요.

송리 송리미라는 데가 소나무 수피꼬

- 예.

그러는데 말하는.

- 예. (예)

- 그 하동그 다리까에 거 다리미테 거그

음.

- 거그가서 막 메고치고 놀:고.

음.

- 젝쩜 동:네 인자 계:를 해가꼬 거 가서 인자 그런날 놀:고 오고 그래 써요.

음: 아 여기는 하동으로 마:니 놀:로가네요이~.

- 예.

저도 그쪼그로 함번 가바야데겐네 하루는 (웃음) 어떠케그냥 가바야겐네.

여기는 어떤 절로 갑니까?

— 이제 각각 이제 각각 믿는 절이 다 따로 있잖아요?

음, 그래요.

초파일은 그렇게 절에 가고 놀고,

오월에는?

— 이제 단오날이지.

단오날은 지 지금은 단오날은 안 쇠지마는 혹시 옛날에 기억이 있습니까?
단오?

— 단오날 뭐 어디 저 저기 하동 송림 같은 데 그런 데,

음.

— 막 계를 해가지고

음.

— 거기 가서 하동 송림에 그네가 있거든요.

송림 송림이라는 데가 소나무 숲이 있고,

— 예.

그러는 데 말하는

— 예. (예)

— 그 하동 그 다리께에 그 다리 밑에 거기,

음.

— 거기 가서 막 풍물하고 놀고,

음.

— 각각 동네 이제 계를 해가지고 거기 가서 이제 그런 날 놀고 오고
그랬어요.

음, 아 여기는 하동으로 많이 놀러 가네요.

— 예.

저도 그쪽으로 한번 가 봐야 되겠는데 하루는 (웃음) 어떻게 그냥 가 봐야겠네.

예에 그네도 띠:고.

― 예 그 하동 거그 가먼 그네 종:거 메:나써요.

음.

― 지그믄 인능가 몰라 난:, 거그 안가본자 여러해 대:써.

예.

― 저네는 그 놀:로 계:를 해가꼬 거그 놀:로도 가고,

음.

― 막 함:복입꼬 가서 다논나리라 그네 탠다고 그냥 계:를 해가꼬 안 놀:고 오고 그랜는디, 그

― 모래바테 막 다름치기[18] 하고

예.

― 다름치기 해아꼬 비누 메짱썩 따고 막 그냥

음.

― 동:네서 그리 장나늘이루고 그랜는디, 지그믄 야가가꼬 (웃음)

(웃음) 야가가꼬?

― 야가가꼬 쩩쩌금 살림만 살:라하오 도:니나 벌락 허고 누늘 까고 그러지 머.

― 유:월 처른요? 다노 다음 유:월.

― 유두.

유두 유두 때는 머 함니까?

― 유두제 안 지내요?

유두제.

― 예.

엄

― 저네는 유두주 지낸다고 또 떡해가꼬 논: 물끼미테 또 떡 가따가 부꼬 채리노코.

예 그네도 뛰고.

― 예, 그 하동 거기 가면 그네 좋은 것 매어 놨어요.

음.

― 지금은 있는지 몰라. 난 거기 안 가 본 지가 여러 해 됐어.

예.

― 전에는 그 놀러 계를 해가지고 거기 놀러도 가고,

음.

― 막 한복 입고 가서 단오날이라 그네 태운다고 그냥 계를 해가지고 놀고 오고 그랬는데,

― 모래밭에 막 달음박질치기 하고

예.

― 달음박질치기 해가지고 비누 몇 장씩 타고 막 그냥,

음.

― 동네서 그렇게 장난을 하고 그랬는데 지금은 약아가지고,

(웃음) 약아가지고?

― 약아가지고 각각 살림만 살려 하고 돈이나 벌려고 하고 눈을 까고 그러지 뭐.

― 유월철은요? 단오 다음 유월.

― 유두.

유두 유두 때는 뭐 합니까?

― 유두제 지내잖아요?

유두제.

― 예.

엄.

― 전에는 유두제 지낸다고 또 떡 해가지고 논 물꼬 밑에 또 떡 가져다가 붓고 차려 놓고,

논: 물꼬 인는데다가?

─ 예 물꿰에[19] 물드러가는 물꿰에,

예.

─ 거따 떠글가따노코 그래따여.

오.

─ 유두제라고.

고 거기또 거그 구신한테 또.

─ 거 구:신 달개능거[20] 그거또.

달개는 거조.

─ (웃음)

(웃음) 유두제~ 음.

그다믄 치워른?

─ 백쭝.

백쭝.

─ 머심들 설:랄.

아: 머심드른 인제 고생헤따고?

─ 예.

어.

─ 긍개 그런 노래가 다 안인능가요?

아.

그러먼 머심드를 위헤서 먼: 함니까? 머 어떠게 음식 체려주고.

─ 인자 머심들 서:리라고 하문 채리가꼬 인자 우리도 놀:고 인자 머심들또 놀:고 인자,

음.

─ 그래찌요.

음.

논 물꼬 있는 데다가?

― 예, 물꼬에 물 들어가는 물꼬에,

예.

― 거기다 떡을 가져다 놓고 그랬대요.

오.

― 유두제라고.

그 거기 또 거기 귀신에게 또

― 그 귀신 달래는 것 그것도.

달래는 거지요.

― (웃음)

(웃음) 유두제. 음.

그 다음은 칠월은.

― 백중.

백중.

― 머슴들 설날.

아, 머슴들은 이제 고생했다고.

― 예.

어.

― 그러니까 그런 노래가 다 있잖아요?

아.

그러면 머슴들을 위해서 뭐 합니까? 뭐 어떻게 음식 차려 주고.

― 이제 머슴들 설이라고 하면 차려가지고 이제 우리도 놀고 이제 머슴들도 놀고 이제.

음.

― 그랬지요.

음.

— 외나[21] 추석뽀동 보름 저 치뤌 백쭝을 더 크게 세:써요.

아 엔:나레느뇨?

— 예.

— 추서근 써꼬지로[22] 간다고, 김: 그거이 양식허러 가능거.

아.

암 추석떼요?

— 예.

아.

✛— 저: 지리산 미테 그런디 가서 인자 써:펄 쩌가꼬[23],

음.

✛— 스무대:지[24] 인자 그거이 시방 마래자거트문.

✛ 스무데?

— 예.

데:?

— 대:요

✛— 가느소롬헌 대:

으으음 예.

— 막 가지 마:이 낭거.

✛ 그걸 여긴 써피라 함니까?

✛— 거:인자 산:주기라 그래요.

음.

— 산:주기고,

✛— 지그믄 여으가 깔바치[25] 업써요.

예.

— 저네는 여으 방첨[26] 미테서부터 내리드리 처:그

아하.

- 오히려 추석보다 보름 저 칠월 백중을 더 크게 쉈어요.

아, 옛날에는요?

- 예.

- 추석은 섶 꽂으러 간다고, 김 그것이 양식하러 가는 것,

아.

암, 추석 때요?

- 예.

아.

✝- 저 지리산 밑에 그런 데 가서 인자 섶을 쪄 가지고,

음.

✝- 조릿대지. 이제 그것이 시방 말할 것 같으면,

✝ 조릿대?

- 예.

대?

- 대요.

✝- 가느스름한 대.

으으음. 예.

- 막 가지 많이 난 것.

✝ 그걸 여기는 섶이라 합니까?

✝- 그 이제 산죽이라 그래요.

음.

- 산죽이고.

✝- 지금은 여기가 갈대밭이 없어요.

예.

- 전에는 여기 저수지 둑 밑에서부터 내리 저기,

아하.

- 광영꺼장27) 깔바치라요.

예.

✛- 그문 그걸 항: 쩌가꼬 떼배를28) 무거가꼬 무리 다든녀나 떼배를 무거가꼬 올러오는디는 막 올러 오고,

음.

✛- 또 일:꾼 엄:는 지비는 그걸 막 여자들또 막 마지비르29) 나와가꼬 한다발썩 이고 오고,

✛- 그래가 그노믈 인자 난:나치 추리요.

음.

- 막 요런디가 막,

✛ 써플?

인자 그 머이야,

깔?

- 깔.

까르

✛- 인자 그건 일런빼끼는 모대요.

음.

- 일런빼끼는 모더고. 저 산:주기라고 저:근 지리산 미테 그런디 가서 이에 스무대 쩌가 옹거는,

음.

- 뒨:년에도30) 한 삼년해:요.

으음:

- 궁깨 그거능 비싸고 요거는 싸고.

✛- 그 그래가 인자 그노믈 대:깨썩 요리 몽치서 지플가꼬 점:부 가마요.

음.

‒ 광양까지 갈대밭이에요.

예.

✛‒ 그러면 그걸 항 쪄가지고 떼를 묶어가지고 물이 다 들어온 때나 떼를 묶어가지고 올라오는 데는 막 올라오고,

음.

✛‒ 또 일꾼 없는 집은 그걸 막 여자들도 막 마중을 나와가지고 한 다발씩 이고 오고,

✛‒ 그래가지고 그것을 이제 낱낱이 추려요.

음.

‒ 막 요런 데에 막

✛ 섶을?

이제 그 뭐야?

갈대?

‒ 갈대.

갈대를.

✛‒ 이제 그건 일 년밖에는 못해요.

음.

‒ 일 년밖에는 못하고. 저 산죽이라고 저기 지리산 밑에 그런 데 가서 조릿대 쪄가지고 온 것은.

음.

‒ 다음 해에도 한 삼 년 해요.

으음.

‒ 그러니까 그것은 비싸고 이것은 싸고.

✛‒ 그래가지고 이제 그것을 댓 개씩 이리 뭉쳐서 짚을 가지고 전부 감아요.

음.

- 그래가 인자 요리 한다발썩 한다발썩 해가꼬, 인자 배:르 메치썩 어울라 가꼬,

음.

- 심지르 빼:먼 인자 인자 도리아니31) 인자 글32) 보고 머라핸니33) 저네? 인자 수도르 요리 내:노코 인자 또 여나무34) 집썩 요래 한: 수도고 일수도 이:수도 그리 해가꼬 그리 허먼,

✝- 인자 끼리끼리, 일수도 사암들 인잔 여나무시35) 허고,

음.

- 이:수도 싸암들 이:수도 싸암들또 여나무시 오오,

음.

- 그래가 인자 제경36) 인자 개지근데로37) 해가꼬 그걸, 그냥 이러케 그냥 떼배 떼배맹키로 이러구 우예다 요리 시러가꼬 그 우예가 막 사:람들 점부 오게오게38) 해가꼬, 배를 두대썩 인자 저:그 태인도 가서 어더다가,

으흠

✝- 두:개를 요래가꼬 인자 여근 쌍나르 요리 떼로 요리 매야가꼬, 여따가 막 이러케 하문 그냥 우예 인자 사:라미 마:니 안자서 똥 머 구더로가능.

음.

✝- 그래가 머 정:심 머 새:꺼리39) 머 싸가꼬, 가서 인자 물꺼리를 인자 꼬바40)노코 인자 저녀게 인자 또 두:뎅깨 인자 갈라가꼬 글쩨 인제, 갈때는 짐 실꼬 갈라고 인자 두:대로 뭉꺼찌마는 올쩨게는 직쩡41) 갈라가꼬 인자 치늠치느므로42) 인자, 이 배타고자비 이배타고 저배타고 자붐 저배타고라 인자 들무레43) 올라와요.

✝ 예 이케 그게 김 양식하기위헤서 데를 꼽꾸마뇨.

- 예.

✝- 인자 그카믄 그걸 인잠 남:자드리 인잠 요리 발로가 딘:능거 이꼬

－ 그래가지고 이제 이리 한 다발씩 한 다발씩 해가지고 이제 배를 몇씩 어울러가지고,

음.

－ 심을 빼면 이제 동그랗게 이제 그걸 보고 뭐라고 했나 전에? 이제 수도를 이리 내어 놓고 이제 또 여남은 집씩 이렇게 한 수도고 일 수도 이 수도 그렇게 해가지고 그렇게 하면,

✛－ 이제 끼리끼리 일 수도 사람들 이제 여남은 이 하고

음.

－ 이 수도 사람들 이 수도 사람들도 여남은 이 오고,

음.

－ 그래가지고 이제 각각 이제 가까운 데로 해가지고 그걸, 그냥 이렇게 그냥 떼 떼처럼 이렇게 위에다 이리 실어가지고 그 위에 막 사람들 전부 옹기종기 해가지고 배를 두 대씩 이제 저기 태인도 가서 얻어다가,

으흠.

✛－ 두 개를 이렇게 해가지고 이제 여기 쌍날을 이리 떼로 이리 매어가지고 여기다가 막 이렇게 하면 그냥 위에 이제 사람이 많이 앉아서 꼭 뭐 굿하러 가는

음.

✛－ 그래가지고 뭐 점심 뭐 곁두리 뭐 싸가지고 가서 이제 '물거리'를 이제 꽂아 놓고 이제 저녁에 이제 또 두 대니까 이제 갈라가지고 그때 이제 갈 때는 짐 싣고 가려고 이제 두 대로 묶었지마는 올 때에는 각각 갈라가지고 이제 친한 사람들끼리 이제 이 배타고 싶으면 이 배 타고 저 배 타고 싶으면 저 배 타고 이제 밀물에 올라와요.

✛－ 예, 이렇게 그게 김 양식하기 위해서 대를 꽂구먼요.

－ 예.

✛－ 이제 그러면 그걸 이제 남자들이 이제 이리 발로 딛는 것 있고,

― 인자 미치 쪼:삘허니[44] 우에 잠능거디꼬 그래아꼬 발로 가:꼬 막
쑤세가꼬 흔들면, 그 모래바테가[45] 드러가머 인자 얼릉 또 우리더른
인자 글 끄꼬 댕임서 얼릉 꼬자야대요. 언능 안꼬지믄 거 구녕이 매케
삐링깨.

음.

✝― 그거 빼:자마자 또 얼릉 꼬꼬 또 빼, 또 요래가꼬 이따가 또 남
자들 심미 드러서 이 막 흔듬서롱 욜: 꼬자 노:면 언능 빼:면 인자 또
얼릉 꼬꼬.

― 하유 사:람 사:능거이 사:능거이 아이라.

그게 주로 파뤌 보름때 파뤌

― 예: 보름씨예,

에 그떼 함 하니까.

― 예. 긍깨 추서글 몬: 시요.

그러쿠나

― 그걷허로 가니라고.

으음:

― 그렁깨 인자 치를 백쭝에 그냥 재미께 놀:고.

치뤌 벡쭝에.

― 예.

✝ 아까 머 일수도 이:수도 그럴떼 수도라능 거슨 머:에요?

✝― 인자 요:리 인자 점:부 요리 인자 주를 자바서 요:리 허면 인자
여나무시 요:리 인자 쭉: 그러면 여그를 인자 배가 드러가고러 널찍허이
요래 나:또요.

아.

✝― 그 도동놈더리 저그 저저그 저 개적헌디 태인도 저런디 도동넘
드리

－ 이제 밑이 쪼뺏하게 위에 잡는 것 있고, 그래가지고 발을 가지고 막 쑤셔가지고 흔들면 그 모래밭에 들어가면 이제 얼른 또 우리들은 이제 그걸 끌고 다니면서 얼른 꽂아야 돼요. 얼른 안 꽂아지면 그 구멍이 막혀 버리니까.

음.

✛－ 그것 빼자마자 또 얼른 꽂고 또 빼. 또 이렇게 해가지고 있다가 또 남자들 힘이 들어서 막 흔들면서 이리 꽂아 놓으면 얼른 빼면 이제 또 얼른 꽂고. (웃음)

－ 아휴 사람 사는 것이 사는 것이 아니야.

그게 주로 팔월 보름 때 팔월.

－ 예, 보름 때에.

그때 하니까.

－ 예. 그러니까 추석을 못 쇄요.

그렇구나.

－ 그걸 하러 다니느라고.

으음.

－ 그러니까 이제 칠월 백중에 그냥 재미있게 놀고.

칠월 백중에.

－ 예.

✛ 아까 뭐 일 수도 이 수도 그럴 때 수도라는 것은 뭐예요?

✛－ 이제 이리 이제 전부 이리 이제 줄을 잡아서 이리 하면 이제 여 남은 이 이리 이제 쭉 그러면 여기를 이제 배가 들어가게 널찍하게 이리 놔 둬요.

아.

✛－ 그 도둑놈들이 저기 저 저기 저 가까운 데 태인도 저런 데 도둑 놈들이.

음.

- 저녀그로 와서 싹 뜨더가 가부리요

아.

✝- 뜨더 강:깨 인자, 요 우리 동:네에서 인자 또 상:격꾸니라고[46] 저녀그로 지키는 사라믈 하나 도:요

음.

- 배르 타고 나가서.

✝- 근자 그사암드리 인자 가서 그사암들 자바가꼬 오면 인자 디:예 인자 재피 노먼 디:예 시끄럽쪼 인자.

음.

✝- 인자 벌그블 무러라 어쩨라 또 모

근데 아까

- 도:늘 무러내라.

일수도 이:수도 그레션는디?

✝- 그렁깨 인제 요리 피:노먼 인자 요 배타고 들꺼 아니요 여그에 인자 일수도고,

어.

- 또 요만치 인자 배타고 드러갈 때 마:니 냉가노코,

아 또 구여기 이꾸나.

- 또 그다으메 또 요리 쩩쩌금 구여게 요:래먼 또 이:수도.

아 구여기 일:수도 이:수도 아 자기 구여기구나. 음

- 그래가꼬 기:믈 해 무거써요.

음: 그레써요.

✝- 요쪽 강까에서 등이 이쓰믄 인자, 요거이 등거트문 저쪽 강까에 야꺼장

음.

음.

– 저녁으로 와서 싹 뜯어서 가 버려요.

아.

✛– 뜯어가니까 이제 이 우리 동네에서 이제 또 상격군이라고 저녁으로 지키는 사람을 하나 둬요.

음.

– 배를 타고 나가서.

✛– 그 이제 그 사람들이 이제 가서 그 사람들 잡아가지고 오면 이제 뒤에 이제 잡혀 놓으면 뒤에 시끄럽지요. 이제.

음.

✛– 이제 벌금을 물어라 어째라 또 뭐,

그런데 아까.

– 돈을 물어내라.

일 수도 이 수도 그래셨는데,

✛– 그러니까 이제 이리 펴 놓으면 이제 이 배 타고 들어갈 것 아니예요? 여기에 이제 일 수도고,

어.

– 또 이만큼 이제 배 타고 들어갈 때 많이 남겨 놓고,

아, 또 구역이 있구나.

– 또 그 다음에 또 이리 각각 구역에 이리 하면 또 이 수도.

아, 구역이 일 수도 이 수도 아 자기 구역이구나. 음

– 그래가지고 김을 해 먹었어요.

음. 그랬어요.

✛– 이쪽 강가에서 등이 있으면 이제 이것이 등 같으면 저쪽 강가에까지,

음.

- 쭉:허니 인잔 도:니 자:꼬 쫌 헐싸라미 엄:는 사:라믄 드문드문 해이꼬, 예.

- 인제 일:꾼 망:코 인자 해무글 싸라미 마:는 사람드른 그냥, 서펄 마:니 해아꼬 함빡 그냥 총:총 꼬꼬.

예.

✚- 그러문 파래가 이나무야서[47] 저나무야 걸:고 저나무야서 저나우로 또 불철선[48] 느러농거 맹키라요.

음.

- 그러믄 요:리 한주먹 훔치가꼬 바구리에 다머 뺑뺑해요.

음.

✚- 거 배가 잘금잘금잘금[49] 허드럭까지 인자 막, 한지비 두:리 가는 사람 하나 가는 사람 막 서:이 오는 디는 배쪼분디 서:이 와따고 또 야:다니고, 그래노믄 인제

✚- 내려갈 때는 무리 다: 드러서 내려가찌마내도, 올러올 때는 무리 꼬랑에 물 쪽: 빠져뿌닝까 물 든는대로 따라 올랑 올랄랑깨, 지미 차서 몬 놀랑깨, 저:그 태인도다가 사:람 싹 푸러 내:비리요.

✚ 아하.

- 인자

김만 가저오게끔?

✚- 인제 지 내 전:는 사:람만 이꼬, 나무치는[50] 전:는 사람만 맨 냉가노코[51] 싹 가라그르믄 거:서 거러올라와요.

✚- 매: 아페오는 사람 다르믈 치고, 몬 따라오문 디:예 처지고,

✚ (웃음) 그 그녀 기:믈 언제부터 헤떼요 이게 광양에?

✚- 저네 우리 아버지들부터서 다 핸:능갑때요.

아 그레요이~

- 그러:먼 저:그 오중에나루 끄테리라고[52] 근는디, 거그 그야간 거그도

－ 쭉 이제 돈이 작고 좀 할 사람이 없는 사람은 드문드문 해 있고,

예.

－ 이제 일꾼 많고 이제 해 먹을 사람이 많은 사람들은 그냥 섶을 많이 해가지고 흠뻑 그냥 촘촘하게 꽂고

예.

✛－ 그러면 파래가 이 나무에서 저 나무에 걸고 저 나무에서 저 나무로 또 전깃줄 늘어놓은 것처럼 만들어요.

음.

－ 그러면 이리 한 주먹 움켜가지고 바구니에 담아 가득해요.

음.

✛－ 그 배가 잠길락 말락 하도록까지 이제 막, 한 집에 둘이 가는 사람, 하나 가는 사람, 막 셋이 오는 데는 배 좁은데 셋이 왔다고 또 야단이고 그래 놓으면 이제,

✛－ 내려갈 때는 물이 다 들어서 내려갔지마는 올라올 때는 물이 도랑에 물 쭉 빠져 버리니까 물 드는 대로 따라 올라 올라가려니까 짐이 차서 못 올라가니까 저기 태인도에다가 사람 싹 풀어 내 버려요.

✛ 아하.

－ 이제

김만 가져오게끔

✛－ 이제 저 노 젓는 사람만 있고 나머지는 젓는 사람만 남겨 놓고 싹 가라 그러면 거기서 걸어 올라와요.

✛－ 맨 앞에 오는 사람 달음질을 치고 못 따라 오면 뒤에 처지고,

✛ (웃음) 그 그녀 김을 언제부터 했데요, 이게 광양에서?

✛－ 전에 우리 아버지들부터서 다 했나 보데요.

아, 그래요.

－ 그러면 저기 오징어 나루 끝이라고 그랬는데 거기 그 ** 거기도

무리 드는 디가 이써요.

음.

✢─ 글 안흐문 저:리 오꼬글53) 도라와야 뎅깨로, 시방 거: 그 개마근
디 그리 건내오 그리 오문.

✢─ 그니까 무란대 파레 물 안대고잔 사라믄 인자 쩻쩜 치늠치르미
어버 건내요. 하나이나 그거 어름무레다 바를 당구고 나오면 인자, (웃
음) 모도 어버서 건내고.

음.

─ 그레써요.

✢ 그 김 갑쓴 어떼쓰니까, 그떼? 엔:나레는 조아찌 안나요? 김깝쓴?

✢ ─ 하모예. 그래가 인자 여으 조하베서 해:태 조하베서, 인자 조합
지권드리 인자 또 빼뜨로54) 댕기요. 조하베 안년는다고. 조하베 여:문
또 즈그가 수수로르 떵:깨로,

음.

✢─ 그거 안떼일라고,

음.

─ 하동장으로 인자 멀:리 이고 가요.

음.

─ 멀:리 이고 가다 빼끼면 인자 또,

✢ 으:무저그로 조하베다 네야뒈 메:상을 헤:야 데능거요?

✢─ 예.

아.

─ 거년디에 멀:리 포라 무을랴다 들리믄55),

음.

─ 들리믄 빼:끼믄 인자 또 구마니라요.

✢ 아하 (웃음) 그거또 으:무저기니 저기가.

물이 드는 데가 있어요.

음.

✛– 그렇지 않으면 저리 옥곡(지명)을 돌아와야 되니까 시방 그 그 개 막은 곳 그리 건너 그리 오면,

✛– 그러니까 물 안 대 팔에 물 안 대고 싶은 사람은 이제 각각 친한 사람들끼리 업어 건너요. 하나나 그것 얼음물에다 발을 담그고 나오면 이제 (웃음) 모두 업어서 건너고.

음.

– 그랬어요.

✛ 그 김값은 어땠습니까 그때? 옛날에는 좋았지 않나요? 김값은?

✛– 아무렴요. 그래가지고 이제 여기 조합에서 해태 조합에서 이제 조합직원들이 이제 또 빼앗으러 와요. 조합에 안 넣는다고. 조합에 넣으면 또 저희가 수수료를 떼니까.

음.

✛– 그것 안 떼이려고.

음.

– 하동장으로 이제 멀리 이고 가요.

음.

– 멀리 이고 가다 빼앗기면 이제 또,

✛ 의무적으로 조합에다 내야 돼 매상을 해야 되는 것이에요?

✛– 예.

아.

– 그랬는데 몰래 팔아먹으려다 들키면

음.

– 들키면 빼앗기면 이제 또 그만이에요.

✛ 아하. (웃음) 그것도 의무적이니 저기가.

✛- 그러 우리 망내 저걸 저저 사평이란데 지널 거그에 또 조하비 이썬는디, 저 태인도 싸라미 거그서 인자 조하브 지궈느로 인자 거: 인는디,

✛- 서기란 사라미 어:떠게 도케 그사라믄, 지 장:모거또 빼뜨린다요 그사람.

음.

- 너무 누니 에러붕깨.

음.

✛- 그래서 그등에는 기:미 놀:헌디[56], 우리거는 새캄해요[57].

음.

- 그래 빼끼삐리고, 하동 장에 우리 망내르 업꼬 가가꼬 빼끼삐리고,

✛- 그때 세:통을 가간냐, 야달깨썩 거이 세:통을 인잔 포::깍[58] 누질라가꼬 그래가 집 싸가꼬 인자, 두데기로[59] 인자 우리 애:기 인자, 포대기지 인자 시방은, 저네 두대기를 모라가꼬 그래가꼬 이:고 간는디,

✛- 갈 때는 몸 만내노건디, 우리 칭구 주구 언니가 그걸 핸:는디, 그또 그 항께 헵짜꾸니라.

음.

✛- 인자 그사라믈 사가꼬 인자 좀 자바도라, 그렁걸 나는 짬도 모르고[60] 그 언니를 보고, 언니 나와 인제 생이라고[61] 그래찌 저네는, 생이 나 요걸 애기를 업꼬 가꼬 완는디 좀 포라조 그러드만, 더르렁[62] 가꼬와서 데꼬와서 가꼬가. (웃음)

✛ 아우

- 그래가 이 인자,

아 아:논 사라민데도 그레요?

- 하모 동:네 언니지.

음.

✚ ─ 그러 우리 막내 저걸 저 저 사평이란데 진월 거기에 또 조합이 있었는데, 저 태인도 사람이 거기서 이제 조합의 직원으로 이제 그 있는데,

✚ ─ 서기란 사람이 어떻게 독해 그 사람은, 제 장모 것도 빼았는대요, 그 사람.

음.

─ 남의 눈이 어려우니까.

음.

✚ ─ 그래서 그 등에는 김이 노란데, 우리 것은 새카매요.

음.

─ 그래 빼앗겨 버리고 하동 장에 우리 막내를 업고 가가지고 빼앗겨 버리고,

✚ ─ 그때 세 통을 가지고 갔나 여덟 개씩 거의 세 통을 이제 아주 꽉 눌러가지고 그래가지고 짚 싸가지고 이제 기저귀를 이제 우리 아기 이제 포대기지 이제 시방은. 전에 기저귀 베를 말아가지고 그래가지고 이고 갔는데,

✚ ─ 갈 때는 못 만날 건데, 우리 친구 저희 언니가 그걸 했는데 그 또 그 함께 협잡꾼이야.

음.

✚ ─ 이제 그 사람을 사가지고 이제 좀 잡아 달라 그런 걸 나는 사정도 모르고 그 언니를 보고 언니 나와 이제 형이라고 그랬지 전에는. 형나 이걸 아기를 업고 가지고 왔는데 좀 팔아 줘 그랬더니마는 덜렁 가지고 와서 데리고 와서 가져 가.

✚ 아우.

─ 그래가지고 이 이제,

아 아는 사람인데도 그래요?

─ 아무렴, 동네 언니지.

음.

✛― 그래 인자 씨예[63] 그 빼끼삐리고 그냥 와가꼬, 인제 씨예는 인자 김: 뜨더옹거 다 몰류고 인자 조구메[64] 인자 차즈로 강깨,

✛― 인자 그사람드리 빼뜨러 감서 인자 또 전페르랑 해 조요. 암:디 지궈닝깨 그리 차즈로 오라고.

음.

― 차즈로 가면 인자 싸디 싸게, 그냥 안 빼뜨라무꼬,

음.

― 싸디 싸게 해서 조요.

✛― 그래 강 애:기도 업:꼬 인자 조고메 인자 하리 가:닝깨, 영:가미 하나 그걸 김: 그거 다발 무끄는 사라미데요.

음.

― 가 어찌 와쏘 그러듬만, 나 아리께[65] 하동 장날 저 기:를 여그 서기 등가 그 당신한테 빼끼쏘 그래서 그거 차지러 완네요 그란디

✛― 우리 애기가 세:사리나 무거씨꺼요 그러다봉깨 애기가 점:심 때가 지:농깨[66] 막 배아 고파 찡우리를[67] 해:쌍깨, 인자 또 인자 딴 사람들허고 머 만날 싸라미 이써가 그사라믄 술무그로 가뿌리고 엄:꼬 그 영:가미 뭉끄다가[68],

✛― 나:가 나도 모리게 가:가따 허꺼잉깨 언능 요거 쎄이가꼬[69], 요동:네르 드러가마 아 저이 지 저저 동네 입꾸에 거 거그 주막찌비 거 술 무그로 가씽깨,

음.

― 동:네르 가지마고 저:리 해서 방 개까에 방천미트로 해서 쭉 가라 그러데요, 그 노이니. 얼릉가꼬 가씨요 쪼꼼이씨면 오꺼요 고래,

음.

✛― 그먼 하라씨는 어쩌꺼요 난:중에 이거 조:따고 하라씨 어쩌꺼요 궁깨, 나도 모리게 가:가따 그러꺼잉께 다 걱정 말고 가꼬 가라 글데.

✛ - 그래 이제 그때에 그 빼앗겨 버리고 그냥 와가지고 이제 그때는 이제 김 뜯어온 것 다 말리고 이제 조금에 이제 찾으러 가니까,

✛ - 이제 그 사람들이 빼앗아 가면서 이제 또 전표랑 해 줘요. 아무데 직원이니까 그리 찾으러 오라고.

음.

- 찾으러 가면 이제 싸디 싸게 그냥 안 빼앗아 먹고,

음.

- 싸디 싸게 해서 줘요.

✛ - 그래 그냥 아기도 업고 이제 조금에 이제 하루 가니까 영감이 하나 그것 김 그것 다발 묶는 사람이데요.

음.

- 가 어찌 왔소 그러더구먼. 나 며칠 전에 하동 장날 저 김을 여기 서기인지 그 사람한테 빼앗겼소. 그래서 그것 찾으러 왔네요 그러는데

✛ - 우리 아기가 세 살이나 먹었을거요. 그러다 보니까 아기가 점심 때가 넘어 놓으니까 막 배가 고파 칭얼대니까 이제 또 이제 딴 사람들하고 뭐 만날 사람이 있어가지고 그 사람은 술 먹으러 가 버리고 없고 그 영감이 묶다가,

✛ - 내가 나도 모르게 가져 갔다 할 거니까 얼른 이것 몰래 가지고 이 동네를 들어가면 아 저기 저 저 저 동네 입구에 거 거기 주막집 거기 술 먹으러 갔으니까,

음.

- 동네를 가지 말고 저리 해서 갯가에 저수지 밑으로 해서 쭉 가라 그러데요, 그 노인이. 얼른 가지고 가시오 조금 있으면 올 거요 그래.

음.

✛ - 그러면 할아버지는 어쩔 거요? 나중에 이것 줬다고 할아버지 어쩔 거요 그러니까 나도 모르게 가져 갔다 그럴 것이니까 다 걱정 말고 가지고

그래서 차자가꼬 와써.

(웃음)

✙— 차자가꼬 와서 인자 노: 조하베다 여:써요.

어: (웃음) 저 별말 업떵가요?

— 하모요.

어.

✙— 그거또 포라무글라믄 그리 어시고[70], 저녁:내 사능거이 사능거이
아니라요.

음

✙ 쉬웅게 하나도 엄네요?

— 예.

음 그런디 그 떼무네 하여튼 파뤄른 추서근 그냥 데:충 보네시고 벡쭝은 좀
걸:게 하고이~.

— 예.

아.

그다으메 구:월 구:월 이렁거 머 머 이씀니까?

— 구:월 기일.

기일?

— 예.

구:월 기이리 머에요?

— 저네는 이 부모들 주그먼 삼년상 안추리능가요이~.

예.

— 건:디 인자 상:자드리.

예.

— 상:주드리 구:월 기일나른 인자 바블 해가꼬 메 메:야[71] 인자 차자가요.

예.

가라 그러데. 그래서 찾아 가지고 왔어.

(웃음)

✛- 찾아가지고 와서 이제 노 조합에다 넣었어요.

(웃음) 저 별말 없던가요?

- 아무렴요.

어.

✛- 그것도 팔아먹으려면 그리 궁하고 저녁내 사는 것이 사는 것이 아니에요.

음.

✛ 쉬운 것이 하나도 없네요?

- 예.

음, 그런데 그 때문에 하여튼 팔월은 추석은 그냥 대충 보내시고 백중은 좀 걸게 하고.

- 예.

아.

그 다음에 구월 구월 이런 것 뭐 뭐 있습니까?

- 구월 기일.

기일?

- 예.

구월 기일이 뭐예요?

- 전에는 이 부모들 죽으면 삼년상 치르잖아요?

예.

- 그런데 이제 상주들이,

예.

- 상주들이 구월 기일날은 이제 밥을 해가지고 묘 묘에 이제 찾아가요.

예.

- 그 제:총을72) 지:노코 마당까에다 제:총을 지:노코,

음.

- 거그서 또 고:그 허고,

오.

- 상주드리,

아아 구:워른 그러는 다리구뇨.

- 상주드리 점:부 와서 인자 인자 추석 그런때는 젝쩌금 밥 채려논니라고 아노는 사라미 마:나요,

음.

- 아드리라도.

음.

- 아논 사라미 마:는데, 기일나른 인자 아:무 거세기 엄쑹께 점:부 다 와요.

예.

- 긍깨 바로 제:사 지내는 날.

- 제:사 모시는 나렁깨로, 인제 점:보 고걸허고, 큰지비서 인자 세:상 베린73) 지비서 음시글 해가꼬, 새보게

음.

- 새보게 인자 제:사 모:시고 또 인능걸 엄:능걸 채:레가꼬 또 산소에로 가요.

음.

- 산소에 가서 인자 또 절 허고 그래 와서 또 지비 머 와서 밤무꼬 인자 갈리고74).

음.

그 다으메 시:워르뇨?

- 시:워른 먼 나리니75)?

－ 그 제각을 지어 놓고 마당가에다 제각을 지어 놓고,

음.

－ 거기서 또 곡하고.

오.

－ 상주들이.

아아, 구월은 그러는 달이군요.

－ 상주들이 전부 와서 이제 이제 추석 그런 때는 각자 밥 차려 놓느라고 안 오는 사람이 많아요.

음.

－ 아들이라도.

음.

－ 안 오는 사람이 많은데 기일날은 이제 아무 거시기가 없으니까 전부 다 와요.

예..

－ 그러니까 바로 제사 지내는 날.

－ 제사 모시는 날이니까 이제 전부 곡을 하고 큰 집에서 이제 세상 떠난 집에서 음식을 해가지고 새벽에,

음.

－ 새벽에 이제 제사 모시고 또 있는 것 없는 것 차려가지고 또 산소에로 가요.

음.

－ 산소에 가서 이제 또 절하고 그래 와서 또 집에 뭐 와서 밥 먹고 이제 헤어지고.

음.

그 다음에 시월은요?

－ 시월은 무슨 날인가?

시:워른 네 뭐 시:워른 상:다리라고 허는,

— 어.

그러는 그렇게 이씀니까?

— 어.

— 그거는 인자 보 상:딸. 보름딸.

예.

— 시:월 보름딸.

예.

— 그거 인자 그거느닌자 머 별로 채:리는 거또 업:꼬

예.

— 그러코.

그러면 인자 서:딸.

— 저 인제 동지떨.

응 동지딸 동지.

— 동지 때는 동지죽 써무꼬.

동지죽 써무꼬.

— 예.

죽만 쑴니까? 아니믄 동지주글 또 가꼬 뭐 다른

— 인제 동지죽 쒀가꼬 천:지다 뿌리지요.

아 천지다가.

— 시 시간 마차서.

아 그레요?

— 동지 시가 안 인능가요?

아.

— 거:먼 인제 수두르⁷⁶⁾ 떠나:따가,

음.

시월은 네 뭐 시월은 상달이라고 하는,

— 어.

그러는 그런 게 있습니까?

— 어.

— 그거는 이제 보 상달 보름달.

예.

— 시월 보름달.

예.

— 그거 이제 그것은 이제 뭐 별로 차리는 것도 없고,

예.

— 그렇고

그러면 이제 섣달.

— 저 이제 동짓달

응 동짓달 동지.

— 동지 때는 동지죽 쒀 먹고.

동지죽 쒀 먹고.

— 예.

죽만 쑵니까? 아니면 동지죽을 또 가지고 뭐 다른

— 이제 동지죽 쒀가지고 사방에다 뿌리지요.

아, 사방에다가.

— 시 시간 맞춰서.

아, 그래요?

— 동지 시(時)가 있잖아요?

아.

— 그러면 이제 수만큼 떠 났다가,

음.

- 인자 입 안대고 인자 그르게 떠나:따가 인자 모도 무꼬. 저녀꺼트머 저녁 그시에 인자 천지다 막 뿌리지요.

음: 인자 나쁜 귀:신 인자 다 업:쎄라 업:써지라고이~.

- 예.

그다으메 인자 서:따레는?

- 서:따레는 인자 내나 그뭄날 채리논능.

그뭄날 체려 논능 거시조이~?

- 그래서 일런 가조.

(웃음) 그러네요.

- 동지에도 싹: 채리나요 방에.

아.

- 동지죽 쒀가꼬 싹: 채리나.

아.

동지죽또 체려놈니까?

- 예.

음 방에다 체려 노코 또 바께 뿌리고이~.

- 예.

예.

과:거에는 달마다 헹사가 이썬네요이~.

✛- 내:일 내일 머 호남 찌방에 비온다덤마는 여그도 올랑가 어쩔랑가.

✛ 비온데요?

- 예.

음.

- 근디 여그도 올랑가 모르건네.

✛ 음: 머 일하실꺼 이쓰세요?

－ 이제 입 안 대고 이제 그릇에 떠 놨다가 이제 모두 먹고, 저녁 같으면 저녁 그 시에 이제 사방에다 막 뿌리지요.

음, 이제 나쁜 귀신 이제 다 없애라 없어지라고.

　－ 예.

그 다음에 이제 섣달에는?

　－ 섣달에는 이제 내나 그믐날 차려 놓은 것.

그믐날 차려 놓는 것이지요?

　－ 그래서 일 년 가지요.

(웃음) 그러네요.

　－ 동지에도 싹 차려 놓아요, 방에.

아.

　－ 동지죽 쒀가지고 싹 차려 놔.

아.

동지죽도 차려 놓습니까?

　－ 예.

음, 방에다 차려 놓고 또 밖에 뿌리고.

　－ 예.

예.

과거에는 달마다 행사가 있었네요.

✛－ 내일 내일 뭐 호남 지방에 비 온다더니마는 여기도 오려는지 어쩌려는지.

✛ 비 온대요?

　－ 예.

음.

　－ 그런데 여기도 오려는지 모르겠네.

✛ 음, 뭐 일하실 것 있으세요?

✛- 오게되문 저 치눌바틀 거더야지 비로 마처야지.

음.

✛ 비마칠라먼 그 아 비니루 비니루 거드시게?

- 예.

음 시가니 그러며는 일하셔야야되건 네요. 그럼 이정도로 하까요?

✛- 더 허껄 이씨먼 허시요, 안종피[77].

아니 더 허꺼 시가니 시가니 한 시가니 더 허꺼시야 이찌요, 인는데.

✛- 해 해:서 쫌 얼릉

- 예. 안

- 냉게 부먼 쓰거.

쪼끔

✛ 더 하조 그러면

✛- 오게 되면 저 비닐밭을 거둬야지 비를 맞혀야지.

음.

✛- 비 맞히려면 그 아 비닐 비닐 걷으시게?

- 예.

음, 시간이 그러면은 일하셔야 되겠네요. 그럼 이 정도로 할까요?

✛- 더 할 것 있으면 하시오. 어차피.

아니, 더 할 것 시간이 시간이 한 시간이 더 할 것이야 있지요 있는데,

✛- 해, 해서 좀 얼른.

- 예. 안.

- 넘겨 버리면 쓰겠,

조금

✛ 더 하지요 그러면.

4.2 전통 놀이

자 이러케 헴사드리 이쓸 떼 남자드른 주로 어떤 이:를 하고 노란능가 헨는데, 아까 메구치기도 하고 남자드리요이~.

— 예.

남자 남자 여자드른 메구 메구 안칭가요?

— 왜 여자들도 허고 남자들도 허고.

어 남자드른 주로 머: 함니까? 놀 놀 논:다 헐 떼는,

— 인자 여자드른 안:닐 허고 남자드른 바깐닐 허지요.

음.

— 머 달집 찐는디 달집또 찌:꼬,

음.

— 남자드른 지:꼬 여자드른 끄어다 주고.

음.

— 저 남자들또 지그믄, 저네는 그걸 해 소를 솔까지 그렁걸 솔가 솔깽이[78] 솔깽이라 그래요, 저저 이파리 달링 걸.

예예

— 솔깽이 그거를 인자 남자드리 해가꼬 뭉꺼주면, 인자 제비짐매이로 지어가 쩩쩨금 인자 다발다바리 여:다 나르고,

음.

— 대도 뭉꺼주면 끄어다 나리고 그랜는디.

음.

— 지그믄 그냥 남자드리 그냥 차로,

음.

— 인자 베:미피머 인자 여자드리 가서 인자 요리 개리주고,

자 이렇게 행사들이 있을 때 남자들은 주로 어떤 일을 하고 놀았는지 했는데 아까 풍물 치기도 하고 남자들이요.

― 예.

남자 남자, 여자들은 풍물 풍물 안 치나요?

― 왜, 여자들도 하고 남자들도 하고.

어 남자들은 주로 뭐 합니까? 놀 놀 논다 할 때는?

― 이제 여자들은 안일하고 남자들은 바깥일 하지요.

음.

― 뭐 달집 짓는데 달집도 짓고.

음.

― 남자들은 짓고 여자들은 끌어다 주고.

음.

― 저 남자들도 지금은 전에는 그걸 해 솔을 솔가지 그런 걸 솔가 '솔깽이', '솔깽이'라 그래요. 저 저 잎 달린 걸.

예예.

― 솔가지 그것을 이제 남자들이 해가지고 묶어 주면 이제 제비집처럼 지어가지고 각자 이제 다발다발 여다 나르고,

음.

― 대도 묶어 주면 끌어다 나르고 그랬는데.

음.

― 지금은 그냥 남자들이 그냥 차로.

음.

― 이제 댓잎이면 이제 여자들이 가서 이제 이리 가려 주고,

음.

— 개리주문 남자드리 뭉꼬가 차에다 올려가 차로 막,

— 재하니지비[79] 차로 가꼬 용달차르 가꼬 와서 한:차 실꼬 와 그냥 형깨 시:버요.

(웃음)

— 저네는 저무나 새:나구[80] 그래.

막 줄다리기나 이렁거또 헤써요 과:거에? 동:네에하고 어뜨기 동:네하고 막 저기.

— 그렁거는 저네는 인자 그렁거를 인자 핸:능가쎂띠다마내도, 저네는 시방은 저 하꼬서 그 줄다리기 하리쩍

— 아아

— 안허능가요?

예 하꼬서.

— 그렁께 인자 안해요.

응

— 젝쩜 동:네별로 노:능거이재.

여자드른 머 그네를 띤:다등가 너:를 띤:다등가 그렁거뜨른 마:니 헤짜나요.

— 저네는 마:니 널: 마니 띠:찌요.

너:른 주로 언제 띠연나요?

— 설:래 띠지 머.

설래.

— 예.

아.

— 인자, 소님들 오머 초하리 초이틀 초사헐

— 인자 딸레드른 인자 사 사허리 너머야 인저 젝쩌금 찌비 소님 다 접때허고 나먼 친정에 옹깨.

음.

− 가려 주면 남자들이 묶어가지고 차에다 올려가지고 차로 막,

− 재환이 집 차를 가지고 용달차를 가지고 와서 한 차 싣고 와 그냥 하니까 쉬워요.

(웃음)

− 전에는 젊으나 마나 모두 그래.

막 줄다리기나 이런 것도 했어요 과거에? 동네하고 어떻게 동네하고 막 저기

− 그런 것은 전에는 이제 그런 것을 이제 했는가 싶습디다만 전에는 시방은 저 학교서 그 줄다리기 하루씩,

− 아아.

− 하잖나요?

예, 학교서.

− 그러니까 이제 안 해요.

응.

− 각자 동네별로 노는 것이지.

여자들은 뭐 그네를 뛴다든지 널을 뛴다든지 그런 것들은 많이 했잖아요?

− 전에는 많이 널 많이 뛰었지요.

널은 주로 언제 뛰었나요?

− 설에 뛰지 뭐.

설에.

− 예.

아.

이제 손님들 오면 초하루 초이틀 초사흘,

− 이제 딸네들은 이제 사 사흘이 넘어야 이제 각자 집 손님 다 접대하고 나면 친정에 오니까.

음.

- 친장오먼 인자 막 또 초다쌔꺼장 가고 그러먼 인자,

- 널: 나아노코 널: 띠고.

으흠:

- 노푼 나무미테 인자 이씨먼 또 군데도[81] 띨: 쑤구도 이꼬.

예 군데띠구요이~.

- 애기드른 쬐:끼[82] 차고.

쬐:끼 차고? (웃음)

- 예.

그다으메 그 요것,

- 빼 팽이 치고.

펭이 치고이~.

자: 그다으메요~.

- 또 연: 띠우고.

아: 여:는 여:는 주로 나 에:드리 띠:고 남자드리 띠:고 그러조이~?

- 인자 어:런데리 인자 애기들 데꼬 띠우제.

음:, 그러게쩨요.

- 시방 어디 연:띠운디가 어디 인능가요?

(웃음)

- 나 저그 해:네 우리집 연:맨드라주까 시퍼서 저 스무대를 주:다 난:
는디 아무도 머 거:또보도 안허고,

- 그리고 시바근 머이마드리 귀헝깨, 게지배드링깨로머 연 맨드라도라
쏘리도 안허고.

(웃음)

- 여:그도 연짜새요[83]. 우리 애기거,

(웃음)

음.

- 친정 오면 이제 막 또 초닷새까지 가고 그러면 이제,

- 널 놔 놓고 널 뛰고,

으흠.

- 높은 나무 밑에 이제 있으면 또 그네도 뛸 수도 있고.

예, 그네 뛰고요.

- 아이들은 제기 차고.

제기 차고 (웃음)

- 예.

그 다음에 그 이것.

- 빼 팽이 치고.

팽이 치고.

자 그 다음에요.

- 또 연 띄우고.

아, 연은 연은 주로 나 아이들이 띄우고 남자들이 띄우고 그러지요?

- 이제 어른들이 이제 아이들 데리고 띄우지.

그러겠지요.

- 시방 어디 연 띄우는 곳이 어디 있나요?

(웃음)

- 나 저기 행여나 우리집 연 만들어 줄까 싶어서 저 조릿대를 주워다 놨는데 아무도 뭐 거들떠보지도 않고,

- 그리고 시방은 사내아이들이 귀하니까 계집애들이니까 뭐 연 만들어 달라 소리도 안 하고.

(웃음)

- 여기도 얼레요. 우리 아이 것.

(웃음)

- 저 방아도 항개 이꼬 여그도 이꼬.

음.

- 돔:만주고 사다노코.

(웃음)

그건 데:게 아부 아빠허고 가치헤야 할텐디.

- 예. 그래 해:나 저거 이써서, 오라 맨드리꺼이냐 헝깨로 허도 안허고 마네.

(웃음) 자.

그거 머 그정도로 하시구요이~

어린에기, 막 인제 테어나서 한살 두:살 요런 에기들. 지난버네 제:가 한 번 여쭤 봐씀니다만, 막 기어다니다가 기어다닌 노미 인제 막 슬라고 막 허 자나요?

- 예.

네: 그러믄 인자 어:떠케 놀림니까?

- 아히고 우리 애기 서따서따서따:.

음.

- 섬마섬마섬마 그러머, 서문 인자 아이고 서따서따. (웃음)

(웃음)

아 섬마섬마는 막 슬라고~

- 예:. 서라고.

서 서라

- 서라고. 애기 서라고. 인자 섬마섬마섬마섬마 그러면 막 장애 싸:서 막 이:꼬[84] 여리 제:가 억찌로 요리 포도:시[85] 서머 아히고 서따서따서따 솜빠닥 뚜드리고.

아: (웃음) 그러지요이~. 음:

저 에기드른 인제 놀리는 노리가 여러 거 여러가지가 이짜나요이~. 고게를 자꾸 돌린다등가.

― 저 방에도 한 개 있고 여기도 있고.

음.

― 돈만 주고 사다 놓고.

(웃음)

그건 대개 아버 아빠하고 같이 해야 할 텐데.

― 예. 그래서 행여나 저것이 있어서 오라 만들까 하니까 하지도 않고 마네.

(웃음) 자.

그것 뭐 그 정도로 하시고요.

어린 아기 막 이제 태어나서 한 살 두 살 이런 아기들, 지난 번에 제가 한 번 여쭤 봤습니다만 막 기어다니다가 기어다닌 녀석이 이제 막 서려고 막 하잖아요?

― 예.

네, 그러면 이제 어떻게 놀립니까?

― 아이고, 우리 아기 섰다섰다섰다.

음.

― 섬마섬마섬마 그러면 서면 이제 아이고 섰다섰다.

(웃음)

아, 섬섬섬마는 막 서려고.

― 예, 서라고.

서, 서라.

― 서라고. 아기 서라고. 이제 섬마섬마섬마섬마섬마 그러면 막 장하다고 해 쌓아서 막 웃고 이리 제가 억지로 이리 겨우 섬마 아이고 섰다섰다섰다 손바닥 두드리고.

아, (웃음) 그러지요. 음.

저 아기들은 이제 놀리는 놀이가 여러 그 여러 가지고 있잖아요? 고개를 자꾸 돌린다든지.

— 도래도래도래[86] 하고, 짝:짱구짝:짱[87].

에 솜빠닥 뚜드링건 작 작:짱.

— 짝:짱.

에.

— 또 지얌지얌[88].

예.

또 머 이써씀니까?

— 또 여:보고 머라니라[89]?

아 고

— 곤지곤지.

에 곤지곤지. 또 에:기드리 이러케 여 여기 이써짜나요 이러게. 여푸로 자칭거. 여푸로 자칭가, 요 아:푸로

— 불미야:[90] 불미야:

어 불미야.

— 굉:상도는 대불미, 절라도는 소불미. (웃음)

아하하 그러게 헤써요? 어:

— 요 달:깡달깡[91] 허고.

예: 그레요이~.

쩌고는 좀 깐난 에:기드리고, 인제 쫌 큰 에기드른? 아까 말한 제치기를 한다등가.

— 재:치기 허고, 딱찌치기 허고.

또 예 아까머 *** 막 발로 차능

— 쩨끼차기 허고.

예: 그 연: 연:띠우기 가틍거 하구요이~.

— 예.

예.

– 도리도리도리 하고 짝짜꿍짝짜꿍

예, 손바닥 두드리는 것은 작 '작짱'

– 짝짜꿍

예.

– 또 쥐엄쥐엄

예.

또 뭐 있었습니까?

– 또 이것보고 뭐라니라?

아 고

– 곤지곤지.

예, 곤지곤지. 또 아기들이 이렇게 이 여기 있었잖아요 이렇게. 옆으로 젖히는 것. 옆으로 젖히는것. 이 앞으로.

– 풀무야 풀무야.

어, 풀무야.

– 경상도는 대풀무, 전라도는 소풀무.

아하하 그렇게 했어요.

– 이 '달깡달깡' 하고

예, 그래요.

저것은 좀 갓난아이들이고 이제 좀 큰 아이들은? 아까 말한 자치기를 한다든지,

– 자치기하고 딱지치기 하고.

또 예 아까 뭐 *** 막 발로 차는

– 제기차기 하고

예, 그 연 연 띄우기 같은 것 하고요.

– 예.

예.

그: 정월 보르멘 막 요론데다가, 논뚜렁 가튼데다 불질르고 막 불 돌리고 그런 놈 놀이

‑ 그 보름날,

예.

‑ 보름날 애기들,

그 머라고헤, 그런 노리를 머라고험니까 그러면?

‑ 그걸 보고 저네는 시방 불꼰노리가 따로 이째마는, 걸:보고 불꼰노리라 그래찌 저네.

아 불꼰노리라 그레써요?

‑ 예.

아.

‑ 깡:통에다가 부를 여:가꼬,

어.

‑ 잉그라글92) 여:가꼬 돌리가꼬,

어.

‑ 부리 막 잉글잉글허머93) 가따 살째기94), 논뜨락 그런디 푸레다 요리 대:문 막 부리 활:허니95) 부터가,

아아 그러코이~.

그 정월 보름엔 막 이런 데다가 논두렁 같은 데에다 불 지르고 막 불 돌리고 그런 놈 놀이.

─ 그 보름날.

예.

─ 보름날 아이들.

그 뭐라고 해, 그런 놀이를 뭐라고 합니까, 그러면?

─ 그걸 보고 전에는 시방 불꽃놀이가 따로 있지마는 그걸 보고 불꽃놀이라 그랬지 전에.

아, 불꽃놀이라 그랬어요.

─ 예.

아.

─ 깡통에다가 불을 넣어가지고

어.

─ 잉걸불을 넣어 가지고 돌려가지고

어.

─ 불이 막 이글이글하면 가져다 살짝 논두렁 그런 데 풀에다 이리 대면 막 불이 활활 붙어가지고,

아아, 그렇고.

1) 닭이나 참새 따위를 쫓을 때 외치는 소리. 표준어에는 '쉬', '후여', '휘이' 등이 더 있다.

2) '조레'는 '조리'의 방언형. '조리'는 쌀을 이는 데에 쓰는 기구로서 가는 대오리나 싸리 따위로 결어서 조그만 삼태기 모양으로 만든다.

3) '멋이야'는 '아무개야'와 같은 뜻.

4) '달집'은 음력 정월 대보름날 저녁에 달맞이할 때에, 불을 질러 밝게 하려고 생소나무 가지 따위를 묶어 쌓아 올린 무더기를 말한다.

5) '째다'는 물건을 찢거나 베어 가르다는 뜻. 여기서는 대나무를 베어서 쪼개는 것을 말한다.

6) '꼬시르다'는 '불사르다'의 뜻.

7) '볼보롬허다'는 '불그스레하다'의 뜻.

8) '젝제금'은 '각자' 또는 '각각'의 뜻. '각각'를 뜻하던 옛말 '지여곰'은 전남방언에서 '제금'으로 그 형태가 바뀌면서 '각각' 외에 '분가'의 뜻을 더 갖게 된다. 이 '제금'이 '각각'처럼 중복되어 만든 형이 바로 '젝제금'이다. '각각'의 의미가 내포하는 '하나하나'의 의미가 형태를 중복되게 만든 것으로 보인다. 물론 중복 없이 '제금'만으로도 '각각'의 의미를 뜻하지 못하는 것은 아니다.

9) '허구잔'은 '허고잡은'이며 여기서 '잡-'은 표준어 '싶-'의 방언형. 광양지역어는 경남방언과 마찬가지로 ㅂ-규칙활용을 하기도 하는데 이 경우는 ㅂ-불규칙활용을 보이고 있다. 어휘에 따라 활용의 양상이 다른 것으로 보이며 이는 경남과 전남의 중간적인 활용 양상을 보이기 때문인 것으로 추정된다.

10) '다뭄'은 '다만'의 방언형.

11) '매고'는 '풍물놀이'의 뜻. '매고'는 '매구'에서 온 것으로 보이는데, '매구'는 경남방언에서 '꽹과리'를 뜻하며, 이 '매구'가 의미를 넓혀 풍물놀이를 가리키게 된 것으로 보인다.

12) '몬춤'은 '먼저'의 방언형. 서부 전남에서는 '몬자' 또는 '몬차'라고도 한다. '먼저'는 시간적으로나 순서상으로 앞서서의 뜻이나 여기서는 '이전에는'의 뜻으로 쓰였다.

13) '사우'는 '사위'의 방언형.

14) '멘단지'는 면소재지의 뜻이다.

15) '어쨌든간에'는 '아무튼'의 뜻.

16) '직저금'은 '제각각'의 뜻. '저금'은 옛말 '지여곰'에서 변한 말로서 '각자'의 뜻이다.

여기에 '제'가 결합하여 '제저금'이 '직저금'으로 변한 것으로 보인다.

17) '젝저금' 또는 '직저금'은 '제각각'의 뜻.

18) '다름치기'는 '달음박질치기'의 뜻.

19) '물꿔'는 '물꼬'의 방언형.

20) '달개다'는 '달래다'의 방언형.

21) '외나'는 '오히려'의 뜻. 지역에 따라 '욀로'로도 쓰인다.

22) '쐎'은 '섶'의 방언형으로서 덩굴지거나 줄기가 가냘픈 식물이 쓰러지지 아니하도록 그 옆에 매거나 꽂아서 세워 두는 막대기를 가리킨다. 여기서는 김 양식용 섶을 말한다.

23) '찌다'는 나무 따위가 촘촘하게 난 것을 성기게 베어 내다는 뜻이다.

24) '스무대'는 지역에 따라 '시누대'로도 쓰인다. '시누대'는 아마도 일본어 'しの'(篠)와 관련이 있는 것으로 보인다. 일본어 しの는 조릿대나, 이대를 가리키는 말이며 동의어로 'しの竹(だけ)'가 있다. '시누대'는 바로 'しの竹(だけ)'에 대응되는 말이라 할 수 있다.

25) '깔밭'은 '갈대밭'의 방언형. 서부전남의 기저형이 '밧'인데 반하여 광양 지역어는 '밭'을 사용한다.

26) '방천(防川)은 둑을 쌓거나 나무를 많이 심어서 냇물이 넘쳐 들어오는 것을 막음. 또는 그 둑.

27) '광영'은 지명. '광양'의 잘못된 발음으로 추정된다.

28) '떼배'는 '떼'의 방언형으로서 나무나 대나무 따위의 일정한 토막을 엮어 물에 띄워서 타고 다니는 것을 말한다. 여기서는 갈대로 엮은 떼를 가리킨다.

29) '마지비'는 '마중'의 방언형. '맞줍다'에서 파생된 옛말 '마쯔비'의 형태를 유지한 어형이다.

30) '뒷년'은 '다음 해'의 뜻.

31) '도리하다'는 '도레하다'에서 모음이 변이된 어형이다. '도레하다'의 어근 '도레'는 동사 '돌-'에서 파생된 것이며 '둥글다'의 의미를 갖는다. 예를 들어 '도레상'은 '둥근상'을 가리킨다. 따라서 '도레하다' 또는 '도리하다'는 '둥그렇다'의 의미로 해석된다.

32) '글'은 '그것을'의 뜻이다.

33) '했니?'는 '했을까?'처럼 혼잣말로서 스스로에게 의문을 제기하는 말이다.

34) '여나무'는 '여남은'의 방언형.

35) '여나뭇이'는 '여남은 사람'의 뜻. '여나뭇'은 '열 남짓한 수'를 뜻하는 명사인데 여기에 사람을 가리키는 접미사 '-이'가 결합된 것이 '여나뭇이'이다.

36) '제경'은 '제각각'의 뜻. 광양지역어에서는 '젝저금' 또는 '젝지금'이 쓰이기도 한다.

37) '개직다'는 '가깝다'의 방언형. 서부 전남에서는 '가직허다'로 쓰인다.

38) '오게오게'는 '옹기종기'의 뜻.

39) '샛거리'는 '곁두리'의 뜻인데 '사이'의 축약형 '새'와 '거리'의 합성어이다. 전남방언에서는 '거리'가 포함된 합성어의 경우 사이시옷이 개재되는 것이 일반적이다. 예를 들어 '짓거리'(=김치 재료), '참거리'(=곁두리. [참ː꺼리]) 등을 들 수 있다. '샛거리' 외에 전남방언에는 '새참', '참거리', '술참', '술참거리' 등의 낱말이 더 쓰인다.

40) '꼽다'는 '꽂다'의 방언형.

41) '직쩡'은 '제각각'을 뜻하는 '직저금'의 변이형이다.

42) '친함친함으로'는 '친한 사람들끼리'의 뜻. '알음알음으로'와 같은 구성이다.

43) '들물'은 '밀물'의 방언형. 지역에 따라 '든물'이라고도 한다.

44) '쪼뼛허다'는 '쪼뼛하다'의 방언형.

45) '에가'는 '에'의 뜻. 첨사 '가'는 동사 '가-'에서 문법화된 것으로서 공간명사에 결합하여 '에' 또는 '에서'의 뜻을 갖는다. 이 '가' 앞에는 수의적으로 처격토씨 '에'가 올 수 있다. '서울가'(=서울에), '집에가'(=집에) 등이 이런 예이다.

46) '상격군'은 '격군'(格軍)의 하나이다. '격군'은 조선 시대에, 사공(沙工)의 일을 돕던 수부(水夫)를 가리키던 말이었는데, 여기서는 밤에 김 양식장을 지키는 사람을 가리킨다.

47) '야서'는 처격토씨 '에서'의 변이형. 마찬가지로 '야'는 '에'의 변이형이다.

48) '불철선'은 전깃줄의 뜻. '불'과 '철선'(鐵線)의 합성어이다.

49) '잘금잘금잘금'은 '배가 잠길락 말락 할 정도로'의 뜻.

50) '나무치'는 '나머지'의 방언형.

51) '냉가놓다'는 '남겨놓다'의 방언형.

52) '오징어나루끝'은 지명.

53) '옥곡'(玉谷)은 지명으로서 광양의 면 이름.

54) '빼틀다'는 '빼앗다'의 뜻. 전남의 다른 지역에서는 '뺏다'가 일반적으로 쓰이는데, 아마도 경남방언의 영향을 받은 어형으로 보인다. '빼틀다'는 평안도 지역에서도 쓰이는 말이다.

55) '들리다'는 '들키다'의 뜻.

56) '놀허다'는 '노랗다'의 방언형. '뻘허다'(=빨갛다), '팔허다'(=파랗다), '깜허다'(=까맣다), '혹허다'(=하얗다) 등에서 보는 바와 같이 전남방언은 표준어와 달리 기원적인 '하'가 'ㅎ'으로 축약되지 않는 것이 특징이다.

57) '새캄허다'는 '새카맣다'의 방언형.

58) '포깍'은 '아주 꽉'의 뜻.

59) '두데기'는 '기저귀'의 뜻인데, 전남방언에서는 일반적으로 '걸레' 또는 '샅걸레'와

같은 말이 쓰인다. 여기서는 기저귀로 쓰이는 얇고 긴 천을 가리키는 말인데 아이를 업을 때 아이를 둘러 마는 용도로 쓰이는 베를 말한다.

60) '짬을 모르다'는 '돌아가는 사정이나 형편을 모르다'의 뜻이다.

61) '생이'는 '형'의 방언형. 여기서는 '언니'의 뜻으로 쓰였다. 전남방언에서는 전통적으로 '언니'라는 말은 쓰이지 않았으며 자매 사이에서도 '형'의 방언형 '성'이나 '생이' 등이 쓰였다.

62) '더르렁'은 '덜컥'의 뜻.

63) '씨'는 아마도 '시'(時)의 방언형으로서 특정한 시기를 가리키는 것으로 보이는데 여기서는 '그때'의 뜻으로 쓰였다.

64) '조곰'은 '조금'의 방언형인데, '조금'은 조수(潮水)가 가장 낮은 때를 이르는 말이다. 대개 매월 음력 7, 8일과 22, 23일을 가리킨다.

65) '아리'는 '며칠 전'의 뜻. 중세어에서 '예전'을 뜻하던 명사 '아래'의 후대형이다. '아래'는 원래 공간명사로서 '위'의 상대어이지만 이 말이 시간명사로 쓰일 때에는 지금을 기준으로 한 이전 시간대를 가리킨다. 현재에는 일부 방언에 시간명사로 쓰이는 용법이 남아 있는데 광양 지역어도 그 중의 하나이다. 현재 광양 지역어에서 '아래' 또는 '아리'는 지금을 기준으로 하여 며칠 전을 가리킨다.

66) '지다'는 '지나다'의 뜻.

67) '찡우리'는 '아기가 칭얼대고 보채는 것'을 말한다.

68) '뭉끄다'는 '묶다'의 방언형.

69) '쎄이가다'는 '쎄비다'와 '가다'의 합성어로서 '훔쳐가다'의 뜻이다.

70) '어시다'는 '궁하다', '빠듯하게 모자라다'의 뜻.

71) '메:야'는 '묘에'의 뜻. 여기서 '야'는 처격토씨 '에'의 변이형.

72) '제총'은 '제각'(祭閣)의 뜻.

73) '세상 버리다'는 '세상을 버리다'인데 '세상을 뜨다'의 뜻이다.

74) '갈리다'는 '헤어지다'의 뜻. '갈리다'는 '가르다'의 피동사인데, 양쪽으로 갈리는 것을 헤어지는 것으로 인식한 데서 생긴 의미이다.

75) '-니'는 간접의문을 나타내는 씨끝으로 쓰였다.

76) '수두르'는 '수대로'인데 '수만큼'의 뜻이다.

77) '안종피'는 '어차피'의 뜻

78) '솔깽이'는 '솔가지'의 방언형으로서 땔감으로 쓰는 꺾어서 말린 소나무의 가지를 가리킨다.

79) '재한'은 '재환'으로서 사람 이름.

80) '저무나 새나구'는 '젊으나 마나'로서 '젊거나 젊지 않거나 가리지 않고 모두'의 뜻을 갖는다. 전남방언에서는 '죽으나 사나'처럼 대조적인 의미의 결합을 통해 어떤일을 하면 그 결과 '죽음이 오든지 오지 않든지 간에 반드시'와 같은 의미를 나타내는 용법이 있는데, 이러한 관용적 구문에 유추하여 '젊으나 사나'와 같은 구성이 쓰이게 되었고 이 구성은 '젊거나 젊지 않거나 가리지 않고 모두'의 뜻을 나타내게 된다. 이 구성의 '사나'가 여기서는 '새나구'로 바뀐 것으로 추정된다.

81) '군데'는 '그네'의 방언형. 지역에 따라 '군두'나 '군다'라고도 한다.

82) '쬐끼'는 '제기'의 방언형.

83) '연자새'는 '얼레'의 방언형. 표준어 '얼레'는 연줄, 낚싯줄 따위를 감는 데 쓰는 기구로서 나무 기둥의 설주를 두 개나 네 개 또는 여섯 개로 짜서 맞추고 가운데에 자루를 박아 만든다. 한편 '자새'는 동사 '잣다'에서 파생된 명사로 '표준국어대사전'에 의하면 새끼, 참바 따위를 꼬거나 실 따위를 감았다 풀었다 할 수 있도록 만든 작은 얼레를 가리킨다고 뜻풀이가 되어 있다. 그러나 '얼레'가 연줄이나 낚싯줄을 감는 데 쓰인다면 새끼나 참바를 꼴 때 사용하는 '자새'보다는 크기가 더 작아야 할 것이다. 이처럼 표준어에서는 크기에 따라 '얼레'와 '자새'를 구별하고 있는데, 전남방언에서는 '얼레'가 전혀 쓰이지 않고 크기에 무관하게 '자새'만이 쓰인다. 특히 연실을 감을 때 쓰이는 자새는 '연자새'라 하여 따로 구분할 수도 있다. '자새'가 '잣다'에서 파생된 낱말이라면 '얼레'는 동사 '어르다'에서 파생된 것으로 추정된다. 연실을 감았다 풀었다 하면서 연을 어르기 때문이다. 옛말 '어릐'가 이를 뒷받침한다.

84) '잇다'는 '웃다'의 방언형.

85) '포도시'는 '겨우'의 뜻.

86) '도래도래'는 '도리도리'의 방언형.

87) '짝짱구짝짱'은 '짝짜꿍짝짜꿍'의 방언형.

88) '지얌지얌'은 '쥐엄쥐엄'의 방언형.

89) '머라니야'는 '뭐라고 하느니라'의 축약형. 어떤 일이나 말이 생각나지 않을 때 혼자하는 말이다.

90) '불미'는 '풀무'의 방언형으로서 불을 피울 때에 바람을 일으키는 기구를 말한다. 지역에 따라 '불무'라고도 한다.

91) '달깡달깡'은 갓난아기를 좌우로 흔들며 어를 때 하는 말이다. '들깡달깡'이라고도 한다.

92) '잉그락'은 '잉걸불'의 방언형.

93) '잉글잉글허다'는 '이글이글하다'의 방언형.

94) '살째기'는 '살짝'의 뜻.

95) '활하다'는 활활 불이 붙는 모양을 형용하는 말이다.

05 특수지역 생활

5.1 어촌 생활

아까 쪼끔 하든 하시든 이야기 가운데 요기서는 인제,

진상 여기가 쪼끔 특수해서요이~. 바다일도 하시고,

 — 예.

농사도 지:꼬,

 — 산닐도 허고,

산닐도 하고, 그러자나요이~.

 — 예.

예.

 — 산 중가네 이써요.

어 우선 인자, 바다이를 아까 또 김:

 — 예.

헝거 이야기는 하셔꼬. 그거 말:고도 바다까에서 헤서 하셔떠닐이 머:여

써요?

 — 조개 잡찌요.

아.

조개,

 — 조개.

어떤 조게드를 주로,

 — 배캅또 잡꼬, 우럭또 잡꼬,

음.

 — 또: 요새 꿀땡이도¹⁾ 주어가꼬 오고.

꿀뗑이?

 — 예.

아까 조금 하던 하시던 이야기 가운데 여기서는 이제,

진상 여기가 조금 특수해서요. 바닷일도 하시고,

— 예.

농사도 짓고.

— 산일도 하고.

산일도 하고 그러잖아요?

— 예.

예.

— 산 중간에 있어요.

어 우리 이제 바닷일을 아까 또 김.

— 예.

하는 것 이야기는 하셨고, 그것 말고도 바닷가에서 해서 하셨던 일이 뭐였

어요?

— 조개 잡지요.

아.

조개.

— 조개.

어떤 조개들을 주로?

— 백합도 잡고 우럭도 잡고,

음.

— 또 요새 굴도 주워가지고 오고.

'꿀땡이'?

— 예.

구:리라는

- 굴:.

어.

- 그 껍찌차.

아.

- 거 인자 호미로 쪼사 탕탕 뚜디리먼 인자 알:등검만 초레이 늘쩌요²⁾.

어어

- 그럼 그놈 주:다마가꼬.

으음 그야말로 자연사니네요.

- 또 마또 빼:고.

아.

- 마짜븜서 인자 글그머, 호미로 글그머 인자 조개거틍거 나오먼 그렁 거 다 줍또 앙코.

그 호미로 다 함니까?

- 예 호미로 허고, 남자드리랑 가먼 인자 마짬능거는 인자 널찍::허니 인자 막 거더요.

- 물 모뜨러가게 호부작허이³⁾ 요래 해노코,

음.

- 인자 도라감서 인자 물 모뜨로겐허문, 구녀기 빠끔빠끔 똑 올개미⁴⁾ 꾸녕매이로 글 이쓰문 인자,

음.

- 마때⁵⁾ 요만:헝거이 인는디 미테 이느리⁶⁾ 요리 달리써요.

- 그 요래 푹 쑤씨 디끄 여:가꼬 요래 허먼 인자 그 이느레 걸려가꼬 몬내레가고 따:라올러와요.

음: 이느리 머:에요? 이느리?

- 인제 그거 만 몬:내려가고 인자 요래 ㄲ어 올리능거.

굴이라는

- 굴.

어.

- 그 껍질째

아.

- 그 이제 호미로 쪼아 탕탕 두드리면 이제 알 든 것만 조르르 떨어져요.

어어.

- 그럼 그놈 주워 담아가지고,

으음, 그야말로 자연산이네요.

- 또 맛도 빼고.

아.

- 맛 잡으면서 이제 긁으면 호미로 긁으면 이제 조개 같은 것 나오면 그런 것 다 줍지도 않고.

그 호미로 다 합니까?

- 예, 호미로 하고, 남자들이랑 가면 이제 맛 잡는 것은 이제 널찍하게 이제 막 걷어요.

- 물 못 들어가게 도도록하게 이리 해 놓고

음.

- 이제 돌아가면서 이제 물 못 들어오게 하면 구멍이 빠끔빠끔 꼭 어레미 구멍처럼 그렇게 있으면 이제,

음.

- 맛을 끌어올리는 대 이만한 것이 있는데 밑에 미늘이 이렇게 달렸어요

- 그 이렇게 푹 쑤셔 ** 넣어가지고 이리 하면 이제 그 미늘에 걸려가지고 못 내려가고 따라 올라와요.

음, 미늘이 뭐예요? 미늘이?

- 이제 그것 맛 못 내려가고 이제 이렇게 끌어 올리는것.

오.

― 그거 인자 요리 세:모로 요리 세:모로 되아가 이써요. 가운데 여그 마때가 꼬피고 요리 세:모로 되아가 그거야 딱 걸려가꼬 올러와요.

그러케헤서 마슬 잠네요이~.

― 예.

근데 여 저그 뻘뜽이 이러케 데스추로 담능거게쪼이~.

― 예.

뻐레서이~.

― 예.

아: 음:

그리고 또 인제 조게 잡꼬 또 딴 다릉건 머이씁니까? 조게 말고 게: 가틍거도 잡꼬?

― 게:도 잡꼬 갱:주개[7].

겡:주겡?

― 예.

그 겡

― 그 쩌쩌 쩌그 저 요새 섬진강에 거 재첩.

예.

― 그렁거이 요요 믿 강 요 강에도 쌔:써요.

아 그걸 여기서는 이르믈 머라 갱:주게라고?

― 갱:주개라 그래요.

아 겡:주게라고?

― 예.

어.

― 요 요요 강 매:리 드리서 쌔:써요.

제처븐 그니까 그거슨 조게 종:뉴지요?

오.

— 그것 이제 이리 세모로 이리 세모로 되어가지고 있어요. 가운데 여기 맞대가 꽂히고 이리 세모로 되어가지고 그것에 딱 걸려가지고 올라와요.

그렇게 해서 맛을 잡네요.

— 예.

그런데 이 저기 개펄 등이 이렇게 *** 담는 것이겠지요?

— 예.

개펄에서.

— 예.

아. 음.

그리고 또 이제 조개 잡고 또 딴 다른 것은 뭐 있습니까? 조개 말고 게 같은 것도 잡고?

— 게도 잡고 '갱주개'.

갱주개?

— 예.

그 갱

— 그 저저 거기 저 요새 섬진강에 그 재첩

예.

— 그런 것이 이이 밑 강 이 강에도 쌨어요.

아 그걸 여기서는 이름을 뭐라 '갱주개'라고?

— '갱주개'라 그래요.

아, '갱주개'라고.

— 예.

어.

— 이 이 이 강물이 들어서 쌨어요.

제첩은 그러니까 그것은 조개 종류지요?

- 예.

음 게:는 아니고이~.

- 예.

겡:주게이~. 에:.

게:는 어떤 게드리 인나요? 여그서 잠능 거슨.

- 밤:둥이. 밤:딩이.

밤:딩이, 또.

- 털보까이8). (웃음)

예?

- 털버까리. 터리 막 다리에 막 보실보실허니.

털게~. 털보까리.

- 예. 그러치요 머.

음.

- 거또 여러가지라요 무당:게도 이꼬.

음.

- 포짱게라고 또 바르르이 가능거이 또.

포짱게요?

- 예.

어:어허

- 바리 뻴:그렁거이9) 그냥, 사:람 인:정끼만10) 이씨먼 바르르이 달라요

어허

- 그거이 또 포짱게라고 이꼬.

아.

- 여러 가지라요.

음.

- 째::깐헌 요렁건 또 밀짱게.

─ 예.

음, 게는 아니고.

─ 예.

갱주개. 예.

게는 어떤 게들이 있나요? 여기서 잡는 것은?

─ '밤둥이', '밤딩이'

'밤딩이' 또

─ 털게

예?

─ 털게. 털이 막 다리에 막 보슬보슬하게.

털게. 털게.

─ 예. 그렇지요.

음.

─ 그것도 여러가지예요. '무당게'도 있고.

음.

─ '포짱게'라고 또 바르르 가는 것이 또.

'포짱게'요?

─ 예.

어어허.

─ 발이 빨그스름한 것이 그냥 사람 인기척만 있으면 바르르 달아나요.

어허.

─ 그것이 또 '포짱게'라고 있고.

아.

─ 여러 가지예요.

음.

─ 조그마한 것이 이런 건 또 '밀짱게'

밀짱게?

— 예.

어 그러네요.

— 그거는 인자 저네 인자 칼 정지야[1] 칼 저저 째깐한 저걸가 째까마이 요러면 나오고 째깜 요롬 나오고.

음.

— 거임 자바다가 인자, 저네는 사 도랑사구라고[12] 그 사:구 쪼깐헝거 이꺼드뇨. 그러니까 싹싹 까끄면 등거리가 흐:개요.

오호.

— 거 인자 파싹[13] 보까가꼬, 상추쌈:도 싸무꼬,

오호.

— 여르미면,

음.

— 그래요.

— 굴긍게는 그거이 영 이베 여코 베어무끼가 좀 사:나분디,

— 예. 그어는 째:깐헝깨 와시락와시락허니 마시써요.

음: 밀짱게요?

— 예.

음: (웃음)

— (웃음)

여기는 바닫 바다에만 나가면 머 머글께 마 마:니 인네요.

— 예: 또 사네도 가문 이꼬.

(웃음)

— 사네도 가면 너물종뉴 머

예.

— 꼬사리너물 머 지:부

밀짱게

- 예.

어, 그러네요.

- 그것은 이제 전에 이제 칼 부엌칼 저 저 조그마한 저걸 가지고 조그 맣게 이러면 나오고 조금 이러면 나오고,

음.

- 그것은 잡아다가 이제 전에는 사 '도랑사구'라고 그 '사구' 조그마 한 것이 있거든요. 그러니까 싹싹 깎으면 등이 하애요.

오호.

- 그 이제 바싹 볶아가지고 상추쌈도 싸서 먹고,

오호.

- 여름이면

음.

- 그래요.

- 굵은 게는 그것이 영 입에 넣고 베어 먹기가 좀 사나운데,

- 예, 그것은 조그마니까 와스락와스락하게 맛있어요.

음, 밀짱게요?

- 예.

음. (웃음)

- (웃음)

여기는 바다 바다에만 나가면 뭐 먹을 것이 마 많이 있네요.

- 예, 또 산에도 가면 있고.

(웃음)

- 산에도 가면 나물 종류 뭐.

예.

- 고사리나물 뭐 '지부'

(웃음)

－ 쌔:써요.

그거머 사네인능건 쫌 이따 이야기하구요.

그 다으메 인제 에: 예서 고기도 나가서 베타고가서 잡끼도 헨나요?

－ 인제 남자드리.

인자 남자드리요이~.

－ 예.

음.

그럼 여기서 주로 어떤 고기가 물리등가요?

－ 남자드리 인자 낙씨거뚱거 지금도 모도 가서 낙씨 해:가꼬 오데요.

음.

－ 강에 그런디 가서.

음.

－ 그 여그는 지 저녀그로 저네 우리들 각씨 때, 총:각뜨리 가면, 인자 동:네 총:각뜨리 메치 어울라가꼬 해뿍써잡꼬,

으흠

－ 쩌 인자 우리들 거서걸 때 지르미 세구14) 지르미 이싱깨,

음

－ 세구지르메다 깡:통에다가 기다문 작때기 가가꼬, 저:그 철사 거틍걸 소:를 가마가꼬,

－ 가 지름깡:통 요리 들고 가아꼬 인적 부리 올쭈15) 부트면 인자 요골 요골 적쎄가꼬 또 요:리허고 그러면 인자 한저는16) 인자, 문저리17),

아 문저리?

－ 모래문저리,

음.

－ 모래바테가 놀:해가꼬 업찌따네요18). 무레가 말그면 무레가.

(웃음)

－ 쌨어요.

그거 뭐 산에 있는 것은 좀 이따 이야기하고요.

그 다음에 이제 예 여기서 고기도 나가서 배 타고 가서 잡기도 했나요?

－ 이제 남자들이.

이제 남자들이요.

－ 예.

음.

그럼 여기서 주로 어떤 고기가 물리던가요?

－ 남자들이 이제 낚시 같은 것도 지금도 모두 가서 낚시 해가지고 오데요.

음.

－ 강에 그런 데 가서.

음.

－ 그 여기는 저녁으로 전에 우리들 처녀 때 총각들이 가면 이제 동네 총각들이 몇이 어울러가지고 횃불 켜서 잡고.

으흠.

－ 저 이제 우리들 거시기할 때 이제 기름이 석유 기름이 있으니까,

음.

－ 석유기름에다 깡통에다가 기다란 작대기 가져가가지고 저기 철사 같은 걸 솜을 감아가지고,

－ 가서 기름 깡통 이리 들고 가가지고 이제 불이 대충 붙으면 이제 이걸 이걸 적셔가지고 또 이리하고 그러면 이제 한때는 이제 망둑어

아, 망둑어.

－ 모래망둑어.

음.

－ 모래밭에 노랗게 엎드려 있다네요. 물에 맑으면 물에.

- 그러무 칼로가꼬 깡: 누질라가꼬 주:담꼬, 칼로가꼬 깡: 누질라가서 인자 미끄라웅개 칼로가꼬 땅: 누질라가꼬 주:담꼬 탁 요래 누지르면 또 가마니꼬 그래가꼬아, 저녀그로 총:각뜨리 그래 가꼬오먼 영: 우리 씨아재들

음.

- 그래가오문 자바오문 막 헤:를 해아꼬 마니 무거써요.

음: 예 문저리.

- 예.

음.

- 무시 채:로 써리 여코,

으흠 그거 마:니 자피조? 지금도 마:니 자피능거 가떼요? 문저리는?

- 예.

음.

- 지그믄 가자서[19] 인자 바무로 안나가고 인자 한닙 주무 그냥 사다무꼬 그렁깨 그러지, 지금도 나감 이따네.

음 흔헌 고기니까요. 예:.

- 그러면 칼을 가지고 꽉 눌러가지고 주워 담고, 칼을 가지고 꽉 눌러가지고 이제 미끄러우니까 칼을 가지고 딱 눌러가지고 주워 담고, 탁 이리 누르면 또 가만 있고. 저녁으로 충각들이 그렇게 가지고 오면 영 우리 시동생들.

음.

- 그래가지고 잡아오면 막 회를 해가지고 많이 먹었어요.

음, 망둑이.

- 예.

음.

- 무채를 썰어 넣고.

으흠, 그것 많이 잡히지요? 지금도 많이 잡히는 것 같아요. 망둑이는?

- 예.

음.

- 지금은 좋은 것만 골라 먹어서 이제 밤으로 안 나가고 이제 한 입 주면 그냥 사다 먹고 그러니까 그러지, 지금도 나가면 있다네요.

음, 흔한 고기니까요. 예.

5.2 산촌 생활

자 바다에서 삼:소로 그다으메 사네서 사네서는 인제 여그 그 사 사느로 머 나물 노물 캐러도 마:니 가 다니셔써요?

— 예.

오호.

— 꼬사리 끄느로[20] 가고 인자, 요즈믄 인 점:부 꼬사리 뿌리를 캐: 파다가,

예.

— 뀡이르 가 파다가 젝쩜 바테다 재배를 해가꼬 해도,

으흠

— 그저네는 요 치드리[21] 막 점부 댕김서롱,

음 꼬사리 마:니 끄느

— 꼬사르 끄느로.

예.

또 꼬사리 말고 다릉거는 머이. 약

— 인자 꼬사리 끄느로 가머 인자, 딱:쭈주도[22] 이씨면 캐:여코, 또 돌 가지도 이쓰먼 캐:여코,

음.

— 인자 그리 여러가지른 너물도 이씨먼 뜨더가꼬 여:코,

음.

— 그러믄 걸:지요[23] 지비가서 푸러 노으먼.

(웃음)

또 머 버섣까틍거또 따고 그러셔써요?

— 저네는 싸리버서비[24] 솔밤미테 이써따요만해도[25] 그건 지그믄 잘 업:써요.

자 바다에서 살면서 그 다음에 산에서 산에서는 이제 여기 그 사 산으로 뭐 나물 나물 캐러도 많이 가 다니셨어요?

- 예.

오호.

- 고사리 꺾으러 가고 이제 요즘은 전부 고사리 뿌리를 캐 파다가,

예.

- 괭이를 가지고 파다가 각자 밭에다 재배를 해가지고 해도,

으흠.

- 그 전에는 이 사람들이 막 전부 다니면서,

음, 고사리 많이 꺾어,

- 고사리 꺾으러,

예.

또 고사리 말고 다른 것은 뭐가? 약.

- 이제 고사리 꺾으러 가면 이제 잔대도 있으면 캐서 넣고 또 도라지도 있으면 캐서 넣고.

음.

- 이제 그리 여러 가지 나물도 있으면 뜯어가지고 넣고,

음.

- 그러면 걸지요, 집에 가서 풀어 놓으면.

(웃음)

또 뭐 버섯 같은 것도 따고 그러셨어요?

- 전에는 싸리버섯이 솔밭 밑에 있었다지만 그건 지금은 잘 없어요.

음: 버서비.

— 예.

— 싸리버세비라고, 예: 그냥 똑 요: 송꾸라끄터리매이로 요렁거이 요렁거이 막 몽태이가26) 이써요.

예.

— 그랜는디, 지그믄 그렁거이 업:써요. 그거또 칠파레 따가 오두마뇨. 그러면 인제 그런 너물가틍거슨 하고, 아까 말헤뜽건 그 사니 사니 깁꼬 그러면 약초가틍거또 마느니까, 딱:쭈도 약초 아님니까이~.

— 예.

약떼능거~.

— 예.

그렁거또 여기서는 마:니 한사람도 이꼬 그러나요?

— 저네 할메하나에 암꺼또 엄씨 사는 할메 하나이27) 펭상28) 그렁검만 캐:로 댕기요.

아 약초만.

— 예.

음.

— 갸: 캐:다가 저 하동장아~29) 가서 폴고.

음.

— 거머 야:드리 껄렁패 아드리 이써가꼬 돈:다 빼뜨라 가고. (웃음) 그러다 그냥 벵에 걸리 주거써요.

음: 지그믄 그 아주 지겁쩌그로,

— 재화니 엄마도,

예.

— 재하니 엄마도 꼬사리 팔짜로 끄너요.

아: 그레요이~? (웃음)

음, 버섯이.

— 예.

— 싸리버섯이라고 예 그냥 꼭 이 손가락 끝처럼 이런 것이 이런 것이 막 뭉텅이가 있어요.

예.

— 그랬는데 지금은 그런 것이 없어요. 그것도 칠팔월에 따가지고 오더구먼요.

그러면 이제 그런 나물 같은 것은 하고, 아까 말했던 것은 그 산이 산이 깊고 그러면 약초 같은 것도 많으니까 잔대도 약초 아닙니까?

— 예.

약 되는 것.

— 예.

그런 것도 여기서는 많이 하는 사람도 있고 그러나요?

— 전에 할멈 하나가 아무 것도 없이 사는 할멈 하나가 평생 그런 것만 캐러 다녀요.

아, 약초만.

— 예.

음.

— 가서 캐다가 저 하동장에 가서 팔고,

음.

— 그 뭐 아들이 껄렁패 아들이 있어가지고 돈 다 빼앗아 가고 (웃음) 그러다 그냥 병에 걸려 죽었어요.

음, 지금은 그 아주 직업적으로.

— 재환이 엄마도,

예..

— 재환이 엄마도 고사리 마치 팔자인 듯이 잘 꺾어요.

아, 그래요? (웃음)

- 봄대먼

어.

- 끄너다가 딸레들또 주고,

음.

- 또 폴:기도 허고 그래.

그니까 테레비가틍거 보면, 강원도나 경상도 가튼데 보면, 머: 송이

- 송이버섭.

송이 송이버섣 자연산 고놈 모 요로케 따:로 뎅기기도 하고, 약초 또 케로
다닌 사람도 이꼬.

- 저 송이 버서슨 나 안따 반는디:.

예.

- 그럼 머 인니? 웨 먼: 버서비냐 그 약때능거. 그 먼: 버서비라드니[30]
요새? 발그러잉거[31]

아 게따 양 양 양지? 양지버섣 양지버서시라 그레요?

- 말고요 밤나무 우에 주로 마니 뵈요.

음.

- 거:는 나 좀 따바써요.

음: 예 아이고.

- 그 먼: 버서비란디 이저분네.

음.

- 시방 재:배를 해도, 저네는 사네서 그걸 마:니 따가꼬 완는디.

음 요 요요위에서도 그런 약초 전문저그로 케로 다닌 사람드리 어쩌다가 한
명씩 이께 이써뜬네요.

- 예.

예.

- 항가꼬뿌렝이. 딱:쪼뿌렝이.

－ 봄 되면,

어.

－ 꺾어다가 딸네들도 주고,

음.

－ 또 팔기도 하고 그래.

그러니까 텔레비전 같은 것 보면 강원도나 경상도 같은 데 보면 뭐 송이

－ 송이버섯.

송이 송이버섯 자연산 그것 뭐 이렇게 따러 다니기도 하고, 약초 또 캐러 다니는 사람도 있고.

－ 저 송이버섯은 나 안 따 봤는데,

예.

－ 그럼 뭐 있을까? 왜 무슨 버섯이냐 그 약 되는 것? 그 무슨 버섯이라더냐? 발간 것?

아 거 또 양 양 양지버섯? 양지버섯이라 그래요?

－ 말고요. 밤나무 위에 주로 많이 보여요.

음.

－ 그것은 나 좀 따 봤어요.

엄. 예. 아이고.

－ 그 무슨 버섯이라는데 잊어 버렸네.

음.

－ 시방 재배를 해도 전에는 산에서 그걸 많이 따가지고 왔는데,

음 이 이 이 위에서도 그런 약초 전문적으로 캐러 다니는 사람들이 어쩌다가 한 명씩 이렇게 있었네요.

－ 예.

예..

－ 엉겅퀴 뿌리, 잔대 뿌리.

음.

− 돌가지. 삽초뿌렝이.

음.

− 그런 뿌렝인지 알:고 잘 마:니 캐:써요. 그 할메는.

음 예.

− 우리드른 우리들 지빈니리[32] 바쁘고, 그거 캐:로 대이니 채로[33] 저
제:처레 불러가능거이 나:찌요.

(웃음) 그러지요.

− 그런 할메드른 제:철 이를 모룽깨 인자, 만:날 밥 싸가꼬 사느로 뻐
칭게그로.

또 어떤 혹시 여기 상 가까오니까 머 사네다가 더슬 나:가꼬

− 아 연:지버섣. 연지버섣.

연지버섣.

− 아 영:지 영.

− 예 영:지버섣.

예 양지가아니라 영:지버섣.

− 예.

영지버섣 네.

사냥가틍거 어께 허로 다닌 사람도 읻 읻썬나요?

− 아히고 만:치요.

오오:

− 요새는 인자 그 허가를 내:주먼 헝깨로 모 그자해도, 그저네는 그냥
여 치드리 막 우이우이이[34] 허고 댕기요.

음: 사:람드리?

− 예.

아: 짐승 몰 모:른다고?

음.

— 도라지, 삽주 뿌리.

음.

— 그런 뿌리인지 알고 잘 많이 캤어요 그 할멈은.

음. 예.

— 우리들은 우리들 집일이 바쁘고 그것 캐러 다니느니 차라리 저 광양 제철에 불려 가는 것이 낫지요.

(웃음) 그러지요.

— 그런 할멈들은 광양제철 일을 모르니까 이제 만날 밥 싸가지고 산으로 뻗치니까,

또 어떤 혹시 여기 산 가까우니까 뭐 산에다가 덫을 놔 가지고

— 아, 영지버섯 영지버섯.

영지벗섯.

— 아, 영지 영.

— 예, 영지버섯.

예, 양지가 아니라 영지버섯.

— 예.

영지버섯 네.

사냥 같은 것 ** 하러 다니는 사람도 있었나요?

— 아이고 많지요.

오오.

— 요새는 이제 그 허가를 내 주면 하니까 뭐 그런다 해도 그전에는 그냥 여 사람들이 막 ‘우이우이우이’ 허고 다녀요.

음, 사람들이.

— 예.

아, 짐승 몬다고?

- 예 개:하고, 또 그 총 가꼬.

주로 여기에 머 어떻게 만:틍가요?

- 고라니 머 토끼 그렁거 자부로 대니조, 꽁: 비들키[35] 머 앵:긴[36] 대
로 잡찌요 그런 사람드른.

음: (웃음) 사니라 그렇게 마:나요 짐승이.

- 예.

에.

- 거비나서, 하다 글찌에는 막 사:람드리 그리 마:니 댕기문, 그리막 우
이 쏘리가 나면 그냥 나무 허다가도 막 미테가 돌팍[37] 미테 수머가꼬 이꼬.

(웃음)

✛ 사니 만하니까 이건 유기오떼가 거 상당히 저기혜야께써요이~.

✛- 긍깨 유기오 때:는 처으메는 사느로 올라간는데 난:중에는[38] 산
네서 발:랑구니 이써가 무장[39] 저:르 바다그로[40] 나가.

(웃음)

- 아리께 이약 안해뚱가요?

예 예.

- 무서버예.

✛ 자: 그다으메: .

✛ 오느른 이정도로 하시조. 잔까니요.

‑ 예, 개하고 또 그 총 가지고.

주로 여기에 뭐 어떤 것이 많던가요?

‑ 고라니 뭐 토끼 그런 것 잡으러 다니지요. 꿩, 비둘기 뭐 걸리는 대로 잡지요. 그런 사람들은.

음, (웃음) 산이라 그런 게 많아요. 짐승이.

‑ 예.

예.

‑ 겁이 나서 하다 그때에는 막 사람들이 그리 많이 다니면 그리 막 우이 소리가 나면 그냥 나무하다가도 막 밑에 돌 밑에 숨어가지고 있고,

(웃음)

✛ 산이 많으니까 이건 6.25 때가 그 상당히 저기했겠어요.

✛‑ 그러니까 6.25 때는 처음에는 산으로 올라갔는데 나중에는 산에서 반란군이 있어가지고 점점 저기로 바다로 나가.

(웃음)

‑ 며칠 전에 이야기 했었잖아요?

예예.

‑ 무서워요.

✛ 자, 그 다음에.

✛ 오늘은 이 정도로 하시지요. 잠깐이요.

■ 주석

1) '꿀땡이'는 '굴'의 방언형. 전남방언에서는 '석화'라 하는데, 남쪽 바닷가 지역에서는 '꿀'이라고 한다.

2) '늘쩌다'는 '떨어지다'의 뜻. '널쭈다'라고도 하며, 전남의 서부 지역에서 쓰이는 '낼치다'와 대립된다. 모두 '떨어지다' 또는 '떨어뜨리다'의 뜻을 갖는다.

3) '호부작허다'는 여기서 물이 들어가지 못하도록 개펄 주위를 약간 도도록하게 만드는 동작을 나타내는 말이다.

4) '올개미'는 '어레미'의 방언형. 전남의 다른 지역에서는 '얼게미', '어레미' 또는 '얼멍치' 등의 말을 쓴다. '얼게미'가 '얽-'에서 파생된 말이라면 '얼멍치'는 옛말 '얼믜-'에서 파생된 말이다. '얼게미'류가 전남의 중동부 지역에 분포하는 반면 '얼멍치'류는 전남의 서해안을 따라 분포한다.

5) '맛대'는 맛을 끌어올리는 대를 말한다.

6) '이늘'은 '미늘'의 방언형으로서 낚시 끝의 안쪽에 있는, 거스러미처럼 되어 고기가 물면 빠지지 않게 만든 작은 갈고리를 가리킨다. 중세어에서도 '미늘'로 나타나므로 '이늘'은 낱말의 첫 음절의 어두음 /ㅁ/을 탈락시키는 이 지역어의 특성이 반영된 낱말이라 하겠다. 같은 변화가 '문저리/운저리'(=망둑어), '만고(萬古)/완구', '문대다/은때다'(=문지르다) 등에서 확인된다.

7) '갱주개'는 '재첩' 또는 '가무락조개'를 말한다. '갱주개'의 '갱'은 '개'를 말하는 것이므로 개에서 나는 조개라는 뜻이 아닐까 한다.

8) '털보까이'는 '털게'의 방언형.

9) '뻘그르허다'는 '빨그스름하다'의 방언형.

10) '인정끼'는 '인적기'(人跡氣) 곧 '인기척'을 가리킨다.

11) '야'는 모음 다음에서 쓰이는 처격토씨 '에'의 변이형이다. 따라서 '정지야 칼'은 '부엌에 칼'이다. '부엌칼'을 처격토씨를 사용하여 표현하고 있는데 이는 아마도 사이시옷을 사용하던 구성 '정지얏칼'의 변이형으로 보인다. 서부전남에서는 이처럼 처격토씨와 사이시옷의 결합형이 흔히 나타나기 때문이다. '집잇사람'(=집사람)이나 '아침엣치'(=아침 것) 등이 이런 예이다.

12) '도랑사구'는 아마도 도랑에 사는 게의 종류를 가리키는 것으로 추정된다.

13) '파싹'은 '바싹'의 방언형.

14) '세구'는 '석유'가 움라우트와 단모음화를 거쳐 생긴 어형이다.

15) '올쭈'는 '얼추'의 방언형.

16) '한저'는 '한때'의 방언형.

17) '문저리'는 '망둑어'의 방언형. 전남의 서부 지역에서는 '운저리'라고도 한다.

18) '업지다'다 '엎드리다'의 방언형. '업졌다'는 '엎드려 있다'의 뜻.

19) '갖다'는 풍족하여 좋은 것만을 골라 먹거나 가지려고 하는 행태를 가리킨다. 특히 '입'을 주어로 하여 '입이 갖다'라 하면 아무 것이나 먹지 않고 매우 가려서 먹는 등 식성이 까다로운 것을 가리키는 말이다.

20) 전남방언에서는 고사리를 '꺾다'라 하지 않고 '끊다'라고 한다.

21) '치'는 '사람'의 낮춤말. 여기서는 표준어와 달리 홀로 쓰였다.

22) '딱쥐'는 '잔대'로서, 초롱꽃과의 여러해살이풀이다. 높이는 60~120cm이며, 근생엽은 잎자루가 길고 거의 원형이고 경엽은 마주나거나 돌려나고 또는 어긋난다. 7~9월에 종 모양의 보라색 꽃이 원추(圓錐) 화서로 아래로 드리워져 핀다. 뿌리는 해독과 거담제로 쓰고 어린잎은 식용한다. 한국, 일본, 중국 등지에 분포한다.

23) '걸다'는 원래 음식의 가짓수가 많고 푸짐하다는 뜻을 나타내므로 여기서는 캐 온 나물의 가짓수가 다양하고 많다는 의미이다.

24) '버섭'은 '버섯'의 방언형.

25) '있었다요만해도'는 '있었다지만'의 의미이다. 여기서 '만'은 토씨 '마는'의 줄임형이다. '있었다요만'으로도 양보의 의미를 나타낼 수 있는데, 양보를 나타내는 또 다른 표현인 '해도'를 중복 결합한 것이 독특하다. 이런 중복적인 양보 표현은 동남방언에서 주로 확인되는데 '있었다요만도'로 줄어 쓰이기도 한다. 여기서 상대높임의 토씨 '요'가 '만해도'의 앞에 나올 수 있는 것이 특이하다. 이것은 '마는'이 문장 뒤에 붙은 토씨이기 때문인데, 이 '마는' 뒤에 다시 '해도'가 결합함으로써 상대높임의 표현이 발화의 중간에 나타나게 되었다.

26) '몽태이'는 '뭉텅이'의 방언형.

27) '하나이'는 '하나가'의 뜻. '하나'의 옛말이 'ᄒᆞ낳'이었음을 반영하는 격토씨이다.

28) '평상'은 '평생'의 방언형.

29) '아'는 선행모음 /ㅏ/ 다음에서 변동하는 처격토씨 '에'의 변이형.

30) '-드니'는 '-더냐'의 뜻이나, 주로 혼잣말에 쓰이는 씨끝이다. 상대에게 직접 물을 때에는 '-드니' 대신 '-드냐'가 쓰인다.

31) '발그렇다'는 '발그레하다'의 뜻.

32) '지빈닐'은 '집잇일'로서 '집엣일'의 방언형이다. 여기서는 '집일'이라는 뜻으로 쓰였다.

33) '채로'는 '차라리'의 방언형.

34) '우이우이'는 사람들이 떼로 다니면서 활발하게 활동하는 모양을 나타내는 말.

35) '비들키'는 '비둘기'의 방언형.

36) '앵기다'는 '손에 걸리다'는 뜻을 갖는다.

37) '돌팍'은 '돌'이나 '돌멩이'의 방언형. '도팍'이라고도 한다.

38) '난중'은 '나중'의 방언형. /ㅈ/, /ㅊ/ 앞에서 /ㄴ/가 첨가된 결과인데, '인자'(=이제), '깐치'(=까치) 등이 이에 해당한다.

39) '무장'은 '점점'의 뜻.

40) '바닥'은 '바다'의 방언형. 지역에 따라 '갯바닥'이라고도 한다.

06 의생활

6.1 누에치기

지남버네 노그미 안뎅 거 위예

― 아:하 예

그거 그거 다시 말:쓰메 주시고

그다메 옽 온 만들기 또 머 체:소 제:위 나물체:취 미빤찬 머 그렁 거시네요. 어

― 난 바차느 잘 허도 모:더는디 (웃음)

음 그럼 성:경이가 한 번 나:중에 온만들기부터는 성:경이가 무러 여:쮜바.

@2 예.

네 누에질문.

@2 누에요?

여기 사:십육쪼게 일쩜 사쩜 이:예 그 누에치기와 비:단짜기가 이써.

@2 야~

어어 엔:나레 누에도 키어 보셔딱 헤쪼 길러 보셔딱 헤쪼이~.

― 예.

시집 와서 그레따 헤:뜽가요 시집 오기 저네 그레뜽가요?

― 저네도 허고 여 시집 와서도 허고 그래써요

그레요?

― 예.

어~ 고거슨 메:년 하셔써요?

― 예.

어~ 멩주시를 마:니 썬는 모양이네요이~.

― 인자 시집 와서 씨어머니가 인자 쫌 키우고 나:가 키웅깨

― 키우능 거슬 앙:깨 씨어머니도 허고 나도 허고 그래가꼬 또 쫌 허다

가 인자

지난 번에 녹음이 안 된 것 위에.

— 아하. 예.

그것 그것 다시 말씀해 주시고,

그 다음에 옷 옷 만들기 또 뭐 채소 제위 나물 채취 밑반찬 뭐 그런 것이네요. 어

— 난 반찬은 잘 하지도 못하는데 (웃음)

음, 그럼 성경이가 한번 나중에 옷 만들기부터 성경이가 물어 여쭤 봐.

@2 예.

네, 누에 질문

@2 누에요?

여기 46쪽에 1.4.2에 그 누에치기와 비단짜기가 있어.

@2 야.

어어, 옛날에 누에도 키워 보셨다고 했지요? 길러 보셨다고 했지요?

— 예.

시집와서 그랬다 했던가요? 시집 오기 전에 그랬던가요?

— 전에도 하고 여 시집와서도 하고 그랬어요.

그래요?

— 예.

어, 그것은 몇 년 하셨어요?

— 예.

어, 명주실을 많이 썼는 모양이네요?

— 이제 시집와서 시어머니가 이제 좀 키우고 내가 키우니까,

— 키우는 것을 아니까 시어머니도 하고 나도 하고 그래가지고 또 좀 하다가 이제,

음:

- 각씨[1] 때 허고 인자 그 뒤에는 안 해써요.

에. 그러면 그 누에가 거 여기선 누에라고 안 하지요.

이르미 니:?

- 니:라[2] 그래요.

니:라고이~.

- 예.

응.

니:라고 헌 니:가 거 크기게 자:궁 거또 이꼬 쿵 거또 이꼬 그러자나요 벌레가이~

- 인자 처:멘 알: 씨릉거부터[3]

음

- 알:씨릉거 여그 손빠당마넌 니 종이에다가 아:를 씨릉거를 가따가 멘:사무소에 가서 가꼬 와요.

예.

씨를 바다오구마

- 인자 네 인자 이:장이 가따가 주등가

음

- 저네느 구장 아니요? (웃음)

으음

@2 아~ 구장이여써요?

- 예.

- 저네느 이:장이 아이고 지금 이:장이지 저네느 구장이라 그랜는디

그러조. 예. 일구 이구가 그러니까.

@2 아~

- 구장인디 인자 그 요론 종이에:다가 거 알 씨릉거,

음.

— 새색시 때 하고 이제 그 뒤에는 안 했어요.

예, 그러면 그 누에가 그 여기서는 누에라고 안 하지요?

이름이 '니'?

— '니'라 그래요.

'니'라고.

— 예.

응.

'니'라고 하는 누에가 그 크기에 작은 것도 있고 큰 것도 있고 그러잖아요, 벌레가?

— 이제 처음에는 알 스는 것부터,

음.

— 알 슨 것 여기 손바닥만한 누에 종이에다가 알을 슨 것을 가져다가 면사무소에 가서 가져와요.

예.

씨를 받아오는구먼.

— 이제 예, 이장이 가져다 주든지,

음.

— 전에는 구장이잖소? (웃음)

으음.

@2 아, 구장이었어요?

— 예.

— 전에는 이장이 아니고 지금 이장이지 전에는 구장이라 그랬는데,

그러지요. 예 일구 이구가 그러니까.

@2 아.

— 구장인데 이제 그 이런 종이에다가 그 알 슨 것.

@2 예.

– 그걸 인자 멘:사무소서 가따 줘:요.

– 가질로 오라고 인자 구장찌비서 인자 저네느 그래찌. 그럼 가서 가: 저오믄 요그다,

– 시방 거트머 오봉4) 이 어저 오봉이제마느 저네느 함지,

음

– 쪼까:넌 함지에다5) 다마가꼬 인자 여 인자스 이울6) 미테 요른다다 따따:더이7) 여: 노머 거:서 벌레가 꼬물꼬물꼬무꼬물 나와요.

@2 며둴따레나 그거를 멘처:메 가저오능 거시 그떼가 며둴딸 정도 데야 데요?

– 인자 뽕 닙 트먼 트고 인자 쪼꿈 크문 이양 한 사뭐리나 되거찌이~.

@2 아

– 사뭘, 음녀그로 사먹 인나 되거찌.

@2 그믄 사:뭘 정도

– 사:뭘 정도 되지.

음.

– 허:무 인자 그거를 인잔 아페 나온 노문 인자 또 또 끄르슬 하나 노코 인자 또

– 거따가 인자 머 거석 그걸 가꼬 마:니 해. 저:얻 닥 날:개 거 킁 거 킁 거 거 빼:다가

@2 아

– 그걸 가꼬 요:리요:리

@2 옴겨요?

– 썰문 잘 씨러저요 솔:맹키로

@2 예.

– 인자 그 소:른 거 인자 셍:깨로 인자 벌레감 안뎅깨

@2 예.

— 그걸 이제 면사무소에서 가져다 줘요.

— 가지러 오라고 이제 이장집에서 이제 전에는 그랬지. 그럼 가서 가져오면 여기다,

— 시방 같으면 쟁반 이 이제 쟁반이지마는 전에는 함지,

음.

— 조그마한 함지에다 담아가지고 이제 이 이제 이불 밑에 이런 데에다 따뜻하게 넣어 놓으면 거기에서 벌레가 고물고물고물고물 나와요.

@2 몇 월에나 그것을 맨 처음에 가져오는 것이 그때가 몇 월 정도 되어야 돼요?

— 이제 뽕잎 트면 트고 이제 조금 크면 이제 한 삼월이나 되겠지.

@2 아.

— 삼월, 음력으로 삼월이나 되겠지.

@2 그러면 사월 정도.

— 사월 정도 되지.

음.

— 하면. 이제 그것을 이제 앞에 나온 놈은 이제 또 또 그릇을 하나 놓고 이제 또,

— 거기에다가 이제 뭐 거시기 그걸 가지고 많이 해. 저 닭 날개 그 큰 것 큰 것 그 빼어다가,

@2 아.

— 그걸 가지고 이리 이리,

@2 옮겨요?

— 쓸면 잘 쓸어져요, 솔처럼.

@2 예.

— 이제 그 솔은 그 이제 세니까 이제 벌레가 안 대니까.

@2 예.

─ 그러문 인자 나으? 머 꽁:털 거틍거 인자 닥털 거틍거 이자 거 신
디:예 굴:근

@2 예.

─ 꼬랑뎅이8) 그노물 가꼬 인자 요:리 상구 징:꼬랑데이 말고 저 짜링
거 그노물 가꼬 요:리요:리요대 썰먼

─ 씨러서 인자 따로 노코 인자 그거이 나온: 거는 인자 또 뽕을 따다
가 인자 자자::러이 써리 다지가꼬 여: 주고 또 염방 나오면 인자 또 그노
물 또 씨러 여:코 또 그래가꼬 올라줘. 한잠 자고

@2 예.

─ 또 메:치를 뭉는 그 무그무 한잠 자능가 나 그 일주이링가?

@2 오:일 정도

─ 오이링가?

@2 일쭈일

─ 으이~

─ 그 정도되문 인자 그때느 처리 업써농깨 어:런드리 허능거잉깨 인자
짜믈9) 몰라쩨 메치 메칠 이쓰머 오:이링가 하여틍 치리링가 되문 인자 한
잠 자따 그러고

─ 네 또 그 그러무냐 그거 잠잘 쩌게느 쪼깐 뽕을 덜: 무꺼드뇨.

─ 그럼 인자 잠잔다고 인자 쪼깜 찌깐썽:만10) 허처11) 주고 인자

─ 쫌 느게 온 노문 또 느게 나웅거는 인자 또 그걸 무꼬 그러게 인자
찌:깐썩 허처주고

─ 인자 고개를 요:리 틀고 이써. 가마::니 요래 가꼬 이써요.

@2 자 잘

─ 자늘 니: 잘 쩌게느. 그래가 이쓰문 인자 또 게:댕기는 그그 그거는
인자 또 무꼬르 인자 어쩌다가 쪼깐:썩 허처 주고 그러문

@2 예.

― 그러면 이제 *** 뭐 꿩털 같은 것 이제 닭털 같은 것 이제 그 신 뒤에 굵은

@2 예.

― 꼬리 그놈을 가지고 이제 이리 사뭇 긴 꼬리 말고 저 짧은 것 그놈을 가지고 이리 이리 이리 쓸면,

― 쓸어서 이제 따로 놓고 이제 그것이 나온 것은 이제 또 뽕을 따다가 이제 자잘하게 썰어 다져가지고 넣어 주고 또 계속 나오면 이제 또 그놈을 또 쓸어 넣고 또 그래가지고 올려 줘. 한 잠 자고.

@2 예.

― 또 며칠을 먹는 그 먹으면 한 잠 자는지 나 그 일주일인지?

@2 오 일 정도

― 오 일인가?

@2 일 주일

― 으이.

― 그 정도 되면 이제 그때는 철이 없어 놓으니까 어른들이 하는 것이니까 이제 상황을 몰랐지. 며칠 며칠 있으면 오 일인지 하여튼 칠 일인지 되면 이제 한 잠 잤다 그리하고,

― 예, 또 그 그러면 이제 그것 잠 잘 적에는 조금 뽕을 덜 먹거든요.

― 그러면 이제 잠 잔다고 이제 조금 조금씩만 흩뿌려 주고 이제.

― 좀 늦게 온 놈은 또 늦게 나온 것은 이제 또 그걸 먹고 그렇게 이제 조금씩 흩뿌려 주고,

― 이제 고개를 이리 틀고 있어. 가만히 이래가지고 있어요.

@2 자 잘

― 잠을 누에 잘 적에는. 그래가지고 있으면 이제 또 기어다니는 그 그 그것은 이제 또 먹고는 이제 어쩌다가 조금씩 흩뿌려 주고 그러면,

- 인자 메치를 자능고 어쩐능가 한잠 자따 그러고 인자,

- 어른드리 인자 또 새로 뽕을 써리 여:주고 나문 인자 석:짱꺼지 자고 나:문 니:가 인자 막 이망썩 국:쩌요.

@2 예

- 그러무 인야 막 뽕 가:지를 처다가 인자 상:구 그슥 굴:근 가지만 뜬내고 그냥 바로 체파네다가[12] 인자 언:저 주머 그냥 거그야 우예 기:댕김성 무꼬.

- 그러다가 인자 요리 니:가 놀:해지면 발도 놀:해지고,

- 머리도 놀 놀미야:해지고[13] 그러면 인자 (기침) 요래 보면 놀:해요 요리 꺼꾸리[14] 들고, 바리 우로 가고리[15] 요:러면 놀:해요 그러문

- 그걸 인자 새끼에다가 지플 요정도 써리가꼬 넬 새끼를 요:리요:리 인잔 비제게가꼬[16] 그 소:게다 한: 주멍 여가꼬 쩨::깐썩 요리 돌리서 잡꼬 새끼다리 요:리 나오면 인자,

- 쑤세미메이로 쑤:세메이르 요:리 인자 넹가감서 보문 벌:찜메이로 요런 거띠가 거따가

- 또 인자 체빤지르[17] 인자 그 그걸 보고 머:이라 핸는디 이르믈 이저 분네 인자, 오:래데농깨

음

- 쑤세미 거틍 그거이.

음

- 그거 인자 물 두발썽 요리 디게로 해 가꼬 요리 노코 요리 노코 인자 두: 두:줄썽 요리 나:가 노무 인자 한테가 요리 엥기가 월: 안 헝가요[18]?

음

- 그무 거따가 올리요.

- 거따가 인자 떤지 두문두문허이 요:리 인자 니:를 떤지놈 거:서 인자 지블 지여. (웃음)

- 이제 며칠을 자는지 어쩌는지 한 잠 잤다 그리하고 이제,

- 어른들이 이제 또 새로 뽕을 썰어 넣어 주고 나면 이제 석 잠까지 자고 나면 누에가 이제 막 이만큼씩 굵지요.

@2 예.

- 그러면 이제 막 뽕 가지를 쳐다가 이제 사뭇 거시기 굵은 가지만 뜯어 내고 그냥 바로 채반에다가 이제 얹어 주면 그냥 거기에 위에 기어다니면서 먹고.

- 그러다가 이제 이리 누에가 노래지면 발도 노래지고

- 머리도 놀 놀면해지고 그러면 이제 (기침) 이리 보면 노래요 이리 거꾸로 들고, 발이 위로 가게 이러면 노래요. 그러면

- 그걸 이제 새끼에다가 짚을 이 정도 썰어가지고 * 새끼를 이리 이리 이제 구기적거려가지고 그 속에다 한 주먹 넣어가지고 조금씩 이리 돌려서 잡고 새끼들이 이리 나오면 이제,

- 수세미처럼 수세미처럼 이리 이제 넘겨가면서 보면 벌집처럼 이런 거기에다 거기에다

- 또 이제 채반을 이제 그 그걸 보고 뭐라 했는데 이름을 잊어버렸네. 이제 오래 되어 놓으니까.

음.

- 수세미 같은 그것이.

음.

- 그것 이제 뭘 두 발씩 이리 되게끔 해가지고 이리 놓고 이리 놓고 이제 두 두 줄씩 이리 놓아가지고 놓으면 이제 한데 이리 옮겨가지고 번성하잖아요?

음.

- 그러면 거기에다가 올려요.

- 거기에다가 이제 던져 드문드문하게 이리 이제 누에를 던져 놓으면 거기서 이제 집을 지어. (웃음)

- 지블 지무 인자, 또 일주일 정동가 어찌 이쓰믄 인자 저네는자 어:런더리 헝께로 인잔 따라만 항깨 모르지.

- 일주일 정도나 인능가 그러며, 저 꼬치를 하나 여 따 가꼬 요:리 흔들문 딸랑딸랑딸랑을. 소:게서

@2 아~ 네

- 거무주를 요:리요리 처 가꼬 제가 드러감성 자::꼬 인자 처 드러가문 인자 난:중에느 안 보이.

@2 네

- 지으가

- 처:메느 싹: 보이. 제:가 막 거 주를 처서 요리 도라가능거를.

- 허므 인자 그거이 안 보이고 그러며 인자 한 일쭈일 정도 그리 이씨문 인자,

- 이건능가 본다고 인자 요리 따 가꼬 요:리 흔들머 소게서 인자 그거이 몰라저가꼬 방이 따싱깨

@2 네

- 몰라저가꼬 딸랑딸랑허문 인자 전분 체빠지르 인자 마당으로 인자 막 꺼:내 가꼬 따싱깨

@2 네

- 꺼:내가꼬 인자 막 어:런더리 막 점부 따요.

- 그거 체빠지하꺼이. 금 막 집 올 그거이 오지믈 싸가꼬 또 인잔 구징 거는 또 구징 거 이꼬

- 우예서 또 그거이 오지믈 쌍: 거이 내:로 와가꼬 미테

@2 웃음

- 구중 거 이근 인능 건 이꼬 그러면 인자 구징건 따로 개리고,

- 인자 조:웅 거는 조:웅 거때로 그래가꼬 인자 조:웅 거느 인자 멘:사무소에 가따 달:리고[19],

- 집을 지으면 이제 또 일 주일 정도인지 어찌 있으면 이제 전에는 이제 어른들이 하니까 이제 따라만 하니까 모르지.

- 일 주일 정도나 있는가 그러면 저 고치를 하나 이 따가지고 이리 흔들면 딸랑딸랑딸랑 속에서.

@2 아. 네.

- 거미줄을 이리 이리 쳐가지고 제가 들어가면서 자꾸 이제 쳐 들어가면 이제 나중에는 안 보여.

@2 네.

- 지어가지고

- 처음에는 싹 보여. 제가 막 그 줄을 쳐서 이리 돌아가는 것을.

- 하면 이제 그것이 안 보이고 그러면 이제 한 일 주일 정도 그리 있으면 이제,

- 익었는지 본다고 이제 이리 따가지고 이리 흔들면 속에서 이제 그것이 말라져가지고 방이 따뜻하니까,

@2 네.

- 말라져가지고 딸랑딸랑 하면 이제 전부 채반을 이제 마당으로 이제 막 꺼내가지고 따뜻하니까,

@2 네.

- 꺼내가지고 이제 막 어른들이 막 전부 따요.

- 그것 채반 한 것. 그러면 막 집 그것이 오줌을 싸가지고 또 이제 궂은 것은 또 궂은 것 있고,

- 위에서 또 그것이 오줌을 싼 것이 내려와가지고 밑에,

@2 (웃음)

- 궂은 것 익은 있는 것은 있고 그러면 이제 궂은 것은 따로 가리고,

- 이제 좋은 것은 좋은 것대로 그래가지고 이제 좋은 것은 이제 면사무소에 가져다 무게를 달게 하고

- 구징 거는 인자 또 요만:헌 쥐아오가리라고[20] 요론 또 오가리에다가[21] 인자 미테다 부를 때: 가꼬 쌀무먼

- 쌈:꼬 인자 요:리 주리 나오문 인자 요요 미테서느 자:꼬 지부믈[22] 가꼬 요로고 주를 인자 여: 하나는 강:꼬

@2 음

- 물레로 물레멩이로 해가꼬 자새에다 가무머 거 인자 가마 가꼬 그걸 가꼬 또 배로 나라 가꼬 논 멩지배를 는느디

음

- 그러무 인제 여페 애기드른 꼰대기[23]

@2 예에

- 꼰대기 그거 어더 무글라고 그냥 야:드리 뻥: 돌려 안자꼬 (웃음)

(웃음)

- 거또 막 와삭와삭허이 마시꼬 그랜는디 지그믄 나 그거이 안 무꾸자바[24].

- 저네는 온:써글 따라댕임서도 울 엄니야 그걸 참 잘헝깨로 따라댕임성 만:날 어더 무꼬 또 나:가 망내라[25] 데:농깨 어매르 그리 딸:코[26] (웃음)

- 그람 마:니 어더 무꼬 그래써요

@2 예

음음

거 니: 올리능 건 표준말로 그냥 서피라고 그런데, 섭. 서베 올린다고 체빵 가틍 게 서빙가?

- 체파니라 그래써요

에에

- 우리드르

서베 올린다고

- 궂은 것은 이제 또 이만한 기와 오지독이라고 이런 또 오지독에다 이제 밑에다 불을 때가지고 삶으면,

- 삶고 이제 이리 줄이 나오면 이제 이 이 밑에서는 자꾸 젓가락을 가지고 이렇게 줄을 이제 넣어. 하나는 감고,

@2 음.

- 물레로 물레처럼 해가지고 자새에다 감으면 그 이제 감아가지고 그걸 가지고 또 베를 날아가지고 낳은 명주베를 낳았는데,

음.

- 그러면 이제 옆의 아이들은 번데기

@2 예예.

- 번데기 그것 얻어먹으려고 그냥 아이들이 삥 둘러앉아 있고,

(웃음)

- 그것도 막 와삭와삭하게 맛있고 그랬는데 지금은 나 그것이 안 먹고 싶어.

- 전에는 온 구석을 따라다니면서도 우리 어머니가 그걸 참 잘하니까 따라다니면서 만날 얻어먹고 또 내가 막내가 되어 놓으니까 엄마를 그렇게 따르고. (웃음)

- 그러면 많이 얻어먹고 그랬어요.

@2 예.

음음.

그 누에 올리는 것은 표준말로 그냥 섶이라 그런데, 섶 섶에 올린다고 채반 같은 것이 섶인가?

- '체판'이라 그랬어요.

예예.

- 우리들은.

섶에 올린다고.

― 예.

서페 올린다고 그러니까

― 예.

― 체판지에다가 인자

음

― 그 쑤세미를 쑤세미 그걸 보고 머이라 핸는디 그거느 이저부린네요

음

― 그러머 인젤 그걸 두: 발썩 데능 건 인자 긍깨 인잔 요:리 영꺼가 인자 가운데로 요리 끄터리27) 요리 뭉꼬 뿌루문 인자 동그라:머이28) 요리 데지요.

― 요:리 인제 두: 줄로 나: 가꼬 거따가 인지 이런 데 두문두문허이 떤지 놈 이긍 걸 개:리가꼬 떤지 노문 지분

@2 그며는 한잠 자고 두:잠 자고 세:잠 자고 이러케 잠 자면 크기가 달라지자나요?

― 예.

@2 점점 크니까

― 하:29) 쪼깐 커지고 쪼칸 커지고

@2 예에

@2 그러면 이러케 잠 자기 전 이까 그 크기에 따라서 이러케 이르미 따로 혹씨 이썬나요?

― 그냥 한잠 장 거 두:잠 장 거 인자

@2 하

― 그리 마:를 허재

@2 예에

― 인자 어:런더른 보문 딱 아라요. 두:잠 자껀네 그르고, 석:짬 자껀네 그러고.

― 예.

섶에 올린다고 그러니까.

― 예.

― 채반에다가 이제

음.

― 그 수세미를 수세미 그걸 보고 뭐라 했는데 그것은 잊어 버렸네요.

음.

― 그러면 이제 그것 두 발씩 되는 것 이제 그러니까 이제 이리 엮어 가지고 이제 가운데를 이리 끝 이리 묶어 버리면 이제 동그랗게 이리 되지요.

― 이리 이제 두 줄로 나가지고 거기에다 이제 이런 데 드문드문하게 던져 놓으면 익은 걸 가려가지고 던져 놓으면 집은,

@2 그러면은 한 잠 자고 두 잠 자고 세 잠 자고 이렇게 잠 자면 크기가 달라지잖아요?

― 예.

@2 점점 크니까.

― 아무렴, 조금 커지고 조금 커지고,

@2 예예.

@2 그러면 이렇게 잠 자기 전 그러니까 그 크기에 따라서 이렇게 이름이 따로 혹시 있었나요?

― 그냥 한 잠 잔 것 두 잠 잔 것 이제,

@2 하.

― 그렇게 말을 하지.

@2 예예.

― 이제 어른들은 보면 딱 알아요. 두 잠 자겠네 그리고 석 잠 자겠네 그리고.

@2 크기 보고 아라쓰까요 아니면

— 예. 그렁 걸 보고

@2 여페 저미 이러케 이짜나요 점 보고 아라쓰까요? (웃음)

— 몰라. 점:도 하: 이써

@2 잉까

— 근:넌디 몰:라 어:런더리 인자 헝깨로 몰:라찌 우리더르

@2 아

그러믄 세깔드른

— 거 정:그능 거 가꼬능 안 거서 와

세깔도 좀 노루스름헤:지고

— 아이, 처:메는 껑:꼬

음

@2 아~

— 인자 클쑤록 인자 흑:해저. 니:가 인자 사리 타무 흑:해지고30)

@2 네

— 인자 난:제는31) 놀:해지고

크기 세깔 등등은 보게쩨.

@2 네

— 어 우리더른 그냥

@2 네

— 밤:난 뽕 따다 나리지 긍깨, 뽕.

@2 뽕 따시기 힘드셔쪼 뽕 따러 가~.

(웃음)

— 긍깬

@2 네

— 만:날 뽕:만

@2 크기 보고 알았을까요? 아니면?

─ 예, 그런 걸 보고.

@2 옆에 점이 이렇게 있잖아요? 점 보고 알았을까요? (웃음)

─ 몰라. 점도 아무럼 있어.

@2 그러니까

─ 그랬는데 몰라 어른들이 이제 하니까 몰랐지 우리들은.

@2 아.

그러면 색깔들은,

─ 그 ***것 가지고는 안 거시기 와.

색깔도 좀 노르스름해지고.

─ 아이, 처음에는 검고,

음.

@2 아.

─ 이제 클수록 이제 하얘져. 누에가 이제 살이 타면 하얘지고.

@2 네.

─ 이제 나중에는 노래지고.

크기 색깔 등등을 보겠지.

@2 네.

─ 어, 우리들은 그냥

@2 네.

─ 밤낮 뽕 따다 나르지 그러니까 뽕.

@2 뽕 따시기 힘드셨지요. 뽕 따러 가.

(웃음)

─ 그러니까

@2 네.

─ 만날 뽕만.

@2 **찌요

- 니:도 그냥 우리 여그 친정 어무니는 그냥 요그 하나인드아 한장이라거등요, 한 장.

@2 예

- 그문 인자 넉:장썩 허문 이 통방으로 뺑: 도라감성 다:뿍 한방이라요. 막 칭게를 해가꼬.

@2 예.

- 그 다:뿍 한방썩 그렁깨 아글 한:정도 엄씨 마나.

@2 마:니 먹찌요 근데 이거.

- 만:치. 긍깨 점:두룩[32] 나는 뽕:만 따란다고 나가 울:고 막 (웃음).

@2 그면 자기 바테 뽕, 그 자기 바테 뽕:나무가 이꼬 뽕 키워야지 받 업쓰면

- 지금 요 요 바까에 매실나무 요렁 거슬 스 심:떼끼

@2 예.

- 건:떼느

@2 어.

- 그를 쩨느 그냥

@2 응

- 받뜨러가가 점:부 뽕이고 또 정구 안해문 인자 마:니 헐랑깨 인자 또 받 가운데도 숭구고 땅 마:는 사라문 긍깨 마:니 숭거써요 막.

- 산도 이씨무 상삐들게[33] 그런 디도 막 숭거 노꼬, 뽕:나무가 굴:근데 올라가서 그냥 따:고 그렁깨

@2 네

- 지금 긍깨 그 매실 따고 요 감: 따고 요런디 날:거 나구재기[34] 잘헌다고 평상 날:보고 오래서 또 감: 따로 가고느 ***

@2 근디 자기 뽕 부조갈 경우도 이쓰 꺼 아니예요?

@2 **지요.

− 누에도 그냥 우리 여기 친정어머니는 그냥 여기 하나인데 한 장이라 거든요. 한 장.

@2 예.

− 그러면 이제 넉 장씩 하면 이 통방으로 삥 돌아가면서 다뿍 한 방이 에요. 막 층을 지어 쌓아가게 해가지고.

@2 예.

− 그 다뿍 한 방씩 그러니까 ** 한정없이 많아.

@2 많이 먹지요 근데 이것.

− 많지. 그러니까 저물도록 나는 뽕만 따라고 한다고 내가 울고 막. (웃음)

@2 그러면 자기 밭에 뽕, 그 자기 밭에 뽕나무가 있고 뽕 키워야지 밭 없으면,

− 지금 이 이 바깥에 매화나무 이런 것을 심듯이,

@2 예.

− 그런 때에는

@2 어.

− 그럴 제는 그냥

@2 응.

− 밭두렁이 전부 뽕이고 또 전부 안 하면 이제 많이 하려니까 이제 또 밭 가운데도 심고 땅 많은 사람은 그러니까 많이 심었어요 막.

− 산도 있으면 산기슭에 그런 데도 막 심어 놓고 뽕나무가 굵은 데 올라가서 그냥 따고 그러니까,

@2 네.

− 지금 그러니까 그 매실 따고 이 감 따고 이런 데 나를 그 나무에 올라 따는 일을 잘한다고 항상 나보고 오라고 해서 또 감 따러 가고는 ***

@2 그런데 자기 뽕 부족할 경우도 있을 것 아니어요?

- 근 저:기 산중에,

@2 예.

- 인자 돌:뽕[35].

@2 돌:뽕이랑 게 또 이써요?

- 저::그 저그 어치꼬랑에[36] 저:그 배운산 미테 저저 저 바구로봉[37] 미테 무슨 봉이요?

- 바구리봉.

바구리봉. 아~ 봉오리

- 예.

음

- 바구리봉 미테 그런 디 그 인자 올라가서 막 숩 지튼디[38] 그런디 가머 꼬랑까로 머 그냥 그런디 가문

- 채리보고[39] 뽕을 뽕 따로 인자 니: 함밤 재치노무 뽕이 모:지란다고[40] 그냥 보따리 큰: 보따리르 가꼬 막 또 시꾸대로 가고 남자들도 가 가꼬 인자 비:내: 주문 따고 인자 이녁 뽕나무는

@2 예.

- 인자 아까바서 마:니 몬 비지.

- 그래서 인자 그런 디는 가무 그양 똥구녀글[41] 바로 그냥

@2 (웃음)

- 비:삐문 나자빠지문 인자 막 여자드른 따고

- 인자 동:네 메 찌비 여자들허고 남자 하나허고 어울라가꼬 가서 인자 남자드른 베: 남자가 베: 주면 인자 여자드른 점:부 따오그랑 한: 뽀따리썽 해가꼬 오고,

- 또 뽕 마지메 온다고 지비 이뜬 사람드른 키워 주고 지비 인자 니: 키우던 사람드른 또 어어 무겁따고 또 마지메[42] 온다고 또 오고 글쩬 차가 엄씽깨 거러 댕깅깨,

－ 그러면 저기 산중에

@2 예.

－ 이제 산뽕

@2 산뽕이란 것이 있어요?

－ 저기 저 저기 어치 골짜기에 저기 백운산 밑에 저저 저 바구니봉 밑에 무슨 봉이오?

－ '바구리봉'.

'바구리봉'. 아 봉우리.

－ 예.

음.

－ 바구니봉 밑에 그런 데 그 이제 올라가서 막 숲 깊은 데 그런 데 가면 도랑 가로 뭐 그냥 그런 데 가면

－ 쳐다보고 뽕을 뽕 따로 이제 누에 한 밥 잦혀 놓으면 뽕이 모자란다고 그냥 보따리 큰 보따리를 가지고 막 또 온 식구가 가고 남자들도 가지고 이제 베어 내 주면 따고 이제 이녁 뽕나무는,

@2 예.

－ 이제 아까워서 많이 못 베지.

－ 그래서 이제 그런 데는 가면 그냥 똥구멍을 바로 그냥,

@2 (웃음)

－ 베어 버리면 나가자빠지면 이제 막 여자들은 따고,

－ 이제 동네 몇 집이 여자들하고 남자 하나하고 어울려가지고 가서 이제 남자들은 베어 남자가 베어 주면 이제 여자들은 전부 따 오거나 한 보따리씩 해가지고 오고,

－ 또 뽕 마중 온다고 집에 있던 사람들은 키워 주고 집에 이제 누에 키우던 사람들은 또 어어 무겁다고 또 마중 온다고 또 오고 그럴 때는 차가 없으니까 걸어 다니니까,

- 인제 마지밀[43) 허고

돌

- 그래써요.

돌뽕이 마:니 이썬나요?

- 인자 새:가 인자 요 오둘개[44) 요렁 걸 따:서 무꼬 사네 가서 인자

음

- 똥을 싸문 거그서 나:고

음

- 지금 우리 여으 치너물바테 요론 디도 혹씨 요런 지굼 뽕을 안 해도 혹씨 저 사네 전:디 뽕나무 인능 거 그렁 걸 따무꼬 와서 마니:: 나요.

음.

- 치너물바테도.

음음

@2 오둘개 따:러 다니느라고 또 바뿔 떼 뽕 바테서 (웃음).

- 긍깨 오둘개 따무거 가느 또 그거이 흑:헝 거이 또 찌거등. 흑:헝 거이 찌:문 또 그걸 따:고 나문 망 머리도 끈:끈헝 거이 그냥

음. 찐 가틍 게 이써요?

- 예.

- 흑:헝 거 그거이 막 찌니 막,

음.

- 거슨 또 머리 까마야 데고, 어 만:날 나는 뽕만 따란다고 또 울:고, 금 뽕 따먼 막 이따감 머: 해 준다 머: 해 준다 홀가노콘[45) 해 주도 안해 (웃음).

@2 큰 이리여껀네요, 뽕 따러 다니시능 거시.

- 이거 한:철 거이 버린디요 그 저네느.

음.

- 이제 마중을 하고,

돌

- 그랬어요.

산뽕이 많이 있었나요?

- 이제 새가 이제 이 오디 이런 걸 따서 먹고 산에 가서 이제,

음.

- 똥을 싸면 거기서 나고,

음.

- 지금 우리 여기 취나물 밭에 이런 데도 혹시 이런 지금 뽕을 안 해도 혹시 저 산에 저런 데 뽕나무 있는 것 그런 것을 따 먹고 와서 많이 나요.

음.

- 취나물 밭에도.

음음.

@2 오디 따러 다니느라고 또 바쁠 때 뽕 밭에서. (웃음)

- 그러니까 오디 따 먹어 가면 또 그것이 하얀 것이 또 끼거든. 하얀 것이 끼면 또 그걸 따고 나면 막 머리도 끈끈한 것이 그냥,

음, 진 같은 게 있어요?

- 예.

- 하얀 것 그것이 막 진이 막,

음.

- 그것은 또 머리 감아야 되고, 어 만날 나는 뽕만 따라고 한다고 또 울고, 그러면 뽕 따면 막 이따가 뭐 해 준다 뭐 해 준다 홀려 놓고는 해 주지도 않아. (웃음)

@2 큰 일이었겠네요, 뽕 따러 다니시는 것이?

- 이것 한 철 거의 버리는데요 그 전에는.

음.

@2 아니 이게

음.

@2 며짬 자고 나면 커 가지고

- 어

@2 하루에 며뻔:씩 먹찌요.

- 인자 무꼬 나:머 엄:씨먼 또 주고 또 주고 그래야지 인자 긍깨, 자:
꾸 마:니 중거느 빨리 올라가고 헝깨 요즈믄 노:인들 그래 니:도 마:니 뭉
는 노미 아페든 올라간다고 아페 중는다 그러고.

@2 음

- (웃음) 여기 회:과네서도 엥간만⁴⁶⁾ 무거. 마:니 뭉는 놈 아페 중능그
잉깨 그래싸 (웃음).

아

- 그래싸:코 그러데끼⁴⁷⁾.

- 어쩨등가 잘: 미깅자 시꾸 망:코 손대 조아서⁴⁸⁾ 마:니 미긴 사람드
른 얼렁 올라가고, 인자 뽕:이 자:가가꼬 쩨:깐썩 주고 한:참 이따가 또 주
고 그러먼 또 느께 올라가고 인자.

그 멩주실 뽀불 떼 헐 떼는 어트지 어터케 과:정이 데요? 실: 뽀불 떼는.
꼬치 꼬치를 가지고.

- 어 인자 꼬치 그걸 인자 또 그 쑤세미에서 싹: 따 가꼬,

음.

- 따 가꼬 인자 껍떠그로⁴⁹⁾ 인자 제: 집 질라 거:무장칭⁵⁰⁾ 거,

음.

- 그렁 걸 싹: 또 까야 데요.

음.

@2 음

- 싹: 까 가꼬 인자 그거는 그거때로 인자

@2 아니 이게

음.

@2 몇 잠 자고 나면 커가지고,

― 어.

@2 하루에 몇 번씩 먹지요.

― 이제 먹고 나면 없으면 또 주고 또 주고 그래야지 이제 그러니까 자꾸 많이 준 것은 빨리 올라가고 하니까 요즘은 노인들 그래, "누에도 많이 먹는 놈이 앞에 올라간다고 앞에 죽는다." 그러고,

@2 음.

― (웃음) 여기 회관에서도 "어지간히 먹어. 많이 먹는 놈 앞에 죽는 거니까." 그래 쌓아.

아.

― 그래 쌓고 그러듯이.

― 아무튼 잘 먹여 이제 식구 많고 솜씨 좋아서 많이 먹인 사람들은 얼른 올라가고, 이제 뽕이 작아가지고 조금씩 주고 한참 있다고 또 주고 그러면 또 늦게 올라가고 이제,

그 명주실 뽑을 때 할 때는 어떻게 어떻게 과정이 돼요? 실 뽑을 때는. 고치 고치를 가지고.

― 어, 이제 고치 그걸 이제 또 그 수세미에서 싹 따가지고,

음.

― 따가지고 이제 껍질로 이제 제 집 지으려 거미줄 친 것,

음.

― 그런 걸 싹 또 까야 돼요.

음.

@2 음.

― 싹 까가지고 이제 그것은 그것대로 이제,

@2 거:또 만들지요?

- 그걸 가꼬 그거는 가꼬 멀: 핸능고 모르건네 애리농깨 그즉.

- 어:런덜한테 거승만 하나. 그거는 그거때로 까머 그어또 막 소쿠리로 하나라요51).

@2 예.

- 큰: 소쿠리 저넨 막 굴:근 소쿠리로 맨드라.

- 맨드라가꼬 중물 젤: 인는 사라미 인자 그럼 그녀믈 사다가 맨드라가꼬 그렁 거또 다: 또 항 거이고 그리 또 싹:: 까가꼬 똔, 덕써게다52) 시방 비느리가 조:체마는 저네느 덕써글 그냥 또 남자들 두:리서 뜨들고 그냥 탕:탕 뚜두레요, 티 문는다고.

- 탕:탕 뚜두리가꼬 인자 페: 노코 또 덕써게다가 싹: 내려서 당글당글 흐이53) 몰라가꼬 가야 또 거그서도 공:출 잘 바다 주지.

음.

그걸 단 고치를 네: 버려요 봄 메상을?

- 매:상을 내:야 데요.

아

- 그거또.

지베서 그걸 쌀마서 실: 뽑꼬나 안 하나고?

- 긍깨 인자 구징 건만.

아, 구징 건만.

- 예.

어

- 구징 건만 허고 또 그거또 쫌 칙 잘 무긍 거능 구:께 지블 지꼬,

음.

@2 음.

- 몸:무긍 거는 잘고 그릉깨, 그 장 거, 인자 물등 거, 그렁 거 인잗 에

@2 그것도 만들지요?

- 그걸 가지고 그것은 가지고 뭘 했는지 모르겠네 어려 놓으니까 그때

- 어른들한테 거시기만 하나. 그것은 그것대로 까면 그것도 막 소쿠리로 하나 가득이에요.

@2 예.

- 큰 소쿠리 전엔 막 굵은 소쿠리를 만들어.

- 만들어가지고 죽물 제일 있는 사람이 이제 그럼 그놈을 사다가 만들어가지고 그런 것도 다 또 하는 것이고, 그리 또 싹 까가지고 또 멍석에다 시방 비닐이 좋지마는 전에는 멍석을 그냥 또 남자들 둘이서 떠들고 그냥 탕탕 두드려요, 티 묻는다고.

- 탕탕 두드려가지고 이제 펴 놓고 또 멍석에다가 싹 내려서 당글당글하게 말려가지고 가야 또 거기서도 공출 잘 받아 주지.

음.

그걸 단 고치를 내 버려요 봄 매상을?

- 매상을 내야 돼요.

아.

- 그것도.

집에서 그걸 삶아서 실 뽑거나 안 하고?

- 그러니까 이제 궂은 것만.

아, 궂은 것만.

- 예.

어.

- 궂은 것만 하고 또 그것도 좀 잘 먹은 것은 굵게 집을 짓고,

음.

@2 음.

- 못 먹은 것은 잘고 그러니까 그 잔 것 이제 물든 것 그런 것 이제 에

시:를 뽀바요.

거 어떠케

― 쌍:깨

싹 그걸 쌀마야지요 고치를.

@2 음.

― 고치를 긍:깨 요만헌 솓 소딴지[54],

어, 오가리

― 저네 저네 오가리[55] 소딴지.

음.

― 그거에다 인자 미테 스 인제,

@2 불 느코

― 불 러:코 인자,

음.

― 다글다글[56] 막 벅떡북떡[57] 끄르문 인자 거따 꼬치를 또 지버 여:코 줄 빼:문 인자 또 싹: 뽀피 나가머니 또 인제 깬대기면[58] 흐물흐물허니 이쓰 깬대기 소:게가 또 이써요.

음.

― 흐물흐무흐이 쩨까만 이씨면 인자 그거 인자 또 깬대기 그거이 또 나와 뿌리머 혹씨나 여 시:리 안 조으까이~,

음.

― 쩨깜 인능 거 쩨깜 허물허물허이 인능 거 인자 요리 건지서 우리드 를 주무 인자 우리으 요:리 찌저가꼬 인자 또 그걸 무꼬,

@2 음.

(웃음)

@2 여러 사라미 모여서 헤야 데겐네요.

― 인자 거그에 인자 허물허무런 그거 꼰대기 소게 인제 껍떼게 인제

실을 뽑아요.

그 어떻게?

― 삶으니까

싹 그걸 삶아야지요 고치를.

@2 음.

― 고치를 그러니까 이만한 솥 솥단지.

어 오지그릇 독.

― 전에 전에 오지솥.

음.

― 그것에다 이제 밑에 스 이제,

@2 불 넣고.

― 불 넣고 이제.

음.

― 바글바글 막 바글바글 끓으면 이제 거기에다 고치를 또 집어 넣고 줄 빼면 이제 또 싹 뽑혀 나가면 또 이제 번데기만 흐물흐물하게 있으 번데기, 속에 또 있어요.

음.

― 흐물흐물하게 조금만 있으면 이제 그것 이제 또 번데기 그것이 또 나와 버리면 혹시나 이 실이 안 좋을까 봐,

음.

― 조금 있는 것 조금 흐물흐물하게 있는 것 이제 이리 건져서 우리들을 주면 이제 우리는 이리 찢어가지고 이제 또 그걸 먹고.

@2 음.

(웃음)

@2 여러 사람이 모여서 해야 되겠네요.

― 이제 거기에 이제 허물허물한 그것 번데기 속에 이제 껍질에 이제,

@2 어.

- 쩨깜 허물허무허이 인능 걸 보고 요리 찌저가 무긍 그노문 인자 또 풀쏘그미라고[59] 배 짬서로,

음.

- 배 짬서 주리 떠 이리 저 오:리 떠러지며 인자 그걸 인자 또 잉애때 에다가[60] 인자 요래 막 거러노코 만:날 추믈[61] 볼라가 여러가 쩨깜 떼: 가꼬 또 비비먼 이서저 그걸 가꼬.

@2 아

고치

- 예.

크덴나 소:그로

- 긍깨 그걸 보고 풀쏘그미라 그래써요.

@2 **

음.

- 그래 그걸 인자 쪼끔 떼: 가꼬 인자 그걸 가꼬 요:리 이:스머 안 떠 러지먼 또 배를 짜고.

음.

- 그래

아

@2 아

- 거:또 안 쌀뭉 거는 또 안 이서저요. 세:서.

@2 아

음.

- 세:서 안 이서지는 인자 그거또 쌀무머 인자, 인자 그거 엄:는 사람 드른 그냥 모:썰 꺼 좀 구징 거 그렁 거를 또 지비 소테다가 쌀마야 데.

- 쌀마 가꼬 인제 그걸 잉앹때에다가 인좓 꼬치 그걸 하나썩 인자 요

@2 어.

- 조금 흐물흐물하게 있는 것보고 이리 찢어서 먹은 그놈은 이제 또 풀솜이라고 베 짜면서,

음.

- 베 짜면서 줄이 떠 이리 저 올이 떨어지면 이제 그걸 이제 또 잉앗 대에다가 이제 이리 막 걸어 놓고 만날 침을 발라가지고 이렇게 해가지고 조금 떼어가지고 또 비비면 이어져. 그걸 가지고.

@2 아.

고치

- 예.

*** 속으로.

- 그러니까 그걸 보고 풀솜이라 그랬어요.

@2 **

음.

- 그래 그걸 이제 조금 떼어가지고 이제 그걸 가지고 이리 이으면 안 떨어지면 또 베를 짜고.

음.

- 그래.

아.

@2 아.

- 그것도 안 삶는 것은 또 안 이어져요.

@2 아.

음.

- 세어서 안 이어지는 이제 그것도 삶으면 이제, 이제 그것 없는 사람 들은 그냥 못 쓸 것 좀 궂은 것 그런 것을 또 집 솥에다가 삶아야 돼.

- 삶아가지고 이제 그걸 잉앗대에다가 이제 고치 그걸 하나씩 이제 이

릴 내: 쌀마 부들부들헝깨 인자 요리 거:러 노:먼 또 오:리 떠러지먼 요리
떼: 가꼬 또 요래 가꼬 요리 두: 개로 요:리 이서 가꼬 땅 요로먼 또 이서
지고 그래 가꼬 배 짜고.

@2 베도 마니 짜셔써요?

— 마:니 짜:째 (웃음).

거 이 멩지베 짜능 박 방버븐 삼베락 거이 가꼬요?

— 배 짜능 거느 점:부 가태요.

어.

— 인자 거그예서 인자 보디지비라 보디라고[62] 인능 거이 인자, 다쌔[63]
보디 아홉쌔 보디 야달쌔[64] 보디 인자 그렁거 이짠

— 멩지 보디는 또 똑: 참비걸 걸:꼬 상:구 가늘고 그렁깨 인잔 다쌔 보
디느 음 두문두무너이 그러코 그래.

음.

세으막

— 긍깨 인자

음.

— 다쌔는 언능 언능 항개작 끄너 주고 가는 배는 또 쪼깜 더디게 끄
짜 암:만해도[65] 가능깨 언능 아 아퍼 안 부릉깨 인자 더디게 끙코

음.

@2 그믄 언:제 여르메 그걸 짜나요? 아니며는 베를 언:제 짜요?

— 음 삼배는 인자 칠파레 짜고

@2 예.

— 멩:배느 인자 삼동에[66] 짜고,

@2 아.

— 삼동에느 삼배느 좀 버실기리지 아나요.

@2 그지요

리 내어 삶아 부들부들하니까 이제 이리 걸어 놓으면 또 올이 떨어지면 이리 떼어가지고 또 이리 해 가지고 이리 두 개로 이리 이어가지고 딱 이러면 또 이어지고 그래가지고 베 짜고.

@2 베도 많이 짜셨어요?

- 많이 짰지. (웃음)

그 이 명주베 짜는 박 방법은 삼베와 거의 같고요?

- 베 짜는 것은 전부 같아요.

어.

- 이제 거기에서 이제 바디집이라 바디라고 있는 것이 이제, 다섯 새 바디 아홉 새 바디 여덟 새 바디 이제 그런 것 있잖(아요?)

- 명주 바디는 또 꼭 참빗 같고 사뭇 가늘고 그러니까 이제 다섯 새 바디는 음 드문드문하게 그렇고 그래.

음.

***

- 그러니까 이제

음.

- 다섯 새는 얼른 얼른 한 개씩 끊어 주고 가는 베는 또 조금 더디게 끄 짜 아무래도 가느니까 얼른 아 앞이 안 부르니까 이제 더디게 끊고,

음.

@2 그러면 언제 여름에 그걸 짜나요? 아니면은 베를 언제 짜요?

- 음, 삼베는 이제 칠팔 월에 짜고,

@2 예.

- 무명베는 이제 겨울에 짜고.

@2 아.

- 겨울에는 삼베는 좀 바슬거리잖아요?

@2 그러지요..

- 어 긍깨로

@2 어.

- 인제 칠팔로 짜고 삼 인자 멩 저: 멩:배는 인자 삼동으로 짜고.

멩지베?

- 인제 멩지배도67) 인제 삼동으로 짜고.

어 그레 삼동으로 짜고.

@2 어.

- 인자 멩:지배느 인자 허는 사라미 썩: 드무라요.

아 그레요?

- 예. 집찜마덩 허능 거이 아이고,

어.

- 인자 멩지배는 참말로 솜씨 조은 사람들 찌비

어.

- 그런 지비서 허고.

음.

그러면 인제 음 되:치 데:충 이야기덴네.

그 다으메는 인제 온만

@2 네.

여:쩌 보고 그레 나는 할 릴 다 헤:따.

@2 (웃음)

음.

- 어 그러니까,

@2 어.

- 이제 칠팔월로 짜고 삼 이제 무명 저 무명베는 이제 겨울로 짜고.

명주베?

- 이제 명주베도 이제 겨울로 짜고.

아 그래 겨울로 짜고.

@2 어.

- 이제 명주베는 이제 하는 사람이 썩 드물어요.

아, 그래요?

- 예. 집집마다 하는 것이 아니고,

어.

- 이제 명주베는 정말로 솜씨 좋은 사람들 집

어.

- 그런 집에서 하고,

음, 그렇네요. 예.

그러면 이제 음 대충 대충 이야기 됐네.

그 다음에는 이제 옷만,

@2 네.

여쭤 보고 그래, 나는 할 일 다 했다.

@2 (웃음)

음.

6.2 옷 만들기

@2 옫또 마니 만드러서 이브셔찌요?

― 예.

@2 어유, 그 다 저네는 베 짜셔 가지고 그걸로 옫 만드러서 이브셔써요?

― 예.

@2 아들 오또 짜:시고

(하품)

― 인자 어:른드리 베: 주무 인자 맨들그든68) 맨드라 바:써

@2 예. 천 헤:가지고 누구 옫 만드셔 보셔써요?

― 인자

@2 에기들?

― 씨아버니 옫허고

@2 아, 어:른들

― 인제 어매들허고

@2 녜.

― 그렁 거고

@2 머 멀:로 만드셔써요 시아버지 오슨?

― 멩:배 가꼬도 허고 삼배 가꼬도 허고.

@2 음. 그걸로 머 둘메기 가틍거 머 그렁 거 만드셔써요?

― 인자 아홉 쌔배 그렁 거능 가꼬 두루막69) 거틍 거 그렁 거 허고,

@2 어뜨케 언트게 만드는지 두루막 어트케 만드는지 쫌 말씀 좀 헤 주세요.

― 인제 접뚜루막 헝 거 멩지 인제,

@2 녜.

@2 옷도 많이 만들어서 입으셨지요?

― 예.

@2 어휴, 그 다 전에는 베 짜셔가지고 그걸로 옷 만들어서 입으셨어요?

― 예.

@2 아들 옷도 짜시고.

(하품)

― 이제 어른들이 베어 주면 이제 만들거든. 만들어 봤어.

@2 예, 천 해가지고 누구 옷 만드셔 보셨어요?

― 이제

@2 아이들?

― 시아버지 옷하고,

@2 아, 어른들.

― 이제 엄마들하고,

@2 네.

― 그런 것이고.

@2 뭐 뭘로 만드셨어요 시아버지 옷은?

― 무명베 가지고도 하고 삼베 가지고도 하고.

@2 음, 그걸로 뭐 두루마기 같은 것 뭐 그런 것 만드셨어요?

― 이제 아홉 새 베 그런 것은 가지고 두루마기 같은 것 그런 것 하고,

@2 어떻게 어떻게 만드는지 두루마기 어떻게 만드는지 좀 말씀 해 주세요.

― 이제 겹두루마기 한 것 명주 이제,

@2 네.

- 부:자찝뜨른 인자 멩지 안 녀코 쫌 살:만한 사람드른 멩지 안 여코 인자 두루마글 허고, 글 안 하무 거:느 인자 접뚜르마 인자 또 멩지 엄:는 사람 비:다늘 떠다가 인자 또 아늘 여코,

- 인자 솜씨 조은 사람드른 그러고, 엥가넌 사람드른 그냥 호뚜르막 해:서 입꼬 댕기고 그래써요.

- 요 요새가70) 가찌 머. 인는 사람드른 조:논닙꼬 댕이고 엄:는 사라문 그냥 아:무꺼이라도 입꼬 댕기데끼 저네.

@2 그러면 천 떠가지고 만드러라 그러면 어떠께 만드셔요 어떠케?

- 인자 오또 베:는 사라미 따로 이써요. 집마둥 다 베:능 거이 아이고. 인자 온 잘 베:는 지비 가서 베:가꼬 와서 인자 거 맨드러라 그러면 인자 맨드리곤드.

- 우리 친정 어무니는 그렁 거또 잘 베:고

@2 음.

- 그렁깨 누에 고치 그렁 거또 잘 허고 그렁깨 머 너만테 배우꺼이 엉:꼬 우리 어무니한테 배아찌요.

@2 음.

- 거 인자 두루막 거틍 거또 해 바야 시집가문

@2 예.

- 허능 거이라고, 우리 올캐르 열 딸 인자 어매다 엄:는 사라믈 우리 친정에도 좀 업:씨 사라써요.

- 그릉깨로 거 인자 울 어매가 그런 눈쌀미:가71) 이씽깨 그렁 걸 배아 가꼬 만날 너무 배 매로72) 댕기고 배 나라73) 주고 배 짜고 머 그렁 걸 헝깨,

- 인자 울 올캐르 인자 열다서쌀 뭉능 걸, 어매도 엉:꼬 그리 인능 거를 인자 데이다가 주구 어매가 일칭이 주거 부리고 인자 호래비가74) 인자 말허자머 호라부지허고 인자 사:능 걸 데꼬 와 놓깨 멀: 몰: 모리는디, 그러 우러 올캐도 눈쌀미가 그리 조아서 잘 배우드라네요.

- 부잣집들은 이제 명주 안 넣고 좀 살 만한 사람들은 명주 안 넣고 이제 두루마기를 하고, 그렇지 않으면 그것은 이제 겹두루마기 이제 또 명주 없는 사람 비단을 떠다가 이제 또 안을 넣고,

- 이제 솜씨 좋은 사람들은 그리하고 어지간한 사람들은 그냥 홑두루마기 해서 입고 다니고 그랬어요.

- 요, 요새와 같지 뭐. 있는 사람들은 좋은 옷 입고 다니고 없는 사람은 그냥 아무 것이라도 입고 다니듯이 전에.

@2 그러면 천 떠가지고 만들어라 그러면 어떻게 만드셔요? 어떻게?

- 이제 옷도 베는 사람이 따로 있어요. 집마다 다 베는 것이 아니고. 이제 옷 잘 베는 집에 가서 베어가지고 와서 이제 그 만들어라 그러면 이제 만들곤,

- 우리 친정어머니는 그런 것도 잘 베고,

@2 음.

- 그러니까 누에고치 그런 것도 잘하고 그러니까 뭐 남한테 배운 것이 없고 우리 어머니한테 배웠지요.

@2 음.

- 그 이제 두루마기 같은 것도 해 봐야 시집가면,

@2 예.

- 하는 것이라고, 우리 올케를 열 딸 이제 엄마 없는 사람을 우리 친정에도 좀 없이 살았어요.

- 그러니까 그 이제 우리 엄마가 그런 눈썰미가 있으니까 그런 걸 배워가지고 만날 남의 베 매러 다니고 베 날아 주고 베 짜고 뭐 그런 걸 하니까,

- 이제 우리 올케를 이제 열다섯 살 먹은 걸, 엄마도 없고 그리 있는 것을 이제 데려다가 저희 엄마가 일찍 죽어 버리고 이제 홀아비가 이제 말하자면 홀아버지하고 이제 사는 걸 데리고 와 놓으니까 몰, 모르는데, 그러 우리 올케도 눈썰미가 그리 좋아서 잘 배우더라네요.

- 그래 인제 나 네:살 무거서 올캐가 완는디, 울 올캐, 울 엄니는 그냥 금 바꾸로[75] 먼 두리로 댕기고 머 금 바쿠러 너무 이:리나 댕기고 그래도, 인자 울 올캐르 그르시 잘 배와 농깨로,

- 울 올캐가 그냥 어매메이라[76]. 나이 에 애기라 농깨르[77] 어매메이로 그리 사라농깨, 울 올캐느 똑 또 자기 딸 키우데끼 나를 키우고,

- 그래 울 올캐가 데꼬 안자서 울 어맨:테 배아 가꼬 또 울 올캐가 데꼬 안자 날 그리 겔차 주고,

음.

- 또 울 언니가 옥곡 상:깨로, 우런니가 또 수물아호베 혼자 데:써.

- 수물아호베 혼자 데: 가꼬, 애기는 너:열 나: 노코 우리 형부가 구니네 가따 와서 주거 부러농깨로 도라가시농깨로

- 그 또 우리 어매 미테서 커 농깨 울 언니도 그리 잘 헝깨, 나는 그냥 우런니지비 반:쯤 살:데끼해써[78].

- 그 애기들 봐: 주고 또 거그서 또 배우고,

- 긍깨 머 바느질도 너무 소네 가서 허도 안 허고,

@2 음.

- 시지볼 때 오또 점:부 우런니지비 가 가서 우런니가 허고 또 날: 보고 바그라고 인자 베: 주고 금서 바그라고 그러먼 이 시터[79] 주먼 인자 또 나가 허고,

- 그래가꼬 와 농깨 머 온 허고 그렁 거는 넘한테 머 아수운 거이 업:씨 배와써.

@2 만드는 방버비 저이:는 안 베워서 어:떠케 만드는지 모르는데,

- 그냥 베: 가꼬 온 대로 쫄쫄 인자,

@2 예.

- 바 바 베:서 바:그무 데:지 머.

@2 (웃음)

- 그래 이제 나 네 살 먹어서 올케가 왔는데 우리 올케 우리 엄마는 그냥 집 밖으로 뭐 *** 다니고 뭐 집 밖으로 남의 일이나 다니고 그래도, 이제 우리 올케를 그렇게 잘 배워 놓으니까,

- 우리 올케가 그냥 엄마 같아. 내가 아기였으니까 엄마처럼 그리 살아 놓으니까 우리 올케는 꼭 또 자기 딸 키우듯이 나를 키우고,

- 그래 우리 올케가 데리고 앉아서 우리 엄마한테 배워가지고 또 우리 올케가 데리고 앉아 날 그리 가르쳐 주고,

음.

- 또 우리 언니가 옥곡(지명) 사니까 우리 언니가 또 스물아홉에 혼자 됐어.

- 스물아홉에 혼자 돼가지고 아이는 넷을 낳아 놓고 우리 형부가 군대에 갔다 와서 죽어 버려 놓으니까 돌아가셔 놓으니까.

- 그 또 우리 엄마 밑에서 커 놓으니까 우리 언니도 그리 잘 하니까, 나는 그냥 우리 언니 집에서 반쯤 산 듯했어.

- 그 아이들 봐 주고 또 거기서 또 배우고,

- 그러니까 뭐 바느질도 남의 손에서 하지도 않고,

@2 음.

- 시집올 때 옷도 전부 우리 언니집 가서 우리 언니가 하고 또 나보고 박으라고 이제 베어 주고 그러면서 박으라고 그러면 이 시쳐 주면 이제 또 내가 하고,

- 그래가지고 와 놓으니까 뭐 옷 하고 그런 것은 남한테 뭐 아쉬운 것이 없이 배웠어.

@2 만드는 방법이 저희는 안 배워서 어떻게 만드는지 모르는데,

- 그냥 베어가지고 온 대로 졸졸 이제,

@2 예.

- 바 바 베어서 박으면 되지 뭐.

@2 (웃음)

- 바지 덥찌80).

@2 예.

- 인자 그때는 양장을 인자 더우까다81) 양장을 헤농께

@2 예.

- 양장은 나 똑떼기 잘 몰라.

- 이, 그러나 인자 시집 와서도 씨아재드리 서:이나 데:옹께 여 우리 여 요지비가 우리 자근지비 사란는디 우리

- 그때도 양장저메 댕기씨문 허는디

@2 예.

- 울 아부지가 구:시기 데고 가이네가 바람나고로82) 어:디로 장:짜뽀 태 (웃음)

(웃음)

- 장:떡 바다 거그 음 흔들고 도라댕기야고 야당이가꼬 몽: 깐는디,

@2 예.

- 인자 눈쌀미가 이따고 모도 그자사 우리 자:느어무이가 능네기 베베: 주무 허건네 그래가꼬 그 우리 씨누가 인자 베: 주무 우리 씨아재들 오또 해 이피고 그래찌요.

음.

- 인자 나 소느로 베:기르 모대.

@2 아.

@2 베: 온다능 거시 그럼 올 뿐데로 이러케

- 응 응 예 뿐지대로83) 인자 짤라가꼬 허능 거.

@2 아 글며는

- 그릉 거

@2 그 다 다르니까 시아버지나 또 여자드리나 오시 다 다르니.

- 예.

- 핫바지.

@2 예.

- 이제 그때는 양장을 이제 더구나 양장을 해 놓으니까.

@2 예.

- 양장은 나 똑똑히 잘 몰라.

- 이, 그러나 이제 시집와서도 시동생들이 셋이나 돼 놓으니까 이 우리 이 이 집에서 우리 작은집이 살았는데 우리

- 그때도 양장점에 다녔으면 하는데,

@2 예.

- 우리 아버지가 구식이 되고 계집애가 바람나게 어디로 장터 곁에(?), (웃음)

(웃음)

- 장터 바닥 거기 음 흔들고 돌아다니냐고 야단이어가지고 못 갔는데,

@2 예.

- 이제 눈썰미가 있다고 모두 그래 쌓아서 우리 작은어머니가 넉넉히 베 베어 주면 하겠네 그래가지고 그 우리 시누이가 이제 베어 주면 우리 시동생들 옷도 해 입히고 그랬지요.

음.

- 이제 내 손으로 베지를 못해.

@2 아.

@2 베어 온다는 것이 그럼 옷 본대로 이렇게,

- 응, 응, 예, 본대로 이제 잘라가지고 하는 것.

@2 아, 그러면은

- 그런 것.

@2 그 다 다르니까 시아버지나 또 여자들이나 옷이 다 다르니까,

- 예.

@2 그대로 다

- 하:. 인제 남자들 오슨 이 남자들 올 대 그러구 인자 인자 바지덥찌랑은 인자 엔:날 온

@2 예.

- 노인들 임는 그거이고 인자 양:보기라무 인자 지금 임는 요렁 거 양:복이고 글 안허요?

@2 그러면 다 기리가 좀 기리를 어:따 저거나따가 가꼬 가야 쓰건네요.

- 인자 혹 베:로 갈라무 인자 씨어무니가 인자 오슬 가꼬 가.

@2 아.

- 거세기 일.

@2 예.

- 인자 몬자[84] 헌: 오슬. 헌: 오슬 가꼬 가무 인자 그 기리대로 허고.

@2 음.

- 그러고 또 이 양장저메서 인자 배웅깨

@2 예.

- 배웅깨 인자 또 메싸른 메 치 머 그렁 걸 또 아능갑떼요.

@2 어.

- 그래가 인자 베:다 주문 인자 나:가 다 허고.

@2 먼 오시 젤: 만들기가 힘드러요?

- 인자 함:보근 인자 저네부터 헝 거잉깨 갠찬치마느 인자 양복

@2 어.

- 양복 그렁 거이 인자 좀 대: 보먼 인 거세도 인자 그거또 인자 메뻔 헝깨로 에 눈 누네 이거가꼬 잘 데데.

@2 아 두르막 가틍 거는 얼마나 걸려요 하나 만드는데?

- 두루마글 부지러니 해야 한나자레 한나 한 차[85] 끼미. 두루마글.

@2 아.

@2 그대로 다

— 아무렴. 이제 남자들 옷은 이 남자들 올 대 그리고 이제 이제 핫바지랑은 이제 옛날 옷

@2 예.

— 노인들 입는 그것이고 이제 양복이라면 이제 지금 입는 이런 것 양복이고 그러잖아요?

@2 그러면 다 길이가 좀 길이를 어디에다 적어놨다가 가지고 가야 되겠네요.

— 이제 혹 베러 가려면 이제 시어머니가 이제 옷을 가지고 가.

@2 아.

— 거시기 있

@2 예.

— 이제 먼저 한 옷을. 한 옷을 가지고 가면 이제 그 길이대로 하고,

@2 음.

— 그리고 또 이 양장점에서 이제 배우니까,

@2 예.

— 배우니까 이제 또 몇 살은 몇 치 뭐 그런 걸 또 아나 보데요.

@2 어.

— 그래서 이제 베어다 주면 이제 내가 다 하고.

@2 무슨 옷이 제일 만들기가 힘들어요?

— 이제 한복은 이제 전에부터 한 것이니까 괜찮지마는 이제 양복

@2 어.

— 양복 그런 것이 이제 좀 대어 보면 거시기도 이제 그것도 이제 몇 번 하니까 에 눈 눈에 익어가지고 잘 되데.

@2 아, 두루마기 같은 것은 얼마나 걸려요? 하나 만드는데?

— 두루마기를 부지런히 해야 한나절에 하나 한 채 꿰매, 두루마기를.

@2 아.

― 쪼깜 머: 어정기리고 머 바가테난 가따 음 머 더러 좀 가따 느 오고 드로고 머 어쩌고 오 오더다가,

@2 음.

― 머 애기드리 바가테 어쩌고 그러면 또 애기들한테 또 쫌 디다보고[86) 어쩌고 나먼 한나자레 한:차 모 끼민데.

@2 아.

― 난:나지[87) 소를[88) 싹: 윤:디로[89) 가꼰 지저야 뎅깨

@2 아.

― 하리부를 가따가 윤:로 꼬바 노코

@2 예.

― 난:나지 솔마등 그걸 대려야 뎅깨로

@2 예.

― 얼릉 몬 해.

@2 예.

@2 그러며는 혼자 혼자 하싱 거에요?

― 하무 혼자 하지 그라문?

@2 어. 혼자 그러며는 바쁘시겐네요. 하면서 또

― 아 인자 싹: 인자 솔부터 느질라[90) 노코 인자 윤:디로 가꼬 대레 가꼬

@2 예.

― 그래 인자 또 꾸:매꺼는[91) 꾸:매고

@2 어.

@2 다른 오또 다: 만드러서 이브셔쓸 꺼 아니에요 에기들 오시랑?

― 예.

@2 다 만드셔써요?

― 예.

@2 에기들 오슬?

─ 조금 뭐 어정거리고 뭐 바깥에나 갔다 음 뭐 더러 좀 갔다 오고 들어오고 뭐 어쩌고 옷 하다가,

@2 음.

─ 뭐 아이들이 밖에 어쩌고 그러면 또 아이들한테 또 좀 들여다보고 어쩌고 나면 한나절에 한 채 못 꿰매는데,

@2 아.

─ 낱낱이 솔기를 싹 인두를 가지고 지져야 되니까.

@2 아.

─ 화롯불을 가져다가 인두를 꽂아 놓고,

@2 예.

─ 낱낱이 솔기마다 그걸 다려야 되니까.

@2 예.

─ 얼른 못 해.

@2 예.

@2 그러면은 혼자 혼자 하신 거예요?

─ 아무렴. 혼자 하지 그러면?

@2 어. 혼자 그러면은 바쁘시겠네요? 하면서 또.

─ 아, 이제 싹 이제 솔기부터 눌러 놓고 이제 인두를 가지고 다려가지고

@2 예.

─ 그래 이제 또 꿰매는 것은 꿰매고,

@2 어.

@2 다른 옷도 다 만들어서 입으셨을 것 아니어요? 아이들 옷이랑?

─ 예.

@2 다 만드셨어요?

─ 예.

@2 아이들 옷을?

— 애기들 오슨 그냥 나:가 얄구께 베:가꼬 해서 이피고 그래찌요.

@2 예.

@2 에기들 오또 다 윤:디로 이러케 지저 가지고 헤야 데요? 똑까테요?

— 인자 멩:온 그릉 거느 안 지지도 대. 그거는 인자 두루막 그렁 거느 인자

@2 예.

— 대리야 인자 입 넘 나 입꼬 나가무 이쁘고 그래치요. (웃음)

@2 아.

@2 그냥 지베서 임는 오슨 그러며는

— 또 두루막또 인자 소매도 이 다:늘

@2 예.

— 다:늘 요리 딱 해야꼬 요로무 싹:또 풀로 부치야 대.

@2 풀로요?

— 풀로. 끼:매문 인자 바느질 식 껄 베긴다고[92].

@2 예.

— 풀로 인제 요리 꼬치[93] 가꼬는 풀로 인잔 요리 여그를 싹: 푸를 밥테을 밥티나[94] 인자 푸를 데게 끼리덩가 해가꼬 가따 노코,

@2 머 멀 멀:로? 밥 바브로?

— 바브로도 허고

@2 예.

— 풀로 끼리 가꼬도 허고 그래가꼬 인자 요리 조르레이 요노믈 요리 부치 가꼬 요리 단:댄만침 요리 꼬츠머 요리

@2 네.

— 여:가 인자 디씨따고[95] 생각허머

@2 응

— 욜 해가꼬 싹: 인자 그노무 파 윤:디로가 지지야 요노미 딱 부찌.

─ 아이들 옷은 그냥 내가 얄궂게 베어가지고 해서 입히고 그랬지요.

@2 예.

@2 아이들 옷도 다 인두로 이렇게 지져가지고 해야 돼요? 똑같아요?

─ 이제 무명옷 그런 것은 안 지져도 돼. 그것은 이제 두루마기 그런 것은 이제,

@2 예.

─ 다려야 이제 입 남 나 입고 나가면 이쁘고 그렇지요. (웃음)

@2 아.

@2 그냥 집에서 입는 옷은 그러면은

─ 또 두루마기도 이제 소매도 이 단을

@2 예.

─ 단을 이리 딱 해가지고 이러면 싹 또 풀로 붙여야 돼.

@2 풀로요?

─ 풀로. 꿰매면 이제 바느질 겉 보인다고.

@2 예.

─ 풀을 이제 이리 꼽쳐 가지고는 풀을 이제 이리 여기를 싹 풀을 밥알을 밥알이나 이제 풀을 되게 끓이든지 해가지고 가져다 놓고,

@2 뭐 뭘 뭘로? 밥 밥으로?

─ 밥으로도 하고

@2 예.

─ 풀을 끓여가지고도 하고 그래가지고 이제 이리 조르르하게 이놈을 이리 붙여가지고 이리 단 댄 만큼 이리 꼽치면 이리

@2 네.

─ 여기가 이제 뒤집었다고 생각하면

@2 응.

─ 이리 해가지고 싹 이제 그놈을 인두를 가지고 지져야 이놈이 딱 붙지.

@2 그러치요

— 응

@2 응

— 그릉깨 난:나치 풀로 부침성 지지야 뎅깨로 윤:디로 가꼬 은때야96) 뎅깨로 거거이 벵이지.

@2 글면 여기다 그레가꼬 다시 또 이러케 바느질 이러케 안 헤요?

— 인자 그래가꼬 인자 두문두문허이 인자 꼬 인자 끼:매 나야조. 글 안하무 요노미

@2 예.

— 푸푸 혹씬 남자들 머 수리나 잡쫘떤지 어째떤지 허먼

@2 예.

— 좀 꾸부재지덩가97) 업꼬 드러가머 이거 덜렁덜렁 나가게 뎅깨

@2 예.

— 인제 또 다문다문허니 인제 또 바느를 가꼬 와.

@2 예.

— 함 바늘썩 꾸매 나야지. 안 풀리고로 (웃음).

@2 아 근디 풀로 부처 노코 그러케만 헤: 노면 나중에 빨: 떼 그건 어:뜨케요? (웃음)

— 그럼 또 그노믈 따야지. 긍깨 두문두문허이 허네. 안 떠러저 갈 안 풀리나갈 쩡도로.

@2 아~ 그러며는 빨: 다으메 다시 또 풀로 또 부처야 데는 거예요? 또 이러케?

— 하무 이그시 싹:

@2 저거

— 빨무 또 그래야 데지요. 긍깨느 만:날 온 그걸 허다가 말:지.

@2 동정도 동정도 세로 헤야 데고

@2 그렇지요.

- 응.

@2 응.

- 그러니까 낱낱이 풀로 붙이면서 지져야 되니까 인두를 가지고 문질러야 되니까 그것이 병이지.

@2 그러면 여기에다 그래가지고 다시 이렇게 바느질 이렇게 안 해요?

- 이제 그래가지고 이제 드문드문하게 이제 꼬 이제 꿰매 놓아야지요. 그렇지 않으면 이것이,

@2 예.

- 혹시 남자들 뭐 술이나 잡쉈든지 어쨌든지 하면

@2 예.

- 좀 구겨지든지 업고 들어가면 이것 덜렁덜렁 나가게 되니까,

@2 예.

- 이제 또 다문다문하게 이제 또 바늘을 가지고 와.

@2 예.

- 한 바늘씩 꿰매 나야지 안 풀리게. (웃음)

@2 아, 그런데 풀로 붙여 놓고 그렇게만 해 놓으면 나중에 빨 때 그건 어떻게요? (웃음)

- 그러니까 또 그놈을 따야지. 그러니까 드문드문하게 하네. 안 떨어져 갈 안 풀려나갈 정도로.

@2 아, 그러면은 빤 다음에 다시 또 풀로 또 붙여야 되는 거예요? 또 이렇게?

- 아무렴, 이것이 싹,

@2 저거

- 빨면 또 그래야 되지요. 그러니까는 만날 옷 그것 하다가 말지.

@2 동정도 동정도 새로 해야 되고.

- 음 싹: 또 새로웅맹키로 새로 해야지 이제 두루막 거틍거느.

@2 아~이고

- (웃음)

@2 그거 보:통 이리 아니어껀네요 그러면.

- 하도 또 소:믈루 소게다 소:믈 농:깨로 또 싹: 뜨더가꼬 새로 해야
데고.

@2 함번 빨:며는 소:믄 다:: 끄지버 네서,

- 그릉깨 안: 안: 허고 껍떡[98) 허고 그릉깨 두 암:팍 꺼주글 뜨더서 헝
깨 인쟎 인자 두:가지 허는 세:미지.

@2 그지요.

- 거 이 노:인들 온 함벌 뜨더노무 통으로 하나이다[99) 저네느 (웃음).

@2 자주 그러며는 어:떠케 자주 모빨겐네요?

- 긍깨 저네느 막 그냥 더럽찌. 지금거치 어찌 이리 깨끔해가꼬[100) 사
라써 저네느?

- 한 우리 씨아부지는 영[101) 부를 잘 때조.

@2 예.

- 부를 잘 때중깨 끄시르미[102) 찌서 시컴허무 그냥 또 씨그 씨처야[103)
뎅깨 밤:날 끼 오 끼매다가 마라 긍깨. 밤:날 온 끼매다가

@2 바메

- 바무로.

@2 아.

- 온 안 끼맨: 모시 사마야재[104) 삼동으로도 모시는 사믄 여르므로
삼:찌마느

@2 녜.

- 모시는 머 스

✛- 저 베:게 하나 베:고 좀 누우시다[105).

- 음 싹 또 새 것처럼 새로 해야지. 이제 두루마기 같은 것은.

@2 아이고

- (웃음)

@2 그것 보통 일이 아니었겠네요 그러면?

- 하도 또 솜으로 속에다 솜을 놓으니까 또 싹 뜯어가지고 새로 해야 되고.

@2 한번 빨면은 솜은 다 끄집어 내서,

- 그러니까 안, 안하고 겉하고 그러니까 두 안팎 거죽을 뜯어서 하니까 이제 이제 두 가지 하는 셈이지.

@2 그러지요.

- 그 이 노인들 옷 한 벌 뜯어 놓으면 통으로 하나요, 전에는. (웃음)

@2 자주 그러면은 어떻게 자주 못 빨겠네요?

- 그러니까 전에는 막 그냥 더럽지. 지금같이 어찌 이렇게 깨끗해가지고 살았어 전에는?

- 한 우리 시아버지는 아주 불을 잘 때 줘.

@2 예.

- 불을 잘 때 주니까 그을음이 꺼서 시컴하면 그냥 또 씻어 씻어야 되니까 밤낮 꿰 옷 꿰매다가 말아 그러니까. 밤낮 옷 꿰매다가.

@2 밤에.

- 밤으로.

@2 아.

- 옷 안 꿰매면 모시 삼아야지, 겨울로도 모시는 삼은 여름으로 삼지마는.

@2 네.

- 모시는 뭐 스

✛ - 저 베개 하나 베고 좀 누우십시오..

✛ 네

@2 교수님 이쪽 쫌 누우세요 이쪼그로.

응, 아라서 허께.

✛- 에?

** (이불 내리는 소리)

@2 누우세요.

✛- 그 더럼네 요그느.

아 데찌요.

** (옷장 문 닫는 소리)

@2 사믄 다저야 데니까 여르메 모타지요.

- 사문 긍깨 여르므로 허고,

@2 응. 모시는 겐차나요 모시는?

- 모시는 삼동도 허고 여름도 허고 아:무때라 데.

@2 그거또 참바람 쒜:면 좀 안 조타고 그러던데 겐차능가요?

- 안 조체. 여 물팡106) 요런 디가 그냥 삼동으로는 시리재.

@2 예.

- 긍깨 순 인자 굼:불 때:고 따순 방에 안자서 인자 해:는

- 그래 자미 와서 몬: 사라 자미 와서. 밤:낟 자우르지라107).

@2 (웃음)

- 인자 늘거 놓깨 요:: 자미 아노지만 절문 사람도 자미 그리 마니 아
노요 저네느?

@2 예.

- 시방도.

@2 예.

- 시방도 머 이료일 토요일도 머 정:심 때꺼지 모두 머 자고군:넌디.

@2 예.

╬ 네
@2 교수님 이쪽 좀 누우세요.
응, 알아서 할게.
╬─ 에?
** (이불 내리는 소리)
@2 누우세요.
╬─ 더럽네 여기는.
아, 됐지요.
** (옷장 문 닫는 소리)
@2 삼은 다져야 되니까 여름에 못 하지요?
─ 삼은 그러니까 여름으로 하고,
@2 응, 모시는 괜찮나요 모시는?
─ 모시는 겨울로도 하고 여름도 하고 아무 때라도 돼.
@2 그것도 찬 바람 쐬이면 좀 안 좋다고 그러던데 괜찮은가요?
─ 안 좋지. 여 무릎 이런 데가 그냥 겨울로는 시리지.
@2 예.
─ 그러니까 순 이제 군불 때고 따뜻한 방에 앉아서 이제 하는
─ 그래 잠이 와서 못 살아 잠이 와서. 밤낮 졸지요.
@2 (웃음)
─ 이제 늙어 놓으니까 이 잠이 안 오지만 젊은 사람도 잠이 그렇게 많이 오잖아요 전에는?
@2 예.
─ 시방도.
@2 예.
─ 시방도 뭐 일요일 토요일도 뭐 점심 때까지 모두 뭐 자고 그러는데,
@2 예.

- 또 새보게 일라 방애 찌:서 또 밥해야지,
- 만:날 자우르다가 음 그냥 씨어무니한테 만날 머 소리 드꼬 막,

@2 (웃음)

- 막 부애가 나무 뚜들 패고 막,

@2 아.

- (웃음)

- 뚜르라 마꼬 그래요. 뚜들 마꼬는 또 합:씬[108] 울고도

@2 예.

- 그래도 또 자미 오고.

@2 예.

@2 바메 그러며는 게:속 하셔야 데겐네요. 이불도 꼬 꿰:메시고 오또 만 드러야 데고 빨레하면 그거또 (웃음)

- 인자 그렁 거 인자 허고 나무 인자 또 하린 인제 또 업짜 무슨 수월 허문 인자,

- 우리 씨어무니는 바느지를 모:대.

@2 아이고 (웃음)

- 저 태인도서 커 가꼬

@2 네.

- 밤:난 조개나 자부로 댕기고 그래 가꼬 바느지를 모대. 긍개야 오끼 매기에 몬살거태.

@2 예.

- 혹: 애기가 깨:먼 그 자미 와서 딱 애기 재운당 거이 나도 자 부리고,

@2 예.

- 그래 노문 그냥 자는 디 와서 그냥 뚜디리고, 악 아글 씨고 그냥, 어 디 시방 그람 하나도 안 사꺼이요 (웃음).

@2 다: 도망가 버리시제. (웃음)

- 또 새벽에 일어나 방아 찧어서 또 밥해야지.
- 만날 졸다가 음 그냥 시어머니한테 만날 뭐 소리 듣고 막,

@2 (웃음)

- 막 부아가 나면 두들겨 패고 막,

@2 아.

- (웃음)

- 두들겨 맞고 그래요. 두들겨 맞고는 또 엄청 울고도,

@2 예.

- 그래도 또 잠이 오고.

@2 예.

@2 밤에 그러면은 계속 하셔야 되겠네요. 이불도 꼬 꿰매시고 옷도 만들어야 되고 빨래하면 그거도 (웃음)

- 이제 그런 것 이제 하고 나면 이제 또 하루는 이제 또 없으면 무슨 수월하면 이제,

- 우리 시어머니는 바느질을 못해.

@2 아이고 (웃음)

- 저 태인도에서 자라가지고,

@2 녜.

- 밤낮 조개나 잡으러 다니고 그래가지고 바느질을 못해. 그러니까 옷 꿰매기에 못 살 것 같아.

@2 예.

- 혹 아기가 깨면 그 잠이 와서 딱 아기 재운다는 것이 나도 자 버리고,

@2 예.

- 그래 놓으면 그냥 자는 데 와서 그냥 두들기고, 악 악을 쓰고 그냥, 어디 시방 그러면 하나도 안 살거요. (웃음)

@2 다 도망가 버리시지. (웃음)

- 어

- 항꺼 철 쌔보게 일나서 또 방애 찌: 가꼬 또 밥해 얼릉 줘:야 또 학스 하꼬 간 씨아재들 하꼬 가야재.

@2 씨아제들 오또 다 거:서 헤서 만드러서 이피셔껜네요?

- 저네는 인자 이 바느 인자 트리꼬[109] 바느질 바느질쨍이라[110] 그래찌 저네느.

- 바느질쨍이한테다 가따 매끼먼 인자 해 나:따고 허문 인자 와서 가서 차자 가꼬 메친 날 오라고 그러먼 차자 가꼬 와서 이피고 그래따요만해도[111],

- 나:가 와서는 하 바느질쨍이한테 가도 안 허고 두루막또 넘 일: 해 주고,

@2 네.

- 일: 해 주고 인자 인제 동네 인자 여 이 바느질허는 사암드리 와서 인자 두루막또 끼매 주고 그래따고 허데.

@2 가치 모여서 하나요 막 모여서도 마:니 하셔찌요?

- 멀: 인자 모이서느 바느질거튼 제낌 지비서 혼자서 허재.

@2 어.

- 근디 인자 우리 씨어무니느 그렁 걸 몬:헝께, 몬:헝깨로 인자 너무 지비 일: 해 주고 머 바또 매 주고 먼 논도 매: 주고 머 저렁 걸 허고 인자

@2 네.

- 바느질 시기고 그래땁띠다.

- 근는디 인자 긍깨 자기거니 동:네 싸람들 인자 그 마리라.

- 자이가 몬허무 메느리가 일류 바느질쨍이느 아니제마느 그 자기 몬: 허능 걸 헝깨

@2 예.

- 헝깨 암 머래야하꺼인디[112]

@2 예.

- 시지블[113] 살린다고 인자 동:네서 모두

- 어.

- 한껏 첫 새벽에 일어나서 또 방아 찧어가지고 또 밥해 얼른 줘야 또 학스 학교 가는 시동생들 학교 가야지.

@2 시동생들 옷도 다 거기서 해서 만들어서 입히셨겠네요?

- 전에는 이제 이 바늘 이제 재봉틀 있고 바느질 '바느질쟁이'라 그랬지 전에는.

- 바느질꾼한테다 가져다 맡기면 이제 해 놨다고 하면 이제 와서 가서 찾아가지고 며칠 오라고 그러면 찾아가지고 와서 입히고 그랬지마는,

- 내가 와서는 바느질꾼한테 가지도 않고 두루마기도 남 일 해 주고

@2 네.

- 일 해 주고 이제 이제 동네 이제 이 이 바느질하는 사람들이 와서 이제 두루마기도 꿰매 주고 그랬다고 하데.

@2 같이 모여서 하나요? 막 모여서도 많이 하셨지요?

- 뭘 이제 모여서는 바느질 같은 제각각 혼자서 하지.

@2 어.

- 그런데 이제 우리 시어머니는 그런 걸 못하니까 못하니까 이제 남의 집에 일 해 주고 뭐 밭도 매어 주고 무슨 논도 매어 주고 뭐 저런 것 하고 이제,

@2 네.

- 바느질 시키고 그랬답디다.

- 그러는데 이제 그러니까 자기가 동네 사람들 이제 그 말이야.

- 자기가 못하면 며느리가 일류 바느질꾼은 아니지마는 그 자기 못하는 걸 하니까,

@2 예.

- 하니까 꾸중을 안 해야 될 텐데

@2 예.

- 시집살이를 시킨다고 이제 동네서 모두

@2 (웃음)

― 나 몰허능 건 너미으 해 메느리 그런 메느리가 와서 해 주머

@2 예.

― 곰:께 바: 쥐야 허꺼인디 그래도 어러이라고

@2 예.

― 머 어:러느 도가지르114) 깨도 머 흐:미 엄따고,

@2 예 (웃음)

― 자기는 허도 몯:험서롱115)

@2 (웃음)

― 잘몯핸네 잘핸네 그러고, 그래 가꼬 또 넘 바느질: 잘 허는 사람한테 해 옹건허고 나 헝건허고 좀 나: 헝 거이 솜씨가 조 좀 앙 구께 구즈먼 또 싹: 쭈뜨더뿌리요116).

@2 (웃음)

― (웃음) 이거 바느지리라고 해 난냐고?

@2 아 그 뽀느로 뽀느로 아까 이러케 어:떠케 헤 가꼬 와야 데지요? 이러케

― 인자

― 그: 그런 사람드른 인자 뻔지가 이씽깨로

@2 예예

― 인자 양장경 양장 이 웅어느 인자 뻔지로 가꼬 허오지만해도117)

@2 응

― 이리 저네 함:봉 인자 중우적쌈118) 머 그리 저구리 그렁 거느 그냥

@2 네.

― 대:강 허:노슬 노코 그냥 짤라요.

― 인자 꼽치기에119) 인자 젝쩜 솜씨껀 꼽치기에 이찌 인자, 짤라 가꼬.

@2 아.

@2 (웃음)

- 나 못하는 것은 남이 해 며느리 그런 며느리가 와서 해 주면

@2 예.

- 곱게 봐 줘야 할 텐데 그래도 어른이라고

@2 예.

- 뭐 어른은 독을 깨도 뭐 흠이 없다고,

@2 예 (웃음)

- 자기는 하지도 못하면서

@2 (웃음)

- 잘못했네 잘했네 그러고. 그래가지고 또 남 바느질 잘 하는 사람한테 해 온 것하고 내가 한 것하고 좀 내가 한 것이 솜씨가 좀 좀 궂게 궂으면 또 싹 쥐어뜯어 버려요.

@2 (웃음)

- (웃음) 이것 바느질이라고 해 놓았느냐고?

@2 아 그 본으로 본으라 아까 이렇게 어떻게 해가지고 와야 되지요? 이렇게

- 이제

- 그 그런 사람들은 이제 본이 있으니까

@2 예예

- 이제 양장 양장 이런 것은 이제 본을 가지고 해 오지만

@2 응.

- 이리 전에 한복 이제 중의 적삼 뭐 그리 저고리 그런 것은 그냥

@2 네.

- 대강 헌 옷을 놓고 그냥 잘라요.

- 이제 꼽치기에 이제 각자 솜씨껏 꼽치기에 있지 이제, 잘라가지고.

@2 아.

− 이:뻬게 꼽처 가꼬 허는 사람

@2 꼽 꼽친다는 거시?

− 긍깨 요 도:런120) 요렁 거 요리 인자 내리 여그서는 짜리고 여그느 요 내리 수거 가꼬 여그르 인자

@2 예.

− 쓩: 요렁 걸 인제 이:뻬게 요리 인자

@2 예 꼽치능 거

− 돌리능 거.

@2 어.

− 그렁 거 인자 솜씨가 인자 잘허고 몯:허고가 이찌요.

@2 예.

− (웃음)

@2 오시 즈 요즈메도 이러케 저기 하는데 인제 엔:날 오또 보며는 다 이르미 이써쓸 꺼 아니에요?

@2 여기는 머 다 어디 꼬메진

− 소매

@2 소메라 하고 그러면 여기 여기도 이러케 이르미 인나요?

− 짇.

@2 아.

− 여그는 인자 둥치 인자

@2 **

− 언 언둥치 아 딛 압썩

@2 어.

− 딛: 도:런

@2 응

− 인제 디:는 여그는 동그라허니 욜 안 하등가요 영게121)?

- 이쁘게 꼽쳐가지고 하는 사람

@2 꼽 꼽친다는 것이?

- 그러니까 이 도련 이런 것 이리 이제 내리 여기서는 자르고 여기는 이 내리 숙여가지고 여기를 이제

@2 예.

- 쑥 이런 걸 이제 이쁘게 이리 이제

@2 예, 꼽치는 것

- 돌리는 것

@2 어.

- 그런 것 이제 솜씨가 이제 잘하고 못하고가 있지요.

@2 예.

- (웃음)

@2 옷이 즈 요즘에도 이렇게 저기 하는데 이제 옛날 옷도 보면은 다 이름이 있었을 것 아니에요?

@2 여기는 뭐 다 어디 꿰매진

- 소매

@2 소매라 하고 그러면 여기 여기도 이렇게 이름이 있나요?

- 깃

@2 아.

- 여기는 이제 '둥치' 이제

@2 **

- 원 '둥치' 아 뒤 앞섶.

@2 어.

- 뒤 도련.

@2 응.

- 이제 뒤는 여기는 동그랗게 이리 하잖아요 여기?

@2 예예

- 제트랑미츤[122] 좀 더 올라가고 양:쪼글.

@2 예.

- 올라가고 등거리는 쪼깜 내리가고 헝깨 동그람:허이[123] 요:리 허고

@2 예.

- 인자 아:픈 인자 또 내리수거.

@2 예.

- 여그느.

@2 예.

- 요:리 내리수거가꼬 인자 요:리 허무 요거는 썩:.

@2 예.

- 요거는 압 또련 요거는 딛: 딛: 또련.

@2 응

- 또 여그느 요거 여 동그람:허이 요거.

@2 응

- 요거는 짇.

@2 예.

- 여그는 동정.

@2 예.

- 요거는 소매

@2 예. 여기다 머 하나 다 다라나야 데자나 이러케.

- 거 인자 고름[124] 다는 사람 고름 달고 단추 다는 사람 단추 달고 그러고 인자 요

@2 어.

- 요 끄테리예 요거 댕:거느 끄똥[125].

@2 끄똥

@2 예예.

- 겨드랑이는 좀 더 올라가고 양쪽을.

@2 예.

- 올라가고 등은 조금 내려가고 하니까 동그랗게 이리 하고

@2 예.

- 이제 앞은 이제 또 내리 숙여

@2 예.

- 여기는

@2 예.

- 이리 내리 숙여가지고 이제 이리 하면 이것은 섶.

@2 예.

- 이것은 앞 도련 이것은 뒤 뒤 도련

@2 응.

- 또 여기는 여 동그랗게 이것

@2 응.

- 이것은 깃.

@2 예.

- 여기는 동정.

@2 예.

- 이것은 소매.

@2 예, 여기에다 뭐 하나 달 달아놔야 되잖아요 이렇게?

- 그 이제 고름 다는 사람 고름 달고 단추 다는 사람 단추 달고 그리 하고 이제 이

@2 어.

- 이 끝에 이것 댄 것은 끝동.

@2 끝동

- (웃음)

짙 지슨 멍가?

- 요걸 보고 짙.

지시라고요 지치라 그레요?

- 지시라[126] 그래써요 저네 우리느.

**

- 지치라 그리도 허고 지시라 그러도 허고.

음 써근요 썩:피라 그레요 서비라 그레요?

- 압써피라 그리도 허고 인자

음.

@2 음.

예 그

- 인자 되:게 부치기에 여꼬 인자 좀 수워리 말 허는 거는 그냥 서비라 그러고

@2 어.

- 써:피라 그러고

음음

@2 어어

@2 바지도 이짜나요 바지도?

- 예.

@2 바지도 이러케 (웃음) 이러케 무꺼야 데니까 이거 이거는 머:라고 그레요? 여기

- 거 꼼말[127] 꼼말.

@2 아.

- 꼼말.

@2 어이

- (웃음)

깃 깃은 무엇인가?

- 이걸 보고 깃.

'짓'이라고 그래요 '짖'이라고 그래요?

- '짓'이라 그랬어요 전에 우리는.

**

- '짖'이라 그리고 하고 '짓'이라 그러기도 하고.

음. '썪'은요? '썲'이라 그래요 '섭'이라 그래요?

- '앞썲'이라 그리도 하고 이제

음.

@2 음.

예. 그

- 이제 되게 붙이기에 넣고 이제 좀 수월하게 말하는 것은 그냥 '섭'이라 그러고.

@2 어.

- '썲'이라 그러고.

음음.

@2 어어.

@2 바지도 있잖아요, 바지도?

- 예.

@2 바지도 이렇게 (웃음) 이렇게 묶어야 되니까 이것 이것은 뭐라고 그래요? 여기?

- 그 허리춤 허리춤

@2 아.

- 허리춤

@2 어이

- 여그 요거이 요거 요거이 여그 요건 반동가리[128] 요거는 새끼포.

@2 예.

- 요거는 진:포.

@2 예.

- 여그에 인제 또 가랑이

@2 예에

- 여그느 가랑이.

@2 예.

@2 예 인제 무꺼야 데자나요?

- 예 건 인자 뭉끄는 그거는

@2 어.

- 댄님[129].

@2 예.

- 거:능보고 댄니미.

@2 그다메 인제 머 또 하나 시너야 데고.

- 보선.

@2 아.

@2 다: 만드셔써요?

- 하무 그건 다 허조.

@2 (웃음)

@2 보선 가틍 거는 만들라면 시가니 오레 걸리나요?

- 아 보서는[130] 인자 내나 요거 뽄지대로 요고 요고 베: 가꼬

@2 예.

- 베: 주머 암모리,

@2 음.

- 요거는 된:머리.

― 여기 이것이 이것 이것이 여기 이것 반 동강 이것은 '새끼포'

@2 예.

― 이것은 '긴포'

@2 예.

― 여기에 이제 가랑이

@2 예예.

― 여기는 가랑이.

@2 예.

@2 예, 이제 묶어야 되잖아요?

― 예 그건 이제 묶는 그것은,

@2 어.

― 대님

@2 예.

― 그것을 보고 대님

@2 그 다음에 이제 뭐 또 하나 신어야 되고,

― 버선

@2 아.

@2 다 만드셨어요?

― 아무렴, 그런 다 하지요.

@2 (웃음)

@2 버선 같은 것은 만들려면 시간이 오래 걸리나요?

― 아, 버선은 이제 내나 이것 본대로 이거 이거 베어가지고

@2 예.

― 베어 주면 앞머리

@2 음.

― 이것은 뒷머리

@2 음.

- 여그는 요걸 보고 머라냐? 머 여 인자 코 보선코.

@2 예.

- 요고 인자 바늘로[131] 가꼬 요리 해가꼬 여그르 인자 바늘가[132] 끼:
가 욜 코 나오라고 인자 자바 댕기라.

@2 아 자버 뎅겨서 그걸 꺼네는 거예요?

- 응

- 지그문 그냥 움지니여 요래도.

@2 예.

- 저네는 요고

@2 예.

- 요리 째:뻘허이[133] 요래 안 들린다고?

@2 예에

- 그무 인자 거그르 인자 주: 가꼬 요리 디:씨무 요거이 안 나오머

@2 예.

- 거글 애:를 씨고 요리 바늘 가꼬 끄: 내래가꼬
예.

- 요노문 요리 끼: 가꼬 망 여그르 막 이래:데예.

@2 예에에에

- 거그도 그래야 데고 요 썸

@2 네.

- 썸 이거또 디:치[134] 가꼬 인자

@2 네.

- 요거이 안 나오무 여여 바느를 여 끄터리 여그다 요:리 끼: 가꼬 요
래 해야 거으가 이:뻬게 나오고.

@2 아.

@2 음.

— 여기는 이걸 보고 뭐라 하니? 뭐 이 이제 코 버선코

@2 예.

— 이것 이제 바늘을 가지고 이리 해가지고 여기를 이제 바늘 가지고 꿰어가지고 이리 코 나오라고 이제 잡아당겨.

@2 아, 잡아당겨서 그걸 꺼내는 거예요?

— 응.

— 지금은 그냥 *** 이래도

@2 예.

— 전에는 이것

@2 예.

— 이리 쭈뼛하게 이리 들리잖아?

@2 예예.

— 그러면 이제 거기를 이제 기워가지고 이리 뒤집으면 이것이 안 나오면

@2 예.

— 거기를 애를 써서 이리 바늘 가지고 끌어 내려가지고

@2 예.

— 이놈은 이리 꿰어가지고 막 여기를 막 이렇게 돼요.

@2 예예예예.

— 거기도 그래야 되고 이 섶

@2 녜.

— 섶 이것도 뒤집어가지고 이제

@2 녜.

— 이것이 안 나오면 이 이 바늘을 이 끝 여기에다 이리 꿰어가지고 이렇게 해야 거기가 예쁘게 나오고,

@2 아.

- (웃음)

@2 그레 가꼬 하 으 버선 가틍 거는 하나 만들려며는 금방 만드러요?

- 항: 거:는 인젠 또 임잔 보순 볼반능¹³⁵⁾ 거는 인잔 또 에:럽찌.

@2 볼반는다능 거시?

- 예 여:가 인자 요 발로¹³⁶⁾ 인자

@2 예.

- 요리 더:믄 인제 처:메 인자 새거느 요리 인자 해 가꼬 빵: 돌리 요리마 이:삐게 요리만 주:문 인자 보순 디지무 보서니 데는디,

@2 예.

- 이거 인잔 저네는 배가 귀:헝깨

@2 예.

- 인제 요말로 요:리 요만큼 요래 가꼬 인제 여:가 떠러저서 인자 거서:면 인젠 여그가 아까바서 인제 요리 볼 요거는 인자

- 요걸 보고 머라핸냐? 중볼 중볼

@2 여기

- 응

@2 여기가

- 응

@2 중보리에요?

- 이~ 요리 요:리 인자

- 야 허문 중볼 요리 해 가꼬 또 인제 요 인자 보시니 인자 요:리 나가 요리 빵: 돌리 인자 준:¹³⁷⁾ 보서니 뎀:면

@2 예.

- 요걸 안:죽¹³⁸⁾ 여그를 안 허고 여그 인자 또 보를 바다야 데, 보를.

- 소:게꺼¹³⁹⁾ 안 떠러지라고. 요:리

@2 아 더더 박 더 이제 이러케 위:에다가

- (웃음)

@2 그래가지고 하 으 버선 같은 것은 하나 만들려면은 금방 만들어요?

- 아무럼. 그것은 이제 또 이제 버선 볼 받는 것은 이제 또 어렵지.

@2 볼 받는다는 것이?

- 예 여기가 이제 이쪽으로 이제,

@2 예.

- 이리 ** 이제 처음에 이제 새 것은 이리 이제 해가지고 삥 돌려 이리 막 예쁘게 이리 기우면 이제 버선 뒤집으면 버선이 되는데,

@2 예.

- 이것 이제 전에는 베가 귀하니까

@2 예.

- 이제 이쪽으로 이리 이만큼 이렇게 해가지고 이제 여기가 떨어져서 이제 거시기하면 이제 여기가 아까워서 이제 이리 볼 이것은 이제

- 이걸 보고 뭐라 했나? 중볼 중볼

@2 여기

- 응.

@2 여기가.

- 응.

@2 중볼이에요?

- 아, 이리 이리 이제

- 이제 하면 중볼 이리 해가지고 또 이제 이 이제 버선이 이제 이리 나가 이리 삥 돌려 이제 기운 버선이 되면

@2 예.

- 이걸 아직 여기를 안 하고 여기 이제 또 볼을 받아야 돼. 볼을.

- 속에 있는 것 안 떨어지도록, 이리.

@2 아, 더 더 박 더 이제 이렇게 위에다가.

― 예.

@2 바가 논능 거에요?

― 잉

@2 안 떨어지게.

― 우예다가.

@2 네.

― 거 인자 볼 반능 거이고. 목또리 목 모글 요:리 헌당 거느 목 목 반능 거이라 그러고.

@2 여기도 웨

― 보짐 목.

@2 웨: 웨 여기는 웨 헤요?

― 여:가 떠러징깨로

@2 아.

― 여그도 떠러지고 여그도 떠러지고 그래농깨 인제 여그가

@2 어.

― 아까붕깨 요고늠 나: 뚜고요,

@2 예.

― 요:리 인자 중가늘 보 모글 바다머

@2 네.

― 바다 가꼬 인자 또 또 토 또 요놈 떠러지꺼이라가[140) 안 떠러지게 헌다고 요리 인자 또 보:를 바다.

@2 예.

― 요리.

― 여그느 요:리.

@2 어.

― 그걸 보고 인자 볼 목 빤는다고 허고 볼 볼 반는다 그러고.

― 예.

@2 박아 놓는 것이에요?

― 잉.

@2 안 떨어지게.

― 위에다가.

@2 네.

― 그 이제 볼 받는 것이고. 목도리 목 목을 이리 한다는 것은 목 목 받는 것이라 그러고.

@2 여기도 왜,

― 버선 목.

@2 왜 왜 여기는 왜 해요?

― 여기가 떨어지니까,

@2 아.

― 여기도 떨어지고 여기도 떨어지고 그래 놓으니까 이제 여기가,

@2 어.

― 아까우니까 이것은 놔 두고요,

@2 예.

― 이리 이제 중간을 보 목을 받으면

@2 네.

― 받아가지고 이제 또 또 토 또 이놈 떨어질까 봐 안 떨어지게 한다고 이제 또 볼을 받아.

@2 예.

― 이리.

― 여기는 이제,

@2 어.

― 그걸 보고 이제 볼 목 받는다고 하고 볼 볼 받는다 그러고

그건 항커리가지고 얼마를 시늘라고?

@2 (웃음)

한 일련 신:따가

— 만:날 궁깨 줠 끼:매다가 만당깨 바늘로.

@2 (웃음)

— 멩:워른 또 쪼깜 시늠 떠러저 뿌리고

@2 어 멀: 머:느뇨?

— 멩: 멩:배 가꼬

@2 아.

— 그 저네느

음.

— 강:모까꼬

@2 그러니까

— 어이 강:목까꼬 허고

@2 예.

— 아이고 머 만:날 온:저 바느를 끼:매능 걸: 밤날 끼:매다가 마라 궁깨.

(웃음)

— 어 시꾸 마:는 집이는 그 오시 다 어쩨?

— 씨:아재들 똗 멀 저런 디 머 딱찌치기허고 어디 가서 은때고 그러문요 궁딩이 요노미 옴싹141) 드러안네.

@2 궁딩이

— 이

@2 (웃음)

— 무릅허고.

@2 어 (웃음)

그건 한 켤레 가지고 얼마를 신으려고?

@2 (웃음)

한 일 년 신다가

— 만날 그러니까 기워 꿰매다가 만다니까 바늘을.

@2 (웃음)

— 무명베는 또 조금 신으면 떨어져 버리고.

@2 어 뭘 뭐는요?

— 무명 무명베 가지고

@2 아.

— 그 전에는

음.

— 광목 가지고

@2 그러니까

— 어이 광목 가지고 하고,

@2 예.

— 아이고 뭐 만날 옷 저 바늘을 꿰매는 것 밤낮 꿰매다가 말다가 그러니까.

(웃음)

— 어 식구 많은 집은 그 옷이 다 어째?

— 시동생들 또 뭐 저런 데 뭐 딱지치기 하고 어디 가서 문지르고 그러면 이 궁둥이 이놈이 움푹 들어앉네.

@2 궁둥이.

— 이

@2 (웃음)

— 무릎하고

@2 어 (웃음)

- (웃음)

- 금 조깜 포도씨[142] 끼:매 주고마 하리나 이트리나 가서 도라댕이다 오무 또 도로 그래 그냥.

@2 (웃음)

- 또 (웃음)

- 인제 여 여그도 인자 궁:뎅이 여그도 인잔 예:쁘게 인잔 짤라서 그래 가꼬 바다 주문 거서건넌디,

- 나 시지블 옹깨로 우리 씨아재느 그냥 넙떠건 그냥 판때기메기[143] 요걸 그냥 우리 씨어무니가 등 쭝쭝주:서 해:서 노먼 가서 그냥 딱찌치기 좀 허고 요로고 어쩌고 나문 땡기서 뚜두둑 떨어지문

@2 (웃음)

- 실랴가 벌러꿍벌러꿍[144] 그래 (웃음)

(웃음)

@2 (웃음)

- 힘껏 땡기문

- 그해 인자 김: 김: 뜨는 짐:빨 이꺼등.

@2 예.

- 그걸 보고 우찌 인잔 우리 지비 저:거 ○○이라 그래 지금 깅:차례 다가 저:근 여:서 사:는디 ○○ 궁:뎅이 짐:빨짜기 덜러꿍덜러꿍 헌다가 할:매드리 그래 노코 이:꼬 (웃음).

- 그랜는디 무 인자 나:가 와서 그리 야무치게 끼:매 주고 그렁깨로

@2 음.

- 참 메느리가 차말로 솜씨가 조:타고 날: 보고 막 곰:보라고 우리 지비서는 야:다니고 그랜넌디

(웃음)

- 머 곰보까 몰라도 머 다만때기[145] 지잔타고 요옴 다만때기느 허도

- (웃음)

- 그러면 조금 겨우 꿰매주고 하루나 이틀이나 가서 돌아다니다 오면 또 도로 그래 그냥.

@2 (웃음)

- 또 (웃음)

- 이제 여 여기도 이제 궁둥이 여기도 이제 예쁘게 이제 잘라서 그래 가지고 받아 기우면 뭐 하겠는데,

- 내가 시집을 오니까 우리 시동생은 그냥 넓적한 그냥 판자처럼 이걸 그냥 우리 시어머니가 등 쭉쭉 기워서 해서 놓으면 가서 그냥 딱지치기 좀 하고 이렇게 어떻게 나면 당겨서 뚜두둑 떨어지면,

@2 (웃음)

- **가 벌렁벌렁 그래. (웃음)

(웃음)

@2 (웃음)

- 힘껏 당기면.

- 그래 이제 김 김 뜨는 김발 있거든.

@2 예.

- 그걸 보고 웃지 이제. 우리 집이 저기 ○○라 그래 지금 경찰에다가 저기 여기서 사는데 ○○ 궁둥이 김발이 벌렁벌렁 한다고 할멈들이 그래 놓고 웃고. (웃음)

- 그랬는데 뭐 이제 내가 와서 그리 야무지게 꿰매어 주고 그러니까,

@2 음.

- 참 며느리가 정말로 솜씨가 좋다고 나보고 막 곰보라고 우리 집에서는 야단이고 그랬는디,

(웃음)

- 뭐 곰보인지 몰라도 뭐 담안댁 지지 않는다고, 이 담안댁은 하지도

몯허능 걸 메느리 저리 야무칭 거이 와 잘해준다 싸:도 그래도 어:른 노리
헌다고 시지블 살려 (웃음).

아 시어머니 테코가 다만떼기에요?

― 예.

어.

@2 아.

― 저 태인도 다마네 그걸

어.

― 거:서 물때꺼리 만:날 그 조개 빼끼느 안 자반능갑:써.

(웃음)

― 앙:꺼또 몬해.

(웃음)

@2 바깐닐만 하시고

― 네

@2 아:네 이른 안 하셔서.

― 긍깨 인자 각씨르 메느리가역 각씨르 가이내가 오무 메느리는 두루
매이고 머이고 척척 다 끼매 논:는디

@2 음.

― 당시는 그거또 노버더가꼬 해. 긍깨 품아시 해 가꼬.

음.

― 그럼성도 큰소리헌다고 동네 싸람드리 시방꺼장도 그 소리를 허고.

음. (웃음)

― 보신 주 시너라 해농깨로 머 보시늘 저넴 음음 물레로 자사 가꼬 인
냥 세꼬뼁이멩이라고146) 말:해든 세꼬뼁이거튼 시:를 가꼬 듬:성듬성허이
감:치 싱꼬 댕기고 글드마,

― 메느리가 트레다가 저리 야무치게 해가꼬 저래 줘도

못하는 것 며느리 저리 야무진 것이 와 잘해 준다 쌓아도 그래도 어른 노릇 한다고 시집살이를 시켜. (웃음)

아, 시어머니 택호가 담안댁이에요?

― 예.

어.

@2 아.

― 저 태인도 담안에 그것.

어.

― 거기서 '물때꺼리' 만날 그 조개밖에는 안 잡았나 봐.

(웃음)

― 아무 것도 못해.

(웃음)

@2 바깥일만 하시고,

― 네.

@2 안일은 안 하셔서.

― 그러니까 이제 색시를 며느리가 색시를 여자가 오면 며느리는 두루마기고 뭐고 척척 다 꿰매어 놓는데

@2 음.

― 당신은 그것도 놉 얻어가지고 해. 그러니까 품앗이 해가지고

음.

― 그러면서도 큰소리 한다고 동네 사람들이 시방까지도 그 소리를 하고,

음 (웃음)

― 버선 기워 신어라 해 놓으니까 뭐 버선을 전에 음음 물레로 자아가지고 그냥 소 고삐처럼 말하자면 소 고삐 같은 실을 가지고 듬성듬성하게 감쳐서 심고 다니고 그러더구먼.

― 며느리가 재봉틀에다가 저리 야무지게 해가지고 저리 해 줘도,

@2 예

─ 큰소리치고 그런다고 모두 다 다만때기 마른 마리 참말도 거:짐마리
라 그러고.

(웃음)

─ 그래도 시방 구십야사쌀147) 머 그제148) 사라가꼬 이써.

@2 아.

@2 아직도 게세요?

─ 응

저 시집싸리를 데:게 하셔써.

@2 아 그레요?

어 아:주

@2 지금 그 부부늘 또

어 이써 이써.

@2 예.

드따 보며는 (웃음)

@2 나중에 또 다 그러 저

(웃음)

@2 다: 드러바야게씀니다.

@2 웨냐허면 저네 조사 저히 다니다 보면 다 어:르신들 말쓰믈 제 셍가게
는 그:

시집싸리 다 안 헤따 그러데.

@2 웨냐허면

어.

@2 제 제 셍가게 선셍님 제가 제 남편 노코 시어른들 요카면 누가 조아하
게써요?

(웃음)

@2 예.

 ─ 큰소리 치고 그런다고 모두 다 담안댁 말은 말이 참말도 거짓말이라 그러고,

(웃음)

 ─ 그래도 시방 구십여섯 살 뭐 아직까지 살아가지고 있어.

@2 아.

@2 아직도 계세요?

 ─ 응.

저 시집살이를 되게 하셨어.

@2 아, 그래요?

어 아주.

@2 지금 그 부분을 또

어, 있어 있어.

@2 예.

듣다 보면은,

@2 나중에 또 다 그러 저

(웃음)

@2 다 들어 봐야겠습니다.

@2 왜냐하면 전에 조사 저희 다니다 보면 다 어르신들 말씀을 제 생각에는 그

시집살이 다 안 했다 그러데.

@2 왜냐하면

어.

@2 제 생각에 선생님 제가 제 남편 놓고 시어른들 욕하면 누가 좋아하겠어요?

(웃음)

@2 데:부분 근데 제보자가

@2 여 근데 그저네 어 장년 불른 하라부지가 할 떼 수를 마니 드셔 가지고 (웃음)

어어어어어

— 우리: 하라부지는 술 마:니 드시도 나한테는 영: 조케 해. 근디 씨어무니가 그래. 만:날 그리 씨아부지는 날 달개[149].

@2 예.

@2 시어머니가 질투하싱 거에요? (웃음)

— (웃음)

(웃음)

일 잘 헌다고 (웃음)

— 예.

@2 잘 하니까

— 하.

@2 아니 당시는 모타시는데

음.

@2 바느지를 이러케 잘하시니까.

어 그렁 거또 이쩨 여자들 마으미.

— 응

@2 (웃음)

그러니까 네 에

— 거 만:날 우리 씨아바이네즘 마:느레 달갤라나 나 달갤라나

@2 (웃음)

하 중가네서 에써께써. (웃음)

— (웃음)

@2 (웃음)

@2 대부분 그런데 제보자가

@2 이 그런데 그전에 어 작년 부른 할아버지가 할 때 술을 많이 드셔가지고, (웃음)

어어어어어

— 우리 할아버지는 술 많이 드셔도 나한테는 아주 좋게 해. 그런데 시어머니가 그래. 만날 그리 시아버지는 날 달래.

@2 예.

@2 시어머니가 질투하신 거예요?

— (웃음)

(웃음)

일 잘 한다고. (웃음)

— 예.

@2 잘하니까,

— 하.

@2 아니, 당신은 못하시는데.

음.

@2 바느질을 이렇게 잘하시니까.

어, 그런 것도 있지 여자들 마음이.

— 응

@2 (웃음)

그러니까 네 예.

— 그 만날 우리 시아버지는 마누라 달래랴 나 달래랴

@2 (웃음)

하 중간에서 애썼겠어. (웃음)

— (웃음)

@2 (웃음)

— 드:레 일 허러 가면 고상허먼 난:제 바래미 인능 거이다.

— 씨아재들또 그새 싸우먼 난:중에 다: 나가뿌림 다: 네 거이다.

— 항상 그래싸:코 글드마 게구겐 나 몬 쌀고 나가써.

음 아~

@2 하

— 모: 쌀건는디 어찌꺼이라?

음.

@2 음.

잘 하셔써요 하

— 하

함께 안 상 거시 조:치 (웃음).

— 시방 세:상 잘 마련해:써.

에

— 직쩌금 다:들 구지든지 조:뜬지 직쩌금 사:능거 잘 마련해:써.

어.

@2 인제 시집싸리 항 걷 다른 저 다른 지역 껃 좀 일거반는데 야~ 진짜 (웃음).

먼데 그레 음

@2 예.

머가 이써.

@2 예.

어 나중에 바

@2 예.

@2 에 머 그 바느질 할 때 여러가지 머머 노코 헤야 데쟈나 아까 머머: 노코 이러켄 헤야 데따고 그레쪼?

- 들에 일하러 가면 고생하면 나중에 보람이 있는 것이다.
- 시동생들도 그 사이에 싸우면 나중에 다 나가 버리면 다 네 것이다.
- 항상 그래 쌓고 그러더니 결국엔 나 못 살고 나갔어.

음. 아.

@2 하.

- 못 살겠는데 어쩔 거야?

음.

@2 음.

잘 하셨어요. 하

- 하.

함께 안 사는 것이 좋지. (웃음)

- 시방 세상 잘 마련했어.

예.

- 각자 다들 궂든지 좋든지 각자 사는 것이 잘 마련했어.

어.

@2 이제 시집살이 한 것 다른 저 다른 지역 것 좀 읽어 봤는데 야 진짜. (웃음)

뭔데 그래? 음

@2 예.

뭐가 있어?

@2 예.

어, 나중에 바

@2 예.

@2 예, 뭐 그 바느질할 때 여러 가지 뭐 뭐 놓고 해야 되잖아요? 아까 뭐 뭐 놓고 이렇게 해야 됐다고 그랬지요?

− 윤:디

@2 예.

− 가시개150), 실:꾸리, 바늘 인자 반지끄레기 아니쏘 저네느?

음.

− 반지끄럭151) 그렁 걷 다 이씽깨 인자 반지끄렁만 인자 가따 여페
노:먼

여그 요거또 이짜나요 소네다 끼고 항 거

@2 네.

− 골:미152)

어.

@2 어.

− 그거느 골:미고.

@2 골미도 만 만드셔가꼬 쓰셔쪼?

− 아 쫍짱:허니153) 인자 해가꼬 여그 손꾸락댈만허이 해야꼬

@2 네.

− 인자 바늘 앙 끼: 드러가게 인제 좀 뚜껍게 해.

@2 네.

− 해야꼬고 인자 또 저네느 예:뿌게 또 요릴

@2 예.

− 짤:라가꼬 또 해각:꼬도 해고 그랜는디 우서느느 머 바뿡깨로 인자
그냥

@2 예.

− 손꾸랑만 인자 안 불거지고로 인자 맨드러가꼬 오고,

− 저넨 예:뿌게 또 예:뿜 거슥 머 저네 공:당 그렁 거까 예:뿌가 쭐쭐
허지154).

@2 예.

－ 인두

@2 예.

－ 가위, 실꾸리, 바늘 이제 반짇고리가 있잖소 전에?

음.

－ 반짇고리 그런 것 다 있으니까 이제 반짇고리만 이제 가져다 옆에
놓으면

여기 이것도 있잖아요? 손에다 끼고 하는 것?

@2 네.

－ 골무

어.

@2 어.

－ 그것은 골무고.

@2 골무도 만 만드셔가지고 쓰셨지요?

－ 아 좁다랗게 이제 해가지고 여기 손가락 댈 만하게 해가지고,

@2 네.

－ 이제 바늘 안 끼여 들어가게 좀 두껍게 해.

@2 네.

－ 해가지고 이제 또 전에는 예쁘게 또 이리

@2 예.

－ 잘라가지고 또 해가지고도 하고 그랬는데 우선은 뭐 바쁘니까 이제
그냥

@2 예.

－ 손가락만 이제 안 불거지게 이제 만들어가지고 오고

－ 전엔 예쁘게 또 예쁘면 거시기 뭐 전에 공단 그런 것이 예뻐가지고
보기에 좋지.

@2 예.

‒ 이:럼시무 그리 주: 가꼬도 허고,

‒ 그라 요 기밥[155] 친다고 인자 뺑: 돌리 인자 또 기바블 치고 저네.

@2 그럼 이쁘게 할라고 그러케 하능 거지

‒ 예.

@2 어.

‒ 인자 각씨들 인자 예:쁘게 저네 기밥 처가꼬 인자 반지륵꾸륵 가에다가 싹 다라 가꼬 오고,

@2 예.

‒ 바늘쌈도 빼 인자 바늘 요로 꼼능 거이르 인자 또 요이 예:쁘게 복쑹을[156] 해가꼬,

@2 예.

‒ 또 가에다가 인자 내를르 달:고

@2 예.

‒ 에 또 뺑: 돌리 기바블 치고,

@2 예.

‒ 그래가꼬

@2 예 예~ 예 거기다 꼬자 노코,

‒ 네

‒ 그렁 거 다: 맹그러가 다라 가꼬 와찌시 우리드른.

@2 아.

‒ (웃음)

@2 바늘도 바늘도 마:니 피료하셔껜네요?

‒ 저네느 신랑 찌비서 윤:디 그렁 거느 또 와써 다.

@2 어.

‒ 사다 줘.

@2 예.

− 일 없으면 그리 기워가지고도 하고.

− 그리 이 '귀밥' 친다고 이제 뺑 돌려 이제 또 '귀밥'을 치고 전에,

@2 그럼 이쁘게 하려고 그렇게 하는 것이지.

− 예.

@2 어.

− 이제 각시들 이제 예쁘게 전에 '귀밥' 쳐가지고 이제 반짇고리 가에다가 싹 달아가지고 오고

@2 예.

− 바늘쌈도 빼어 이제 바늘 이렇게 꽂는 것을 이제 또 이 예쁘게 '복숭'을 해가지고

@2 예.

− 또 가에다가 이제 레이스를 달고

@2 예.

− 예, 또 뺑 돌려 '귀밥'을 치고,

@2 예.

− 그래가지고

@2 예, 예, 거기다 꽂아 놓고.

− 네.

− 그런 것 다 만들어가지고 달아가지고 왔지 우리들은.

@2 아.

− (웃음)

@2 바늘도 바늘도 많이 필요하셨겠네요?

− 전에는 신랑집에서 인두 그런 것은 또 왔어 다.

@2 어.

− 사다 줘.

@2 예.

― 사 가꼬 시집 오는디 다 보네 반지끄르게다가.

@2 예.

― 그럼 인자 바늘쌈, 윤:디, 저저저저 골:미 그렁거느 인자 우리가 해가꼬 또 거따가 반지끄르기 오문 인자 농허고 반지끄륵허고 오먼 인자 거따 우리드리 해가꼬 또 싹: 다라 가꼬,

@2 아우 시집 오실 때

― 예.

@2 그걸 평셍 쓰시능 거예요 그걸로?

― 아 인자 씬다고 해찌만 거 며 메치리나 가능가?

@2 어.

― 바늘 가꼬 자:꼬 쑤시는디 그건 보늘

(웃음)

― 안 떠러저요 (웃음)?

또 사야지.

― 그만 떠러짐

@2 또 만들고 응,

― 인자 버리고 인자,

@2 어.

― 인자 훈 머 다른 일도 바뿐디 뉘가 예:삐게 그걸 기밥치고 예:쁘게 그거 줄:

@2 (웃음)

― 여개가 어디써 그냥?

― 요리 꼽처가꼬 인자 송을

@2 어.

― 바늘만 손꾸라가 앙 끕 뚜:꼬 드러고르 맨드러 가:꼬 그냥 끼고 허고 그래찌.

- 사가지고 시집오는데 다 보네 반짇고리에다가.

@2 예.

- 그러면 이제 바늘쌈, 인두, 저 저 저 저 골무 그런 것은 이제 우리가 해가지고 또 거기에다 반짇고리가 오면 이제 농하고 반짇고리하고 오면 이제 거기에다 우리들이 해가지고 또 싹 달아가지고,

@2 아유 시집오실 때

- 예.

@2 그걸 평생 쓰시는 거예요? 그걸로?

- 아, 이제 쓴다고 했지만 그 며 며칠이나 가나?

@2 어.

- 바늘 가지고 자꾸 쑤시는데 그건 바늘

(웃음)

- 안 떨어져요 (웃음)?

또 사야지.

- 그만 떨어지면

@2 또 만들고 응,

- 이제 버리고 이제

@2 어.

- 이제 뭐 다른 일도 바쁜데 누가 예쁘게 그것 '귀밥' 치고 예쁘게 그것 기울,

@2 (웃음)

- 여가가 어디 있어 그냥?

- 이리 꼽쳐가지고 이제 송곳

@2 어.

- 바늘만 손가락이 안 뚫고 들어오게 만들어가지고 그냥 끼고 하고 그랬지.

@2 예 음

바느질 할 떼 근데 바느질 하는 방버비 아까 여기는 여기는 저기

－ 소매

@2 에뿌게 에뿌게 그냥 살짝 이러케 쪼그만 훔치기도 하는데 다 그러케는
안 하자나요 다른 데는 또 그 또?

－ 인자 두루막 그렁 거느 요론 소:를

@2 예.

－ 쌍: 요리 한 쪼그로 여그 디:야꺼느157) 싹: 아프록 해야 데.

－ 디야서부터158) 요리 아푸로 오게론 소를 이피야 데.

@2 아~ 방향이 이써요?

－ 예.

@2 아.

－ 인자 그러고 인자 여 여그 아:페 인자 써:픈 인자 또 요리 디:로 가
거로 인자 요:리 허고.

@2 방향을.

－ 이~. 그래가꼬 싹: 인잔 요린 속 대루고159)

@2 예.

－ 껍떡 대루고

@2 예.

－ 싹: 그리 대루장깨160) 얼:매나161) 시가니 가야지.

@2 데려 데려 가지고 그 바느지를

@2 **

－ 바느지를 인자 시:리 인자 껍떠그로 안 나오구로 인자 소:글 수무
떠야지.

@2 음. 아주 근데 안 안 뜨더지게 떠야 델 꺼 아니에요, 그 바느지를 할
떼?

@2 예. 음.

바느질할 때 그런데 바느질 하는 방법이 아까 여기는 여기는 저기,

— 소매

@2 예쁘게 예쁘게 그냥 살짝 이렇게 조금 훔치기도 하는데 다 그렇게는 안 하잖아요? 다른 데는 또 그 또?

— 이제 두루마기 그런 것은 이런 솔기를

@2 예.

— 싹 이리 한 쪽으로 여기 뒤에 있는 것은 싹 앞으로 해야 돼.

— 뒤에서부터 이리 앞으로 오게 솔기를 입혀야 돼.

@2 아, 방향이 있어요?

— 예.

@2 아.

— 이제 그리고 이제 이 여기 앞에 이제 섶은 이제 또 이리 뒤로 가게 이제 이리 하고,

@2 방향을

— 이~. 그래가지고 싹 이제 이리 속 다리고

@2 예.

— 겉 다리고

@2 예.

— 싹 그리 다리려 하니까 어느 정도 시간이 가야지.

@2 다려 다려가지고 그 바느질을,

@2 **

— 바느질을 이제 실이 이제 겉으로 안 나오게 이제 속을 숨어 떠야지.

@2 음, 아주 그런데 안 안 뜯어지게 떠야 될 것 아니어요? 그 바느질을 할 때?

- 난:중에 또 대리고 헐라먼 그거이

@2 아.

- 웅:깨로

@2 예.

- 빠라농 거이 인자 바느질 구녕이162) 점:부 울:지 아나?

@2 예.

- 쭈글쭈글해:징깨로.

@2 예예예

- 그렁깨 인자 두문두문허이 그래가꼬 또 새로 싹: 해. 그렁깨 거 에: 터지지163).

@2 그러믄 다른 데도 다: 드문드문드문드문 다 이러케 헤 논능 거예요?

- 예.

@2 드문드문?

- 근디 요런 디는 포근 다: 인자 바가 노치.

@2 예 이 그릉까 이거 이:거 바느질 하능 거하고,

- 요거는 인자

@2 이거

- 싹: 포근 인자 윤:디로 가 대루고

@2 예.

- 인자

- 궁깨 저네느 바늘로 형깨로 바늘 시 실:거는 불거진다고 인자 그랜는디 인자

@2 예.

- 우리드른 싹: 다 틀로 바가씅깨로

@2 예.

- 인자 인자 요 가:에 요런 디나 인자 안 거서그라고,

- 나중에 또 다리고 하려면 그것이

@2 아.

- 우니까

@2 예.

- 빨아 놓은 것이 이제 바느질 구멍이 전부 울잖아?

@2 예.

- 쭈글쭈글해지니까.

@2 예예예.

- 그러니까 이제 드문드문하게 그래가지고 또 새로 싹 해. 그러니까 그 속이 터지지.

@2 그러면 다른 데도 다 드문드문드문 다 이렇게 해 놓는 것이어요?

- 예.

@2 드문드문?

- 그런데 이런 데는 폭은 다 이제 박아 놓지.

@2 예, 이 그러니까 이것 이것 바느질 하는 것하고,

- 이것은 이제,

@2 이것

- 싹 폭은 이제 인두를 가지고 다리고

@2 예.

- 이제

- 그러니까 전에는 바늘로 하니까 바늘 실 그것은 불거진다고 이제 그랬는데 이제,

@2 예.

- 우리들은 싹 다 재봉틀로 박았으니까

@2 예.

- 이제 이제 이 가에 이런 데나 이제 안 거시기하라고,

@2 응

― 자: 싹: 이걸 대루고

(기침소리)

― 고:부라고 대루고

@2 예.

― 그렁 거이지.

@2 이르미 바느질 여 하는 이르미 이써쓸 꺼 아니에요? 바믄 나는 여기는 어:뜨게 꼼꼬마게 뜨능 거는?

― 새끼포

@2 예.

― 원:포

@2 예.

― 그래지 머.

@2 어 아 천: 이르미

― 단:

@2 다:니?

― 이

@2 어.

요 바느질 할 떼 바느질 방는 바근다고도 허고 또 머:슨?

― 줌:는다고 그러조 줌:는다 그리도 허고

어 어 여기 오 요거이

― 예.

요러게 요건 감:친다 허고

― 아니 또

그 여러가지 방버비 이짜나요?

― 예.

@2 응.

- 이제 싹 이걸 다리고,

(기침 소리)

- 곱도록 다리고,

@2 예.

- 그런 것이지.

@2 이름이 바느질 이 하는 이름이 있었을 것 아니어요? 밤은 나는 여기는 어떻게 꼼꼼하게 뜨는 것은?

- '새끼포'

@2 예.

- '원포'

@2 예.

- 그러지 뭐.

@2 어 아, 천 이름이?

- 단

@2 단이?

- 이.

@2 어.

이 바느질할 때 바느질 박는다고도 하고 또 뭐는?

- 깁는다고 그러지요, 깁는다 그리도 하고

어 어 여기 오 이것이

- 예.

이렇게 이건 감친다 하고

- 아니 또

그 여러 가지 방법이 있잖아요?

- 예.

@2 어.

- 인제 요라가꼬 인제 요라가꼬 인자 두문두문허이 요리 감:치가꼬 음.

- 그노문 인자 요릴 쫑:쫑쫑쫑 요리 준:능 거는 인자 준는다 그러고 어.

@2 어어

- 그러제.

- 인자

@2 또 빡빠카게 이러케 하능 거는?

- 인자 요래가꼬 인자 바근디다가 요리 뜨고 인자 또 요:리 허고 또 요:리 허고 인자 요래 가능 건 방는다 그러고.

- 예.

@2 음.

- (웃음)

@2 그 다메 또 솜 너코 할 하능 거느 또 머:라고 하고?

이불 가틍 거슨 머:라고 이불 헐 떼 그 여르케 길:게 이르게 상 요로케 하능 거?

- 아

@2 솜 너코

- 요거

어.

@2 이러케 길:게

이부른

@2 계속

이부른 호창 가틍 거.

- 요건 인자 음 요거 보고 머라핸니?

@2 어.

— 이제 이래가지고 이제 이래가지고 이제 드문드문하게 이리 감처가지고

음.

— 그놈은 이제 이리 쫑쫑쫑쫑 이리 기운 것은 이제 깁는다 그러고,

어.

@2 어어.

— 그러지.

— 이제

@2 똑 **빡빡**하게 이렇게 하는 것은?

— 이제 이래가지고 이제 박은 데다가 이리 뜨고 이제 또 이리 하고 또 이리 하고 이제 이렇게 가는 것 박는다 그러고,

— 예.

@2 음.

— (웃음)

@2 그 다음에 또 솜 넣고 할 하는 것은 또 뭐라고 하고?

이불 같은 것은 뭐라고 이불 할 때 그 이렇게 길게 이렇게 상 이렇게 하는 것?

— 아.

@2 솜 넣고

— 이것

어.

@2 이렇게 길게

이불은

@2 계속

이불은 홑청 같은 것.

— 이건 이제 음 이거보고 뭐라 했나?

@2 겨우레 인제 솜 느코

- 이

@2 니빈다고?

- 니비능 거야, 니비능 거느 총:총허능[164] 거이 니비고,

@2 어.

음.

- 고거 보고 머라 핸니라 고또 이저분네.

음음

- 이

@2 어.

시:찌미요.

- 시튼다[165] 그래

어?

- 시튼다고 시침 시침.

음.

- 요걸 보고 시치미라

@2 아.

아

- 한: 바늘썩 요래가꼬 또 요오그 와서

@2 어.

- 또

음.

- 요로고

@2 아.

- 요거 시침헌다 그래.

시침헌다.

@2 겨울에 이제 솜 넣고

— 이.

@2 누빈다고?

— 누비는 거야 누비는 것은 촘촘하게 하는 것이 누비고.

@2 어.

음.

— 그것보고 뭐라 했느니라 그것도 잊어 버렸네.

음음

— 이.

@2 어.

시침이오.

— 시친다 그래.

어?

— 시친다고 시침 시침

음.

— 이걸 보고 시침이야.

@2 아.

아.

— 한 바늘씩 이래가지고 또 여기 와서,

@2 어.

— 또

음.

— 이렇게

@2 아.

— 이것 시침한다 그래.

시침한다

@2 아.

― 응

그러조.

시튼다란 말도 이써요? 시튼다?

― 시튼다 그러기도 허고

아 거 시침한다고도 허고

― 어 시터야지 그거느

아 시터야지 아.

@2 음.

시트다는 마리 인네.

@2 음 (휴대전화 소리):

@2 그레가꼬 빨:레도 빨 빨:레 그거 아까 아 터가꼬 또 빨:레헤야 덴다고 헤짜나요?

― 예.

@2 빨:레 할라문 또 빨:레 하능 거시 명주하고?

@2 ***

― 요론디 요 도:른 요론디 노인들 이버 노머 여여여 도:런 요런디가 저네 멩:오슨 때가 안 저.

@2 네.

― 긍개 여

@2 네.

― 조:르르이.

@2 예예예예

― 하이 요거를 요거 안 지여따고 또,

(웃음)

― 메 저저저저 저네 꺼멍 비누

@2 아.

─ 응.

그러지요.

'시튼다'란 말도 있어요? '시튼다'?

─ '시튼다' 그러기도 하고

아 그 시침한다고도 하고,

─ 어 '시터야지' 그것은.

아 '시터야지' 아.

@2 음.

'시트다'는 말이 있네.

@2 음. (휴대전화 소리)

@2 그래가지고 빨래도 빨 빨래 그거 아까 아 터가지고 또 빨래해야 된다고 했잖아요?

─ 예.

@2 빨래하려면 또 빨래하는 것이 명주하고?

@2 ***

─ 이런 데 이 도련 이런 데 노인들 입어 놓으면 이이이 도련 이런 데 가 전에 무명옷은 때가 안 져.

@2 녜.

─ 그러니까 이

@2 녜.

─ 조르르하게

@2 예예예예.

─ 하이, 이것을 이것 안 지웠다고 또,

(웃음)

─ 뭐 저 저 저 저 전에 검정 비누

@2 예.

― 지그므 헌 비누제만 저네 꺼멍 비누. 꺼멍 비누 요만:헌 그거를 반:트로166) 쫑글라167) 줘. 돈 안 들라이라고.

@2 (웃음)

― 반:트로 요:리 쫑글라 주머 반: 쪼가리168) 그노믈 가꼬 시방 가트문 싹:뚜디리뿌리나찌 안 살고 가지 그 몬 모:내.

― 그거이 그래 줌스렁 인제 또 차나락찝169) 그걸 인자 지 무를 소테다 무를 부꼬 인자 그걸 인자 한다발 가따 데피.

― 데:피문 인자 따따:더이 물 뎅 그노믈 인자 또 그르게다 퍼 노코 우예다가 인자 시리예다가170)

― 저네 사그시리

어.

― 시방은 머 수뎅도 이꼬 머:또 이꼬

@2 예.

― 저리 조응 거 쌔찌만해도171) 사그시리 그걸 가따가 인자 인자 옴막헌172) 요리 쎄:소테다가 거따가 안차 노코,

― 인제 미테 불 땡 거 그거 차나락찌피 인잠 재무리 마이 나온다요.

음 음

― 금 차나락찝 그노믈 인제 미테다가 함 한다발 가따가 인자 그 물 데:핀서룽 인제 때:노머 물 그놈 인자 묻

(기침소리)

― 뜨근뜨근173) 안 허요이? 우예 미테다가 차나락찝 그거를 꼬실라174) 농깨. 그러면

@2 음.

― 그걸 인자 요리 따로 퍼내 노코

(기침소리)

@2 예.

─ 지금은 흰 비누지만 전에 검정 비누. 검정 비누 이만큼 한 것 그것을 반으로 잘라 줘. 돈 안 들이려고.

@2 (웃음)

─ 절반으로 이리 잘라 주면 반 조각 그놈을 가지고 시방 같으면 싹 두드려 버리고 나갔지 안 살고 가지 그 못 못 해.

─ 그것이 그래 주면서 이제 또 찰벼짚 그걸 이제 물을 솥에다 물을 붓고 이제 그걸 이제 한 다발 가져다 덥혀.

─ 덥히면 이제 따뜻하게 물 데운 그놈을 이제 또 그릇에다 퍼 놓고 위에다가 이제 시루에다가,

─ 전에 사기 시루.

어.

─ 시방은 뭐 스테인리스도 있고 뭐도 있고,

@2 예.

─ 저리 좋은 것 쌨지마는 사기 시루 그걸 가져다가 이제 이제 오목한 이리 쇠솥에다가 거기다가 안쳐 놓고,

─ 이제 밑에 불 땐 것 그것 찰벼짚이 이제 잿물이 많이 나온대요.

음음.

─ 그러면 찰벼짚 그놈을 이제 밑에다가 한 한 다발 가져다가 이제 그 물 덥히면서 이제 때어 놓으면 물 그놈 이제 문

(기침 소리)

─ 뜨끈뜨끈하잖아요? 위에 밑에다가 찰벼짚 그것을 불살라 놓으니까. 그러면

@2 음.

─ 그걸 이제 이리 따로 퍼내 놓고,

(기침 소리)

- 인제 미테다가 인자 저거 머이냐 저네느 시리르라고 저거

@2 (기침소리)

- 저 깔바테[175] 그거 그걸 보고 머라 핸냐? 또 야커디 야컹[176] 그걸 보고 머 머이라 핸니[177] 시방?

- 노 노끄늘 인자 가꼬 영꺼 시리미치라고 인제. 떡 찜성도 허고 인자. 그노믈 인자 원[178] 너:나노코,

(기침소리)

@2 아.

- 구예다가 인잔 집 꼳 미테 직 저 재 그노믈 차나락째 그노믈 인자 온 시리에다 항걷[179] 퍼부우.

- 퍼부가꼬 인자 뜨근뜨근흔 그노믈 인자 자꼬 요리 퍼부어 인자.

@2 음.

- 거:면 미테치[180] 그거이 재무리라고

@2 음.

- 거따가 인자 빨래르 인자 주물라.

@2 예예예

- 시방 수뻐따이메이로[181].

@2 예.

- 주물라 가꼬 인자

(기침소리)

- 줄:때 인자 그거이 때질 꺼이라고 요만침 떼: 준 그노믈 가꼬 여그 인자

- 오썸 머 도:런 요런디 주울 때 그놈 지우라는디 빨래르 그거 머 온:제 거서 이:고 건서글 빨래가 두 통이나 데는디 그거 항 개 가꼬 머으 그거를 다 지우꺼이라?

- 덜 지여가꼬 소테 인제 쇠죽소테느 인자 캐:카리[182] 쇠죽 써주는

- 이제 밑에다가 이제 저기 뭐냐 전에는 시루라고 저거

@2 (기침 소리)

- 저 갈대밭에 그것 그걸 보고 뭐라 했나? 또 약하디 약한 그걸 보고 뭐 뭐라 했나, 시방?

- 노 노끈을 이제 가지고 엮어, 시루밑이라고 이제. 떡 찌면서도 하고 이제. 그놈을 이제 애초에 넣어 놓고,

(기침 소리)

@2 아.

- 그 위에다가 이제 짚 밑에 저 재 그놈을 찰볏재 그놈을 이제 곧 시루에다 한껏 퍼부어.

- 퍼부어가지고 이제 뜨끈뜨끈한 그놈을 이제 자꾸 이리 퍼부어 이제.

@2 음.

- 그러면 밑에 있는 것 그것이 잿물이라고,

@2 음.

- 거기에다가 이제 빨래를 이제 주물러.

@2 예예예.

- 시방 수퍼타이처럼.

@2 예.

- 주물러 가지고

(기침 소리)

- 지울 때 이제 그것이 때가 질 것이라고 이만큼 떼어 준 그놈을 가지고 여기 이제,

- 옷 섶 뭐 도련 이런 데 지울 때 그놈 지우라는데 빨래를 그것 뭐 언제 거기서 이고 식구를 빨래가 두 통이나 되는데 그것 한 개 가지고 뭐 그거를 다 지울거야?

- 덜 지워가지고 솥에 이제 쇠죽솥에는 이제 깨끗하게 쇠죽 쒀 주는

소:츨183) 인자 깨:끔184) 씨꺼185)가고 인자 거따 쌀:마.

— 빨래르 인자 멩:온 그렁 거 인자 쌀:무머 주울 때 그걸 앙거스 해따꼬 또 부작때르186)가 싹: 주: 떤지비리.

— 새로 시끄라고. 거 멀: 가꼬 또 시끄꺼이라 그럼성,

— 인제 게:심타고187) 인자 비누 반:동가리 그노미라도 또 줌스렁 씨끄라문 허는디 그노믈 인자 보리끔,

— 이런 세멘바닥딴 뻘188) 빠다게다가 그걸 주: 떤지노면 그놈 가따 씨끌라면 눔무리 (웃음) 허 (한숨)

— 인자 우러매느 멀헐라고 날: 나가꼬 요런디다 보내 노코:는 우러. (웃음)

— (웃음)

— 그러고 사라.

@2 어.

— 저네느. 싸:게라.

@2 그런 에:기도 하더라구요. 겨우레 어르신드리 오딥꼬 그 서:플 보메 빨:라고 보무 이가 아:를

— 아

@2 (웃음)

— 요런 똑: 이:도 요런 모서리에 요런디다가 씰커등189).

@2 예 (웃음)

— 인자 굴:근 놈부터 자바. (웃음)

(웃음)

— 톰방니부터190) 인자 톰방니라 그러고 갈강니라191) 그러거등.

@2 어.

어. 큰 이를 머:라 그레요?

— 톰방니. (웃음)

솥을 이제 깨끗하게 씻어가지고 이제 거기에다 삶아.

－ 빨래를 이제 무명옷 그런 것 이제 삶으면 지울 때 그것 안 거시기 했다고 또 부지깽이를 가지고 싹 집어 던져 버려.

－ 새로 씻으라고. 그 뭘 가지고 또 씻을 거야. 그러면서

－ 이제 괘씸하다고 이제 비누 반 동강 그놈이라도 또 주면서 씻으라면 하는데 그놈을 이제 버리고

－ 이런 시멘트 바닥이나 개펄 바닥에다가 그걸 집어 던져 놓으면 그놈 가져다 씻으려면 눈물이 (웃음) 허 (한숨)

－ 이제 우리 엄마는 뭐 하려고 나를 낳아가지고 이런 데다 보내 놓고는 울어. (웃음)

－ (웃음)

－ 그렇게 살아.

@2 어.

－ 전에는. 산 거야.

@2 그런 얘기도 하더라고요. 겨울에 어르신들이 옷 입고 그 섶을 봄에 빨려고 보면 이가 알을,

－ 아.

@2 (웃음)

－ 이런 꼭 이도 이런 모서리에 이런 데다가 슬거든.

@2 예. (웃음)

－ 이제 굵은 놈부터 잡아. (웃음)

(웃음)

－ '톰방니'부터 이제 '톰방니'라 그러고 '갈강니'라 그러거든.

@2 어.

어, 큰 이를 뭐라 그래요?

－ '톰방니' (웃음)

아 글고 자:긍 거슨?

- (웃음)

가가 가강니?

- 아, 우:수붕께 눔무리 나네. (웃음)

(웃음)

- 시방 그런 닐 엄찌~.

@2 (웃음)

음.

- 굴:긍 거이 아페 게:강께 그놈부터 자바. (웃음)

(웃음)

@2 (웃음)

- 네 듀 애:기들또 인자 어:른더리 자주 인자 요리 거세해: 준 사라믄 근디 머리도 안 깽기가꼬

@2 어.

- 요리 떠드르무 흑:해. 쎄까레가[192].

- 거기에도 요리 디끼무[193] 이가 출출출출. 에이고.

- 왜 그래쓰까 저네느. 안 씨꺼 이붕께 더:러버서 그러꺼이여.

그러지요 ***

@2 예예

- 굴:근 놈부터 인자 다시 오슬 디:시노먼 인자, 궁:거 불부게이랑[194] 그놈부터 이리 지기머 손티비 빌그레[195]. (웃음)

@2 어.

- 빌그러고 인자 큰놈 싹: 자꼬나문 인자,

@2 예.

- 요리 인자 장 거.

@2 예.

아, 그리고 작은 것은?

— (웃음)

가가 '가강니'?

— 아, 우스우니까 눈물이 나네. (웃음)

(웃음)

— 시방 그런 이 없지.

@2 (웃음)

음.

— 굵은 것이 앞에 기어가니까 그놈부터 잡아.

(웃음)

@2 (웃음)

— 예, 아이들도 이제 어른들이 자주 이제 이리 거시기해 준 사람은 그런데 머리도 안 감겨가지고

@2 어.

— 이리 떠들면 하얘 서캐가.

— 거기에도 이리 뒤집으면 이가 출출출출, 아이고.

— 왜 그랬을까 전에는? 안 씻어 입으니까 더러워서 그럴거야.

그러지요. ***

@2 예예.

— 굵은 놈부터 이제 뒤집어 옷을 뒤집어 놓으면 이제 굵은 것 '불부게 이'랑 그놈부터 이리 죽이면 손톱이 불그레해.

@2 어.

— 불그레하고 이제 큰놈 싹 잡고 나면 이제

@2 예.

— 이리 이제 잔 것,

@2 예.

- 잔니 요리 자꼬나머 인자, 요런디다 또 쎄로196) 씨러나.

@2 음.

- 쎄 씨러논 그노믈 인자 종제기부레다가197) (웃음)

@2 예.

- 요리 꾸실먼 또드락또드락또드락198) 해.

@2 아~ 드러 이써서.

- 어. 그러고 인자 저기 저 할매드른 이잔 누니 어두버 안 베잉깨 그냥 (웃음)

@2 으~

- 또드락또드락또드락해 그냥 씨부머. (웃음)

(웃음)

- 근데 제 살에서

@2 ***

- 긍데 이릉 거이다고 안 더럽떼.

@2 아니 아니 근데 할머니들 이도 업쓰실텐데 어떠케 이로? (웃음)

- 이 항 개씩 인는 그노믈 가꼬 요래가꼬 욜욜 요로무 그냥 또드락또드락또드락 허이 그래.

- 아 인자

@2 아.

- 제 사레서 나옹 거이라고 안 더럽따고

@2 예.

- 하~ 인제 누넌 어둡꼬 모:짭꺼꼬 그렁깨, 시방거치 그걸 도빼기도 흔허고 그러지마느,

@2 예.

- 저네느 머 도빼기도 엉:꼬, 이:는 베기도 안 허고 헝깨 무조껀 씸능 거이라 그냥.

- 잔 이 이리 잡고 나면 이제 이런 데다 또 서캐를 슬어 놔.

@2 음.

- 서캐 슬어 놓은 그놈을 이제 종짓불에다가,

@2 예.

- 이리 불사르면 또드락또드락또드락 해.

@2 아 들어 있어서.

- 어, 그리고 이제 저기 저 할멈들은 이제 눈이 어두워 안 보이니까 그냥 (웃음)

@2 으.

- 또드락또드락또드락해 그냥 씹으면, (웃음)

(웃음)

- 그런데 제 살에서

@2 ***

- 그 이제 인 것이라고 안 더럽대.

@2 아니, 아니, 그런데 할머니들 이도 없으실 텐데 어떻게 이로? (웃음)

- 이 한 개씩 있는 그놈을 가지고 이래가지고 이리 이리 이러면 그냥 또드락또드락또드락 하게 그래.

- 아 이제

@2 아.

- 제 살에서 나온 것이라고 안 더럽다고.

@2 예.

- 아무렴. 이제 눈은 어둡고 못 잡겠고 그러니까 시방처럼 그저 돋보기도 흔하고 그러지마는,

@2 예.

- 전에는 뭐 돋보기도 없고 이는 보이지도 않고 하니까 무조건 씹는 거야 그냥.

@2 음.

- 더:럽찌, 참 저네. 시방 다 장가지꺼이네[199]. (웃음)

@2 (웃음)

(웃음)

- 다 장가지꺼이라 그렁거이.

@2 음.

- 애기들또 좀 일: 바뿌고 그런 집 애:기드른 보머 그냥 요로무 그냥 쎄가 이 끄터리에 이가 그냥 뻬 따따헌 베테 인능 지프 이:가 우:로 올러와가꼬 성글서글서글성글 요리 게:댕기고 그래써요, 저네느.

@2 어.

- 그무 인자 참:비돼[200]

@2 예.

- 저네느 그거이 참비치[201] 먼 남자그러 그거 이: 쎄 쎄 잠능 거이라 그래.

- 인자 그거를 인자 요리 그걸가 요리 비티문[202] 굴:근 이:는 요리 떠러진디 쎄가 안 떨어지거등.

@2 예.

- 그러문 인잔 실: 그노믈 가꼬 요리저리요리 영:꺼.

- 영꺼가꼬 인자 요:러면 망 머크레이 반쫌 빠질꼬 그냥 그리 그러머 인자 쎄가 흑:허니 인자 그래가꼬 인자,

@2 예.

- 요:로면 인제 쎄가 흑:허머 그냥 망 요리 지머 또드락또드락또드락해 머리에도.

음.

- 저넨 더러께 사라써. (웃음)

@2 (웃음)

@2 음.

－ 더럽지, 참 전에. 시방 다 까무러칠 것이네.

@2 (웃음)

(웃음)

－ 다 까무러칠 거야 그런 것이.

@2 음.

－ 아이들도 좀 일 바쁘고 그런 집 아이들은 보면 그냥 이러면 그냥 서캐가 이 끝에 이가 그냥 볕 따뜻한 볕에 있는 집은 이가 위로 올라와가지고 성글성글성글성글 이리 기어다니고 그랬어요 전에는.

@2 어.

－ 그러면 이제 참빗에

@2 예.

－ 전에는 그것이 참빗이 무슨 용도냐 하면(?) 그것 이 서캐 서캐 잡는 것이라고 그래.

－ 이제 그것을 이제 이리 그걸 가지고 빗으면 굵은 이는 이리 떨어지는데 서캐가 안 떨어지거든.

@2 예.

－ 그러면 이제 실 그놈을 가지고 이리저리이리 엮어.

－ 엮어가지고 이제 이러면 막 머리카락이 반쯤 빠지고 그냥 그리 그러면 이제 서캐가 하얗게 이제 그래가지고 이제

@2 예.

－ 이러면 이제 서캐가 하얗게 그냥 막 이리 지면 또드락또드락또드락해 머리에도.

음.

－ 전에는 더럽게 살았어. (웃음)

@2 (웃음)

‒ 참.

더러끼도 헤:찌만 얼마나 가려와쓰까요?

@2 음.

음.

‒ 근 똑 비리 오릉거멩이 시방 곡썩 비리[203] 오리먼 안 크데끼

어 어

‒ 그러치 먼.

그러치

‒ 긍깨 저네 싸람드른 사람도 알구꼬,

@2 어.

‒ 시방은 어디 미분 사라미 어디 이써?

@2 (웃음) 사리 통통 찌고.

‒ 응

(웃음)

‒ 몬: 미긴 사람드른 불거지고 머: 어디 쪼그라지고 말짱 그러코,

@2 어.

‒ 인는 지 싸람드른 좀 반질반질허고 저네는 글 안 해써.

@2 예.

‒ 아 저네 산: 이야글 허머 먼: 말:도 몯해지. (웃음)

@2 그레가꼬 인제 그러케 빨:레를 헤가꼬 와서 어찌데건 다 빠라 가꼬 인제 어떠께 헤야데꺼 아니에요?

‒ 이 너러 몰류머[204],

@2 예.

‒ 너러 몰랴가꼬 인자 또 푸를 끼리가꼬,

@2 예.

‒ 저네느 대:궁밀[205], 시방 대:궁물라 키: 콩 거, 저 사네 군디 갈데여.

- 참.

더럽기도 했지만 얼마나 가려웠을까요?

@2 음.

음.

- 그 꼭 진딧물 오른 것처럼 시방 곡식 진딧물 오르면 안 크듯이,

어어.

- 그렇지 뭐.

그렇지.

- 그러니까 옛사람들은 사람도 얄궂고,

@2 어.

- 시방은 어디 미운 사람이 어디 있어?

@2 (웃음) 살이 통통 찌고

- 응.

(웃음)

- 못 먹인 사람들은 불거지고 뭐 어디 쪼그라지고 말짱 그렇고

@2 어.

- 있는 집 사람들은 좀 반질반질하고 전에는 그렇지 않았어.

@2 예.

- 아, 전에 산 이야기를 하면 무슨 말도 못하지.

@2 그래가지고 이제 그렇게 빨래를 해가지고 와서 아무튼 다 빨아가지고 이제 어떻게 해야 될 것 아니어요?

- 아 널어 말리면.

@2 예.

- 널어 말려가지고 이제 또 풀을 끓여가지고,

@2 예.

- 전에는 대국밀 시방 대국밀이라 키 큰 것, 저 산에 그런 데 잘돼요.

@2 아.

음.

- 그걸 인자 한 떼기썩 인자 가라 인자 받 한 자리썩.

@2 어.

- 갈:먼 그건 따로 해가꼬 그노믈 인제 무를 부어가꼬 써콰206).

- 써쿠먼 그거이 요:리요:리 주무리문 거기에서 흐:거이 알:만 빠지고 인자 체에다가 걸러서 인자 껍떠근 걸러 내:삐리고 나:먼 그걸 인자 또 우라 인자 무.

- 거 흐:건 가리 인자 빠징 그거를 인자 뚬물207) 거틍 거이 나오먼 그노믈 우라가꼬 메 뻔 우라노먼 흑::해.

@2 음.

- 흑:허먼 인자 그걸 끼리노:먼 끼리가꼬 인자 푸를 미기고,

@2 음.

- 또 밀까리

음.

@2 음.

- 밀까리 푸를 끼리가꼬 인자 또 그러고 인자 또또 멀: 헌 지비느 인자 좀 인는 지비느 인자,

- 풀 매라고 요새 왜 쪼까:너이 풀 매고 압쭈딩이 요:리 흐리능 거 아니썹띠여208)?

@2 예.

- 그거 인자 또 싸를 인자 부라가꼬 거기에 매:또라209) 풀 매다 가서 가라가다가 인자 또 끼리가꼬 미기고,

@2 음.

- 하

@2 거 대궁물 우랄 떼는 무레다가 이러케, 여러가꼬

@2 아.

음.

- 그걸 이제 한 뙈기씩 이제 갈아. 이제 밭 한 자리씩.

@2 어.

- 갈면 그건 따로 해가지고 그놈을 이제 물을 부어가지고 썩혀.

- 썩히면 그것이 이리 이리 주무르면 거기에서 하얗게 알만 빠지고 이제 체에다가 걸러서 이제 껍질은 걸러 내버리고 나면 그걸 이제 또 우려 이제 무.

- 그 하얀 가루 이제 빠진 그것을 이제 뜨물 같은 것이 나오면 그놈을 우려가지고 몇 번 우려 놓으면 하얘.

@2 음.

- 하야면 이제 그걸 끓여 놓으면 끓여가지고 이제 풀을 먹이고,

@2 음.

- 또 밀가루

음.

@2 음.

- 밀가루 풀을 끓여가지고 이제 또 그러고 이제 또 또 뭐 한 집은 이제 좀 있는 집은 이제,

- 풀 매라고 요새 왜 조그맣게 풀 매고 앞 주둥이 이리 흐르는 것 있잖습디까?

@2 예.

- 그것 이제 또 쌀을 이제 불려가지고 거기에 맷돌에 풀 매다 가서 갈아다가 이제 또 끓여가지고 먹이고,

@2 음.

- 하.

@2 그 호밀 우릴 때는 물에다가 이렇게? 열어가지고

－ 그거는 인자 여르므로 마:니 허지, 잘 써긍깨.

@2 아.

－ 그래 인자 우라가꼬 그노믈 또 푸를 끼리가꼬 인자 삼베온 그런 디는 미이가꼬 인자 막,

@2 음.

－ 손질헌당 거이 그냥 쪽:쪽 홀터 인자,

@2 음.

－ 저긴 간:지떼에다가 인자 끼:쓰 끼: 너러노코 막 요로 홀터. 글면

－ 막 빠:뺄허면 그노믄 시바는 쑤씨싸:서 꺼:끄라서 아무도 안 이브꺼여. (웃음)

@2 좀 뻐:뺄허면 그거 가꼬와가꼬 또 이러케,

－ 하 또 뚜디리고 긍깨 인잘 여르메는 뚜디리문 구닝이 매:킹깨 덥:꺼등.

@2 아.

－ 그렁깨 인제 요:리 소느로 홀터.

@2 아 이러케

－ 망 요:리로 막 요리 안 거서근 디는 막 요:래 가꼬 요:리허고,

@2 예.

－ 또 인제 요런 디는 인자 요:리 홀꼬.

@2 음.

－ 그러곤 그러고 인자 종 곱:께 헐라먼 인자 정때로 인자 숟 대래비에다가210) 은자 잉그락뿌를 다마가꼬 인자 막 대루고 하나느 잡꼬 이꼬 하나느 대루고.

－ 시방은 왕:구에서211) 수월치이~, 왕:구에도 수월치. 점:드리212) 그건허다 마라213) 그렁깨.

음.

－ 점:드리 그건허다 나옹개 잠 잘 여개도 엉:꼬

- 그것은 이제 여름으로 많이 하지 잘 썩으니까.

@2 아.

- 그래 이제 우려가지고 그놈을 또 풀을 끓여가지고 이제 삼베옷 그런 데는 먹여가지고 이제 막,

@2 음.

- 손질 한다는 것이 그냥 쪽쪽 훑어 이제.

@2 음.

- 저기 간짓대에다가 이제 꿰어 널어 놓고 막 이렇게 훑어. 그러면,

- 막 빳빳하면 그놈은 시방은 쑤셔 쌓아서 껄끄러워서 아무도 안 입을 거야. (웃음)

@2 좀 빳빳하면 그것 가지고 와가지고 또 이렇게

- 하 또 두드리고 그러니까 이제 여름에는 두드리면 구멍이 막히니까 덥거든.

@2 아.

- 그러니까 이제 이리 손으로 훑어.

@2 아, 이렇게.

- 막 이리로 막 이리 거시기 안 한 곳은 막 이래가지고 이리 하고

@2 예.

- 또 이제 이런 데는 이제 이리 훑고,

@2 음.

- 그리고는 그리고 이제 좀 곱게 하려면 이제 *** 이제 숯 다리미에다가 이제 잉걸불을 담아가지고 이제 막 다리고 하나는 잡고 있고 하나는 다리고,

- 시방은 천하에 수월하지. 천하에 수월하지. 저물도록 그것 하다 말다 그러니까.

음.

- 저물도록 그것 하다 나오니까 잠 잘 여가도 없고,

@2 예.

- 게다가 따진디 머 어디 째:진 디 그런 디 또 저 밤새도록 또 끼:매 이페야재.

- 사리 안 나오게 끼:매 이페야재. 긍깨 잠 잘 여개도 엉:꼬.

- 긍깨 메트리드른 주글 이리야 주글 일. 그래도 어:르니라고 먼: 소리를 허고 어:르니라고 메느리 시기 노고 주구는 놀:로 댕기고.

(웃음)

@2 (웃음)

아이고 고셍헤께따.

@2 예예

음.

@2 또

- 여름 삼동으로는 인자 그노믈 싹: 푸렁 그걸 꺼드르머[214] 인자 또 와서 개: 가꼬,

@2 음.

- 싹: 방망이르 가꼬 뚜디리야 데.

@2 예예 겨우레만 뚜드링 거예요?

- 응

@2 그러면 여르멘 안 뚜드리고?

- 예. 여르멘 안 뚜두디리고.

@2 아이구, 아무떼나 두드리는 줄 아라써요, 저는.

@2 ***

- 여르메느 뚜두리 노먼

@2 응

- 구녕이 매:킹깨

@2 근데

@2 예.

― 게다가 떨어진 데 뭐 어디 째진 데 그런 데 또 저 밤새도록 또 꿰매어 입혀야지.

― 살이 안 나오게 꿰매어 입혀야지. 그러니까 잠 잘 여가도 없고.

― 그러니까 며느리들은 죽을 일이야 죽을 일. 그래도 어른이라고 무슨 소리를 하고 어른이라고 며느리 시켜 놓고 저희는 놀러 다니고.

(웃음)

@2 (웃음)

아이고 고생했겠다.

@2 예예.

음.

@2 또

― 여름 겨울로는 이제 그놈을 싹 풀 한 그걸 꺼들면 이제 또 와서 개어가지고

@2 음.

― 싹 방망이를 가지고 두드려야 돼.

@2 예예 겨울에만 두드리는 거예요?

― 응

@2 그러면 여름에는 안 두드리고?

― 예, 여름엔 안 두드리고.

@2 아이고, 아무 때나 두드리는 줄 알았어요 저는.

@2 ***

― 여름에는 두드려 놓으면

@2 응

― 구멍이 막히니까

@2 그런데

- 따드마노면215) 구녕이 매:킹깨

@2 모시옫 가틍 경우는 풀 메겨 가지고 이러케 뚜두:리:지 안나요? 여르메도 모시옫?

- 음 모시오또 인자 요리 홀터가꼬 대라, 그냥.

@2 아.

- 여르메느 구녕 매:킨다고 안 뚜드리요.

@2 아. 허긴 이러케 풀 머겨 가지고 야깐 말려서 쪼끔 꾸득꾸득할216) 떼

- 하

- 요:리요:리 인자

@2 아니

- 시방

@2 이러케 이러케 저버:서

- 저버 가꼬

@2 게 가지고

- 예.

@2 처네다 이러케 싸서 발로

- 예.

@2 이러케 밥떠라고요

- 그릉깨.

@2 예.

- 인자 구녕 매킨다고 방망이지른 안 해 여름오슨.

@2 아, 여름오슨 방망이질 안 하고 겨울온만

- 에

@2 음. 혹씨 염셕 가틍 거또 헤 보셔써요? 세깔 옫: 세 물드리능 거?

- 하 저네 물깜 가꼬

@2 예.

─ 다듬어 놓으면 구멍이 막히니까

@2 모시옷 같은 경우는 풀 먹여가지고 이렇게 두드리지 않나요? 여름에도 모시옷?

─ 음, 모시옷도 이제 이리 훑어가지고 다려. 그냥.

@2 아.

─ 여름에는 구멍 막힌다고 안 두드려요.

@2 아. 하기는 이렇게 풀 먹여가지고 약간 말려서 조금 고슬고슬할 때

─ 아무렴.

─ 이리 이리 이제

@2 아니.

─ 시방

@2 이렇게 이렇게 접어서

─ 접어가지고

@2 개어가지고

─ 예.

@2 천에다 이렇게 싸서 발로

─ 예.

@2 이렇게 밟더라고요.

─ 그러니까

@2 예.

─ 이제 구멍 막힌다고 방망이질은 안 해 여름옷은.

@2 아, 여름옷은 방망이질 안 하고 겨울옷만

─ 예.

@2 음. 혹시 염색 같은 것도 해 보셨어요? 색깔 옷에 물 들이는 것?

─ 아무렴, 전에 물감 가지고.

@2 예.

- 비 비단저구리 그렁 거.

@2 어 어뜨 어떠케 먼 무슨 세글 드리셔써요?

- 아이, 부:농새기랑 머: 배:추색,

@2 예.

- 그렁 거 인제 물 끼리가꼬.

@2 물까믄?

- 저네는 물까믄 인절 장어 장에 가몬 모두 포라써.

@2 음.

@2 장에서 파:능 건만 물깜 쓰셔써요?

- 저네는 함 물 허먼 물 빠저 뿌리여.

@2 어떵 거 물깜

- 장에서 물깜 그거는

@2 예.

- 인자 사 가꼬 와서 인자 그르게다 노꼬 인자 비단온 그렁 걸 인자
적씨먼,

@2 응

- 인자 빨강건 허머 빨그레 은자 부농이 데고

@2 어.

- 또 배:추삭 물 도라무 배:추삭 물 주문 인자 또 그

@2 음.

- 삔 베 나 이꾸 잔:대로 새까를 도래가꼬

@2 예.

- 인제 비단온 씨꺼가꼬

@2 음.

- 또 물 디리가 근자 저구리 그렁 거 끼:미가꼬 이꼬 또 빨:문 또 무른
다 날라가 뿌리고 뽀라:저217) 뿌리고 흑:해.

- 비 비단저고리 그런 것.

@2 어 어떠 어떻게 뭐 무슨 색을 들이셨어요?

- 아이, 분홍색이랑 뭐 배추색,

@2 예.

- 그런 것 물 끓여가지고,

@2 물감은?

- 전에는 물감은 이제 장에 장에 가면 모두 팔았어.

@2 음.

@2 장에서 파는 것만 물감 쓰셨어요?

- 전에는 한 물 하면 물 빠져 버려요.

@2 어떤 것 물감?

- 장에서 물감 그것은,

@2 예.

- 이제 사가지고 와서 이제 그릇에다 놓고 이제 비단옷 그런 걸 이제 적시면,

@2 응

- 이제 빨간 것 하면 불그레해 이제 분홍이 되고,

@2 어.

- 어 또 배추색 물 달라면 배추색 물 주면 이제 또 그

@2 음.

- 베 나 입고 싶은 대로 색깔을 달라 해가지고,

@2 예.

- 이제 비단옷 씻어가지고

@2 음.

- 또 물 들여가지고 이제 저고리 그런 것 꿰매어 가지고 입고 또 빨면 또 물은 다 날아가 버리고 바래져 버리고 하얘.

@2 아 그레요?

— 그러무 또 새로 또또또 딴 물 드리고 자문 또 딴 물 디리고 저네는 그래쬬.

@2 오오

@2 물 거기서 물깜 사서 드리는 거 말:고 풀 가틍 거 뜨더다가 물드려 보고 그러:시기도 헨나요?

— 그렁 건 안 해 바써.

@2 어 머 치:자 따다가

— 지:자[218].

@2 예.

— 지:자라고. 지:자 그거 따다가도 허고

@2 먼 무슨 세기 나와요 그러면.

— 지:자 새까른 주왕색 방사하이 그래.

@2 아.

— 지:자새근.

@2 예. 또 다릉 거또 또 인나요?

— 인제 또 감:물

@2 아 감물.

— 감:. 가:른 꺼뭉깨르 잘 안 디리요

@2 어.

— 지그므 점부 감:물 디리가꼬 모도 여그요

@2 예.

— 입:떼.

@2 음. 여기선 잘 안 드려써요?

— 또 또 물 엄:씸 또 항:투[219]

@2 어?

@2 아, 그래요?

— 그러면 또 새로 또 또 또 딴 물 들이고 싶으면 또 딴 물 들이고 전에는 그랬지요.

@2 오오

@2 물 거기서 물감 사서 들이는 것 말고 풀 같은 것 뜯어다가 물들여 보고 그러시기도 했나요?

— 그런 건 안 해 봤어.

@2 어 뭐 치자 따다가

— 치자.

@2 예.

— 치자라고 치자 그것 따다가도 하고

@2 무슨 무슨 색이 나와요 그러면?

— 치자 색깔은 주황색 방사하게 그래.

@2 아.

— 치자색은.

@2 예. 또 다른 것도 있나요?

— 이제 또 감물.

@2 아, 감물.

— 감. 감은 까마니까 잘 안 들여요.

@2 어.

— 지금은 전부 감물 들여가지고 모두 여기요,

@2 예.

— 입데.

@2 음. 여기선 잘 안 들였어요?

— 또 물 없으면 또 황토.

@2 어?

― 항:투

@2 아.

― 이제 도니 엉:꼬 거시건 사람드른 또 항:투로 파다가 또 무를 디리 가꼬,

@2 녜.

― 긍깨 방치기[220] 요거느, 한 멀 대야싸[221] 이부머 그럼 인자 도로 씽 능 거 그거. 또 빨:무 도로 흑:해저 뿌리고.

@2 어 (웃음)

― 그랜 그래가,

@2 어 요세는 건강에 조타고 황토를 하더라고요.

― 저네 우리들 클 때느 항:투무를 무그머 페:뼁 걸린다고,

@2 예.

― 저 바테 저런 디그 가도 울 엄니허고 두:리 우리 친정 어매하고 두: 리 가서 바츨 매:먼 당시느 무금성 나는 몬 무께 해.

@2 황토를?

― 무리 밤 매다 무리 데:게 모기 갈라서[222] 무글라먼

@2 어

― 물 무군디 바까에 물 나는 디가 인는디

@2 예.

― 아:드른 그렁 거 무:문 페:뼁 든다고 몸: 무께 허드마. 지그믄 머 점 부 항:투무를 무잠 해 가꼬 따라 묵떼요. 허

@2 (웃음)

**

@2 응

― 음.

― 네는[223] 묵찌마라 절뭉 거이,

− 황토.

@2 아.

− 이제 돈이 없고 거시기한 사람들은 또 황토를 파다가 또 물을 들여 가지고

@2 네.

− 그러니까 황톳물로 염색하는 이것은, 한 뭐 대엿새 입으면 그럼 이제 도로 씻는 것 그것. 또 빨면 도로 하얘져 버리고.

@2 어. (웃음)

− 그래 그래가지고

@2 어, 요새는 건강에 좋다고 황토를 하더라고요.

− 전에 우리들 자랄 때는 황톳물을 먹으면 폐병 걸린다고.

@2 예.

− 저 밭에 저런 데 가도 우리 엄마하고 둘이 우리 친정엄마하고 둘이 가서 밭을 매면 당신은 먹으면서 나는 못 먹게 해.

@2 황토를?

− 물이 밭 매다 물이 되게 목이 말라서 먹으려면

@2 어.

− 물 먹는 데 밭 가에 물 나는 데가 있는데,

@2 예.

− 아이들은 그런 것 먹으면 폐병 든다고 못 먹게 하더구먼. 지금은 뭐 전부 황톳물을 먹고 싶으면 해가지고 따라 먹데요. 허.

@2 (웃음)

**

@2 응

− 음.

− 너는 먹지 마라 젊은 것이.

@2 예.

- 혹씨나 페:뻥 드러노문 누 페:뻥은 절문뉼 절럼덴다고 누구 헹제드 간들꺼지 망신시긴다고[224] 절때조 몸 무께 해.

@2 어

- 바테 가도.

@2 어

- 넨 지비 가서 차마가 지비 가 무거라.

@2 아

- 이걸 어머 어매느 그래 엄마느 저네느 어매라 헝깨 어매느 왜 뭉냐 그러무 나느 늘거씽깨 주거도 갠찬다. (웃음)

@2 (웃음)

- 니느 지비 가서 무거라. (웃음)

@2 어 음

- 늘거씽깨 무리 무 모메 무리 몰라서 나느 모기 몰라싸:치만, 누군 안:중[225] 에:린디 먼: 무를 무거야고[226] 함부로 몯 몸: 무께 해.

- 그런디 지그믄 머 항:투무를 무장 머 해무 맨드라 뭉는디 머.

@2 음

@2 또 혹씨 파랑섹 가틍 걷:또 드리셔써요? 풀 비여다가 파랑섹 가틍 거 또 드려짜나요. 이까.

- 인자 하무. 어떤 사람드른 보리도 베:다가

@2 보리요?

- 예.

@2 어 그먼 무슨 세기 나와요?

- 인잔 배:추색 방:사허이 그러치. 그렁 거는 아니삐.

@2 아

- 잘몯 허무 그냥 얼루기 지고 그릉깨 몰라 우리드른 너무느 그래썬

@2 예.

─ 혹시나 폐병 들어 놓으면 폐병은 젊은 * 전염된다고 너희 형제들까지 망친다고 절대 못 먹게 해.

@2 어.

─ 밭에 가도

@2 어.

─ 너는 집에 가서 참아가지고 집에 가서 먹어라.

@2 아.

─ 이걸 엄마 엄마는 그래 엄마는 전에는 '어매'라 하니까 '어매'는 왜 먹느냐고 그러면 나는 늙었으니까 죽어도 괜찮다. (웃음)

@2 (웃음)

─ 너는 집에 가서 먹어라.

@2 어. 음.

─ 늙었으니까 물이 몸에 물이 말라서 나는 목이 말라 쌓지만 너희는 아직 어린데 무슨 물을 먹느냐고 함부로 못 먹게 해.

─ 그런데 지금은 뭐 황톳물을 점점 뭐 해먹 만들어 먹는데 뭐.

@2 음.

@2 또 혹시 파랑색 같은 것도 들이셨어요? 풀 베다가 파랑색 같은 것도 들였잖아요? 그러니까?

─ 이제 아무럼. 어떤 사람들은 보리도 베어다가,

@2 보리요?

─ 예.

@2 어, 그러면 무슨 색이 나와요?

─ 이제 배추색 방사하게 그렇지. 그런 것은 안 이뻐.

@2 아.

─ 잘못 하면 그냥 얼룩이 지고 그러니까 몰라, 우리들은 남은 그랬었

그렁 걸 그래가 글 해:도,

– 우리:진 어무니는 우리 친정 어무니느 저 점부 사다주문

@2 음

– 디리가꼬 해: 이버.

@2 장에 가서 사 가지고

– 예.

@2 응

– 그리고 우리 여여 시집 와서느 인자 또

@2 어

– 인자 그 때느 실랑이재.

@2 예

– 실랑이 장:사를 헝깨

@2 네

– 인제 자파 장수를 해 농깨 인자 허고 시푸문 쫌 도라 그러무 쪼깐 가따주문 디리가야 해주고.

@2 음

@2 아까 그 빨레 쌀무실 떼에

– 어

@2 그 젠물 만드능 거 말씀 하션는데

– 예.

@2 제 젠물 젠물 만드능 거 한번 더 말씀 헤 주세요. 멀 멀:로 만드러써요? 젠무를

– 긍깨 차나락찝

@2 응. 그냥 다릉 거 차나락찝 말고

– 찹쌀

@2 어

는지 그런 걸 그래가지고 그렇게 해도,

– 우리집 어머니는 우리 친정어머니는 저 전부 사다 주면

@2 음.

– 들여가지고 해 입어.

@2 장에 가서 사가지고,

– 예.

@2 응.

– 그리고 우리 이 이 시집와서는 이제 또

@2 어.

– 이제 그때는 신랑이지.

@2 예.

– 신랑이 장사를 하니까,

@2 네.

– 이제 잡화 장사를 해 놓으니까 이제 하고 싶으면 좀 달라 그러면 조금 가져다 주면 들여가지고 해 주고.

@2 음.

@2 아까 그 빨래 삶으실 때에

– 어.

@2 그 잿물 만드는 것 말씀하셨는데,

– 예.

@2 재 잿물 만드는 것 한번 더 말씀해 주세요. 뭘 뭘로 만들었어요? 잿물을?

– 그러니까 찰벼 짚

@2 응, 그냥 다른 것 찰벼짚 말고,

– 찹쌀.

@2 어.

- 긍깨 집 그어까꼬 허지.

@2 어. 다른 거슨 안 하고

- 다릉 건 안.

@2 그거시 제일 조아요?

- 네.

@2 아

- 그거이 인자

@2 예

- 빨래문 인자 따따:데니 물 데피가꼬 인자 퍼내 노코 헝깨

@2 네

- 미테 물 데인227) 그: 차나라그 재를 그냥 시리에다 퍼부어가꼬 거 물 디엥거 인자 퍼내나따 그노믈 자:꼬 인자 퍼부움면,

@2 음

- 인제 무리 뚝때 따따:데이 그르면 뜨근뜨근허이 그르면 인자 거따가 인자 빨래르 여코 막 주물라 가꼬 가서 씨꼬 그래찌.

@2 음

@2 그걸 말고 젬물 말고 또 머 양젠물도.

- 양재무른 인제 사 가꼬 와야 데고.

@2 사 가꼬 하능 거

- 예.

@2 전 양젬무른 항상 그 누가 양젬물 마셔따고 (웃음) 하 그레아 젬무른 안 죽찌요?

- 그니까요

@2 그 외 양 양젬무른 주그니까 (웃음)

- 양잼 아 요요 요거이사 머 중능가?

@2 예~.

- 그러니까 짚 그것 가지고 하지.

@2 어, 다른 것은 안 하고?

- 다른 건 안.

@2 그것이 제일 좋아요?

- 네.

@2 아.

- 그것이 이제,

@2 예.

- 빨려면 이제 따뜻하게 물 덥혀가지고 이제 퍼내어 놓고 하니까,

@2 네.

- 밑에 있는 물 데운 그 찰벼의 재를 그냥 시루에다 퍼부어가지고 그 물 데운 것 이제 퍼내 났다가 그놈을 자꾸 이제 퍼부으면

@2 음.

- 이제 물이 ** 따뜻하게 그러면 뜨끈뜨끈하게 그러면 이제 거기에다가 이제 빨래를 넣고 막 주물러가지고 가서 씻고 그랬지.

@2 음.

@2 그것 말고 잿물 말고 또 뭐 앵잿물도?

- 양잿물은 이제 사가지고 와야 되고.

@2 사가지고 하는 것.

- 예.

@2 전 양잿물은 항상 그 누가 양잿물 마셨다고 (웃음) 하 그래야 잿물은 안 죽지요?

- 그러니까요.

@2 그 왜 양 양잿물은 죽으니까. (웃음)

- 양잿 아 이이 이것이야 뭐 죽나?

@2 예.

- 양재무른 무거도 저네

@2 어

- 농약또 엉:꼬 그렁깨 아먼

@2 어

- 자살허구잔 한 사람들 양재무를 무꼬

@2 어.

- 마:니 안 주거쏘?

@2 잔물보다 양젬무리 저 더 잘 빠져요?

- 하이고 양재무른

@2 어.

- 전내기228) 안 대요.

@2 음?

- 전냉이먼 손 몬 대.

@2 아.

- 전내기는. 바로 그 손 사리 구녕이 파이쁜는디

@2 아 그레요, 그며는

전네기가 머:예요? 안 탕 거, 약 물 안 탕 거?

- 예.

- 지금 똑 저 저그 저 저 사탕 그렁 거 쪼개농 거멩키로 막 이망썽 몽
테기가229) 이꼬 그렁 거를

@2 예.

- 망치로 가꼬 깨: 가꼬 포라요.

@2 예.

- 울지비 저저 저녠 영감.

@2 예.

- 그러면 그렁 거를 저 저 저 저그 제우230) 사 가꼬 와서

－ 양잿물은 먹어도 전에,

@2 어.

－ 농약도 없고 그러니까 그러면

@2 어.

－ 자살하고 싶은 사람들 양잿물을 먹고,

@2 어.

－ 많이 죽었잖소?

@2 잿물보다 양잿물이 저 더 잘 빠져요?

－ 아이고, 양잿물은

@2 어.

－ 전내기 안 돼요.

@2 음?

－ 전내기면 손 못 대.

@2 아.

－ 전내기는 바로 그 손 살이 구멍이 파져 버리는데.

@2 아, 그래요? 그러면은,

전내기가 뭐예요? 안 탄 것, 약 물 안 탄 것?

－ 예.

－ 지금 꼭 저 저기 저 저 사탕 그런 것 쪼개놓은 것처럼 막 이만큼씩 뭉
텅이가 있고 그런 것을,

@2 예.

－ 망치를 가지고 깨가지고 팔아요.

@2 예.

－ 우리집 저저 전에 영감.

@2 예.

－ 그러면 그런 것을 저 저 저 저기 겨우 사가지고 와서,

@2 예.

— 인자 그르게다 딱 다마노코 쪼:끔썩 부어가꼬 무를 부어가꼬 인자 요리

@2 아.

아

— 마라자머 우리지.

@2 예.

음.

— 그래가꼬 인자 소니 요리 인자 대리바가꼬 미끌미끌허면 인자 빨래 르 주여:가꼬231) 더머 양재무른 때 잘지지.

@2 아.

— 때 잘 지지마는 그 집까꼬 헝 그거이 먼: 그거이 재물끼가 나 얼매 나 나오꺼잉고이~?

— 네

@2 소네 소니 그러면 소니 머 겐차나요?

— 아이고 손 안 버꺼줄 정도로 하무 쪼깐 미끌미끄래이 그래:문 인자

@2 어 어어어

— 인제 요샌 뚱232) 낙:써멩키로

@2 아.

— 꼭 락스처럼 그랬지. 그렇게 미끄럽네.

@2 아. 네.

— 이제 락스는 희어지는 것이 들어있으니까 희어지지마는

@2 어.

— 전에는 이제 그래가지고 씻으면 때가 좀 잘 지고 그랬지요.

@2 음음.

@2 예.

― 이제 그릇에다 딱 담아 놓고 조금씩 부어가지고 물을 부어가지고 이제 이리,

@2 아.

아.

― 말하자면 우리지.

@2 예.

음.

― 그래가지고 이제 손이 이리 이제 대 봐가지고 미끌미끌하면 이제 빨래를 집어넣어 가지고 데우면 양잿물은 때 잘 지지.

@2 아.

― 때 잘 지지마는 그 짚 가지고 한 그것이 무슨 그것이 잿물기가 나 (오면) 얼마나 나올 것인가?

― 네.

@2 손에 손이 그러면 손이 뭐 괜찮나요?

― 아이고, 손 안 벗겨질 정도로 하면 조금 미끌미끌하게 그러면 이제,

@2 어 어어어.

― 이제 요샌 꼭 락스처럼

@2 아.

― 꼭 락스처럼 그랬지. 그렇게 미끄럽네.

@2 아 네.

― 인제 낙:써느 히지능 거이 드러농깨로 히지지마느

@2 어.

― 저네느 인자 그래가꼬 씨끄면 때가 좀 잘 지고 그래쬬.

@2 음음.

1) '각시'는 갓 결혼한 여자를 가리키는 말.

2) '니'는 '누에'의 방언형.

3) '썰다'는 '슬다'의 방언형으로서 벌레나 물고기 따위가 알을 깔기어 놓다는 뜻이다.

4) '오봉'(おぼん[お盆])은 '쟁반'의 일본말.

5) '함지'는 나무로 네모지게 짜서 만든 그릇. 운두가 조금 깊으며 밑은 좁고 위는 넓다.

6) '이울'은 '이불'의 방언형.

7) '땃땃허니'는 '따뜻하게'의 뜻. 전남방언에서는 '하다'로부터 부사를 파생하기 위해 접미사 '-니'를 사용한다.

8) '꼬랑뎅이'는 '꼬리'의 방언형. 지역에 따라 '꼬랑지'나 '꼴랑지'와 같은 말도 쓰인다.

9) '짬'은 여기서는 '일이 돌아가는 형편' 따위를 뜻하는 말이다.

10) '찌깐썩'은 '조금씩'의 방언형.

11) '허치다'는 아마도 '*흩이다'에 기원을 둔 말로 보이는데, 전남방언에서 (1) 씨앗 따위를 뿌리다, (2) 잘못해서 떨어뜨리다 와 같은 뜻을 나타낸다. 여기서는 (1)의 뜻으로서, 표준어 '흩뿌리다'에 대응한다.

12) '체판'은 '채반'의 방언형.

13) '놀미얌하다'는 '놀면하다'의 방언형으로서 보기 좋을 만큼 알맞게 노르스름하다는 뜻이다.

14) '꺼꾸리'는 '거꾸로'의 방언형.

15) '-고리'는 '-게'나 '-게끔'에 대응하는 방언형이다. 동남방언의 '-구로'와 같은 형식으로 보인다. 전남방언은 일반적으로 '-게'나 '-겄게'와 같은 형이 쓰인다.

16) '비젝이다'는 '구기적거리다'의 뜻으로 추정됨.

17) '체빠지'는 '채반'의 뜻인데 여기서는 '누에섶'을 가리킨다.

18) '윙허다'는 '번성하다'의 뜻.

19) '달리다'는 '달다'의 사동형으로서 '무게를 달게 하다'의 뜻.

20) '쥐아오가리'는 '기와 오지독' 정도로 추정됨.

21) '오가리'는 '오지독'의 뜻. '오지독'은 흙으로 만든 그릇에 발라 구우면 그릇에 윤이 나는 잿물인 오짓물을 발라 만든 독을 가리킨다.

22) '지붐'은 '젓가락'의 방언형. 지역에 따라 '저금'이나 '저분'으로도 쓰인다.

23) '꼰대기'는 '번데기'의 방언형.

24) '잡다'는 '싫다'의 방언형. 지역에 따라 '잡다'와 '잖다'가 수의적으로 변동하기도 한다.

25) '나가 막내라 돼 놓께'에서 보어인 '막내'에 토씨 '라'가 결합되었다. 일반적으로 보어를 나타내는 토씨는 주격토씨와 같은 형태를 갖는데, 이 경우 '라'는 독특하다. 물론 제주방언이나 서북방언에서 '라'가 주격으로 쓰이는 수가 있지만 경남방언이나 전남방언에서 '라'가 주격이나 보격으로 쓰이는 예가 없기 때문에 이 경우는 특별한 것이다.

26) '딿다'는 '따르다'의 방언형.

27) '끄터리'는 '끝' 또는 '끄트머리'의 방언형

28) '동그람허다'는 '동그랗다'의 뜻.

29) '하'는 '아무렴'의 뜻. 광양 지역어는 경남 방언의 영향을 받아서 '하모'나 '하무'가 일반적으로 쓰이는데, 이 '하모'가 '하모 → 함 → 항 →하'처럼 줄어들 수 있다. 실제 광양 지역어에서는 '하모' 외에 '함'이나 '항' 또는 '하'가 쓰인다.

30) '흑허다'는 '하얗다'의 방언형.

31) '난제'는 '나중에'의 뜻.

32) '점두록'은 '저물도록'의 뜻.

33) '산비듥'은 '산기슭'의 뜻.

34) '나구재기'는 '나무에 올라 과일 등을 따는 일'의 뜻이다. 여기서 '나구'는 '낭구'가 약화된 형으로서 '나무'의 방언형이다.

35) '돌뽕'은 '산뽕'의 방언형.

36) '어치'는 지명.

37) '바구리'는 '바구니'의 방언형.

38) '깉다'는 '깃다'의 방언형. '깃다'는 원래 논밭에 잡풀이 많이 나다는 뜻이지만, 여기서는 나무나 풀 따위가 매우 무성하게 나다는 뜻으로 쓰였다.

39) '채리보다'는 '쳐다보다'의 뜻.

40) '모지라다'는 '모자라다'의 방언형.

41) '똥구넉'은 '똥구멍'의 방언형. 여기서는 나무의 아랫부분을 가리키는 것으로 추정된다.

42) '마지메'는 '마중'의 방언형으로서 옛말 '마쯔비'로부터 발달한 어형으로 추정된다.

43) '마지미'는 '마중'의 방언형으로서 옛말 '마쯔비'로부터 발달한 어형으로 추정된다.

44) '오둘개'는 '오디'의 방언형.

45) '홀기다'는 '홀리다, 속이다'의 뜻.

46) '엥간만'은 '어지간히'의 뜻. '엥간허다'가 기본형이므로 부사어는 '엥간히'이다. 그런데 여기에서는 어근 '엥간'에 토씨 '만'이 결합한 형이 부사어로 쓰여 특이하다.

47) '-데끼'는 '-듯이'의 방언형.

48) '손대 좋다'는 '솜씨 좋다'의 뜻.

49) '껍딱'은 '껍질'이나 '껍데기'의 방언형.

50) '거무장'은 '거미줄'의 뜻.

51) '하나다'는 '하나 가득이다'의 뜻. 보통 '한나다'로 쓰이기도 한다.

52) '덕석'은 '멍석'의 방언형.

53) '당글당글허다'는 작고 둥근 것이 단단하고 탄력 있다는 뜻이다.

54) '솥단지'는 '솥'의 뜻. 전남방언에서는 '솥'보다는 '솥단지'를 흔히 사용한다.

55) '오가리 솥단지'는 '오지솥'으로서 붉은 진흙으로 만들어 볕에 말리거나 약간 구운 다음, 오짓물을 입혀 다시 구운 솥을 말한다. 검붉은 윤이 나고 단단하다.

56) '다글다글'은 바글바글 끓을 때 나는 소리를 나타내는 말.

57) '벅떡북떡'은 끓을 때 거품이 심하게 나는 모양을 나타내는 말.

58) '깬대기'는 '번데기'의 방언형. '꼰데기'라고도 한다.

59) '풀소금'은 끊어진 실을 잇기 위해 사용하는 솜으로서, 실을 켤 수 없는 허드레 고치를 삶아서 늘여 만든 솜, 즉 '풀솜'을 말한다.

60) '잉앳대'는 '잉앗대'의 방언형. 베틀에서, 위로는 눈썹줄에 대고 아래로는 잉아를 걸어 놓은 나무를 가리킨다.

61) '춤'은 '침'의 방언형인데, 중세어 '춤'을 그대로 사용하고 있다.

62) '보디'는 '바디'의 방언형. 가늘고 얇은 대오리를 참빗살같이 세워, 두 끝을 앞뒤로 대오리를 대고 단단하게 실로 얽어 만든다. 살의 틈마다 날실을 꿰어서 베의 날을 고르며 북의 통로를 만들어 주고 씨실을 쳐서 베를 짜는 구실을 한다.

63) '새'는 피륙의 날을 세는 단위로서, 한 새는 날실 여든 올이다.

64) '야달'은 '여덟'의 방언형.

65) '암만해도'는 '아무래도'의 방언형.

66) '삼동'(三冬)은 '겨울'의 뜻으로서 주로 전남의 동부 지역에서 쓰이는 어형이다. 서부 전남에서는 '시한'(歲寒)이라고 한다.

67) '멩지'는 '명주'의 방언형.

68) '맨들다'는 '만들다'의 방언형. 서부 전남에서는 '맹글다'를 쓰기도 한다.

69) '두루막'은 '두루마기'의 방언형.

70) '요새가'는 '요새과'의 변이형. 비교 또는 공동격 토씨 '와/과'는 입말의 전남방언에서 잘 쓰이지 않는데, 여기서는 '과'가 '가' 형태로 쓰였다. '-과 같이'와 같은 관용적 형식에서 주로 '과'가 쓰이는 것으로 보인다.

71) '눈쌀미'는 '눈썰미'의 방언형.

72) '베를 매다'는 옷감을 짜기 위하여 날아 놓은 날실에 풀을 먹이고 고루 다듬어 말리어 감다는 뜻.

73) '날다'는 명주, 베, 무명 따위를 짜기 위해 샛수에 맞춰 실을 길게 늘이다는 뜻.

74) '홀애비'는 '홀아비'의 방언형.

75) '금 밖으로'는 아마도 '집 밖으로'의 뜻으로 보인다.

76) '메이'는 '같이'와 같은 비교격토씨이다. 그런데 이 '메이'에 지정사 '이-'가 결합한 '메이-'는 형용사 '같-'과 같은 뜻이 된다. 그래서 '어매메이다'는 '엄마 같다', '어매메이라'는 '엄마 같아'처럼 해석된다.

77) 보조동사 '놓다'는 본동사에 씨끝 '-어'를 요구한다. 그래서 '애기라 농깨르'의 '라'는 지정사에 결합한 씨끝 '어-'의 방언형이다. 표준어로 직역하면 '아기여 놓으니까'가 될 것이다. 이를 보다 자연스럽게 바꾸면 '아기였으니까' 정도가 된다.

78) '살 데끼허다'는 과거의 습관적인 사실을 나타내므로 표준어 '-은 듯하다'에 대응시킬 수 있다.

79) '시트다'는 '시치다'의 방언형으로서 바느질을 할 때, 여러 겹을 맞대어 듬성듬성 호다는 뜻.

80) '바지덮지'는 아마도 남자들이 솜 넣어 입는 '핫바지'를 가리키는 것으로 추정된다.

81) '더우까다'는 '더구나'의 방언형.

82) '-고로'는 부사형 씨끝 '-게'의 방언형.

83) '뽄지'는 '본'의 방언형. '본'과 종이를 뜻하는 한자어 '지'(紙)의 합성어일 가능성도 있다. 즉 종이로 만든 본이라는 뜻이다.

84) '몬자'는 '먼저'의 방언형.

85) '차'는 '채'의 방언형. '채'는 표준어에서 집, 가구, 이불, 인삼 등을 세는 단위인데 여기서는 두루마기를 세는 단위로 쓰였다.

86) '디다보다'는 '들여다보다'의 방언형.

87) '난나지'는 '낱낱이'의 방언형.

88) '솔'은 '솔기'의 뜻. 옷이나 이부자리 따위를 지을 때 두 폭을 맞대고 꿰맨 줄을 가리킨다.

89) '윤디'는 '인두'의 방언형.

90) '느지르다'는 '세게 누르다'의 뜻. '느지르다', '옥지르다'에 보는 것처럼 '지르'는 '세게'의 뜻을 갖는 것으로 보인다.

91) '꾸매다'는 '꿰매다'의 방언형.

92) '베기다'는 '보이다'(피동형)의 방언형.

93) '꼬치다'는 '꼽치다'의 방언형으로서 반으로 접어 한데 합치다는 뜻이다.

94) '밥티'는 '밥알'의 방언형. '밥테기'라고도 한다.

95) '디씨다'는 '뒤집다'의 뜻.

96) '은때다'는 '문지르다'의 방언형. 전남방언에서는 흔히 '문대다'라 하는데 이 '문대다'의 첫 자음 /ㅁ/이 탈락하여 '은때다'가 생성된 것으로 보인다.

97) '꾸부재지다'는 '구겨지다'의 뜻.

98) '껍딱'은 '안'과 대립되는 말로서 여기서는 '겉'의 뜻.

99) '이다'는 높임의 토씨 '요'의 방언형. 전남의 대부분의 지역에서는 '라우'나 '라'가 표준어 '요'에 대응하여 쓰이지만, 광양, 여수를 비롯한 섬진강 연안의 지역에서는 '이다'를 쓴다. 그래서 '내가 갔어요'는 광양 지역어에서 '나가 갔어이다'라고 표현된다.

100) '깨끔하다'는 '깔끔하다'의 방언형.

101) '영'은 '아주'나 '대단히'의 뜻을 갖는 부사로서 일반적으로 부정적인 상황에 쓰이는데, 여기서는 긍정적인 상황에 쓰였다.

102) '끄시름'은 '그을음'의 방언형.

103) '시치다'는 '씻다'의 방언형.

104) '삼다'는 삼이나 모시 따위의 섬유를 가늘게 찢어서 그 끝을 맞대고 비벼 꼬아 잇는다는 뜻.

105) '-시다'는 '-십시오'의 뜻. 아주높임의 명령형 씨끝 '-이다'에 주체높임의 '-시-'가 결합한 형이다.

106) '물팡'은 '무릎'의 방언형. 전남의 대부분 지역에서는 '무르팍'이 줄어든 '물팍'이 쓰인다.

107) '자우르다'는 '졸다'의 방언형. 광양지역어에서는 경남 방언과 같이 '자불다' 형도 함께 쓰인다. 전남의 대부분 지역에서는 '자울다'를 쓴다. '자으르지라'에 결합된 '라'는 높임의 토씨 '요'의 전남방언형으로 보인다. 광양에서는 '요'에 대해 '이다'를 사용함으로써 서부 전남의 '라우'와 차이를 보인다. 그런데 여기에서는 '이다' 대신 서부 전남형 '라우'의 변이형 '라'가 결합되어 특이하다. 그렇다면 광양 지역어에서는 '요'의 방언형으로서 '이다'와 '라우'가 혼용되는 셈이다. '이다'가 주된 형이지만 서부 전남의 영향을 받아 '라우'도 일부 쓰인다고 해야 할 것이다.

108) '합씬'은 '아주 많이, 엄청'의 뜻. 지역에 따라 '협씬'이라고도 한다.

109) '틀'은 재봉틀을 가리킨다. 전남방언에서는 '재봉틀'을 '자봉틀', '자방틀' 또는 그냥 '틀'이라고 한다.

110) '바느질쟁이'는 '바느질꾼'의 뜻.

111) '그랬다요만해도'는 '그랬다지만'의 의미이다. '그랬다요만'은 '그랬다요마는'이 줄어든 말로서 문장 뒤에 붙은 토씨 '마는'은 원래 양보를 나타내는 말인데, 양보를 나타내는 또 다른 표현인 '해도'를 중복 결합한 것이 독특하다. 이런 중복적인 양보 표현은 동남방언에서 주로 확인된다. '만해도'는 '만도'로 줄어서 쓰이기도 한다.

112) '머래다'는 '꾸중하다'의 뜻. '무엇이라고 하다'에서 기원한 말이다. 전남의 서부 지역에서는 '머락허다'와 같은 형을 쓴다.

113) '시집을 살리다'는 '시집살이를 시키다'의 뜻.

114) '도가지'는 '독'의 방언형.

115) '-음서롱'은 '-으면서'의 뜻.

116) '쥐뜯다'는 '쥐어뜯다'의 방언형.

117) '-지만해도'는 '-지만'의 방언형. 경남방언에서 주로 쓰이는 어형인데, 광양 지역어에서도 쓰인다.

118) '중의'는 '고의'라고도 하는데 남자의 여름 홑바지를 가리킨다. '적삼'은 윗도리에 입는 홑옷으로서 모양은 저고리와 같다. 따라서 '중의적삼'은 남자의 여름 윗도리와 바지를 가리키는 말이다.

119) '꼽치다'는 반으로 접어 한데 합치다의 뜻.

120) '도런'은 '도련'의 방언형으로서 저고리나 두루마기 자락의 가장자리를 가리킨다.

121) '영게'는 '여기'의 뜻으로서 중세어 '이어긔'의 후대형으로 보인다.

122) '저트랑밑'은 형태적으로 '겨드랑이 밑'이지만, 의미적으로는 '겨드랑'에 해당한다. 지역에 따라 '저탈' 또는 '저탈밋'과 같은 형을 쓰기도 한다.

123) '동그람허다'는 '동그랗다'의 방언형.

124) '고름'은 '옷고름'인데, 저고리나 두루마기의 깃 끝과 그 맞은편에 하나씩 달아 양편 옷깃을 여밀 수 있도록 한 헝겊 끈을 말한다.

125) '끝동'은 여자의 저고리 소맷부리에 댄 다른 색의 천을 가리킨다.

126) '짓'은 '깃'의 방언형으로서 저고리나 두루마기의 목에 둘러대어 앞에서 여밀 수 있도록 된 부분을 말한다. 위의 가장자리는 동정으로 싼다.

127) '꼼말'은 '허리춤'의 방언. 지역에 따라 '꼴마리'나 '골마리'라고도 한다.

128) '동가리'는 '동강'의 방언형.

129) '댄님'은 '대님'의 방언형.

130) '보선'은 '버선'의 방언형.

131) '로'는 모음이나 /ㄹ/ 다음에서 변동하는 목적격토씨 '를'의 변이형.

132) '가'는 '가지고'의 방언형. '가져'에서 발달한 것으로 보이며 표준어 '가지고'와 비교할 때 씨끝 '-어 > -고'의 변화를 겪지 않았음을 알 수 있다.

133) '째삣허다'는 '쭈뼛하다'의 방언형.

134) '디치다'는 '뒤집다'의 뜻. 광양 지역어에서는 '디씨다'라고도 한다.

135) '볼'은 버선이나 양말 밑바닥의 앞뒤에 덧대는 헝겊 조각을 말하며, '볼 받는다'는 '볼을 대다'의 뜻으로 보인다.

136) '발'은 '쪽'의 뜻.

137) '줍다'는 '깁다'의 방언형으로서 '깁다 > 집다 > 줍다'로의 변화를 겪은 것이다.

138) '안죽'은 '아직'의 방언형. '안직'이라고도 한다.

139) '속엣것'은 '속에 있는 것'의 뜻. 전남방언은 이처럼 통사적 구성에 사이시옷이 결합되어 중세국어의 사이시옷 용법이 그대로 남아 있다.

140) '-꺼이라가'는 '-을 것이어 가지고'인데, '-을까 봐'의 뜻을 나타낸다.

141) '옴쑥'은 '움푹'의 뜻

142) '포도씨'는 '겨우'의 뜻. '포도시', '포돕시'와 같은 형이 함께 쓰이기도 한다.

143) '판때기'는 '판자'의 방언형. 표준어에서는 '널빤지'를 속되게 이르는 말이지만, 전남방언에서는 단순히 판자를 가리킨다.

144) '벌러꿍벌러꿍'은 '벌렁벌렁'의 방언형으로서 아주 가볍고도 재빠르고 크게 잇따라 행동하는 모양을 나타낸다. 여기서는 바지의 엉덩이의 해어진 곳을 기운 부분이 떨어져서 펄렁거리는 모양을 의미한다.

145) '담안땍이'는 구술자의 시어머니의 택호. 전남의 서부지역이라면 '담안떡'이라고 했을 터이지만, 광양지역어에서는 '-땍'에 다시 접미사 '-이'가 결합한 '-땍이'가 친정의 지명에 붙어 택호를 형성한다. 경남방언과 같은 택호 양식이다.

146) '꼬삐'는 '고삐'의 방언형. 따라서 '세꼬삐'는 '소 고삐'의 뜻. 지역에 따라 '꾀삐'라고도 한다.

147) '야삿'은 '여섯'의 방언형.

148) '그제'는 '아직까지'의 뜻

149) '달개다'는 '달래다'의 방언형.

150) '가시개'는 '가위'의 방언형. 전남의 서부 지역에서는 '가새'라고 한다.

151) '반지끄륵'은 '반짇고리'의 방언형. '고리'는 키버들의 가지나 대오리 따위로 엮어

서 상자같이 만든 물건을 가리킨다. 따라서 '반짇그릇'의 재료는 키버들이나 대오
리가 아닌 경우에도 적용될 수 있으므로 보다 일반적인 용기를 지칭하게 된다.

152) '골미'는 '골무'의 방언형.

153) '쫍짱허다'는 '좁다랗다'의 뜻.

154) '쫄쭐허다'는 아마도 '보기에 좋다', '훌륭하다' 정도의 뜻으로 추정된다.

155) '귀밥'은 귓바퀴의 아래쪽에 붙어 있는 살인 '귓불'의 방언형인데, 여기서는 반짇
고리의 둘레에 다는 예쁜 헝겊을 가리킨다.

156) '복숭'은 바늘꽂이를 예쁘게 꾸미는 것을 가리키는 것으로 추정된다.

157) '디야꺼'는 '뒤엣것'이다. '명사＋처격토씨＋사이시옷＋명사'의 구성, 예를 들어 '집
엣것', '앞엣것' 등과 같은 구성은 전남방언의 일반적 구성이다. 물론 이처럼 사이
시옷이 처격이 결합한 명사 뒤에 오는 것은 중세어의 흔적이다.

158) '야서'는 '에서'의 방언형.

159) '대루다'는 '다리다'의 방언형.

160) '-장깨'는 '-으려 하니까'의 뜻.

161) '얼매나'는 '어느 정도'의 뜻.

162) '구녕'은 '구멍'의 방언형.

163) '애터지다'는 답답하여 속이 터질 정도의 상태를 말한다.

164) '총총허다'는 '촘촘하다'의 뜻.

165) '시트다'는 '시치다'의 방언형으로서 바느질을 할 때, 여러 겹을 맞대어 듬성듬성
호다는 뜻.

166) '반트'는 '절반'의 뜻. 전남방언에서는 보통 '반틈'이라고 한다.

167) '쫑글다'는 '자르다'의 뜻. 광양 지역어에서는 '짱글다'라고도 한다.

168) '쪼가리'는 '조각'의 방언형.

169) '차나락'은 '찰벼'의 방언형.

170) '시리'는 '시루'의 방언형.

171) '-지만해도'는 '-지만'과 같은 뜻이다. 이처럼 '-지만'에 '해도' 또는 '해'가 줄어든
'도'가 결합하는 구성은 경남방언의 특성인데, 광양 지역어도 이러한 경남방언의
특성을 그대로 보여 주고 있다.

172) '옴막하다'는 '오목하다'의 방언형.

173) '뜨근뜨근허다'는 '뜨끈뜨끈하다'의 방언형.

174) '꼬시르다'는 '불사르다'의 뜻.

175) '깔밭'은 '갈대밭'의 방언형. '갈대'는 '갈'과 '대'의 합성어인데 '갈'(< 궐)만으로 갈대를 가리켰던 것이 애초의 용법이었을 것이다. 여기에 '대'가 결합되어 표준어 '갈대'가 만들어졌지만 광양지역어 '깔밭'에는 '대' 없는 '갈'이 '깔'로 남아 있다.

176) '약허다'는 서부 전남에서는 /ㅎ/가 탈락하여 [야거다]로 소리나는 데 반해 광양 지역어에서는 /ㅎ/가 유지되어 '야커다'로 소리난다. 이는 물론 경남방언의 영향 탓일 것이다.

177) 의문형 씨끝 '-니'는 혼잣말에 쓰인다. 상대방에게 묻는 '해라체' 의문형 씨끝은 '-냐'이다.

178) '원'은 '애초에'의 뜻.

179) '한것'은 '한껏'의 방언형.

180) '밑엣치'는 '밑에 있는 것'이란 뜻이다.

181) '수퍼타이'는 세제 이름.

182) '캐카리'는 '깨끗이'의 뜻. 전남의 다른 지역에서는 '칼칼이'라고도 한다.

183) 광양 지역어에서 '솥'은 토씨에 따라 주격형은 '소치', 목적격형은 '소츨', 처격형은 '소테'로 나타나 '솣'과 '솥'의 변동을 보인다. 반면 서부 전남에서는 '소시', '소슬', '소테'로 쓰여 '솟'과 '솥'으로 변동한다. 광양 지역어의 주격형 '소치'는 원래 '솥'의 주격형 '소티'가 구개음화를 겪은 것이었는데 기저형이 '솣'으로 재구화되고 그 변화가 주격에서 목적격까지 확대되었지만 처격에는 미치지 못하여 현재와 같은 양상을 보이게 된 것이다. 반면 서부 전남은 '솟'으로 재구조화 되었고 역시 그 재구조화의 변화가 처격에 미치지 못하여 처격형은 '솥'을 유지하고 있다. 일반적으로 처격형은 다른 격에 비해 보수적인 양상을 보이는 경향이 있다. 아마도 공간 명사와 처격형의 결합 빈도가 높기 때문으로 생각된다.

184) '깨끔'은 '깔끔히'의 뜻으로 쓰이는 부사이다.

185) '씨끄다'는 '씻다'의 방언형. '시치다'로도 쓰이므로 전남방언에서는 '쉬-'과 '싳-'의 두 가지 기저형태가 분화되어 있는 셈이다. 이런 두 기저형이 중세어 '싯-'이나 '삣-'과 어떻게 관련될 수 있는지 궁금하다.

186) '부작때'는 '부지깽이'의 방언형. 전남방언에서는 '부지땅', '비지땅', '비땅' 등이 주로 서부 전남에서 쓰이고, 동부 전남에서는 '부작때기'나 '부작땡이' 등이 쓰인다. '부작때'는 '부작때기'의 변이형으로 보인다. '부작때기'는 '불'과 '작대기'의 합성어인데 여기서 '작대기'는 전남방언에서 막대기를 뜻하는 말이다. 반면 '부지땅'은 '불'과 '짓-'과 '당'의 합성어이다. 동사 '짓-'은 불을 때다는 뜻을 갖는 옛말 '딛다'에서 변화한 말이며 여기에 결합한 '당'은 아마도 막대기 정도의 뜻을 갖는 명사로 보인다. 따라서 '부지땅'은 '불을 때는 막대기' 정도의 뜻을 가진 말이라 하겠다. '부지땅'과 '부작때기'를 어원적으로 보면 '때다'는 뜻의 동사 유무에 따라 분화되었음을 알 수 있다.

187) '게심타'는 '괘씸하다'의 방언형.

188) '뻘'은 '개펄'의 방언형.

189) '쓿다'는 '슬다'의 방언형으로서 곰팡이나 곤충의 알 따위가 생기다는 뜻.

190) '톰방니'는 크기가 큰 이를 가리킨다. 전남의 다른 지역에서는 '뚝니'라는 말도 쓴다.

191) '갈강니'는 '가랑니'의 방언형으로서 서캐에서 깨어 나온 지 얼마 안 되는 새끼 이를 말한다.

192) '쎄까레'는 '서캐'의 방언형.

193) '뒤끼다'는 '뒤집다'의 방언형.

194) '불부게이'는 굵은 이를 뜻하는 말로 보인다.

195) '빌글허다'는 '불그레하다'의 방언형.

196) '쎄'는 '서캐'의 방언형. '쎄까레'라고도 한다. '로'는 모음 뒤에 쓰이는 목적격토씨로서 '를'의 변이형이다.

197) '종제깃불'은 '종짓불'로서 종지에 기름을 붓고 심지를 박아 붙인 불을 말한다. 여기서 '종제기'는 '종지'의 방언형으로서 간장·고추장 따위를 담아서 상에 놓는, 종발보다 작은 그릇을 가리킨다.

198) '또드락또드락'은 불에 이가 타는 소리를 형용하는 말이다.

199) '장가지다'는 '까무러치다'의 뜻. 전남의 남해안 지역에서는 '자물씨다'라고도 한다.

200) '참빗'은 광양지역어에서 '참빛'과 '참빈'으로 변동한다. '참빈'은 처격에 쓰이고, '참빛'은 나머지 환경에 쓰인다.

201) '참빛'은 '참빗'의 방언형.

202) '빝다'는 '빗다'의 방언형.

203) '비리'는 '진딧물'의 방언형.

204) '몰류다'는 '말리다'의 방언형.

205) '대국밀'은 '호밀'의 방언형. '대국'(大國)은 중국을 가리키는 말이므로 '대국밀'은 '호밀'(胡-)로 생각된다.

206) '썩후다'는 '썩히다'의 방언형.

207) '뚬물'은 '뜨물'의 방언형.

208) '-씁디여'는 '-습디까'에 대응하는 방언형. 전남의 서부 지역에서도 '-습디여'나 '-습딩겨' 등이 '-습디까'의 뜻으로 쓰인다.

209) '맷돌아'는 '맷돌에'의 뜻. 여기서 '아'는 처격토씨 '에'의 변이형이다.

210) '대래비'는 '다리미'의 방언형. 전남의 서부 지역에서는 '대리미'라고 한다.

211) '왕구'는 '만고'(萬古)로서 여기서는 '천하에'의 뜻. 낱말의 어두음 /ㅁ/이 탈락한 예로서 '미늘 > 이늘'도 같은 변화를 보여 준다.

212) '점드리'는 '저물도록'의 뜻.

213) '말아'는 '말다'의 변이형.

214) '꺼드르다'는 '꺼들다'의 방언형으로서 잡아 쥐고 당겨서 추켜들다는 뜻이다.

215) '따듬다'는 '다듬이질을 하다'는 뜻.

216) '꾸둑꾸둑허다'는 '말라서 고슬고슬하다'의 뜻. 말맛을 달리한 '꼬독꼬독허다'라는 말도 쓰인다.

217) '뽀라지다'는 '바래지다'의 방언형.

218) '지자'는 치자나무의 열매인 '치자'의 방언형.

219) '항투'는 '황토'(黃土)의 방언형.

220) '방치기'는 아마도 황톳물로 염색하는 것을 의미하는 것으로 보인다.

221) '대야싸'는 '대여섯'의 방언형.

222) '목이 갈리다'는 원래 거칠고 쉰 소리가 나다는 뜻인데, 여기서는 '목이 마르다'의 뜻으로 쓰였다.

223) '네는'은 '너는'의 방언형. 표준어에서는 이인칭대명사 '너'가 토씨에 따라 '네가 너를 너에게, 너는, 너만' 등으로 쓰이므로 주격형만 불규칙적인 형태를 보인다. 경남방언에서는 이런 형태적 불규칙성을 통일시키기 위하여 주격형 '네'를 기본으로 하여 다른 토씨에까지 확대시킨 결과 '너는'이 '네는'으로 되었다.

224) '망신시기다'는 여기서 '망치다'의 뜻으로 쓰였다.

225) '안중'은 '아직'의 방언형. 광양 지역어에서는 '안죽'이라고도 한다.

226) '-어야'는 '-느냐'의 뜻.

227) '데이다'는 '데우다'의 방언형으로서 옛말을 그대로 유지하고 있는 경우이다.

228) '전내기'는 물을 조금도 타지 아니한 순수한 술을 말하는데, 여기서는 물 타지 않은 양잿물을 가리킨다.

229) '뭉테기'는 '뭉텅이'의 방언형.

230) '제우'는 '겨우'의 방언형.

231) '주영다'는 '집어넣다'의 뜻.

232) 표준어에서 '똑'은 '조금도 틀림이 없이'의 뜻으로서 '똑 닮다', '똑 알맞다', '똑 같다'처럼 주로 비교의 경우에 쓰인다. 한편 부사 '꼭'도 '똑'과 마찬가지로 비교할 때 사용할 수 있지만 그 쓰임의 영역이 훨씬 넓어서 표준어의 경우에는 '어떤 일이 있어도 틀림없이', '조금도 어김없이', '아주 잘', '매우 흡족하게', '아주 비슷하

게' 등의 의미로 쓰인다. '꼭'이 갖는 '아주 비슷하게'의 의미가 바로 '똑'이 갖는 의미에 해당된다. 그런데 이 구술발화의 구술자는 부사 '똑'을 비교의 경우만이 아니라 '꼭'으로 표현할 만한 경우에까지 사용하는 것이 특징이다. 이 구술발화에서 '똑'이 쓰인 경우를 몇 가지 정리하면 아래와 같다.

(예)

가. 똑 부모 주긍 거맹이로.

　　{꼭 부모 죽은 것처럼.}(아주 비슷하게)

나. 똗 점::부 우리지비서 시: 갈락 허여.

　　{꼭 전부 우리집에서 쉬어 가려고 해.}(어떤 일이 있어도 틀림없이)

다. 올 저녁 똑 세: 개는 바므로 나써요

　　{올 저녁 꼭 셋은 밤으로 낳았어요.}(조금도 어김없이)

라. 한재르 미기씨믄 똑 씨건는디

　　{한 재를 먹였으면 꼭 좋겠는데}(아주 잘)

마. 요런 똑: 이:도 요런 모서리에 요런다가 씰커등.

　　{이런 꼭 이도 이런 모서리에 이런 데다가 슬거든.}(어떤 일이 있어도 틀림없이)

　　서부 전남에서는 비교의 경우에도 '똑'보다는 '꼭'을 선호하여 '같다'와 '탁허다'(=닮다)의 경우 '똑'과 함께 '꼭'을 사용하지만, '알맞다'의 경우에는 '똑' 대신 '꼭'만을 사용하는 것으로 보인다. 그렇다면 '꼭'과 '똑'의 사용 양상에서도 전남의 서부와 동부가 차이를 보이는 셈이다.

■ 참고문헌

강영봉(1994), 『제주의 언어(1)』, 제주문화.

강영봉(1997), 『제주의 언어(2)』, 제주문화.

국립국어원(2007), 『방언 이야기』, 태학사.

기세관(2015), 『광양방언사전』, 한국문화사.

김규남(2007), 『눈 오늘 날 싸박싸박, 비 오는 날 장감장감』, 문학동네.

김준(2013), 『바다맛 기행』, 자연과 생태.

김태인(2015), 서남방언 담화표지 '이' 고찰, 『방언학』 21, 한국방언학회.

박경래/곽충구/이기갑/강영봉(2010), 새로 발굴한 어휘(6), 『방언학』 12, 한국방언학회.

박경래/곽충구/이기갑/강영봉(2012a), 새로 발굴한 어휘(9), 『방언학』 15, 한국방언학회.

박경래/곽충구/이기갑/강영봉(2012b), 새로 발굴한 어휘(10), 『방언학』 16, 한국방언학회.

박경래/곽충구/이기갑/강영봉(2013a), 새로 발굴한 어휘(11), 『방언학』 17, 한국방언학회.

박경래/곽충구/이기갑/강영봉(2013b), 새로 발굴한 어휘(12), 『방언학』 18, 한국방언학회.

박경래/이기갑/강영봉(2008), 새로 발굴한 어휘(1), 방언학 7, 한국방언학회.

백두현(2006), 『국수는 밀가루로 만들고, 국시는 밀가리로 맹근다』, 커뮤니케이션북스.

오홍일(2005), 『전남 무안 지방의 방언사전』, 무안문화원.

왕한석(2010), 『한국의 언어민속지 2-전라남북도 편』, 서울대출판부.

이기갑(1981), 씨끝 '-아'와 '-고'의 역사적 교체. 『어학연구』 17. 2, 서울대학교 어학연구소.

이기갑(1982), 전남 북부 방언의 상대높임법, 『언어학』 5, 한국언어학회.

이기갑(1983a), 유추와 의미, 『한글』 180, 한글학회.

이기갑(1983b), 전남방언의 매인이름씨, 『언어학』 6, 한국언어학회.

이기갑(1985), 현실법 표지 '-ᄂ-'의 변천-중앙어와 전남방언에서, 『역사언어학』(김방한
　　　　　선생 회갑기념논문집), 전예원.

이기갑(1986a), 『전라남도의 언어지리』, 탑출판사.

이기갑(1986b), 물음말 '어느'의 빈자리 메우기-전남방언에서, 『국어학신연구』(김민수
　　　　　교수 회갑기념논문집), 탑출판사.

이기갑(1987a), 미정의 씨끝 '-으리-'와 '-겠-'의 역사적 교체, 『말』 12, 연세대 한국어학당.

이기갑(1987b), 의도 구문의 인칭 제약, 『한글』 196, 한글학회.

이기갑(1987c), 전남방언의 토씨 체계, 『국어국문학연구』(장태진교수 회갑기념논문집),
　　　　　삼영사.

이기갑(1989), 전남방언의 간접인용문 축약 현상, 『이정 정연찬교수 회갑기념논문집』, 탑출판사.

이기갑(1991), 국어의 경어법-표준어와 서남방언, 『새국어생활』 1.1, 국어연구원.

이기갑(1997), 한국어 방언들 사이의 상대높임법 비교 연구, 『언어학』 21, 한국언어학회.

이기갑(1998a), '-어/어서'의 공시태에 대한 역사적 설명, 『담화와 인지』 5.2, 담화인지언어학회.

이기갑(1998b), 전남방언의 상대높임법, 『한글』 240, 한글학회.

이기갑(1999), 국어 방언의 시상 체계-그 분화의 역사, 『언어학』 25, 한국언어학회.

이기갑(2000), 국어 방언의 조사 체계, 『언어학』 27, 한국언어학회.

이기갑(2001), 사태의 연속성을 강조하는 '는'과 '을랑', 『국어학』 37, 국어학회.

이기갑(2003a), 사투리와 일본말, 전라도닷컴, 웹진 전라도닷컴 (2003-12-03).

이기갑(2003b), 말로써 풀어 본 한국인의 먹는 문화, 『언어와 문화』 17집, 목포대학교 어학원.

이기갑(2003c), 『국어 방언 문법』, 태학사.

이기갑(2007), 『전남 곡성 지역의 언어와 생활』, 태학사.

이기갑(2009), 『전남 진도 지역의 언어와 생활』, 태학사.

이기갑(2011a), 하의면의 방언 문화. 『도서문화유적 지표조사 및 자원화 연구』 9, 도서문화연구원.

이기갑(2011b), 신의면의 방언 문화. 『도서문화유적 지표조사 및 자원화 연구』 10, 도서문화연구원.

이기갑(2011c), 『전남 영광 지역의 언어와 생활』, 태학사.

이기갑(2013a), 암태도의 방언 문화, 『도서문화유적 지표조사 및 자원화 연구』 11, 도서문화연구원.

이기갑(2013b), 『전라도의 말과 문화』, 지식과 교양.

이기갑(2015), 『전라도말 산책』, 새문사.

이기갑(2016a), 『전남 보성 지역의 언어와 생활』, 역락.

이기갑(2016b), 『전남 영암 지역의 언어와 생활』, 역락.

이기갑·고광모·기세관·정제문·송하진(1998), 『전남방언사전』, 태학사.

이기갑·유영대·이종주(1998), 『호남의 언어와 문화』, 백산서당.

이대흠(2007), 『이름만 이쁘면 머한다요』, 문학동네.

이승재(1980), 남부 방언의 형식명사 '갑'의 문법-구례지역어를 중심으로, 방언 8, 한국정신문화연구원.

이진숙(2012), 『진도 지역의 언어와 문화』, 지식과 교양.

이진호(2014), 감탄사 '하모' 계통의 방언형에 대하여, 『방언학』 19, 한국방언학회.

이태영(2000), 『전라도 방언과 문화이야기』, 신아출판사.

홍윤표(2009), 『살아있는 우리말의 역사』, 태학사.

■ 찾아보기

• • • ㉜